DESAFIOS E ESCOLHAS DE UMA LIDERANÇA

Roberto Lobo
Maria Beatriz Lobo

DESAFIOS E ESCOLHAS DE UMA LIDERANÇA

A VIDA PROFISSIONAL DO
EX-REITOR DA USP E DA UMC

Copyright © 2018 de Roberto Lobo e Maria Beatriz Lobo
Todos os direitos desta edição reservados à Editora Labrador.

Coordenação editorial
Diana Szylit

Projeto gráfico, diagramação e capa
Felipe Rosa

Revisão
Daniela Iwamoto
Daniela Georgeto

Imagens da capa
Agência Folhas. Vidal Cavalcante
Arquivo pessoal

Agradecimentos
Universidade de São Paulo
Universidade de Mogi das Cruzes

Dados Internacionais de Catalogação na Publicação (CIP)
Andreia de Almeida CRB-8/7889

Lobo, Roberto
  Desafios e escolhas de uma liderança / Roberto Lobo e Maria Beatriz Lobo. -- São Paulo : Labrador, 2018.
  352 p.

ISBN 978-85-87740-27-4

1. Universidades e faculdades – Administração 2. Reitores de universidades - São Paulo - Narrativas pessoais 2. Universidade de São Paulo 3. Lobo, Roberto, 1938 - Biografia 4. Ciência e tecnologia I. Título II. Lobo, Maria Beatriz, 1962.

18-1678   CDD 923.7

Índice para catálogo sistemático:
1. Gestão universitária

Editora Labrador
Diretor editorial: Daniel Pinsky
Rua Dr. José Elias, 520 - Alto da Lapa
05083-030 - São Paulo - SP
+55 (11) 3641-7446
www.editoralabrador.com.br
contato@editoralabrador.com.br

A reprodução de qualquer parte desta obra é ilegal e configura uma apropriação indevida dos direitos intelectuais e patrimoniais dos autores.

A Editora não é responsável pelo conteúdo deste livro. Os Autores conhecem os fatos narrados, pelos quais são responsáveis, assim como se responsabilizam pelos juízos emitidos.

SUMÁRIO

Prefácio e Agradecimentos. A Razão deste Livro: Primeira Parte....................9
Prefácio e Agradecimentos. A Razão deste Livro: Segunda Parte...................11

PRIMEIRA PARTE. Da Física à Reitoria da USP 15
    Militância..16
    A Primeira Aula..27
    A Rota São Carlos-Chicago 34
    Encarando o SNI 51
    A Luz do Futuro 59
    Vice-reitor da USP..65
    Chegando ao Campus de São Paulo 67
    No Olho do Furacão: A Lista dos Improdutivos.......................................71
    A Campanha para Reitor 82
    A Reitoria por Dentro...90
    Reflexões sobre a Universidade...97
    Curiosidades Acadêmicas..108
    Negociando com os Invasores 114

Relações com a Imprensa 117
Relações com o Governo 127
Diretas Não! 136
Quem Paga a Conta? 142
Prestação de Contas à Sociedade — 1993 147
A Véspera 167
A Renúncia-denúncia 169
Regrets? 176

SEGUNDA PARTE. Há vida (e "A vida") após a Reitoria da USP! 181
Mogi, Terra do Caqui 182
Outra Universidade e Outro Chefe 185
As Mulheres que Vieram da Seca 191
Peripécias do Destino? 195
Trocando os Pneus com o Carro Andando 202
Procura-se um Reitor 207
Habemus Rector! 222
A Verdadeira Revolução 230
Atendendo ao Coração 241
Fazendo o Planejamento Estratégico Acontecer! 247
Qual o Rosto do Formado na UMC? 255
Professores para quê? 261
Dividir para Multiplicar 265
Onde Estão os Cadáveres? 270
Quem Ganha com a Qualidade? 275
Projeto H 282
Diferentes Modelos, Caminhos Distintos 287
O Tempo é o Senhor da Razão! 290
Um Modo Novo de Fazer Consultoria 297
Vamos Jogar a Vaca do Abismo! 305
Continuando a Ajudar o Sistema de Educação Superior 308
Aprofundando Temas de Gestão Universitária 321

Pelo Brasil Afora..326
O Instituto Lobo e a Evasão 332
Roberto, as Engenharias, a Inovação e o Empreendedorismo................337
Um Green Card pelo Conjunto da Obra 343
Para Boston and Beyond! 347

Prefácio e Agradecimentos

A Razão deste Livro: Primeira Parte

Conheci Aluízio Falcão quando eu estava na Reitoria da USP, como assessor de meu pró-reitor de Cultura e Extensão, Prof. João Alexandre Barbosa.

Jornalista engajado, ex-assessor de Miguel Arraes, Aluízio passou a participar, cada vez mais intensamente, das discussões no período de minha Reitoria e a se entusiasmar com o que via. Em um certo momento me procurou sugerindo que passássemos a gravar um diálogo entre nós para que a experiência pela qual estávamos passando, que ele considerava única e importante, ficasse documentada.

Quando saí da Reitoria, recebi como presente do Aluízio a transcrição das fitas gravadas com o conteúdo das nossas entrevistas. Ele sugeriu que eu publicasse o texto como um diário de minha gestão. Achava que nossas lutas e experiências poderiam ser úteis principalmente para o debate sobre a universidade pública brasileira e para futuros líderes acadêmicos, além de ser uma boa história.

Na época, li o material e não me entusiasmei em publicá-lo. Estava deprimido e achei que era muito cedo para divulgar experiências tão recentes. Guardei o texto e não mexi nele por mais de vinte anos.

Recentemente, por uma série de coincidências, fui procurado para relatar exatamente alguns fatos antigos de minha vida que constavam em trechos desse material, como a autonomia das universidades paulistas, o projeto Síncrotron e a gestão da crise financeira na USP.

Reli esses trechos e posso dizer que gostei muito mais deles agora, em razão da nova ótica que tenho de toda a minha vida, e resolvi retomar sua redação. Acrescentei ou eliminei coisas e acabei reorganizando toda a primeira parte desse livro.

Atualizei-o também com algumas informações sobre certos fatos para mostrar como repercutiram no futuro a fim de que o leitor possa saber no que resultaram algumas das nossas iniciativas de então.

Agradeço muito ao Aluízio, não só pela sua paciência em gravar comigo por noites a fio e pela transcrição da primeira parte deste livro, como também por sua lealdade e competência.

Agradeço a todas as pessoas que me fizeram convites para as funções que ocupei, confiando em meu trabalho, e àqueles que, por meio do voto, me elegeram para o cargo de direção na USP e em outras importantes instituições.

Merecem agradecimentos também todos os membros de minhas equipes. Sei que exigi muito e sempre trabalhei com um certo grau de pressão, porque o tempo era sempre curto e havia muito que fazer.

Mais do que tudo, agradeço à minha primeira esposa, Mila, e aos meus três filhos, Roberto, Ricardo e Carlos Eduardo, que durante a maior parte do período coberto nesta seção do livro me apoiaram e participaram das minhas decisões, das alegrias e das tristezas que acompanharam minha travessia relatada aqui.

Quando decidi reescrever este livro, já estava há vinte anos casado com minha segunda esposa, Maria Beatriz, companheira de vida e de trabalho. Conversamos muito sobre a forma de encaminhar, depois de tanto tempo, esse documento de vida e concluímos que não deveria deixar uma mensagem final meio depressiva, com minha renúncia da Reitoria da USP. Como afirmo no final da primeira parte, descobri depois que também havia vida, e muita, fora da Reitoria.

Decidimos que a experiência posterior deveria então ser também relatada porque podia abordar novos desafios e experiências, agora na gestão de uma universidade privada e em um longo período de bem-sucedido trabalho de consultoria em educação superior.

Beatriz me ajudou a rever o texto da primeira parte e decidimos que ela deveria escrever um novo trecho sobre a segunda parte de minha vida profissional, pois compartilhou tudo comigo. Trilhamos essa nova estrada sempre unidos, aprendendo um com o outro, colocando muito entusiasmo e dedicação em tudo o que fizemos.

À Beatriz, meus maiores agradecimentos pela companheira maravilhosa que tem sido em todos esses anos, trazendo ainda seu filho, Thiago, para alegrar nossas vidas, a quem também agradeço por sua paciência e colaboração na convivência com um casal de *workaholics*.

Roberto Lobo

Prefácio e Agradecimentos

A Razão deste Livro: Segunda Parte

A primeira vez que Roberto me deu o material escrito pelo Aluízio foi logo após a sua posse na Universidade de Mogi das Cruzes (UMC). Li tudo numa única noite. Foi maravilhoso ter a clareza de como tinha sido sua vida até aquele momento, com tantos detalhes, e poder confirmar tudo o que já imaginava que Roberto era: uma pessoa muito especial, em todos os aspectos.

Na época ele já me havia dito que não pensava em publicá-lo, mas mantivemos todo o material muito bem guardado e acessível, mesmo quando nos desfizemos de tantas outras coisas ao nos mudarmos para os Estados Unidos, em 2015.

Não só eu, mas muita gente sempre o incentivou a publicar sua biografia profissional em razão da importância de suas gestões à frente de tantas instituições de peso, de suas decisões que tiveram tanta repercussão e mesmo de sua produção intelectual, que em pequena parcela ele compartilha aqui.

Como sempre defendi que essa nova fase da vida dele, após a Reitoria da USP, era tão ou até mais importante — sob o ponto de vista do impacto que causou e das lições que deixou e aprendeu por tantas instituições e pessoas com quem trabalhou — do que qualquer outra iniciativa que pudesse chegar ao conhecimento público, ele disse que só poderia terminar este livro com minha ajuda e meu apoio.

A decisão de escrever a segunda parte deste livro se deveu ao meu desejo de poder dizer, sem a necessidade da modéstia com que Roberto fala e julga seus atos, como as coisas se deram e sua relevância à frente das equipes que juntos dirigimos, repetindo sua vitoriosa trajetória também fora da USP.

Principalmente, queria dar voz a seu outro lado que poucos tiveram a chance de conhecer na intimidade e que tem sido um modelo ímpar de coragem, retidão, competência, agudeza, espírito público e de empreendedorismo, sempre preocupado em fazer mais e melhor com o que tinha e tudo o que conseguiu.

É uma história de amor à educação, à ciência, à gestão, às pessoas e ao Brasil.

Ao mesmo tempo, tento mostrar como pensa uma liderança em épocas em que parece cada vez mais difícil encontrá-las. Pretendo analisar um pouco as prováveis origens de seus comportamentos e escolhas, além de trazer à baila um pouco da sua forma de raciocínio.

Pode parecer estranho a parte em que narro um pouco a minha própria vida, especialmente meu começo na carreira da gestão universitária, mas é um fato incontestável que essa experiência e os valores que defendíamos foram os fatores-chave de nossa aproximação. Sem conhecê-la seria difícil ao leitor compreender como nossas vidas se uniram e, mais importante, por quê.

Sei também que nossa história se construiu com a ajuda de muita gente que nos apoiou à frente e nos bastidores de nossas atividades. A todas elas eu deixo meu muito obrigada e meu carinho.

Deixo à minha mãe um agradecimento especial por tudo o que ela representou nas nossas vidas e aos meus irmãos, um enorme carinho pela caminhada companheira que sempre tivemos, em especial à Ana Elisa, que foi tão parceira na nossa jornada na UMC.

Aos filhos de Roberto só posso agradecer pelo carinho e admiração recíprocos. Ao mais velho, Beto, um enorme obrigada pela força com este livro.

Ao meu filho Thiago, a melhor parte de mim, todo o meu amor.

A você Roberto, minha vida, sempre repito que minha missão é fazê-lo feliz, que tenho o privilégio de conhecê-lo como ninguém e poder compartilhar da vida da pessoa que mais admiro no mundo.

Maria Beatriz Lobo

PRIMEIRA PARTE

Da Física à Reitoria da USP

Os bastidores da criação de importantes projetos científicos brasileiros e da gestão da melhor universidade da América Latina

Roberto Lobo

Militância

- 1 -

Tenho 23 anos de idade, acabo de me formar em Engenharia, estou chegando a São Carlos, interior paulista, para iniciar uma carreira acadêmica. Quero ser pesquisador e docente da Universidade de São Paulo — USP.

Venho do Rio de Janeiro, nascido na zona sul e criado em seu bairro mais cosmopolita. Em minha memória, desde a infância, incontáveis anúncios de neon, boates e bares repletos, calçadas cheias de gente, incessante cortejo de automóveis, arranha-céus emparelhados do Leme ao Posto 6, e aquele famoso colar de luzes na orla do Atlântico. Agora, dentro da velha Kombi, depois de treze horas de viagem, avisto, na boca da noite, a cidadezinha que vai substituir Copacabana na minha vida.

São Carlos está ali, em janeiro de 1962, logo depois das festas de fim de ano, ainda enfeitada com aquelas gambiarras coloridas. Meu Deus, pensei, será que vou me adaptar?

Encolhido na Kombi, vejo os bicos de luz na pequena rua principal e suas casinhas assobradadas — o avesso do cenário de toda a minha juventude. E, curiosamente, essa precariedade urbana me desafia. De agora em diante todos os meus dias serão dias de trabalho. Um trabalho difícil, duro, nas salas de aula e laboratórios, certamente sem grandes compensações materiais.

São Carlos, ainda pequena e provinciana, definiria meu futuro de pesquisador. Um ponto de partida sem retorno...

- 2 -

Morar no interior do Brasil é, ainda hoje, um bom projeto de vida para milhões de jovens descontentes com as metrópoles. Os habitantes das grandes cidades orgulhavam-se das imensas construções, como se fossem propriedades suas. Para nós, interior era pouso de férias ao fim de cada ano, como eu fazia indo passar as férias no sítio de meus avós em Itaipava.

A mocidade do Rio, principalmente, não fugia a essa regra. No Rio, centro de tudo, nutria-se a ilusão de que Brasília, recém-fundada, não iria emplacar. A Copacabana dos *fifties* ainda brilhava como símbolo nacional de requinte. Irradiava seu charme pelo mundo afora. Além desse carisma internacional, tinha uma classe média alta que não a trocava por nada, nem por Manhattan, nem por Paris.

Para mim, o bairro era um cotidiano de esportes, festas, aulas e militância estudantil. Quilômetros de areia para o vôlei e o futebol, mergulho nas águas perigosas da "Praia do Diabo" para ir nadando até o Arpoador, o que era uma façanha meio perigosa. Chope no Alcazar, lanches no Bob's, shows de bossa-nova, cinema de arte. De quebra, um pouco além, Pontifícia Universidade Católica do Rio de Janeiro (PUC-Rio), Museu de Arte Moderna (MAM), Centro Popular de Cultura (CPC), fervilhantes assembleias.

Ir ao centro da cidade para visitar livrarias, o Theatro Municipal, às vezes de penetra, a redação do jornal *Metropolitano* da União Nacional dos Estudantes (UNE), que publicava enfáticas verdades juvenis e com o qual colaborei uma ou duas vezes.

Mesmo envolvido com tudo isso, pude ser um bom aluno. E, como rezam os manuais de ortodoxia, politicamente correto. Não se usava o termo rebelde, com o qual, trinta anos depois, a mídia batizaria toda a minha geração e outras adjacentes. Mas eu era isso mesmo, nos últimos anos do curso de Engenharia, com o rótulo da época: um engajado. No final do curso atuava, sem cargo diretivo, no Diretório Central dos Estudantes (DCE) da PUC, aliado fiel das organizações de esquerda. Essa militância, ainda que não partidária, firmara em meu espírito a ideia de jamais trabalhar para o capitalismo. Nem pensar...

Queria dedicar-me ao sistema público. Minha força de trabalho, depois de formado, estaria diretamente ligada às ordens da coletividade, sem vínculos com a iniciativa privada, origem dos males desse mundo.

Tinha uma visão "chinesa" e ingênua de igualdade social: todas as pessoas, em todos os países, usando modestamente as mesmas bicicletas e roupas azuis. Isso hoje soa muito anacrônico, mas naquele tempo quem pensava desse jeito era tido como avançado.

Eu não estava sozinho nessa visão. Daqui, através da névoa do tempo, revejo meus contemporâneos do chamado "núcleo de decisão" do DCE e, depois, da UNE: Aldo Arantes, Cacá Diegues, Arnaldo Jabor, Herbert de Souza (Betinho), Tereza Martins Rodrigues, Antônio Carlos, Sérgio Quixadá, Aloísio Leite, Fernando Sandroni, Jackson Sampaio...

Antônio Carlos, aluno da Federal e dirigente da UNE, era do PCB; Betinho, que era da Ação Popular (AP) de Minas Gerais, e Aloísio, da Política Operária (Polop-Rio), também atuavam na UNE. Na PUC a composição era a seguinte: Aldo, AP; Cacá, Jabor, Jackson e eu, independentes. Era um grupo intelectualmente muito qualificado.

Não sei exatamente que circunstâncias agregaram estas pessoas. Talvez o fato de terem sido atraídas por um programa de artes que o DCE da PUC promoveu, quando decidimos realizar uma série de eventos artísticos: exposições de pintura, cursos de música, seminários culturais. Acho que foi isso que juntou uma turma tão diferenciada.

Se me perguntassem como eu, até o quinto ano, via o reitor de minha universidade, responderia com toda a sinceridade que simplesmente não via o reitor.

Naquele tempo o reitor pouco interessava aos estudantes, em termos políticos. Ele não simbolizava o poder. O poder estava lá fora: com os capitalistas, o imperialismo ianque, essas coisas.

Eu só me preocupei com o reitor da PUC em 1958, na campanha pela implantação de um curso novo, o de Eletrônica. Não havia curso de Eletrônica na PUC, só de Eletrotécnica. Doze alunos do segundo ano de Engenharia foram procurá-lo para tratar disso. "Queremos fazer Eletrônica", dissemos. Ele: "Acho lindo, mas não tenho dinheiro para isso". Então nós perguntamos: "E se a gente arrumar o dinheiro?". Ele: "Se arrumarem o dinheiro, a gente faz".

Aconteceu, então, um fato inusitado na história acadêmica. Doze rapazes de vinte anos toparam o desafio de implantar um novo curso que eles próprios frequentariam. Fomos ao Instituto Militar de Engenharia, com o qual compartilhávamos alguns professores, propusemos um convênio para usar os laboratórios, o que foi aceito. Fizemos um "Livro de Ouro"[1] para montar a nossa biblioteca e as subscrições garantiram a compra dos livros. Voltamos ao reitor, discutimos juntos a contratação dos professores. O curso foi implantado.

Lembro-me apenas de um atrito sério e não propriamente com o reitor, mas com os padres todos, professores da PUC. Foi durante uma das eleições para o DCE. Os padres ficaram com medo de que elegêssemos um candidato de esquerda e que a PUC se transformasse no centro do movimento estudantil esquerdizante no Rio de Janeiro. Ameaçaram alunos de excomunhão e de não terem rematrícula no ano seguinte.

Apesar da nossa resistência, eles venceram. Conseguiram reverter o processo e botar um aluno conservador na presidência do DCE.

---

1. Livro que recolhe doações e registra o nome dos doadores.

Lembro que, durante a crise, o pessoal me pediu para ser candidato da esquerda, com chances de ganhar, apesar das pressões. Mas eu estava no quinto ano, queria me formar, preferi ser apenas um eleitor. Um colega falou: "Você perde o ano e se elege presidente". Recusei, não queria ser estudante profissional e achava que havia outros quadros para disputar a presidência.

A PUC não era a universidade mais politizada no Rio de Janeiro. Foi politizada no meu período, não por minha causa, mas coincidentemente no período em que eu estava lá.

Em 1961, pela primeira vez na história da UNE, o seu presidente saiu da PUC-Rio: Aldo Arantes.

- 3 -

Eu era estudante bolsista do CNPq, estava em lua de mel com um computador Borroughs da PUC, equipamento importado, novo em folha. Numa tarde de agosto de 1961, explodiu a renúncia de Jânio Quadros. Larguei o meu computador e fui correndo para o DCE. Encontrei todo mundo perplexo.

Decidiu-se que cada um iria para casa refletir e preparar-se para uma reunião à noite. Lembro que fui de ônibus para essa reunião, pensando qual seria a linha mais correta nos debates. Concluí, no fim do percurso, que o certo era lutar pela posse imediata de Jango, o vice-presidente eleito.

Quando cheguei no DCE, Givaldo e Antônio Carlos, representantes do PCB, trouxeram a notícia de que a posição do Partido era essa mesma, João Goulart no poder. Todos concordaram e partimos para o chamado "trabalho de massas".

Aldo Arantes me escalou, juntamente com Marcelo Cerqueira, para ir ao Rio Grande do Sul e participar da resistência estudantil. Brizola, governador gaúcho, como se sabe, estava comandando uma frente de oposição aos ministros militares que se insurgiam contra a posse de Jango.

Peguei um avião até São Paulo, junto com Marcelo e um repórter do *Metropolitano*. De lá, tomamos um ônibus para Porto Alegre. Mas o ônibus foi interceptado na cidade de Registro. As tropas de São Paulo, contra Jango, não deixavam passar nada por ali. Tínhamos, entretanto, de chegar ao Rio Grande do Sul de algum jeito. Vagamos pela cidade em busca de alguma boa alma que pudesse nos transportar através da fronteira do estado. Até que Marcelo encontrou alguém que pertencia à esquerda local e, por milagre, era dono de um jipe. O homem disse: "Eu levo vocês".

Quando ele pegou o jipe para nos levar, sua mulher, sabendo que o imprudente do marido iria levar estudantes subversivos para atravessar a fronteira, armou um escândalo. Saiu correndo pelas ruas da cidade, de camisola, gritando atrás do jipe: "Não faça isso, você vai ser preso!". Uma cena de cinema italiano. Mas o impávido motorista pisou fundo, saiu com a gente e pegou a estrada. Um sargento desertor se juntou a nós.

Mais à frente, no meio da estrada, cercados: carros de combate, metralhadoras, fuzis, um horror. Felizmente o motorista teve presença de espírito: "Esses rapazes são meus sobrinhos, que estou levando para pescar". Passamos. Ele nos deixou na margem paulista do rio Paraná. Já era madrugada: "Vamos aproveitar que está meio escuro e ninguém vai ver".

Contratamos um barqueiro, atravessamos o rio.

No Paraná, de barbas por fazer e fartos de tantas peripécias, nos sentimos em casa. As tropas paranaenses eram nossas aliadas. Só que os militares queriam nos prender, achando que éramos espiões de São Paulo. Desistiram porque receberam um telegrama, não me lembro se do Brizola ou do Movimento Estudantil, informando que éramos esperados em Porto Alegre. Isso nos salvou. Os oficiais contaram para a gente: "Achávamos que vocês estavam aqui para conhecer a nossa disposição de tropa".

Em Curitiba, Marcelo, o sargento e eu fomos ao Quartel General. O sargento entregou os desenhos dele e ficou por lá. Marcelo e eu pegamos um ônibus para Porto Alegre.

Na capital da resistência nos dirigimos para a União Estadual dos Estudantes. Ali, um colega informou: "O Jango aceitou o parlamentarismo". Uma decepção. Depois daquele esforço tremendo, não pegamos em armas para defender a legalidade. Perdemos uma oportunidade de entrar para a história como heróis da resistência. O colega acrescentou: "Tudo bem, já entramos em contato com o governador Brizola, ele quer falar com vocês". Fomos até o Palácio Piratini, o governador nos recebeu, deu-nos uma passagem para o Rio. Até passou um telegrama para meus pais, elogiando a nossa participação no movimento.

Pouco depois do regresso de Porto Alegre, Aldo Arantes me disse que a UNE tinha duas passagens para a União Soviética e um dos estudantes que iria viajar havia desistido, porque a mãe estava muito doente. Então, para compensar minha frustração com a viagem ao Rio Grande, eu receberia um prêmio: conhecer o socialismo *in loco*.

Entrei imediatamente em ebulição. Sem recursos para as despesas da sonhada viagem ao paraíso dos ateus, procurei a Santa Madre Igreja. Pedi trezentos dólares emprestados ao padre Bastos de Ávila, meu professor de Doutrina Social, confessando lealmente o destino do dinheiro.

Ele não emprestou, fez uma generosa doação, desde que eu assumisse o compromisso de manter sigilo absoluto do fato. Jurei que sim, e só estou contando aqui essa estória porque, em 1986, entre boas risadas, liberou-me do segredo. Uma grande figura, o padre Ávila!

Dias depois embarquei, junto com Betinho, para a União das Repúblicas Socialistas Soviéticas.

- 4 -

No avião eu ia repassando, com certo orgulho, duas situações em que fora literalmente chamado de "comunista", mesmo sem pertencer ao Partido.

A primeira, quando mostrei ao meu pai um texto curto que escrevera para o jornal da UNE sobre a revolução em Cuba, no qual, entre elogios e críticas moderadas, chegava ingenuamente a dar conselhos fraternos a Fidel Castro. Terminando a leitura do meu artigo, ele comentou, surpreso: "Mas isso é um artigo comunista…".

A segunda, numa conversa regada a chope no Alcazar com um polonês, colega de turma, cuja família fugira do Leste Europeu. Ele tentou inutilmente convencer-me de que a URSS escravizara sua pátria e que o comunismo não era o regime libertário que eu supunha com tanto entusiasmo.

Diante da argumentação de quem vivera amargamente uma realidade que eu apenas idealizava, refugiei-me na "filosofice". Admiti que mesmo depois de cumpridas todas as etapas do comunismo, o homem, definitivamente satisfeito em seus anseios de bem-estar, permaneceria escravo de conflitos psicológicos e que defeitos e problemas sempre existiriam. Meu colega encerrou a papo: "Roberto, essa discussão é irrelevante. Isso é futurologia existencial. O que há de concreto é que você é comunista".

Eu ruminava, durante o voo, a certeza de que voltaria para contar ao meu pai e ao meu amigo que vira com meus próprios olhos o mundo livre e justo que defendera no artigo para o *Metropolitano* e naquela conversa de botequim.

- 5 -

Desembarcamos primeiro em Paris, Betinho partiu logo para a URSS. Fiquei na França, porque ainda não tinha sido processado o meu "visto" na Embaixada soviética.

Eu estava substituindo outra pessoa na viagem, era necessário um "OK" de Moscou, que veio depois de uma semana de ansiedade. Por sorte, meu tio era cônsul em Paris, fiquei hospedado na casa dele. Caso contrário, em poucos dias, voariam aqueles parcos trezentos dólares do padre Ávila.

Aproveitei para visitas a museus e lindos passeios no Quartier Latin, vendo aquelas multidões anônimas e coloridas, gente animada conversando nos cafés. Paris, de fato, era uma festa. Ou, como disse outro escritor, o lugar em que bate mais forte o coração da humanidade. Nunca deixei de adorar essa cidade! Mas quando chegou o "visto" preparei-me para uma aventura muito mais desejada.

Eu esperava testemunhar na URSS um belíssimo espetáculo humano. Uma sucessão de fatos marcantes que fortalecessem as minhas convicções. Queria ver um país dinâmico, alegre, seus trabalhadores no comando da história, bem-estar, oportunidades iguais, liberdade. A realidade, porém, teimou desde o início em contrariar minhas expectativas.

Logo na chegada, os russos tomaram o meu passaporte. Felizmente na época eu não fumava: se quisesse sair do hotel para comprar cigarros poderia ser detido por falta de documentos. E me anunciaram que a visita, já atrasada pela demora em Paris, iria durar mais uma semana. Fora estabelecida, à minha revelia, visita a Praga. Ponderei que isso não era possível, eu precisava estar no Rio para as provas finais do meu curso de Engenharia. Os anfitriões foram rígidos: eu teria que ser disciplinado, cumprir o roteiro, mesmo perdendo exames. Finquei o pé: "Não vou, nem morto!". Foi uma crise, somente contornada no final da temporada, que incluiu apenas Moscou, Leningrado (agora São Petersburgo), Tallinn (Estônia) e Bucareste (Romênia).

Começamos, Betinho e eu, uma peregrinação monótona e insuportável pelas fábricas de Moscou e Leningrado. Em cada uma delas, aquele discurso repetitivo, igual ao anterior. Parecia que os porta-vozes tinham decorado um *script*: "Graças aos ensinamentos do camarada Lênin e à visão do camarada Krushev..." — seguiam-se estatísticas, evidentemente difíceis de aferir. Não respondiam objetivamente nenhuma questão fora da pauta. Perguntávamos em vão. As respostas, quando vinham, eram evasivas.

Fomos ver os *komsomóis*, núcleos da juventude. Eles insistiam em mostrar gráficos comparativos entre o crescimento dos Estados Unidos e o da URSS: provisões inverificáveis apontavam exatamente quando soviéticos ultrapassariam os norte-americanos em cada setor da economia. Aquilo caracterizava uma disputa entre duas nações em busca da hegemonia. Nenhum exercício mais aprofundado para estabelecer diferenças filosóficas entre dois sistemas de vida e de mundo. Somente gráficos, gráficos, gráficos.

Na Universidade de Moscou, em contato com os estudantes poloneses que falavam inglês, ouvimos desabafos veementes contra a falta de liberdade no mundo socialista. Lembrei-me do meu colega no Alcazar. Longe dos intérpretes, os estudantes contaram uma piada sobre um congresso internacional que debatia alimentação vegetariana. Dentro do tema "Por que comer carne?", o albanês perguntou: "O que é comer?"; o polonês: "O que é carne?"; e o russo: "O que é por quê?". Isso coincidia com o que havíamos observado nas fábricas: os soviéticos, não sabendo responder nada, tinham horror a perguntas.

Nas ruas de Leningrado, um clima pesado. As pessoas, tristes e ríspidas, não queriam ser fotografadas. Fugiam da nossa câmera, viravam as costas, tapavam a lente com a mão. Reação cultural ou simplesmente medo? Mais dúvidas remoendo por dentro o entusiasmo que antecedera a visita. No trem que nos levara à cidade, com a intérprete ao lado, ouvimos o cobrador, pegando nossos *tickets*, dizer claramente palavras que soaram como *privilegiya* e *student*.

Perguntamos: "Ele está bravo? O que ele disse?". A intérprete: "Ele não falou nada". Ora, não éramos surdos, o sujeito estava protestando contra nossos privilégios como estudantes estrangeiros. Privilégio, aliás, que tivemos na Praça Vermelha, quando, furando imensa fila de gente do povo, visitamos os mausoléus de Lênin e Stálin.

Mas o grande impacto da desigualdade na sociedade sem classes aconteceu no Teatro de Moscou, durante um concerto, uma imagem nunca esquecida. Estávamos ouvindo a décima segunda sinfonia de Shostakovich em sua primeira aparição, regida pelo próprio.

Observei que as pessoas que estavam na plateia principal eram diferentes das pessoas que estavam nas galerias. Nas galerias estavam claramente pessoas de origem camponesa. Eu já conhecera aqueles rostos em minhas visitas às fazendas coletivas, os *kolkhoses*: rústicos, gordos, narizes abatatados. Convivera alegremente com eles, tomando vodca com pepino — eles dizem que evita ressaca — e batendo papo.

Na plateia principal, um pessoal de nariz fino, feições bem talhadas, posturas aristocráticas. Oficiais do Exército Vermelho, burocratas do partido, a casta do poder. A encantadora música de Shostakovich era a trilha sonora da minha perplexidade. Por que essa distinção espacial entre indivíduos que teoricamente eram "camaradas" e integrantes da fraternidade socialista? Isso, contando assim, pode parecer uma observação superficial, mas todas as minhas experiências anteriores acharam, naquele momento, a sua síntese.

No hotel eu conversava muito com Betinho. Compartilhávamos das mesmas preocupações. Nada estava acontecendo como havíamos imaginado. Eram discussões longas, em que também colocávamos aspectos mais positivos: não havia mendigos nas ruas, as pessoas vestiam-se decentemente, ouvíramos falar de programas de habitação popular. Engendrávamos mecanismos de compensação. Mas a questão da liberdade se infiltrava nas conversas. Era o emocional perturbando o nosso racionalismo que buscava estancar essas decepções básicas.

Nós tínhamos a mesma inquietação. Quando digo, agora, que fiquei chocado, traduzo uma reação plural, minha e do Betinho. Tantas foram as especulações mútuas que misturei tudo em meu espírito. Difícil pontuar quem reagia a quê, ambos estávamos perturbados.

Não aconteceu nada de muito especial nas viagens a Tallinn e Bucareste. Em Tallinn, Estônia, fomos recebidos pelo presidente, eu dei uma entrevista na televisão e ganhei dez rublos. Reagi civilizadamente, à moda ocidental: "Obrigado, não precisa". Resposta: "Aqui todo trabalho é remunerado". No encontro com o presidente tentei de todo modo disfarçar que tinha um furo na sola de meu sapato tão batido!

Em Bucareste, Romênia, país satélite da URSS, fomos jantar com a intérprete do Partido e de repente ela ergueu a taça de vinho: "Um brinde ao camarada Kruschev!". Um de nós, acho que o Betinho, perguntou maliciosamente: "Vocês aqui não têm um herói nacional para homenagear? Por que o premier soviético? No Brasil, se brindarmos o John Kennedy, isso não pega bem". Ela respondeu: "É porque estamos unidos à URSS pelos ideais socialistas".

A viagem acabou melancolicamente.

No aeroporto, perguntaram quantos rublos tínhamos. Tomaram-me os tais dez rublos da entrevista e mais os dólares que convertera em rublos. Queriam me dar um papel para trocar pelo dinheiro equivalente em cruzeiros na Embaixada soviética no Brasil. Perguntei: "Posso gastar?". "Claro, só não pode levar". Mas a única coisa que consegui comprar foi um aparelho de barbear, que usei apenas uma vez na vida, tão ruim que era. O aparelho morreu enferrujado.

Nova escala em Paris, por um dia, antes da volta ao Brasil. Vale registrar o sentimento forte que me tomou logo no desembarque. Eu pensei e comentei: "Este é o meu mundo, não aquele". Os fatos vividos por mim na URSS, durante um mês, tiveram um enorme significado. Não podem ser facilmente traduzidos em palavras.

Em Paris, com o meu passaporte na mão, andando livremente, vendo gente alegre na rua, experimentei uma sensação de reencontro. Retomamos, Betinho e eu, aquele processo de análise.

Por que não gostamos de lá? No fundo, sabíamos que achávamos Paris muito melhor que Moscou. Será que foi o idioma? Será que foi o caráter oficial da visita? Ao mesmo tempo que havia o desencanto pela URSS, havia um certo receio pelo encantamento com a França. Caramba, como é que estamos gostando de um país capitalista depois de visitarmos a pátria do socialismo?

Dois dias depois eu estava contando essa história, com maiores detalhes e de maneira mais benevolente, aos meus companheiros de um grupo de esquerda que havia no movimento estudantil, do qual eu era responsável pelas atividades culturais.

Era noite, na varanda de um apartamento no Leblon. Moças e rapazes de esquerda, reunidos, para ouvir meu relato. No fim, alguém perguntou: "Puxa, foi tão ruim assim?". Falei: "Estou contando o que vi, o que senti. Lamento muito".

Por essa e por outras razões, o grupo, que era muito coeso, dispersou-se, acabou. Acabou o grupo e, junto com ele, um sonho.

- 6 -

Desfeito o sonho soviético, a civilização ocidental e cristã, aqui no Brasil, logo iria também exibir-me sua face cruel. Eu vinha, desde o terceiro ano, me interessando fortemente pela física, estimulado pelo padre Rosen e por um professor alemão, Jurgensen, que viera para o Rio, em 1959, para o Ano Geofísico Internacional. A cúpula da PUC, informada sobre meu desempenho como bolsista de iniciação científica, oferecera-me como certo um doutorado nos Estados Unidos, tão logo terminasse o curso. Estava tudo combinado.

Quase no final de 1961, depois de bem-sucedidas provas finais, fui chamado por um influente professor e padre, que me perguntou se eu estivera mesmo na União Soviética e o que eu tinha achado. Entendi, pelo seu tom inquisitorial, que ele não era o interlocutor adequado para um desabafo político. Detive-me aos poucos aspectos positivos da viagem, omiti as decepções contadas aos companheiros. Em troca, ele informou que a PUC não tinha mais qualquer plano de doutorado para mim.

Outro professor da PUC, Luiz Paulo Maia, procurou-me, solidário: "Depois desta sujeira, você pode e deve ir para São Paulo". Disse que havia falado a meu respeito com Sergio Mascarenhas, catedrático da USP, que estava dando um seminário no Rio. Fui falar com o professor Sergio e recebi um convite para trabalhar como instrutor de ensino. Seria o primeiro passo para uma carreira universitária.

O catedrático informou-me que havia assumido a chefia do Departamento de Física da Escola de Engenharia de São Carlos e estava formando um pequeno grupo de pesquisadores, com perspectivas de crescimento. Perguntou se eu queria arriscar. Se me saísse bem, poderia ir ao exterior tentar o doutorado. Dei a mim mesmo cinco anos para saber se era realmente o que eu queria. Mas, naquele momento, a viagem que me propunha era um percurso de treze horas de estrada, a bordo de sua velha Kombi, com destino ao interior paulista.

Lembro-me de que, naquela época, estava empenhado em estudar Filosofia. Discutia com o Raul Landim, também do grupo do Aldo, estudante de Filosofia, neotomista, aluno do padre Lima Vaz, uma figura encantadora. Tímido e ao mesmo tempo carismático.

Cheguei a ir a um convento em Friburgo para conversar com o padre Vaz e com Raul. Adorava o exercício intelectual da filosofia, embora dominasse muito menos essa matéria que meus interlocutores. A decisão de aceitar o convite para fazer Física em São Carlos teve que disputar com essa alternativa que não oferecia qualquer possibilidade profissional a curto prazo. Ganhou São Carlos.

A Primeira Aula

- 1 -

A estreia como professor em São Carlos teve lance de comédia e dramaticidade. Sergio Mascarenhas me chamara para ajudá-lo no Laboratório de Física da Escola de Engenharia. Ele ensinava eletricidade e magnetismo para o segundo ano e eu, supostamente, iria auxiliá-lo.

Chamei o técnico do laboratório, Carlos Trombella, e tratei de programar boa parte das experiências que deveria fazer com os alunos, logicamente sob a supervisão do catedrático. Ia modificando algumas coisas, mexendo aqui e ali, ensaiando com tranquilidade minhas tarefas de instrutor.

Na véspera da primeira aula, veio a impactante notícia: o professor Sergio tinha um compromisso inadiável e me pedia que o substituísse. Ora, aos 23 anos, tinha dado aula apenas em um cursinho no Rio, que montei junto com o Domingos Oliveira, hoje conhecido cineasta e diretor de teatro, amigo de minha irmã, Flavia Maria. O cursinho durou um ano e fechou. Aprovamos a maioria dos nossos poucos alunos.

Também ministrara umas aulas de Programação para os usuários do computador da PUC, mas por pouco tempo, além de alguns seminários que apresentei a colegas de lá.

Era uma aula experimental de Eletrostática, a primeira do curso, em laboratório. Havia um desastre iminente, a umidade presente naquele final de verão, e se tornava urgentíssimo eliminá-la completamente dos equipamentos, um por um. A umidade, como se sabe, mata qualquer experiência de eletrostática, pois a eletricidade acumulada escoa facilmente. Trombella e eu, noite e dia, armados com um prosaico secador de cabelos, lançamo-nos à tarefa de secar todos os equipamentos, que felizmente foi cumprida.

Mesmo pela manhã, duas horas antes da aula, voltamos a usar o oportuno eletrodoméstico. Secamos tudo outra vez. *Happy end*. As experiências deram tão certo que o professor, informado por Trombella de que tudo caminhara muito bem, nunca mais deu aula no laboratório. Eu ministrei, desacompanhado, o curso inteiro.

- 2 -

Os estudantes, quase da minha idade, gostavam do meu trabalho. Eu dividia as aulas em três etapas. Na primeira, mostrava o fenômeno físico; na segunda, o fenômeno era medido; na última, apresentava um paradoxo, uma experiência que parecia ir contra o que se aprendera; os alunos tinham que fazer um relatório sobre o que tinham observado e medido e explicar o paradoxo.

A gente sempre bolava esses paradoxos para o final das aulas. Eu comentava o que tinha sido feito e eles teriam que explicar por que o resultado não era o que ingenuamente se esperava. Era um desafio permanente e excitante. Montamos uma série de experiências novas e muito bonitas naquele curso. A partir de 1963, no segundo semestre, comecei a dar aulas teóricas, em classe, da mesma matéria.

A minha carreira estava deslanchando rapidamente. Eu já gostava da cidade que me assustara no primeiro momento. O jovem de Copacabana descobria, a cada passo, as boas peculiaridades do interior.

Logo na chegada, juntamente com Lenine Righeto e Almir Massambani, também novos contratados do Departamento, fomos procurar casa para morar. Descobrimos excelente sobrado no centro de São Carlos e o proprietário alugou imediatamente, sem exigir um papel sequer: "Ah, vocês são os novos professores da Escola de Engenharia? Pois, ótimo! O sobrado fica com vocês".

As pessoas eram simples, afáveis, tinham grande respeito pela USP. Mas eu desejava o meu doutorado e não queria fazê-lo no Brasil. São Carlos, então, não tinha *status* de importantíssimo centro de ensino e pesquisa que hoje tem. Sua pós-graduação praticamente não existia. Não havia quarto grau regular no Brasil naquela época.

Em 1963, o Departamento de Física iniciou um convênio com a Fulbright Comission, graças ao empenho de Sergio Mascarenhas. Dois professores americanos vinham ao Brasil e dois de São Carlos iam para os Estados Unidos passar dez meses. Era esse o trato. A cada dez meses, dois pra lá, dois pra cá.

Em 1963 chegaram a São Carlos dois professores americanos. O professor Gibbs trabalhava em teoria de grupos em sólidos e o professor Harry Brown, em magnetismo. Brown nos deu um excelente curso de mecânica quântica. O primeiro trabalho científico que fiz em 1963 foi com esse professor. Ele me estimulou bastante, disse que eu não podia ficar em São Carlos, pois estava perdendo tempo.

Em 1964 chegou a minha vez de ir para os Estados Unidos e passar dez meses lá com a bolsa Fulbright. Sergio Mascarenhas avisou que o meu estágio seria como professor visitante. Reagi: "Como visitante? Eu não sou ainda nem professor direito. Professor visitante tem que ter doutorado e eu não tenho. Com que cara eu vou chegar nos Estados Unidos?". Mascarenhas respondeu que não era bem assim, que como uma pessoa inteligente eu ia aprender muito chegando lá.

Ora, eu não tinha formação sequer para absorver adequadamente o que existisse de conhecimentos em um centro avançado de pesquisa em física. Queria firmemente o doutorado. Então ele me excluiu do programa: não estava nem um pouco feliz com essa minha obsessão de conseguir doutorar-me no exterior. Em resposta, simplesmente pedi demissão.

Mascarenhas maduramente voltou atrás na minha exclusão do programa e, depois de muitas negociações, acabei dentro da bolsa Fulbright. Só que eu tinha um trunfo na manga. Aconteceu de um grande amigo meu, Laércio Gondim de Freitas, ter ido pelo programa, no ano anterior, para os Estados Unidos. Ele me escreveu, durante as discussões com Mascarenhas, uma carta que dizia, em resumo, o seguinte: "Não venha como professor visitante, mas para fazer seu doutorado. Nós não temos formação suficiente para sermos professores visitantes aqui e você vai passar vexame. Se quiser vir para onde estou, um professor chileno, com quem trabalho, pode ajudá-lo. Se você for bem nos dez meses de bolsa, ele te inscreve no doutorado".

Então eu dei minha cartada. Deveria ir para a Purdue University, em Indiana, com esse propósito.

Feitas as tratativas para a bolsa, fui chamado ao Consulado americano. Deu-se, no início desse encontro com o diplomata, uma espécie de *replay* da minha decepcionante conversa, em 1961, na PUC. O cônsul me perguntou: "O seu nome é Roberto Leal Lobo e Silva Filho?". "Sim", respondi. Ele continuou: "Engraçado, uma pessoa com o seu nome esteve na União Soviética. Foi você?". "Com esse nome tão comprido, senhor cônsul, eu não tenho homônimo. Claro que fui eu", falei. Então ele me perguntou o que eu tinha achado da viagem. E aí novamente defendi a URSS.

Algum mecanismo psicológico me induzia a reagir dessa forma quando alguém, situado no polo oposto dos meus sonhos políticos iniciais, inquiria-me sobre o socialismo. Disse que tinha visto alguns defeitos, mas notara também muitas qualidades. Falei da educação, da saúde, da habitação popular. Ele resmungou: "Interessante..., mas eu queria fazer mais uma pergunta: Se você tivesse que escolher, numa eleição, entre Carlos de Lacerda e João Goulart, votaria em quem?". "Eu votaria em Juscelino Kubitschek", respondi. Aí ele comentou risonhamente: "É uma boa resposta". E, depois de algum tempo, o Consulado me concederia o visto.

Vim a saber depois que quem trabalhou muito por este "visto" foi Guilherme Figueiredo, que era representante da Fulbright Comission no Brasil. Guilherme, escritor, era irmão do General Figueiredo, que viria a ser presidente do Brasil. Ele defendeu minha ida aos Estados Unidos. Sabia que eu tinha estado na URSS, e, apesar disso, praticamente avalizou meu embarque.

- 3 -

Em Indiana fui recebido no aeroporto por Sergio Rodriguez, o professor chileno que seria meu orientador. Ele foi gentil, mas taxativo: "Depois desses dez meses de bolsa você terá seu exame de qualificação e seu exame preliminar. Se passar em ambos, figurando entre os três primeiros alunos da turma, eu garanto sua permanência aqui".

Passaram-se os dez meses. Foi uma experiência interessante, mas extremamente difícil.

Eu fiz cursos durante este período e os dois exames fundamentais: um de habilitação para ser pós-graduando e outro de habilitação para o doutorado. O segundo mais difícil que o primeiro.

Foi uma pauleira. Eu tinha simultaneamente que afiar o meu inglês, que não era dos melhores. Trabalhava num ritmo completamente diverso do ritmo que se trabalhava no Brasil. Eram dezenas de problemas. Só no curso de mecânica estatística, dado por Sergio Rodriguez, havia uma lista de noventa problemas para resolver durante os feriados de Thanksgiving. Tinha de aprender a ter velocidade.

No exame preliminar eles só passavam o número de pessoas que fossem capazes de orientar, mais ou menos um terço dos candidatos. Aos que não passavam eles davam apenas o mestrado. Eu enfiara na cabeça as palavras de Rodriguez: tinha que passar entre os primeiros para fazer o doutorado. E, no final, eu passei entre os três primeiros nos dois exames.

A competição nas universidades americanas é muito grande, principalmente quando se trata de áreas concorridas da pós-graduação. Como as notas são relativas (certos percentuais de A, B, C etc.) e as aprovações nos grandes exames de suficiência idênticas ao vestibular do Brasil, o espírito de competição está sempre vivo entre os estudantes.

Minha mulher fez um curso de redação e literatura inglesa e, certa ocasião, tendo esquecido a caneta, pediu outra emprestada a um colega. Vã tentativa. Mesmo aqueles colegas que traziam ostensivamente uma caneta no bolso mostraram-se insensíveis à solicitação. Por minha vez, tendo faltado a uma aula, procurei com alguns companheiros recuperar os apontamentos sobre a matéria apresentada. A resposta que recebi foi de que não tinha sido dado nada de importante. Perguntei: "Nada? O professor ficou duas horas aqui e não deu nada?". Eles: "É... não anotamos nada". Felizmente, o professor gostava de mim. Emprestou-me as notas de aula.

Esse nível acirrado de competição, criando um ambiente muitas vezes pesado e desagradável, por outro lado incitava os estudantes a trabalharem muito, contarem com seu próprio esforço para conseguir um bom desempenho e se compararem permanentemente com os colegas.

Uma vez precisávamos entregar a lista de problemas de matemática. Alguns alunos não tinham terminado e pediram ao professor um adiamento de poucos dias. O professor concordou e comunicou à classe, que se rebelou: "Se fizemos nossos problemas para hoje, varando o fim de semana, não há razão para concedermos mais tempo aos colegas que não se dispuseram a isso. Somos contra o adiamento!". O professor concordou e retirou a proposta. Esse era o clima!

Muitos discutem se o jovem pesquisador deve fazer o doutorado no exterior (o que leva alguns anos) ou se é preferível fazê-lo no Brasil e ir, já doutor, estagiar lá fora como pós-doutorado. Argumenta-se que ele já tem mais formação, é mais independente e pode aproveitar melhor seu tempo de permanência em um centro mais avançado.

Reconheço que esses programas de pós-doutorado são muito importantes, pois o país tem seus próprios cursos de doutorado, mais econômicos e necessários. Mas, por outro lado, sempre insisto que é preciso manter um contingente de jovens pesquisadores buscando o doutorado no exterior, principalmente em áreas nas quais o conhecimento está se transformando rapidamente.

A convivência por vários anos com pesquisadores em centros avançados, a competição nos cursos e nas pesquisas com futuros cientistas de países mais evoluídos e o contato como orientado de um professor estrangeiro (se for de alto nível) dão ao jovem uma segurança que ele dificilmente teria de outra forma. O estudante de doutorado se insere melhor num ambiente e volta, quando bem-sucedido, mais confiante. Foi esta a minha experiência.

Iniciou-se o período de tese. Pouco tempo depois fui ao orientador e manifestei minha insatisfação: eles não faziam nada que respondesse às minhas aspirações científicas. Eu queria trabalhar em questões ligadas ao chamado "Problemas de Muitos Corpos". Através desse estudo pode-se entender o comportamento de sistemas compostos por muitas partículas, gases, líquidos e sólidos. Procurava-se identificar comportamentos coletivos que não dependessem dos movimentos individuais de cada partícula (o que é impossível de descrever em detalhe).

Aparentemente, não havia ninguém no Departamento de Física de Purdue que tratasse dessas questões. Eu disse: "Acho que vou embora, porque não me atrai o que vocês fazem aqui". Meu orientador reagiu favoravelmente: "Você faça o que quiser, mas faça aqui". E pouco depois me deu um problema para resolver. Não era exatamente o que eu queria, mas de qualquer forma passei a trabalhar com mais entusiasmo.

Um mês depois de trabalhar no problema, fui chamado por Rodriguez, que me informou ser árbitro da *Physical Review* e que tinha recebido um artigo para opinar que era semelhante ao que eu vinha estudando. Li o trabalho e disse a ele que o artigo apresentava a solução do problema sobre o qual eu já me debruçara por um mês. Então, disse ele, o meu tema não servia mais.

Deu-me outro artigo para ler que tratava da teoria de um pesquisador chamado Overhauser, grande amigo dele e cientista respeitado, referente a uma conjectura sobre magnetização de spins em metais. Pediu-me para demonstrar que o pesquisador estava certo. Eu cheguei à conclusão de que a conjectura não estava certa. "Não é possível", disse Rodriguez. "Eu acho que está errado, isso não funciona nessa classe de materiais", insisti. Ficamos naquele impasse.

Ele, preocupado, arrumou outra chance para mim: eu passaria o verão no Argonne National Laboratory, ali perto de Purdue e de Chicago. Era um grande laboratório federal americano, onde se trabalhou muito com energia nuclear, e que mantinha um grande grupo envolvido com líquidos e sólidos. Passei três meses lá. E, durante esse período, desenvolvi e concluí uma tese.

- 4 -

A minha tese foi, como eu pretendia, sobre líquidos utilizando as técnicas dos problemas de muitos corpos. Em noventa dias, com dedicação plena, praticamente havia concluído meu trabalho. Voltei para Purdue com todos os cálculos debaixo do braço e uma questão residual: eu tinha usado um teorema que não sabia demonstrar, mas intuía que era verdadeiro. Contei para o meu orientador até onde chegara, ele achou ótimo e comentou: "Só falta demonstrar o teorema. Esse teorema é fundamental para fechar a tese". Ele estava certo.

Eu fiquei trabalhando nisso mais de um mês. Aí ocorreu um episódio fantástico. Até hoje não sei explicar o que houve. Faço o registro pelo inusitado do episódio, para o qual não tenho uma explicação convincente.

Eu passava os meus dias em busca do teorema, pensando e estudando em tempo integral. Uma noite, exausto, adormeci e sonhei que estava assistindo um seminário. Depois do seminário, eu contava meu problema para o sujeito que estava dando a conferência principal, que era russo, se não me engano. Este personagem de sonho me disse que eu deveria estudar a teoria dos Excitons e assim resolveria meu problema. Eu acordei com a sugestão na cabeça. Não conhecia essa teoria, pelo menos achava que não conhecia, talvez estivesse no meu subconsciente.

No mesmo dia fui perguntar ao meu orientador se ele tinha algum livro a respeito de Excitons. Ele disse: "Acabou de chegar um livro a respeito de Excitons, se você quiser eu empresto". Eu li o livro e resolvi o teorema sem maiores dificuldades com uma técnica usada na obra. Fiquei perplexo e maravilhado: tinha resolvido o problema em dois dias, depois de tanta luta. Fechei minha tese em dezembro de 1966, dois anos e cinco meses depois de chegar aos Estados Unidos. Um recorde, suponho. Eu tinha 28 anos. Cinco meses depois defendi a tese e recebi a titulação de doutor, PhD, pela Purdue University. Não afirmo isso por pura vaidade. Quero demonstrar, com um exemplo objetivo, que tenho razões quando, hoje, critico os doutoramentos excessivamente longos no Brasil. Há pessoas, na universidade pública, estudando com o dinheiro do contribuinte que, ao concluírem o doutorado, estão a seis anos da aposentadoria.

O período que passei nos Estados Unidos foi o mais importante da minha vida científica. Aprendi a pensar a física, assimilei-a no sangue como uma coisa natural e parte de minha vida. Com o pós-doutorado foram quatro anos de contato com a ciência e com uma civilização diferente da nossa, porém respeitável e bem-sucedida. Não sobrevivi nesses quatro anos, mas vivi-os intensamente. No final me sentia muito à vontade na América.

A Rota São Carlos-Chicago

- 1 -

Quando eu estava para regressar ao Brasil encontrei novamente o professor Sergio Mascarenhas em um congresso nos Estados Unidos. Ele me falou que dois professores, sem doutorado, me esperavam em São Carlos para orientá-los.

Um deles era Almir Massambani, que tinha ido junto comigo para São Carlos, meu colega, da mesma idade que eu. O outro era Laércio Freitas, que tinha estado comigo em Purdue e que havia me alertado sobre o estágio como professor visitante. Ele não conseguira preparar uma tese para defender um doutorado, uma vez que dez meses é um prazo muito curto.

Ele tinha chegado ao Brasil e estava academicamente imobilizado, esperando que eu o orientasse. Uma situação curiosa, porque Laércio tinha sido meu professor em São Carlos. Mas, como se tratava de uma pessoa maravilhosa, conseguimos, juntos, administrar o problema. Só ele mesmo, com sua grandeza moral, poderia superar essa dificuldade psicológica.

Eu disse a Sergio Mascarenhas no congresso: "Então, preciso ficar mais um ano aqui". Não tinha condições, recém-doutorado, de voltar para o Brasil e pegar dois colegas para orientar. Faltava-me uma visão mais abrangente de problemas para ser um bom orientador.

Ao terminar meu doutorado tive alguns convites para permanecer nos Estados Unidos, inclusive um do Canadá. Mas tinha me comprometido a voltar e, pela segunda vez, perdi a oportunidade de me radicar nos EUA, onde muito provavelmente estaria fazendo física até hoje.

A primeira vez que tive a oportunidade de me radicar na América foi quando tinha 11 anos e meu pai resolveu levar toda a família para Nova York, tentando uma impossível carreira na música, como compositor.

Ele era professor de Contabilidade e compunha como um hobby, ao qual se dedicava muito. Durante os seis meses que passamos lá fui à escola e tive aulas inclusive de álgebra, que ainda não tinha tido no Brasil. Mas peguei a coisa rapidamente e fui o melhor aluno nessa matéria.

Quando meus pais disseram aos professores da escola que voltaríamos ao Brasil, o professor de matemática propôs que eu ficasse morando na casa dele, com sua família, que ele se encarregaria da minha educação. Meus pais democraticamente me consultaram. Eu disse não. Queria voltar para o Brasil.

Quando o navio que nos trouxe de Nova York atracou e eu olhei o cais do porto, a desorganização, garotos descalços correndo pelas calçadas, chorei de arrependimento. Senti que tinha perdido uma oportunidade e outro destino. Isso foi em 1950.

Mais uma vez nos EUA, fiquei mais doze meses como *post-doctoral* trabalhando na Northwestern University.

Voltei ao Brasil em condições de propor problemas originais em mais de uma área. Já não era mais tão inexperiente. Tinha acumulado conhecimentos e técnicas no tratamento de líquidos, metais, semicondutores. Vivera uma trajetória que me dera condições, então, de orientar outras pessoas.

Durante o ano em que passei na Northwestern tive a oportunidade de conhecer e trabalhar com excelentes físicos que aliavam a qualidade científica ao fato de serem pessoas entusiasmadas e de ótimo relacionamento. Lembro-me de John Robinson e K. Singwi do Argonne National Lab. e de Martin Baylin da Northwestern. Aprendi muito com eles.

De volta a São Carlos, coordenei a implantação da pós-graduação em Física associada ao meu departamento. Montei o grupo de física teórica, que é atualmente um dos melhores do país e naquele tempo quase inexistia. Tinha pouquíssima gente: Laércio, Almir e Guilherme Leal Ferreira. Guilherme tinha sua linha própria de pesquisa na qual se manteve sempre. Montei o grupo. Comecei a trabalhar, produzir e publicar.

Fiz depois algumas viagens aos Estados Unidos. Passei algum tempo na Northwestern University, a convite deles, para concluir alguns trabalhos. Resumindo: 1968 e 1969 foram anos de intenso trabalho científico, um ir e vir constante, na rota São Carlos-Chicago.

Coincidentemente esse período também foi de grande turbulência institucional no Brasil, principalmente a partir do terrível AI-5. Embora isso me trouxesse grande angústia, como trouxe à maioria dos brasileiros, minha atuação em termos políticos foi igual a zero. Estava completamente absorvido pela ciência e pela implantação do meu grupo em São Carlos.

Às vezes, de longe, supunha que os episódios políticos no Brasil eram desdobramentos do golpe militar de 1964 e que se esgotariam a qualquer instante. Eu entrara na casa dos 30 anos com o propósito inabalável de fazer vingar a pós-graduação em São Carlos e avançar o máximo possível em minha formação. Foi uma opção longamente amadurecida. Afastei-me completamente da ação política. Concentrei-me na ciência e na política científica.

Quando voltei, o Instituto de Física e Química estava praticamente implantado, não era mais um departamento da Escola de Engenharia. Havia evoluído muito e já contava com quinze professores. A cidade provinciana, que eu avistara em 1962, progredira muito em dez anos. Tinham substituído os paralelepípedos e asfaltado as ruas principais, o bonde sumira, os sobradinhos eram menos visíveis com as modernas construções. Indústrias surgiram, a cidade marchava celeremente para tornar-se o que é hoje: um dos mais importantes centros de tecnologia do país.

Iniciado por Sergio Mascarenhas, a USP São Carlos formou na Física de Sólidos um dos grupos pioneiros nessa área no país. A partir de 1972, depois de voltar dos Estados Unidos, comecei a me empenhar na tarefa de valorizar a Universidade Federal que estava começando na cidade. Dei muita força para criar-se ali um bom Departamento de Física, embora na USP isso fosse mal compreendido por alguns colegas. Eles achavam que eu estava traindo a USP. Na verdade, eu estava ajudando a consolidar dois polos para o bem da ciência, no mesmo local, que podiam somar e se completar.

Algum tempo depois ajudei a levar André Swieca, que era um grande físico brasileiro, para trabalhar na Federal, e convidei para meu grupo na USP dois outros renomados cientistas, Roland Koberle e Silvestre Ragusa. Ficamos realmente bastante fortes nessa época.

Em 1970 concorri a uma bolsa Guggenheim, nos Estados Unidos, muito difícil de conseguir, considerada um prêmio de reconhecimento científico. É administrada por uma fundação instituída pela família de um cientista com esse nome, que morreu muito moço. Pedi a bolsa, estimulado por Sergio Mascarenhas.

No começo de 1971, aceitei um convite da PUC do Rio de Janeiro para passar um tempo na universidade como professor visitante. Achei importante aceitar porque havia lá um grupo teórico muito bom. Eu também queria ter contato com pesquisadores de outras áreas e não apenas com o pessoal de estado sólido. Na PUC estavam, por exemplo, André Swieca, que trabalhava em Teoria de Campos, e Nicim Zagury, que trabalhava com partículas elementares. Havia, igualmente, pessoas envolvidas em física nuclear, gravitação etc. Era um grupo mais eclético do que o de São Carlos.

Eu aceitei o convite e fui passar seis meses na PUC, de agosto a dezembro de 1971. Alugamos um apartamento e viajamos toda a família — eu, Mila e os dois meninos, Roberto Neto e Ricardo. Minha mulher esperava o terceiro filho.

Embora a bolsa Guggenheim pudesse sair naquele mesmo ano, eu tinha poucas esperanças de consegui-la, porque era muito novo. Achava que não seria chamado. Mas, certo dia, estava assistindo pela TV, em casa de amigos, a uma semifinal da Taça Davis. De repente Mila, que ficara no nosso apartamento, me ligou dizendo: "Chegou uma carta da Guggenheim". Pedi para que lesse e me desse a notícia. Ela abriu a carta e falou: "Você foi aceito". Uma confusão, logo na chegada ao Rio. Eu teria que estar nos Estados Unidos em setembro e já havia me comprometido com a PUC até dezembro.

Escrevi para a Guggenheim e pedi para ir somente em janeiro, no ano seguinte, uma vez que tinha acabado de chegar ao Rio, por não saber se a bolsa ia sair ou não. A Guggenheim foi fantástica, desta vez e sempre, tendo concordado imediatamente. Tivemos que planejar uma nova mudança, logo depois da chegada. A bolsa, em princípio, seria de um ano, com sede formal em Purdue, mas para que eu atuasse na região de Chicago, no Argonne National Laboratory, onde eu já havia trabalhado, além de um período na Universidade da Califórnia.

Em janeiro, deixamos todos os nossos móveis na casa dos meus pais e fomos embora para Purdue. Meu terceiro filho, Carlos Eduardo, havia nascido em final de outubro. As duas pessoas que estavam sendo orientadas por mim tinham concluído seus doutorados e mestrados, eu estava livre para outros compromissos. Viajamos para os Estados Unidos com um menino de três meses e mais os outros dois.

- 2 -

O meu conhecido campus de Purdue, com 35 mil alunos, era típico das universidades do *midwest*, bonito e bem cuidado, com muitos gramados. Os prédios, de tijolinhos, todos com três andares no máximo.

Lafayette, a cidadezinha que sediava a universidade, deveria ter no máximo 15 mil habitantes. Atravessava-se a ponte e chegava-se a Purdue. Hospedamo-nos no próprio campus dentro do esquema que eles chamam *married student courts* — alojamentos para gente casada.

Eu viajava muito, tinha que ir a Northwestern University e ao Argonne Lab. Eu fiquei muito mais fora do que dentro de Purdue. Passava dois ou três dias por semana na Northwestern, junto com o pessoal que eu conhecera como *post-doctoral* e explorava uma área muito mais próxima da que eu trabalhava com o pessoal de Purdue. Nesse período tratei de seis problemas que me intrigavam. Em alguns trabalhei sozinho, em outros com o pessoal da Northwestern e do Argonne.

Quando terminou esse período eu deveria viajar para a Califórnia, mas meu filho mais velho teve um problema de saúde. Nós ficamos muito preocupados, principalmente pela continuidade que o tratamento deveria ter.

Desisti da cobiçada bolsa depois de seis meses e resolvemos voltar para o Brasil.

Escrevi para a Guggenheim e novamente eles foram ótimos. Disseram que era um prêmio pelo qual eu havia trabalhado e que eu poderia cumprir o restante da bolsa no Brasil.

- 3 -

Outra vez em São Carlos, escrevi todos os seis trabalhos que havia desenvolvido durante o período de seis meses nos Estados Unidos. No final do ano, encaminhei o relatório científico para a Guggenheim e pedi para que me informassem como deveria fazer o relatório financeiro. Responderam-me que o relatório científico estava excelente e que fora aprovado com todos os méritos. O relatório financeiro, disseram, consistia em escrever quanto eles me haviam pagado e quanto eu havia usado, numa folha de papel. O tipo de resposta americana: muito simples e muito direta. Eu prestei contas e tudo foi rapidamente aprovado.

No ano de 1972 comecei a orientar Oscar Hipólito, em seu doutorado. Era uma tese interessante, com questões muito polêmicas. Dela nasceu um artigo que iria contrariar o *establishment* científico. Uma das questões que nós analisávamos opunha-se ao que se considerava a interpretação correta de um fenômeno.

Esse artigo encontrou grandes dificuldades para ser publicado, porque o *establishment* americano o recusava, mas acabou saindo em uma revista italiana, *Il Nuovo Cimento*. Da tese de Oscar extraímos outros artigos, muito bem aceitos.

O número de citações internacionais de artigos equivalentes produzidos no Brasil ou nos países mais avançados favorece claramente os segundos. As razões para isso? Em primeiro lugar, as instituições de maior renome internacional chamam mais atenção dos leitores. Em segundo lugar, o fato de um cientista estar numa instituição que faz parte do circuito internacional permite que o pesquisador participe de muitos encontros científicos, seminários e congressos, onde a divulgação de seus trabalhos pode ser diretamente veiculada, o que induz naturalmente à leitura pelos colegas e a subsequente citação.

Mesmo para se publicar artigos em revistas internacionais há uma clara assimetria no tratamento dos manuscritos oriundos de pesquisadores radicados em países cientificamente desenvolvidos e não desenvolvidos. No meu caso particular, sempre que iniciei uma linha nova de pesquisa no Brasil tive dificuldade de publicar meu primeiro artigo sobre o tema.

As razões apresentadas eram muitas vezes decorrentes da falta de uma leitura mais cuidadosa do consultor da revista, que via no topo do texto o nome de um autor desconhecido, radicado em uma instituição de terceiro mundo. Não dava muita atenção ao trabalho e preconceituosamente o recusava. É interessante o fato de que a partir do segundo ou terceiro artigo na mesma área a aceitação ficava mais fácil e rápida, embora a qualidade dos resultados pudesse ser equivalente. Eu ficara conhecido do grupo seleto de cientistas que trabalhavam na área e que eram consultores de revistas.

Rogério Trajano da Costa (físico carioca que pertencia a nosso grupo em São Carlos) e eu concluímos um trabalho em que apresentávamos uma solução exata original para um problema de física de sólidos, antes somente resolvido para sistemas de uma só dimensão. Muitas vezes os problemas reais tridimensionais são muito difíceis de resolver, e os cientistas buscam solucionar as equações para sistemas de dimensões menores que, embora não sejam reais, podem dar uma ideia das principais características dos sistemas tridimensionais reais.

No nosso caso, resolvemos nossos modelos em duas e três dimensões. Até aí tudo muito bem. Orgulhosos, mandamos nosso artigo para a revista *Journal of Mathematical Physics*, de grande conceito internacional. Tempos depois recebemos o parecer de um consultor que, além de demonstrar absoluta superficialidade na leitura do nosso trabalho, fazia considerações totalmente descabidas. Resolvi então responder no mesmo tom.

Escrevi ao editor dizendo que, embora sua revista fosse muito prestigiada, em nosso caso o consultor escolhido demonstrara total incompetência. Dizia ainda que, sendo a revista pessimamente assessorada na área de sólidos, tínhamos perdido o interesse em ver nosso artigo publicado nela e concluía demonstrando tecnicamente os erros cometidos pelo consultor.

Pouco depois, recebemos nova carta do editor, aliás um físico de grande renome, pedindo desculpas pelo ocorrido, nos dando razão e afirmando que ele tinha pessoalmente assumido a responsabilidade de mandar veicular nosso trabalho. Perguntava se concordávamos com isso. Concordamos, é claro. O trabalho foi publicado rapidamente.

Reconhecemos aqui a lisura e a competência do editor que, anos depois, recebeu o maior reconhecimento científico possível: Subrahmanyan Chandrasekhar, Prêmio Nobel de Física em 1983.

- 4 -

Desviei-me da rota São Carlos-Chicago para viajar a Miami, em 1973, onde vivi, durante três dias, uma experiência inesquecível. Fui convidado por Lars Onsager, Prêmio Nobel de Física, que completava 70 anos, para sua festa de aniversário, que seria um grande seminário em sua homenagem. Cada participante deveria levar seu principal trabalho na área de atuação de Onsager. Levei meus últimos trabalhos relacionados à minha tese de doutorado defendida em Purdue e que tratava de líquidos polares, tema em que Onsager tinha dado contribuições importantíssimas.

Conhecer um Prêmio Nobel em carne e osso já era uma situação marcante para qualquer pessoa. E tudo ganhou para mim uma dimensão maior quando Lars Onsager demonstrou interesse especial e generoso por mim. Convidou-me para ir a sua casa, onde estive diversas vezes. O prazer intelectual daquelas conversas, na intimidade de sua biblioteca, instalou-se no meu espírito para sempre.

Contei, numa dessas visitas, a dificuldade que eu enfrentava para publicar, em revista americana, a ousada hipótese que desenvolvera no trabalho com Oscar Hipólito, meu orientado em São Carlos.

Aconteceu, então, uma coisa incrível: o notável cientista, reconhecido mundialmente, pegou algumas tabelas e, durante meia hora, em silêncio absoluto, ficou fazendo cálculos, que afinal comprovavam os nossos. Disse: "Acho que você está certo".

Ainda emocionado, tentei sensibilizá-lo: "Pois é, professor, lá no Brasil estamos criando um grupo de física teórica. Mas é um grupo novo, ninguém tem mais de 35 anos…". Onsager olhou-me fixamente e disse, com voz pausada: "Ah… mas aos 35 anos tem gente que já fez muita coisa…".

Senti como uma advertência para que eu não buscasse desculpas na falta de experiência e assumisse meu papel. O comentário me deu uma alegria muito grande e ao mesmo tempo me convenceu de que ele não estava totalmente certo: a criatividade dos jovens precisa muitas vezes se apoiar na erudição dos mais velhos para dar todos os frutos. Foi um momento pleno na minha vida.

Naquele dia, aos 34 anos, amadureci uma década. Adquiri forças para continuar com maior dedicação em meus projetos de vida.

- 5 -

O artigo científico que Oscar e eu publicamos na Itália era um estudo sobre o comportamento de um Sistema de Muitas Partículas, área em que eu queria trabalhar desde meu doutoramento em Purdue. Acabei trabalhando nela até o final da década de 1970.

Por esse tempo o jornalista José Hamilton Ribeiro, da revista *Realidade*, esteve em São Carlos para fazer uma reportagem. A revista havia publicado uma matéria em 1969, quando implantamos o curso de graduação em Física. Quando estávamos formando a primeira turma, quiseram documentar o que tinha acontecido.

José Hamilton é um grande repórter, muito premiado, com vários prêmios Esso de Reportagem. Tivemos um período em que ficamos muito próximos quando estava terminando meu pós-doutoramento na Northwestern. José Hamilton havia sido mandado pela *Realidade* para cobrir a Guerra do Vietnã. Para sua infelicidade, pisou em uma mina e sofreu terrível acidente, tendo perdido parte de uma perna em decorrência da explosão.

Um dia, minha mulher e eu recebemos um telefonema da Marinha americana perguntando se conhecíamos um jornalista chamado José Hamilton que estava ferido em um hospital perto de Chicago e que tinha informado a eles que nós éramos os conhecidos mais próximos geograficamente que ele tinha.

Os americanos estavam com problemas com ele porque ele não falava bem inglês, já podia ter alta do hospital, mas precisaria manter-se próximo para curativos e revisões periódicas por alguns meses.

A questão era se nós poderíamos alojá-lo em nosso apartamento. Ele era casado com uma prima de minha mulher, e nós prontamente aceitamos a sugestão, Mila se dispondo a fazer os curativos diários entre as visitas ao hospital. Um gesto admirável e corajoso.

José Hamilton ficou conosco um bom tempo, conversamos muito, ele me contou toda a sua saga no Vietnã, e passamos a nos conhecer bem e nos admirar reciprocamente.

Portanto, como eu o conhecia muito, não quis me intrometer na matéria que ele estava preparando para a revista. Disse a ele: "Conversa aí com o pessoal que você faz a sua reportagem. Se tiver alguma dúvida, me fala". Depois de uns três dias, ele me disse: "Eu não consigo distinguir o Instituto de Física e Química de São Carlos do Departamento de Correios e Telégrafos, porque eles falam de convênios, equipamentos, burocracia. Isso os Correios também tem. Quero saber como é que vive um físico no Brasil, como pensa, como é que consegue fazer física, como é o seu dia a dia. É isso que me interessa". "Bom, se você quiser falar comigo, estou à disposição", falei, e José Hamilton pediu: "Venha aqui, vamos jantar".

Ele estava num hotel. Cheguei às oito da noite e ficamos discutindo o que eu estava fazendo, principalmente daquele problema que enfrentava dificuldades no plano internacional, porque era muito polêmico.

Às quatro horas da manhã, Zé Hamilton estava perfeitamente esclarecido a respeito de tudo o que tentávamos demonstrar em nosso trabalho. Um pouco antes disso, ele, que não era da área, começou a fazer perguntas pertinentes. E, semanas depois, produziu uma reportagem antológica, que saiu no último número da *Realidade*, antes de encerrarem as atividades da revista.

A matéria intercala notícias, com muita graça e clareza, sobre o Instituto de Física de São Carlos e o trabalho de tese do Oscar, orientado por mim. E, embora centrada em uma pesquisa científica, descreve as idas e vindas da pesquisa, os momentos de euforia e de depressão, os avanços e recuos, e apresenta o problema que estávamos tratando com rara clareza, terminando assim a matéria, com a graça típica do repórter:

> A curva de Berko não é mais uma contradição científica: a teoria explica a experiência. E São Carlos pode dormir tranquila: no caso da "invasão" de pósitrons em metais alcalinos, ele contribuiu para que o homem conheça um pouco mais das coisas do seu mundo. E contribuiu também, nesse passo, para que a física se reencontrasse com a natureza.

- 6 -

Embora goste muito da pesquisa, eu sempre quis ser um bom professor. Jamais me descuidei do ensino. José Benedito Sacomano, que se tornou professor da USP e meu ex-aluno da Escola de Engenharia, lembrou-me um dia que, na década de 1960, durante uma prova, quis devolver-me o papel em branco. Tamanho foi o meu esforço para motivá-lo a não desistir que ele resolveu fazer a prova e, no final, obteve a melhor nota da turma. Talvez, contando isso, ele quisesse generosamente dividir comigo um mérito que foi todo seu, mas o episódio serve para ilustrar o meu interesse pelo desempenho dos alunos.

Em 1970 havia começado o bacharelado em Física em São Carlos. Fiquei encarregado de preparar o curso de mecânica quântica, que era dado no quarto ano. Planejei tudo com bastante cuidado, porque sempre entendi que a mecânica quântica era um curso dado de maneira desagradável e extremamente formal.

Parecia um milagre para os alunos que, de repente, a mecânica não fosse mais aquela de Newton, que alguém tivesse inventado algo diferente, mas que também era mecânica.

Eles olhavam uma função de onda e não sabiam o que aquilo queria dizer: "Cadê a partícula? Isso é uma função de onda matemática de um elétron, mas onde está ele? Sumiu? Qual a relação entre essa formulação matemática e o que se observa na natureza?".

Resolvi que o salto para a mecânica quântica não podia ser feito daquela forma. Era necessário dar ao estudante uma visão histórica da construção da nova mecânica. Achei importante mostrar por que o paradigma da física clássica teve de ser substituído por um novo paradigma.

A mecânica quântica é da década de 1920, mas não foi incorporada à visão do mundo da maioria das pessoas, principalmente no Brasil. É uma formulação feita para lidar com fenômenos microscópicos e por isso não faz parte da experiência cotidiana. Decidi partir da física clássica, fazendo uma recordação sobre seus fundamentos.

Mostrava, então, as experiências que vieram contradizer o que ela previa e, a partir disso, como se tentara construir uma teoria explicativa desses fenômenos.

A mecânica clássica é absolutamente lógica, é fechada logicamente (se aceitarmos a existência das massas e da ação à distância). Só que ela não descreve bem a natureza na dimensão microscópica, somente os fenômenos macroscópicos.

A física não é necessária do ponto de vista lógico. Não adianta sentar numa sala e querer, como desejam alguns alunos, descobrir se é de certa forma, porque tem que ser e só pode ser assim. Tem-se que fazer experiências para chegar a essa descoberta.

Einstein dizia que uma teoria física é como uma palavra cruzada. Várias palavras podem caber como resposta a um item, mas só uma vai ser compatível com as outras e completar o problema geral.

Há muitas estruturas lógicas que podem ser propostas e uma só será verdadeira, aquela que descreve corretamente o conjunto de fenômenos observados. Nesse sentido é que a física não é necessária do ponto de vista lógico. A lógica é insuficiente, porque há muitos cenários possíveis, como disse Bertrand Russell.

Eu queria mostrar aos alunos através das experiências que a mecânica clássica ruíra no final do século XIX. Que havia um conjunto de experiências inexplicáveis pela mecânica clássica e pela física clássica em geral.

Passei os dois primeiros meses do curso explicando isso: o que era a mecânica clássica na época, o que era a termodinâmica, quais foram as experiências inexplicáveis por essa física e como, a partir daí, começou a se montar um novo paradigma.

Uma vez eu estava falando de Heisenberg e um aluno comentou: "Não é uma coisa tão fantástica assim. É apenas um passo a mais". Na aula seguinte, continuei a desenvolver o assunto e mostrei a diferença entre o que Heisenberg tinha feito e tudo que era visto antes dele. Aí o mesmo aluno olhou para mim e falou: "Incrível, professor". Eu disse: "Pois é, agora você entendeu completamente o que eu queria dizer. Um cientista, para dar esse 'pequeno' salto, precisa ser incrivelmente criativo. Ele rompeu com a forma tradicional de pensar a física".

Heisenberg era um físico alemão, Prêmio Nobel, que formulou matematicamente a mecânica quântica. Ele foi obrigado a sair das equações da mecânica tradicional e entrar numa descrição matricial de mecânica. Aliás, ele nem sabia que era uma descrição matricial o que ele estava propondo. Ele simplesmente *inventou* uma matemática necessária para descrever a física quântica até que os matemáticos lhe contaram que o que ele estava usando se chamava cálculo matricial. Foi um momento lindo da ciência. Heisenberg construiu uma matemática para poder explicar e interpretar os fenômenos físicos.

Os meus colegas muitas vezes diziam que eu perdia muito tempo com isso, que o aluno ia passar dois meses ouvindo falar de história. E que eu deveria entrar rapidamente nos conceitos para poder usar a mecânica quântica...

Mas eu respondia que, depois de terminar a história, eu dava um livro inteiro que é usado na pós-graduação nos Estados Unidos, que, no momento em que os alunos juntavam os fatos, entendiam do que se estava dizendo e calculando na física, e passavam a interpretar corretamente a mecânica quântica, assim avançando rapidamente. Não era inútil, portanto, aquele tempo que eu usava para explicar a interpretação da mecânica quântica.

Em São Carlos havia uma disciplina de pós-graduação chamada Mecânica Quântica A, equivalente ao livro que usávamos na graduação. Essa disciplina foi dispensada aos alunos que vinham da nossa graduação por causa da forma de dar meu curso.

Por volta de 1975, esteve em São Carlos o físico dinamarquês Erik Rudinger, que tinha sido aluno de Niels Bohr, um dos criadores da mecânica quântica na década de 1920, para dar um seminário. Anunciou: "Vou abordar uma questão muito especial nesse seminário".

Acrescentou que iria fazer uma provocação aos professores, demonstrando como Niels Bohr, um Prêmio Nobel, que teve contribuições fundamentais para o desenvolvimento da mecânica quântica, achava que essa matéria deveria ser ensinada.

Assisti à palestra e, enquanto ele falava, fui percebendo que o homem praticamente expunha meu método de ensino. Procurei-o depois para dizer isso.

Ele ficou meio desconfiado. Levei o dinamarquês para minha sala e apresentei todas as minhas notas de aula.

O visitante ficou absolutamente convencido. Pouco tempo depois, mandou-me uma cópia de um artigo[2] que publicara no *American Journal of Physics*, em que defendia essa forma de ensinar mecânica quântica.

Contava sua própria história e dizia que precisara viajar cinco mil milhas para descobrir, no interior do Brasil, um professor aplicando por conta própria esse método. Fiquei radiante com o registro e orgulhoso de ter encontrado uma forma de apresentar o tema que coincidia com a visão de Bohr. Essa forma de ensinar havia merecido essa importante referência internacional.[3]

Até hoje se discute se a apresentação histórica é ou não a melhor forma de ministrar um curso introdutório à mecânica quântica. Minha opinião é clara!

Um pouco antes disso, procurava escrever um livro didático de mecânica quântica, apresentada da forma que eu ensinava, com a colaboração de Laércio Gondim de Freitas, querido amigo e colega, quando nos chegou às mãos um livro do prêmio Nobel japonês Sin-Itiro Tomonaga, que parecia cópia (claro que não era!) do curso na forma como eu havia pensado. Nem terminamos de escrever aquele livro.

---

2. Rudinger, Erik. On the Teaching of Introductory Quantum Mechanics. *American Journal of Physics*, 44, 2, 144-148, Fev. 1976.
3. Referência 14 traduzida do artigo: "Nas minhas discussões com colegas de diversos países eu só encontrei um que concordava totalmente com o método sugerido e que tinha, de fato, chegado de forma independente às mesmas conclusões. É o Dr. Roberto Lobo (que, curiosamente, ensina em São Carlos, somente a cerca de 200 km de São Paulo), que tinha realmente organizado um curso nas mesmas linhas antes mesmo de descobrir o livro de Tomonaga. A experiência do Dr. Lobo parece justificar a esperança de que os estudantes podem progredir rapidamente em seus estudos posteriores em mecânica quântica depois de um curso introdutório deste tipo, provavelmente porque eles sentem que tiveram uma base firme para entender os cálculos que estão fazendo".

- 7 -

Em 1977 prestei concurso para professor titular da USP. Fiz esse concurso de uma forma bastante curiosa. Eu achava que meu Instituto precisava ter mais professores titulares. Pedia insistentemente para que abrissem um concurso, que não saía de jeito algum. Então, rebelei-me.

Fui à Congregação (eu não era da Congregação, porque não era titular), levei meu currículo e falei: "Quero saber se alguém tem alguma objeção a que eu faça o concurso para professor titular!". Consegui que a Congregação aprovasse a abertura de concurso, no qual fui aprovado.

Contudo, em 1977, eu estava envolvido em muitas atividades paralelas: aulas, tarefas administrativas, trabalhos de pesquisa e de orientação etc. Diante desse acúmulo de obrigações, usei minha "licença-prêmio" de seis meses para ir ao Rio trabalhar no Centro Brasileiro de Pesquisas Físicas (CBPF), vinculado ao CNPq, onde tinha muita gente que eu conhecia e que trabalhava em minha área.

Lá estava, por exemplo, o Luiz Carlos Gomes, um físico nuclear brilhante. Fui trabalhar exclusivamente em física, fugindo das tarefas administrativas e de orientação, porque com a falta de tempo achei que estava me tornando repetitivo na minha pesquisa.

Tinha ouvido um conselho de meu amigo Martin Bailyn, que fora pesquisador visitante em São Carlos nessa época: "Roberto, acho que você está sem desafios na física e, por isso, anda assumindo muitas tarefas administrativas. Você precisa sair por um tempo daqui. Vá para o exterior só para fazer física".

Ao final, não segui o conselho dele, mas o CBPF era uma tentativa de retorno à pesquisa que me desafiasse de novo.

No CBPF entrei num novo assunto ligado à mecânica quântica, introduzindo métodos de quantização para sistemas em que a energia cinética e a energia potencial não são separáveis. Acabei ficando um ano e meio lá para terminar esses trabalhos.

Publiquei vários artigos nessa linha de mecânica estatística de sistemas não convencionais (chamados não hamiltonianos) bastante complicados. Tive, na época, oportunidade de fugir um pouco daquela linha de estado sólido. Lidei com várias técnicas de física teórica e que no estado sólido não são usadas com frequência.

No CBPF havia um grupo muito diversificado que trabalhava com partículas elementares. Para mim foi muito útil, discuti bastante a física durante esse tempo. Depois voltei para São Carlos em 1978.

Em meados de 1979 saiu o diretor do Instituto, que era professor no campus de Piracicaba. Até então o Instituto de São Carlos só tivera diretores de fora, não possuía titulares de dentro que quisessem o posto. Pediram-me para assumir a direção do Instituto. Eu não tinha o mínimo desejo de virar diretor. Disse: "Eu aceito com a condição de que haja consenso. Não tenho absolutamente qualquer aspiração de ser diretor do Instituto. Estou muito bem com a minha física". Aí houve uma eleição e fui escolhido por unanimidade.

Comecei a dirigir o Instituto que vivia de verbas da Finep. As verbas da USP, além do pagamento dos salários, eram quase zero. A gente se desdobrava para viabilizar as atividades.

Ao assumir pela primeira vez um cargo de direção, aprendi logo que quem gere nossas instituições são as secretárias. Tudo que eu queria fazer recebia uma censura de alguma secretária: "Isso não é possível dentro das normas da universidade".

Depois de ouvir isso algumas vezes, passei a perguntar onde estava escrita aquela regra. Na maioria das vezes, não havia regra alguma. Ou era por pura tradição, ou por conforto do próprio informante, que assim descartava mais uma tarefa para ele próprio.

Passei a usar essa estratégia de questionamento, que foi sempre eficiente, em todos os órgãos por onde andei em cargos de direção. Muito do que fiz se prendeu ao fato de não me conformar com informações de ouvido, que sempre tendem a manter o *status quo*.

Também usei a tática de dominar rapidamente a burocracia local e a legislação vigente, pois, caso contrário, continuaria na mão das secretárias.

Depois de seis meses na direção do Instituto, um conhecido meu, Maurício Matos Peixoto, grande matemático brasileiro, então no comando do CNPq, mandou o Oscar Sala, meu colega da USP, conversar comigo, pedindo que assumisse o Centro Brasileiro de Pesquisas Físicas, onde eu tinha estado, como já contei, durante a minha "licença-prêmio".

Ele queria que o CBPF tivesse um recado diferente, novo, tivesse um projeto de impacto. Eu disse: "Mas acabei de ser eleito diretor em São Carlos...". Oscar Sala respondeu: "O CBPF é mais importante, é um centro do CNPq. Em São Carlos vocês já estão estabilizados. O Maurício faz questão que você vá...".

Fiquei em dúvida, mas acabei aceitando. Reuni minha Congregação e pedi afastamento temporário. Fui novamente para o Rio em setembro de 1979. Olhando para trás, acho que meu coração não estava mais em São Carlos, como antes.

- 8 -

Quando aceitei o convite para dirigir o CBPF, estava tomando uma decisão que mudaria meu destino. Eu vinha desde algum tempo percebendo que seria impossível continuar seguindo a trajetória imaginada na juventude. Fazer ciência de fronteira no Brasil, naquela época, era uma tarefa quase impossível.

Aqui não existiam, com a frequência desejável, os fluxos naturais de informação para isso, como seminários, debates e trocas de ideias. A atualização através da leitura, tentada por alguns, era um processo extremamente sofrido e não muito eficaz. Os acadêmicos americanos dizem, com razão, que 80% da ciência se aprende de ouvido, em conferências, simpósios, discussões de corredor. Em nosso país, naquele momento, os cientistas jovens estavam falando sozinhos. O diálogo era muito difícil.

Havia, de outra parte, o apelo da realidade, que estimulava minha integração na família e o usufruto de outras atividades. As piadas que fazem dos cientistas são verdadeiras. De fato, eles são pessoas aéreas, desligadas, que descumprem as mais elementares regras de convivência social. Quando você está com um problema na cabeça, deixa de olhar a placa de trânsito, esquece que levou o carro e volta para casa a pé. Isso aconteceu comigo.

A entrega à ciência tem que ser total. Exige um envolvimento absoluto. Creio até que o suicídio de Jorge André Swieca, um grande físico brasileiro muito meu amigo, deveu-se em boa parte a essa obsessão e à falta de diálogo. Ele estudava alucinadamente, querendo, através de leitura de artigos, manter-se atualizado, garantir seu prestígio internacional, acompanhar os mais recentes desenvolvimentos de sua área de interesse. Além de outros eventuais problemas, a ciência praticada de forma tão neurótica foi um complicador existencial para ele.

De repente, suponho, Swieca não soube administrar o seu terrível isolamento. Não pôde compreender que a solidão era fruto de sua superioridade. Faltou-lhe, talvez, alguém para lhe dizer a parábola do reverendo Williams, um velho treinador de St. Louis, em conversa com Muhammad Ali, comparando os pesos-pesados com os dinossauros: "Todo mundo tem camaradas, eu sei. Mas não os dinossauros. Ocasionalmente, um dinossauro pode esbarrar em outro na rua. Mas dinossauros andam sozinhos. É da sua natureza" (não sei se isso é verdade sobre os dinossauros).

O isolamento do cientista decorre de sua diferenciação. Aliás, sentindo-se à parte, ele desenvolve uma capacidade igual, por exemplo, à dos samurais. Um samurai, segundo a lenda japonesa, reconhece o outro pelo olhar. De certa forma, existe isso entre os cientistas. Eles descobrem uns aos outros com os olhos nos olhos, cada qual percebendo a competência, o peso e a solidez do seu par.

Os verdadeiros cientistas são muito raros e precisam de ambiente especial para desenvolver suas aptidões. Einstein, em um de seus livros (se não me engano, em *Como eu vejo o mundo*), fala do templo da ciência. Aqui descrevo o que ele disse com a liberdade de reinterpretação. Do lado de fora desse templo, descreve Einstein, fica a maioria das pessoas. Os poucos que entram acham lá dentro uma porção de gente alegre e inteligente circulando em salas muito amplas. Os visitantes dizem: "Puxa, como é bonita a ciência, como os cientistas são interessantes!". O que os visitantes não sabem, diz Einstein, é que não são aquelas pessoas "interessantes" que mudam a ciência.

Lá no fundo do templo existe um quarto úmido e sombrio onde indivíduos obcecados trabalham dia e noite, neuroticamente, para fazer o verdadeiro desenvolvimento da ciência. A criação científica de alto nível é muito sofrida. Quem tem capacidade naturalmente avança rápido. Avançando rápido, quer avançar mais e vai entrando numa espécie de túnel sem fim. Cada vez trabalhando mais porque o rendimento é crescentemente maior. Isso, naquela fase da minha vida, exigia enorme talento e a superação de dificuldades talvez intransponíveis. Optei pela gestão da ciência, que é outra forma de servi-la.

Decidi trabalhar, ao menos por algum tempo, para que as gerações vindouras em meu país tivessem meios de lidar com ciência pura sem as vicissitudes que levaram Swieca ao desespero.

Uma vez, muito tempo depois dessa decisão, Cylon Gonçalves da Silva, que acabara de ser convidado para ser o futuro diretor do laboratório Síncrotron, disse-me que estava aflito porque, aceitando o convite, interromperia o seu trabalho de pesquisa. Eu disse a ele: "Sabe, Cylon, entre os bons cientistas do Brasil eu vejo dois tipos: o que está trabalhando e, quando começa a pingar uma goteira, puxa a mesa de lado para continuar o trabalho, e o que vai reclamar da goteira. O que vai reclamar da goteira vira administrador na área científica. Nós somos do segundo tipo e devemos seguir nosso destino".

Essa decisão foi amadurecida aos poucos. Não aconteceu num certo dia ou certa hora. Até mesmo os convites e incidentes externos à física contribuíram para que eu a tomasse.

Hoje, decorridos tantos anos, vejo que não houve uma ruptura com os meus propósitos juvenis. Continuei ajudando a ciência e talvez de maneira mais eficaz. No CNPq e na universidade pude viabilizar projetos com os quais não me envolveria se continuasse exclusivamente voltado para minhas próprias pesquisas.

Mas não foi fácil e não é até hoje. Tive de repetir muitas vezes para mim mesmo que os grandes cientistas brasileiros, de uma geração anterior à minha, como Leite Lopes, Cesar Lattes e Jayme Tiomno, desenvolveram seus principais trabalhos no exterior, em ambientes mais propícios à aquisição e troca de conhecimentos.

Ainda hoje, porém, continuo lendo ciência. Faço meus cálculos, acompanho alguns problemas que me chamam a atenção, até como um hobby. Muitas vezes me distraio das preocupações administrativas lendo ou tentando fazer um pouco de ciência. Dizia um jogador de beisebol que o esporte é profissão e hobby ao mesmo tempo. A ciência não é diferente!

Encarando o SNI

- 1 -

Quando cheguei ao Rio, disse a Maurício que aceitava a direção do CBPF com uma condição: levar comigo Leite Lopes e Jayme Tiomno, de volta para o Centro. Eles tinham sido cassados pelo golpe militar. Eu não queria armar nenhum confronto, mas reparar uma injustiça praticada pelo governo militar. Maurício disse: "Eu topo, também estou trabalhando para isso". Achei que a volta deles representaria o reencontro do CBPF com dois pesquisadores que tinham muito a oferecer ainda ao desenvolvimento científico brasileiro.

Assumi a direção do CBPF. A comunidade interna, como de hábito, reclamou. Achava que a minha nomeação era uma arbitrariedade de Maurício Peixoto, que devia ter ocorrido uma eleição direta para a escolha do cargo. Havia lá um Conselho interno que assessorava o diretor. Quando assumi, tal Conselho pediu demissão. Em bloco. "Estamos nos demitindo", disseram. Retruquei: "Tudo bem, trabalho sem Conselho".

Comecei minha tarefa. A primeira meta era trazer Leite Lopes e Jayme Tiomno. Pressionei muito Maurício, presidente do CNPq, e Lindolpho de Carvalho Dias, vice-presidente, ambos matemáticos do Instituto de Matemática Pura e Aplicada do CNPq (o Impa).

Um dia, Lindolpho me ligou e disse que um certo coronel Werneck, do Serviço Nacional de Informações (SNI), ia conversar comigo sobre a ideia de trazer de volta os dois cientistas cassados. Preparei-me para receber a fera. Fixei uma estratégia para evitar que o SNI me usasse como fonte de informação. Minha postura foi a de divergir de absolutamente tudo que ele falasse.

Assim aconteceu. Ele começou perguntando se eu achava que era um risco para a segurança nacional a recondução dos dois cientistas. Eu disse que não, que risco para a segurança nacional era o livro custar tão caro no país. Expliquei como os dois cientistas tinham contribuído para a formação do CBPF e a importância científica deles. E assim fomos. Não convergimos, aparentemente, em nada.

Terminada a conversa, o militar, muito amável, retirou-se. Liguei para minha mulher, que ficara em São Carlos para providenciar nossa mudança para o Rio, e falei: "Não venha, porque eu vou ser demitido. A conversa com o coronel foi um desastre". Mas, para minha surpresa, no dia seguinte o Lindolpho me telefonou: "O coronel ficou muito bem impressionado, achou que você tem um espírito de liderança muito forte, que não há risco e que vai defender isso".

A ditadura militar tinha seus rigores hierárquicos. Talvez animado pelo sucesso do meu *tête-à-tête* com o coronel, o Maurício foi falar com o general Medeiros, que era o chefe do SNI. Contou-me depois que a conversa fora muito dura. Na semana seguinte, liguei para o Lindolpho: "Eu queria falar contigo sobre três assuntos". Ele respondeu: "Eu só tenho um assunto para falar com você: Maurício e eu fomos demitidos pelo Delfim (o ministro Delfim Neto)".

A queda de Maurício Matos Peixoto talvez tenha sido provocada pelo fato de ter lutado em favor de nossa dupla de exilados. O general Medeiros discordava da postura liberal do coronel Werneck durante a conversa comigo.

Eu quis pedir imediatamente minha demissão. Mas o Luis Carlos Gomes e o Jacob Pallis (do Impa) foram me procurar à noite, na minha casa, pedindo que eu esperasse um pouco mais. Jacob disse que o Maurício gostaria que eu continuasse, porque, para ele, o importante era o CBPF, e não o fato de ser presidente do CNPq. Não queria esse tipo de solidariedade. Eu não acreditei muito na estória, mas o Jacob ligou para o Maurício, que me confirmou tudo que me disseram. Então, embora muito abalado, permaneci aguardando o desdobramento dos fatos.

O Lynaldo Cavalcanti de Albuquerque, que tinha sido reitor da Universidade Estadual da Paraíba, assumiu o CNPq. Imediatamente me chamou e disse que pretendia me manter no CBPF. Disse-lhe que ficaria, desde que a proposta encampada pelo Maurício continuasse de pé. Era um ponto de honra trazer de volta Tiomno e Leite. Ele concordou comigo, e os dois físicos cassados foram contratados pelo Centro. Fizemos uma festa no retorno.

Tomei todas as precauções para evitar nova crise. Recebemos do SNI um questionário para responder. Perguntava, entre outras asneiras, se tínhamos filiação política. Já sabendo que Leite e Tiomno não assinariam a papeleta, também não assinei. Guardei-a na gaveta. O pessoal sempre cobrava, mas eu ia protelando. Se houvesse algum problema, eu diria: "Os dois não assinaram, mas eu também não assinei. Por que vocês me aceitam e não aceitam os dois?". Mas, para minha surpresa, eles acabaram assinando o papel. Foi uma decisão pessoal.

Leite Lopes um dia me procurou para saber se podia entrar com um processo contra o CNPq pelo tempo que ele esteve cassado. Conversei com Lynaldo Cavalcanti, dizendo que isso poderia acontecer. Ele me respondeu que tudo bem, o CNPq responderia na justiça. E reconheceu que Leite Lopes tinha todo o direito de reclamar.

O cientista entrou, de fato, com o processo. Pouco tempo depois, recebi a informação, pelo meu assistente técnico, de que Leite Lopes fora demitido. Decisão tomada pelo vice-presidente do CNPq que respondia pelos institutos. Tomei um avião e fui para Brasília. Afinal, a palavra de Lynaldo tinha sido empenhada e foi a partir dela que Leite Lopes se sentiu seguro para dar andamento ao processo, e eu tinha me afiançado na decisão de meu superior.

Cheguei lá, estava armado o circo: vice-presidente, diretor de Pessoal e gente do SNI. Começamos a discutir pesadamente. Eu não concordava com as posições deles. Chegou a um ponto em que eu disse: "Quero falar com o presidente, vocês são ótimos, mas quem decide finalmente é ele".

Fomos falar com Lynaldo. Reconstituí para ele toda a estória e perguntei: "Quem fala primeiro?". Ele, bem-humorado, respondeu: "Já que você está falando tudo, pode continuar". Defendi meu ponto de vista, disse que já tinha adiantado a hipótese do processo movido pelo Leite e não houvera nenhuma restrição, que isso era um direito legítimo e que o CNPq poderia responder na justiça. Então Lynaldo falou: "Eu estou com o Lobo. Volta tudo para trás". Ele foi uma pessoa muito importante e ética nesse episódio.

- 2 -

Leite Lopes e Tiomno ficaram no CBPF. Mas, quando duas pessoas, depois de tantos anos, cheias de mágoas, voltam para uma instituição, o ressentimento delas enfrenta o ressentimento das que ficaram. Isso não é coisa simples de administrar. Tive, como diretor, uma crise muito séria com o Tiomno. Ele, que era diretor científico do Centro, saiu deste cargo, brigando com Leite e com Luis Carlos Gomes. Foi um abalo profundo. Recebi várias propostas para fazer retaliação contra Tiomno, mas não fiz. Um dia, ele me procurou e disse: "Eu sei que você ouviu conselhos para nos retaliar por causa da nossa briga e não aceitou. Quero dizer que nós estamos agradecidos e respeitamos sua posição".

Não faz parte do meu temperamento retaliar. Já fui criticado por isso, mais de uma vez. Disseram-me frequentemente que um defeito meu é não matar as cobras que me cercam e que não se desmobilizam para o bote, só o adiam. Quem são realmente as cobras?

Durante essa crise uma pessoa foi extremamente cooperativa e lúcida: César Lattes. Ele era conselheiro do CBPF (membro do Conselho Externo) na época e usou todo o seu prestígio para esfriar o incidente. Isso é importante para a biografia de Lattes, porque todo mundo diz que ele não tinha equilíbrio emocional. Lattes não foi apenas um grande cientista. Ele soube ser muito lúcido e equilibrado naquela ocasião.

Por outro lado, César Lattes criou um problema sério quando anunciou que a Relatividade Restrita, de Einstein, estava errada e me ligou para dizer que ia dar o primeiro seminário sobre isso no CBPF, para homenagear a instituição. Fiquei alarmado, porque a Relatividade Restrita tem uma série de consequências experimentais comprovadas. Mas ele foi lá e deu o seminário.

Disse que Einstein estava errado. Deu uma solene "banana" para Einstein durante a entrevista à imprensa. Quando tudo acabou, os jornalistas vieram me entrevistar. Eu disse aos repórteres: "Ouvi o seminário do professor Lattes com o maior interesse, pois ele é um físico excepcional. Há muitos dados experimentais, porém, que confirmam a teoria de Einstein. O professor Lattes está apresentando um dado que não confirma a teoria, mas esse mesmo dado precisa ser conferido. Não se pode dizer que Einstein está errado ou certo, sem que tenhamos mais elementos sobre o assunto". E, de fato, a experiência de Lattes nunca foi confirmada.

Esta entrevista foi muito difícil para mim, pois não sou da área da Relatividade. Mas, ao mesmo tempo, devo registrar que o seminário do físico brasileiro foi brilhante. Mesmo quando o Lattes errava, ele errava com brilho.

Lattes havia participado da descoberta do "Meson Pi", um resultado importantíssimo na física de partículas elementares. Ele achava, com razão, que poderia ter obtido o Prêmio Nobel. Então, num momento em que descobriu alguma coisa que contrariava Einstein, não se aguentou e foi a público antes da hora. Isso veio de uma certa frustração anterior, do fato de não ter sido devidamente reconhecida sua importância na área.

Houve também, no CBPF, um incidente provocado por um seminário sobre Lênin, iniciativa de alguns cientistas. Um engenheiro militar, que tinha deixado o Exército, procurou-me para dizer que ouvira reclamações do SNI contra os cartazes que divulgavam o evento. Ele recebera ordens para arrancar os cartazes e queria a minha aprovação. Eu disse: "Nem pensar. Isso é uma atividade acadêmica e ninguém tem o direito de prejudicá-la. Depois, a rigor, eu nem sei se este seminário é contra ou a favor de Lênin". Ele me perguntou: "Você me autoriza a telefonar para o SNI?". Respondi: "Com o maior prazer".

Então ele, na minha frente, em minha sala, telefonou. Disse: "Eu estou aqui com o diretor, ele não me autorizou a tirar os cartazes. Aliás, eu queria dizer que saí do Exército exatamente para não ter que fazer esse tipo de baixeza". E desligou o telefone na cara do interlocutor do SNI. Os cartazes foram mantidos e aconteceu o seminário, que não teve repercussão.

- 3 -

Em setembro de 1982 completei três anos na direção do CBPF. Fui a Brasília e entreguei o cargo. Lynaldo quase morreu de susto. Perguntou-me: "Por que você está saindo, houve algum aborrecimento?". Respondi que cumprira exatamente três anos na direção do CBPF, como já havia avisado que pretendia ficar. Ele falou: "Você não tem mandato...". Argumentei que eu próprio me havia atribuído esse prazo: "Já fiz o que podia fazer, vou voltar para São Carlos".

Regressei ao Rio e, no CBPF, anunciei a decisão. Foi uma surpresa enorme, porque muita gente supunha que, depois do Centro, eu pretenderia mais algum cargo. No Brasil, certas pessoas acham que ocupar um cargo de direção implica, necessariamente, armar um esquema de poder. Mas o que eu queria, na verdade, era acertar as coisas na instituição. Acho que, até hoje, o pessoal mais antigo do CBPF tem uma visão positiva do tempo que passei lá.

Na época, houve muitos conflitos, típicos das situações de mudança. Apesar da minha dedicação, a proposta que tínhamos em mente para o CBPF não se materializou até hoje. Defendíamos um Centro com poucos quadros permanentes, altamente competentes, e muitos visitantes nacionais e estrangeiros. Um núcleo gerador de novas ideias e intercâmbios.

Voltei para São Carlos e, no ano seguinte, recebi um telefonema de Lynaldo, ainda presidente do CNPq: "Lobo, preciso novamente de você". Eu falei: "Para com isso, cheguei aqui outro dia...". Ele insistiu que precisava de um diretor no CNPq para fazer uma ponte com a comunidade científica. Disse francamente que estava sem interlocução. Acabei aceitando.

Passava dois dias por semana em Brasília. Atuava junto aos comitês assessores. Discutindo bastante com a comunidade científica, ajudei a montar alguns pilares da ponte sonhada por Lynaldo, como, por exemplo, a nova estrutura dos Conselhos Técnicos e a Comissão dos Presidentes dos Comitês Assessores, que ainda existe.

Em 1984, vagou novamente a direção do Instituto em São Carlos. O pessoal veio outra vez insistir para que eu fosse diretor. Usei a mesma argumentação do passado, exigindo absoluta convergência: "Estou como diretor do CNPq e, quando terminar minha tarefa lá, quero voltar a fazer física". Mas repetiu-se a convergência da vez anterior. Os funcionários foram à Congregação e indicaram o meu nome. Os estudantes também apoiaram. Os professores me elegeram por unanimidade. Comecei, então, uma outra etapa como diretor do Instituto de Física de São Carlos.

- 4 -

Passei a dedicar-me exclusivamente ao Instituto, das oito da manhã às nove da noite. Naquele tempo, como hoje, eu já era mais ou menos *workaholic*. Procurei motivar meus colegas para o envolvimento com pesquisas que tivessem sentido prático. Ajudamos a acentuar a vocação tecnológica em São Carlos. Hoje, como é sabido, existem lá mais de cinquenta empresas de alta tecnologia, quase todas utilizando *"know-how"* gerado nas universidades.

Comprei pela USP o prédio do Centro de Difusão Científica e Cultural (CDCC), angariando recursos em cinco fontes diferentes: Capes, Finep, CNPq, Secretaria de Educação e Reitoria da USP.

A ideia do CDCC surgiu em 1979, para dar uma contribuição ao ensino secundário em São Carlos. Chamamos os professores da rede pública e desse encontro nasceu a ideia de um centro onde eles e seus alunos pudessem ter acesso a equipamentos para demonstrações de fenômenos e a uma biblioteca especializada.

Quando fui para o Rio, o diretor que me substituiu veio implantar esse centro numa casa antiga, onde funcionava o Departamento de Física, que estava mudando para um novo prédio no campus da USP, onde ficavam a Escola de Engenharia e o Instituto de Matemática e Computação.

No meu retorno, além de mexer com algumas coisas do CDCC, tratei de incorporar essa sede ao patrimônio da USP. Era um prédio histórico, de 1912. Pertencia à Sociedade Dante Alighieri, dirigida por uns senhores italianos. A entidade, em seu estatuto, dizia que o prédio não passaria para os herdeiros. Os senhores italianos eram idosos e queriam transformar o patrimônio em dinheiro, enquanto estavam vivos.

Fui à Reitoria, falei com o professor Hélio Guerra Vieira. Ele tinha dúvidas quanto às possibilidades financeiras da USP para a aquisição do prédio. Argumentei que o preço era irrisório. Se a sociedade o vendesse para a iniciativa privada, certamente ganharia cinco vezes mais. Os diretores davam preferência à universidade porque admiravam o nosso trabalho.

Liguei para vários amigos meus no CNPq, Capes e Finep. Contei a história e pedi ajuda. Edson Machado, da Capes, indagou: "Você já falou com o CNPq?". Respondi afirmativamente, e ele disse: "Dou o que o CNPq der". Então falei com a Finep que o CNPq e a Capes doariam quantias iguais. O meu interlocutor na Finep foi taxativo: "Então eu também dou".

Fui conversar com Paulo Renato Souza, que era secretário de Educação do Estado, e ele também disse que o Governo do Estado entrava com sua cota. Diligenciei para que todos ligassem para o reitor, dizendo que cada um deles estava dando um quinto do preço estipulado. A USP, então, cobriu o restante.

Essa operação, embora coroada de êxito, arrastou-se com alguma lentidão. Durante os entendimentos com as instituições doadoras, a Sociedade Dante Alighieri impacientava-se, cobrava uma decisão rápida, pressionava-me a todo instante por uma resposta.

Aconteceu, antes da compra, um fato curioso: a única vez que eu recebi uma proposta de suborno em minha vida. Um dos velhinhos italianos, coitado, achava que toda instituição pública era moralmente vulnerável. Disse-me, com todas as letras: "Se o senhor arrumar isso, a gente solta um dinheiro por fora para o senhor". Tive serenidade bastante para recusar, explicando pacientemente que a compra estava demorando porque exigia tempo e jamais dependeria de suborno. Não tive raiva, não. Naquele momento, minha reação foi de pena do velhinho. Ele era apenas produto de uma triste mentalidade que lamentavelmente ainda sobrevive no Brasil.

Mas, enfim, tocamos o CDCC em sua sede própria. Melhoramos bastante a infraestrutura, oficinas, monitorias. O órgão deslanchou. É hoje um centro conhecido no Brasil todo, núcleo modelar para a difusão da ciência.

Outra iniciativa de extensão foi a montagem de um telescópio que, embora sem uso para a pesquisa, é muito útil para a divulgação da astronomia para a comunidade. Tive a ideia quando ganhamos uma luneta velha do Instituto Astronômico e Geofísico. Pensei: "Todo o mundo gosta de astronomia, vou fazer um pequeno observatório". Como o cometa Halley iria passar perto da Terra em pouco tempo, usei isso como argumento para conseguir ajuda financeira da Prefeitura local, de industriais e da Reitoria.

De um esqueleto de luneta fizemos um observatório, reproduzindo a famosa lenda da sopa de pedras, que ficou pronto em tempo recorde. Está sempre lotado por visitantes de São Carlos, Descalvado, Ibaté e cidades vizinhas. Na primeira noite, foi invadido por uma avalanche de rapazes interessados em ver a lua de perto. Depois queriam olhar os anéis de Saturno, estrelas duplas, galáxias. Iam sofisticando interesses e perguntas a cada visita. Eu vibrava tanto quanto eles, ao vê-los, barulhentos e curiosos, tomando gosto pela ciência.

Sempre tive interesse em abrir a universidade ao público externo, multiplicando sua utilidade social através da extensão. O CDCC e aquele pequeno observatório participam da minha história de vida tanto quanto projetos de alta complexidade, como o "Síncrotron".

A Luz do Futuro

- 1 -

No Centro Brasileiro de Pesquisas Físicas não administrei apenas conflitos. Lidei, principalmente, com um dos mais fascinantes projetos científicos de minha carreira. Por isso quero tratar dele em capítulo especial.

Tudo começou quando o presidente do CNPq, Lynaldo Cavalcanti de Albuquerque, pediu que todos os institutos do CNPq propusessem um plano de desenvolvimento para os anos futuros. Eu, como diretor do CBPF, já vinha pensando nisso há algum tempo e discutido com meus colegas de instituição.

O CBPF estava, então, em fase de reestruturação e, por isso, a discussão sobre o futuro da instituição já estava em pauta. Havia muitas opiniões. Eu achava que tínhamos duas alternativas: o Centro poderia ser apenas teórico, como o Impa da Matemática, uma espécie de núcleo com poucos pesquisadores altamente qualificados que receberiam visitantes do Brasil e do exterior para incentivar o intercâmbio e ventilar as mais novas ideias na física contemporânea, ou poderia também acrescentar a isso a criação de um grande laboratório nacional, organização que havia em muitos países desenvolvidos, mas que não existia no Brasil.

Como no CBPF havia muitos grupos experimentais, estes grupos concordaram comigo, lutando pela segunda hipótese. Embora eu fosse físico teórico, entendia que, em primeiro lugar, o Brasil precisaria ter um projeto científico experimental capaz de atrair nossas competências, científicas e tecnológicas e que, principalmente, entusiasmasse nossa juventude que carece de equipamentos competitivos, o que os desencorajava: alguns jovens preferiam ir para a física teórica, outros, para o exterior. Não podíamos aceitar a falta de meios mínimos para competir com outros países.

Esse equipamento deveria ser fabricado no Brasil, é claro, com uma tecnologia dentro de nossas possibilidades, com um custo aceitável e, mais importante, o laboratório deveria centrar-se em torno de uma máquina que tivesse amplo espectro de utilização e grande durabilidade. Não podia ser um equipamento voltado a uma experiência mesmo que importante, ou a uma área muito limitada.

Duas pessoas, nessa época, estimularam essa visão: Jacques Danon, pesquisador do CBPF, e Roberto Salmeron, físico brasileiro radicado na França, professor da École Polytechnique.

Salmeron trouxe uma sugestão: pegar o acelerador de elétrons que existia no CBPF e que poderia funcionar como o injetor de um futuro Síncrotron.

Fui depois apresentado ao general Argus, engenheiro militar, que construíra esse acelerador. Ele era, no Brasil, a única pessoa que conseguira fazer um acelerador digno desse nome, embora já obsoleto. Conversei com ele, que também mostrou entusiasmo com uma possível adaptação. Tínhamos, portanto, um projeto de modestas dimensões. Mas incluímos a ideia no plano diretor do CBPF.

- 2 -

Fui visitar laboratórios Síncrotron nos Estados Unidos e na Europa. Quando comparei o que estávamos planejando no Brasil com o que havia lá fora, me convenci de que o nosso projeto jamais atrairia gente jovem. Pensei comigo: "O porte tem que ser outro, bem maior, para valer a pena".

Voltei da viagem e transmiti aos colegas estas minhas conclusões. Encarreguei Alberto Passos Guimarães, um físico experimental do Centro, de apresentar a nova ideia à comunidade numa reunião da Sociedade Brasileira de Física. A plateia ficou histérica, segundo relato de Alberto Passos. Quase o mataram.

Disseram que aquilo era uma loucura, que iríamos tirar dinheiro dos grupos existentes, que o laboratório seria uma espécie de Maracanã, jamais chegaria ao fim.

Mesmo assim, propus formalmente à presidência do CNPq a montagem no Brasil de um Síncrotron de porte competitivo com as máquinas internacionais. Sugeri uma comissão de pessoas do CBPF/CNPq e da comunidade científica, presidida por mim, para discutir a questão. Participavam médicos, químicos, físicos, engenheiros. Várias pessoas que trabalham ou trabalharam no Síncrotron eram, num primeiro momento, contrárias à ideia.

O engenheiro e físico Ricardo Rodrigues, que viria a ser o grande responsável pela construção da máquina, foi uma das pessoas que se opuseram no princípio. Disse que o custo da energia elétrica seria uma loucura, que não havia quem mantivesse esse equipamento.

Cylon Gonçalves da Silva, que viria a ser, por muitos anos, diretor do laboratório, telefonou-me dizendo que era radicalmente contra o projeto. Depois pediu para eu explicar por que tinha proposto o projeto. Disse a ele: "Se você já é contra, não há o que explicar a menos que você me ouça primeiro para decidir se é contra depois". Ele disse que queria ouvir minha explicação. Marcamos um almoço e, de fato, ele começou a se entusiasmar, porque ele era também um idealista. Assim, pouco a pouco, foi-se vencendo a reação inicial.

- 3 -

Trouxemos estrangeiros para ajudar em nossa cruzada que se iniciava na conceituação do projeto: Helmut Wiedeman, alemão que trabalhava com aceleradores em Stanford, e Yves Petroff, diretor do LURE, Síncrotron francês. Eles fizeram palestras para a comunidade do CBPF.

O projeto foi tomando porte, não caberia mais no CBPF! E a comunidade interna também não aderia. Nas palestras havia mais gente de fora do que do Centro. Eu queria que o Síncrotron ficasse na mão de gente nova, que fizesse do projeto sua razão de vida profissional. Era um projeto de longo prazo, precisava de fôlego e comprometimento por muitos anos.

Clodowaldo Pavan, então presidente da SBPC, não via o projeto com bons olhos. Achava a proposta megalomaníaca. E fazia parte da nossa comissão. Disse-me em uma ocasião que tinha ido à França e que o "pessoal" havia desaconselhado a montagem do laboratório. "São brasileiros famosos que trabalham na França...", ele argumentou. Retruquei: "Brasileiros famosos na França, nessa área, eu só conheço o Salmeron e o Jean Meyer. Não recebi deles nenhuma crítica. O Salmeron foi a pessoa que sugeriu construirmos um Síncrotron". Ele rebateu: "Mas não desse porte". Insisti: "Tem que ser deste porte, tem que ser uma máquina competitiva, e não um presépio".

Começamos a discutir custos. O pessoal da Universidade Estadual do Rio de Janeiro, da área de química, tomou gosto pela ideia. Gente da Unicamp e da Federal de São Carlos (UFSCar), também. A proposta foi ganhando alento cada vez maior. O pessoal da Sociedade Brasileira de Cristalografia tomou posição favorável. Começamos a programar reuniões internacionais, trazendo mais gente de fora. Durante três anos fizemos muitos estudos, discussões, seminários e viagens.

Fui chamado a falar do Síncrotron em vários lugares. Na PUC-RJ, tive um debate duro com Moisés Nussenzveig e Nicim Zaguri. Estive em São Paulo, Recife, enfim, viajei muito explicando o projeto.

Em 1984 (eu já estava no CNPq, mas continuei, durante todo esse tempo, como coordenador nomeado do Projeto Síncrotron) surgiu uma proposta internacional. Os franceses queriam desativar um Síncrotron e passar para o Brasil. Esse equipamento até que poderia funcionar a curto prazo, mas para mim não era o que mais convinha a nosso país. Queríamos usar um Síncrotron moderno e participar do seu desenvolvimento.

A máquina francesa estava ultrapassada, nem fora concebida como fonte de luz, era um anel de colisão de partículas. Discutimos muito isso com a delegação francesa que veio ao Brasil. Convidaram-me para ir examinar o Síncrotron na França, por conta deles. Eu disse ao presidente do CNPq: "Estou negociando, não quero viajar pago pela França. Só vou se o Brasil assumir minhas despesas". Lynaldo concordou comigo. Viajei com absoluta independência. Fui como observador, não como hóspede.

Na Embaixada brasileira em Paris, contei sobre minha viagem e as condições que tinha exigido: "É bom saber que alguém chega com independência para negociar. Geralmente os brasileiros chegam pagos pela França e ainda penduram uísque na conta, que os franceses não pagam e ainda cai nas nossas costas".

Na volta ao Brasil combati mais convictamente a proposta de trazer o Síncrotron antiquado da França. Com esse equipamento arquivaríamos o desafio de criar novas competências e recursos humanos para desenvolver o projeto. Queríamos um projeto moderno e desenvolvido por nós. Queríamos decidir sobre o tipo de ímã e o tipo de anel.

Ricardo Rodrigues, já totalmente convertido ao projeto, seguiu para os Estados Unidos para trabalhar com Wiedeman. Passaram-se três meses e ele voltou com o primeiro esboço do *nosso Síncrotron*. Trouxe o software para cá. Aqui se desenvolveram outros softwares e, por isso, tivemos no Brasil uma equipe capaz de projetar aceleradores.

- 4 -

Ainda em 1984 finalmente foi aprovada pelo CNPq a criação de um grande laboratório nacional. Os focos de resistência, em sua maioria, tinham sido desarmados. A nova questão era: onde localizar o laboratório?

Fizemos o que se faz na Europa, que é quase uma licitação: o CNPq anunciou que estava montando um laboratório nacional e que localidades interessadas em sediá-lo deveriam apresentar suas condições. Constitui-se um comitê decisório formado por mim, Aldo Craievich, Cylon Gonçalves da Silva e Ricardo Rodrigues.

O professor Antônio Guimarães Ferri era reitor da Universidade Federal de São Carlos, nomeado pelo ministro da Educação. Um reitor com sérios conflitos com a comunidade, porque não fora eleito e era visto como interventor do Ministério da Educação e Cultura (MEC). Ele trouxe a proposta da UFSCar, que pretendia sediar o Síncrotron, mas seu Conselho Universitário vetou a pretensão. Argumentaram alegando o risco de radiação na cidade, mas na verdade foi uma decisão política, que desprezou uma oportunidade interessante.

A Universidade Estadual do Rio de Janeiro informou na sua proposta que o governador Brizola doaria o terreno, mas não se mostrou organizada enquanto comunidade científica. A prefeitura de Campinas também encaminhou a sua. O prefeito José Roberto Magalhães Teixeira me chamou, disse que estava animado, mas queria entender melhor a ideia. Passei uma tarde com ele, explicando o projeto.

Fizemos a votação no comitê e Campinas ganhou. Encaminhei a decisão à presidência do CNPq. Foi uma surpresa para Lynaldo. Ele achava que iríamos escolher São Carlos, porque eu era de lá, a USP também tinha seu campus na cidade e era a minha universidade. O pessoal da USP de São Carlos ficou aborrecido, mas Campinas era maior, bem mais próxima de São Paulo e dos aeroportos, e também tinha uma importante universidade, a Unicamp.

Pesou, também, para mim, o fato de que haveria uma transição de governo no início de 1985, e Rogério Cerqueira Leite, que estava bastante próximo do projeto e de Lynaldo, tinha boas relações com o futuro governo, e o Síncrotron iria precisar de apoio político para sobreviver à transição.

Começamos, então, a desenvolver o Projeto em Campinas. A mudança de governo trouxe ao Ministério de Ciência e Tecnologia o almirante Renato Archer. Desde logo senti um grande distanciamento e uma deliberada manifestação de que eu não era pessoa com quem quisesse colaborar. Luciano Coutinho era chefe de gabinete e Rogério Cerqueira Leite, seu conselheiro de confiança. Mesmo assim, eu estava sem interlocução e sem verba.

Em 1986, fui indicado pelo Conselho Universitário da USP na lista sêxtupla para o cargo de vice-reitor, com o apoio do reitor José Goldemberg. O governador Montoro me indicou em seguida. Não poderia acumular a Vice-Reitoria com o Síncrotron e pedi para sair de sua coordenação. Deve ter sido um alívio para Renato Archer.

Cylon, que era professor da Unicamp e muito próximo de Rogério Cerqueira Leite, assumiu a direção do Síncrotron. Embora gostasse muito dele, eu defendia a tese de que o diretor do Síncrotron não deveria ser da região onde o equipamento se instalara, para garantir o caráter aberto e nacional do laboratório, como era a regra na Europa. A bem da verdade, Cylon foi um excelente diretor.

Fez-se a regulamentação, oficializou-se o Síncrotron como um laboratório nacional. Foi criado um Conselho Diretor, capitaneado por Rogério Cerqueira Leite. Participavam Salmeron e Jean Meier, que moravam na França, José Pelúcio Ferreira, da Finep, e Leite Lopes, do Rio, alguns empresários e eu.

Aos poucos, meu trabalho na Vice-Reitoria — e mais ainda depois de ser eleito reitor da USP — foi me afastando do dia a dia do Laboratório Nacional de Luz Síncrotron (LNLS), embora sempre mantivesse relações de amizade com a equipe inicial do Projeto.

Em 2017, morando nos EUA, fui convidado para a cerimônia de trinta anos do LNLS. Não pude ir, mas enviei este capítulo para ser lido na cerimônia em que me fizeram uma homenagem.

O LNLS é um sucesso científico e tecnológico no Brasil, mostrando o acerto da decisão de levar a ideia à frente. Mostra, também, que felizmente eu já não fazia falta quando me afastei para assumir a Vice-Reitoria da USP, porque a pequena equipe se transformou em uma grande equipe, mas manteve o espírito dos pioneiros.

O LNLS foi o primeiro do hemisfério sul, desenhado e construído com tecnologia brasileira com instalações abertas para a comunidade científica e empresarial de todo o país e do exterior. Sei que quando saí do Brasil, em 2015, as instalações do Síncrotron estavam sendo utilizadas por cerca de 2.700 pesquisadores brasileiros e estrangeiros anualmente, comprometidos com mais de 500 estudos que resultavam em cerca de 250 artigos publicados em revistas científicas, e 20% desses estudos propostos por estrangeiros.

Na comemoração dos trinta anos de funcionamento do LNLS, cumprimentei com todo carinho todos aqueles que têm contribuído para que o Laboratório Nacional de Luz Síncrotron seja um orgulho para o Brasil. É um enorme orgulho para mim também e um dos projetos mais importantes que tive a honra de liderar. Espero que o Brasil saiba cuidar desse grande legado.

Vice-reitor da USP

Em 1985 foi deflagrado o processo sucessório para a Reitoria da USP. Eu não conhecia muita gente fora do campus de São Carlos. Sabia o endereço: rua da Reitoria, 109.

Eu era um novato no Conselho Universitário, como diretor do IFQSC. Nas reuniões desse órgão tomava posições, formulava algumas propostas, mas não participava das conversações políticas. Foram surgindo candidatos à Reitoria: José Goldemberg, Dalmo Dallari, Antônio Ferri, Caio Dantas e outros. Eu conhecia o Goldemberg, era um colega da área de física e cruzara comigo em alguns lugares, principalmente na Sociedade Brasileira para o Progresso da Ciência (SBPC). Não havia, entretanto, proximidade pessoal entre nós.

Começaram os encontros, debates, esses eventos que precedem a sucessão na USP. Certo dia o professor Ferri, que era vice-reitor e candidato a reitor, pediu uma reunião em São Carlos com os diretores e representantes das Congregações das Unidades do interior.

Nessa oportunidade informou que tinha um grupo que o apoiava, mas o que ele queria era uma lista sêxtupla, dela participando alguém para valorizar o interior. Eu sabia qual era o nome mais cotado para essa lista: Martinelli, diretor da Escola de Engenharia de São Carlos.

Fiquei ouvindo um bom tempo e lá pelas tantas pedi a palavra: "Professor Ferri, nós não nos conhecemos muito bem, mas quero fixar a posição que julgo mais adequada para o interior. Nós queremos escolher o melhor reitor para a USP. No dia que o interior tiver um candidato a reitor nós o queremos como primeiro da lista, não em quinto lugar. Pretendemos escolher o melhor, seja ele da capital ou do interior. Ficaremos gratos no dia em que ocuparmos o primeiro lugar na lista. Mas, decididamente, só compor a lista não nos interessa".

Acho que expressei o pensamento de meus colegas porque o pessoal de Ribeirão Preto apoiou essa tese, através de uma de suas lideranças, o professor André Cruz da Faculdade de Medicina de Ribeirão Preto da USP (FMRP), que, depois vim a saber, estava com Goldemberg.

Seguiram-se outros encontros para discutir o assunto. O interior passou a ter uma presença muito forte, porque debatia a questão em termos doutrinários, focalizando mais o perfil desejado para a universidade. Eu estive muito presente nesses debates. André Cruz tornou-se meu amigo. Conversávamos bastante, articulávamos os entendimentos. No final, José Goldemberg foi eleito, e teve meu voto.

Quando chegou a hora de escolher o vice-reitor, algumas pessoas diziam: "Lobo, você não gostaria de ser vice?". Eu respondia que para mim o melhor nome era o de André Cruz, e trabalhei pela candidatura dele. E ele foi eleito vice-reitor em fevereiro de 1986.

Em maio, ocorreu um fato lamentável: o professor Cruz teve um infarto, faleceu dormindo. No velório tiveram o mau gosto de especular a respeito da ocupação de sua vaga. Respondi que o local era impróprio para discutir a questão.

Passaram-se vários dias, eu estava em São Paulo conversando com Ivan Nascimento, diretor do Instituto de Física, quando recebi um telefonema do reitor Goldemberg: "Alguns diretores vêm falar comigo sobre a sucessão na Vice-Reitoria e eu vou sugerir o seu nome. Quero saber se você concorda...". Perguntei: "Quando vai ser a reunião?". "Daqui a cinco minutos e eu queria que você viesse" — respondeu.

Eu tinha, então, o enorme prazo de trezentos segundos para dizer se aceitava ou não o que ele propunha. Falei: "Tudo bem, Goldemberg, eu estarei aí". Fui para a reunião.

O pessoal perguntou se o reitor tinha alguma sugestão e ele citou meu nome em primeiro lugar, seguido pelos nomes de Ruy Laurenti e Myaki Issao, este o promotor da reunião. Houve a eleição e fui escolhido no primeiro escrutínio e, em seguida, nomeado vice-reitor da USP pelo governador Franco Montoro. E me mudei para São Paulo.

Chegando ao Campus de São Paulo

- 1 -

Na friorenta e cinzenta manhã em que cheguei ao campus da capital para ocupar meu gabinete na Vice-Reitoria, dei um giro pela Cidade Universitária, olhando os imensos gramados, bosques e prédios. Lembrei daquela outra chegada em São Carlos vinte e cinco anos antes, no início de minha carreira acadêmica.

Os desafios agora eram de outra ordem. Comparei os 4 milhões de metros quadrados deste campus com os 300 mil de São Carlos e refleti que o peso das minhas responsabilidades crescera numa proporção semelhante.

Durante os meses da campanha sucessória, quando visitara mais frequentemente São Paulo, percebera uma situação tensa, próxima da anarquia, nas relações da administração com os funcionários, professores e estudantes. Os espaços eram sujos, malcuidados. O campus refletia, em seu aspecto físico, esse clima negativo.

O reitor que terminara o mandato, Hélio Guerra Vieira, teve seus méritos, mas não soube, ou não quis enfrentar as dificuldades políticas, que eram múltiplas. Talvez isso tenha decorrido de sua visão institucional da universidade.

Uma vez, em São Carlos, ele disse que entendia a universidade como uma federação, a Reitoria se omitindo no plano conceitual e deixando que cada unidade, isoladamente, definisse o seu perfil. O que a Reitoria podia fazer, em sua avaliação, era prover, tornar-se uma base de apoio, sem entrar nas discussões setoriais, e o papel do reitor era o de mediador de conflitos. Nunca concordei com isso.

Diga-se, porém, a bem da verdade, que Hélio Guerra foi quem concebeu o primeiro formato de um Instituto de Estudos Avançados na USP, órgão voltado para o debate de problemas estratégicos nacionais, a partir de proposta feita pela Associação dos Docentes. Empenhou-se na destinação de equipamentos didáticos para os laboratórios, iniciativa importante para a graduação, e iniciou o programa de informatização da USP. Não posso dizer mais da gestão dele porque acompanhei seu trabalho a distância, como diretor do Instituto de Física e Química de São Carlos.

Cabia-me, agora, viver os problemas da universidade no centro das grandes decisões, como vice-reitor. E estava decidido a não me acomodar no papel de simples "regra três".

Mal cheguei ao meu gabinete, numa sexta-feira, e o reitor Goldemberg me chamou para discutir o problema de suplementação orçamentária. Deu-me uma pilha de papéis com metro e meio de altura para que eu analisasse. Antecipou detalhadamente os seus critérios a respeito do assunto.

Passei o fim de semana examinando a papelada e, na segunda-feira, procurei o reitor. Disse, cordialmente, que não endossava o critério dele. Foi uma estreia complicada. Mas discutimos bastante e chegamos a um bom resultado.

Mila e meus dois filhos mais jovens estavam em São Carlos, o mais velho já estava cursando a Escola de Comunicações e Artes (ECA-USP), morando numa república, e eu morava em São Paulo no apartamento de minha sogra. Houve uma revolução nos meus hábitos.

Jamais tinha usado um carro oficial, a não ser para viajar de São Carlos para a capital, e em São Paulo passei a usar. Não vestia terno, passei a vestir. A principal mudança, porém, foi no clima de trabalho. O campus da capital vivia uma fase de intensa agitação.

Os funcionários faziam greves, invadiam frequentemente a Reitoria para reivindicar ou protestar. O reitor pedia para eu recebê-los e depois conversar com ele sobre as reivindicações. Devo dizer que Goldemberg preservou a dignidade da Reitoria. E talvez ele reconheça que nas articulações com funcionários, estudantes e professores, contribuí para isso.

Essa operação conjunta não era fácil. Embora Goldemberg tivesse me convidado para a Vice-Reitoria, eu não era exatamente uma pessoa de sua equipe mais próxima. Não havia intimidade entre nós. Ficávamos nos estudando mutuamente. Os seus íntimos eram a coordenadora da Coordenadoria de Administração Geral (Codage), Elisa Wolinec, o chefe de gabinete, Fábio Prado, a professora Eunice Durham e Wanderley Messias da Costa, coordenador da Coordenadoria de Serviço e Assistência Social (Coseas), os dois últimos da Faculdade de Filosofia, Letras e Ciências Humanas (FFLCH).

Usei também meu espaço na Vice-Reitoria para analisar melhor a universidade em seu conjunto. Fiz um estudo sobre a produção científica da USP. Inventariei quantos trabalhos, por exemplo, cada instituto realizara por doutor, qual era o custo real de cada instituto, e quanto a universidade gastava efetivamente nos órgãos centrais.

Esses meus exercícios eram úteis ao reitor e constituíam também um bom aprendizado para mim. Lembro-me de que dei uma entrevista à *Folha de S.Paulo* demonstrando que a produção científica no interior era relativamente maior que a do campus da capital. Isso criou uma série de problemas.

Aprofundei-me no exame da gestão universitária: custeio, gastos com pessoal, capital, desempenho dos órgãos centrais. Foi um período de muita prospecção na área administrativa.

- 2 -

O convênio BID/USP, nascido na gestão Goldemberg, previa um investimento de 154 milhões de dólares na universidade ao longo de quatro anos: 64 milhões providos pelo Banco e mais a contrapartida brasileira, de um dólar e meio para cada dólar que viesse de fora.

O reitor discutia frequentemente comigo as exigências do Banco, algumas delas conflitantes com o nosso interesse acadêmico, outras impossíveis de atender. Eles ofereciam, por exemplo, um grande programa de doutorado no exterior, o que não era prioritário para nós, uma vez que a maioria dos professores da USP já tinha doutorado.

Eles interpretavam o Brasil como um país menos desenvolvido na área de pós-graduação do que realmente era. Pleiteávamos um intercâmbio para docentes em geral, qualquer que fosse a sua titulação. Exigiam também indicadores globais que demandariam um longo trabalho para serem coletados. Sugeri ao reitor a entrega de dados de amostragem e, ainda, a inclusão de técnicos de laboratório nos programas de treinamento.

Em função do meu envolvimento com o assunto, Goldemberg pediu-me para ir aos Estados Unidos discutir com os técnicos do BID, juntamente com Evaldo Alves, representante da Secretaria de Ciência e Tecnologia, e Dagoberto Redosque, assessor da Reitoria.

As reuniões, em setembro de 1987, foram coroadas de êxito. Uma intervenção muito oportuna foi do secretário de Ciência e Tecnologia, Ralph Biasi, que apareceu lá e disse que o Governo paulista endossava nossa proposta, na ocasião muito questionada pela Unicamp, também interessada nos recursos, porém sem um projeto avançado. Ralph enfatizou que o Governo estadual queria que a USP recebesse primeiro e as demais universidades negociassem depois.

No final do ano estava tudo pronto para a assinatura. Fui a Washington, acompanhando o reitor, que firmou o convênio. Quando regressamos ao Brasil, Goldemberg montou a Unidade Executiva de Projetos (UEP) e indicou-me para coordená-la. A UEP, interface com o BID, controlava todas as ações técnico-financeiras do convênio, além dos programas de construção, importação de equipamentos e viagens de treinamento. Encarregava-se, também, de fazer os relatórios de avaliação. Fiquei como coordenador da UEP até o final do meu mandato de vice-reitor.

Foi uma experiência muito boa. Ganhei traquejo como negociador, lidando com o pessoal do Banco, muito duros e exigentes. Trabalho exaustivo, mas de enorme proveito para a universidade.

Nunca houve, na história da USP, convênio que atraísse recursos extraorçamentários nesse montante. Mais tarde, na minha gestão como reitor, pude também colher os frutos desse empréstimo internacional.

No Olho do Furacão:
A Lista dos Improdutivos

- 1 -

O ano de 1988, do início ao término, foi um verdadeiro tufão de crises. Sucessivos impactos abalaram toda a universidade. A Reitoria atravessou um "inferno astral" de doze meses consecutivos. Estive no olho do furacão juntamente com Goldemberg e sobrevivemos, embora essas crises tenham deixado sequelas e ressentimentos, como é de se esperar.

Aqui estou para contar a história de algumas dessas tormentas: a famosa "lista dos improdutivos", a crise dos estatutos e a greve geral. Vamos por partes, em ordem cronológica: Discutia-se tranquilamente um novo Estatuto para a Universidade de São Paulo, sugerido pelo reitor e prometido durante a campanha eleitoral, quando num domingo de fevereiro explodiu, em manchete da *Folha de S.Paulo*, a "lista dos improdutivos". Era uma relação de professores que supostamente não cumpriam suas obrigações acadêmicas, na visão do jornal, por não terem trabalhos publicados nos últimos anos.

Naquele domingo eu estava no clube, em São Carlos, jogando tênis, quando um agitado colega, professor da USP, abordou-me: "Você leu a *Folha* hoje?". Respondi que não. Ele: "Saiu uma bomba, a lista dos improdutivos!". Mantive a calma: "Essa lista pode ser obtida facilmente. O problema é saber sua consistência e sua origem...".

À tarde, logo depois de ler o jornal, recebi um telefonema de Goldemberg. Ele tinha recebido sucessivas ligações, havia uma crise emocional na universidade. Queria trocar ideias comigo. Respondi: "Vamos conversar logo cedo, amanhã". Eu tinha motivos para saber que a tal lista poderia sair na imprensa a qualquer momento. E desconfiava de que a fonte secreta estivesse na própria Reitoria. Farei aqui uma breve retrospectiva para deixar tudo mais claro.

Já disse que desde os meus primeiros dias na Vice-Reitoria da USP vinha me envolvendo com a análise de nossa produção científica. Mesmo em São Carlos, quando era diretor do Instituto, sempre tive interesse em quantificar o desempenho nessa área. Era uma forma de adquirir visão global do problema, sem perder de vista as peculiaridades de cada setor da instituição. Empenhava-me em levantamentos de produção científica, números de teses, tempo que os alunos permaneciam na universidade etc. Mas nunca trabalhei com nomes. Sempre tratei com indicadores, não com pessoas.

Certo dia, a pedido do Goldemberg, recebi a diretora do Sistema Integrado de Bibliotecas (SIBI), que me mostrou um levantamento, também solicitado pelo reitor, registrando nomes de docentes que, nos últimos dois anos, não tinham publicado trabalhos.

Percebi logo que Goldemberg estava procedendo como Cristovam Buarque, reitor da Universidade de Brasília, que fizera um levantamento semelhante e enviara cartas de cobrança aos docentes de lá. A diretora do SIBI veio me mostrar o levantamento e, de cara, detectei os erros metodológicos do trabalho. Eu conhecia professores que não tinham publicado nada e foram omitidos na listagem do SIBI. Conhecia também pessoas que tinham publicado e cujos nomes estavam lá.

Perguntei à diretora qual a lógica usada para alinhar aqueles dados e descobri uma coisa curiosíssima: a lista era fruto de um cruzamento impróprio de quem tinha publicado em um ano e não tinha publicado no outro. Apesar da dedicação dos funcionários, era uma lista absolutamente despropositada, tinha que ser *sim* em um ano e *não* em outro para o nome aparecer na lista. Informei que a metodologia estava errada e apresentei minhas conclusões. Mas fiquei preocupado. Mandei um bilhete para o Goldemberg dizendo que o trabalho apresentava defeitos gravíssimos e dava uma impressão falsa da universidade.

Argumentei depois, verbalmente, que o pessoal que tinha entrado na USP como assistente e estava fazendo tese de mestrado ou doutorado não poderia constar em catálogos de produção científica: uma tese muitas vezes só se publica em revista internacional quando concluída, depois de anos de trabalho.

Da mesma forma, acrescentei, professores recém-contratados obviamente não poderiam entrar nesse levantamento sobre produção científica referente aos dois últimos anos. Bem, alguns dias depois dessa conversa, recebo uma repórter da *Folha* que veio me perguntar quais eram minhas restrições à lista. Goldemberg tinha dito que eu fizera reparos a um levantamento já em poder do jornal.

A repórter me falou textualmente: "Obtive a lista da Reitoria, mas não é para ser publicada". Disse mais, que iria fazer uma aferição global e talvez telefonasse para alguns professores a fim de saber por que, sendo famosos, não publicavam trabalhos ou não informavam a universidade. Repeti para ela quais os defeitos da lista. Não mais a questão dos cruzamentos, que isto fora corrigido, mas as outras críticas. Terminou aí a conversa. Eu não ouvi mais falar do assunto até aquele domingo, quando saiu a matéria no jornal.

Feito esse intervalo, voltemos à segunda-feira, o *day after* da publicação. Cheguei à Reitoria e encontrei Goldemberg com Fábio Prado, seu chefe de gabinete, o professor Wanderley Messias, coordenador da Coseas, e Luís Maria, assessor de imprensa. Eu já fixara uma posição. Minha proposta foi muito clara: a tal lista fora feita na própria Administração Central e caíra nas mãos da *Folha* por motivos que eu desconhecia. O reitor tinha que assumir o erro. Tinha que dizer publicamente que a relação estava tecnicamente furada e caíra indevidamente na *Folha*, ou por ingenuidade de funcionários, ou porque o jornal a obtivera de alguma outra forma.

A Reitoria, insisti, deveria eximir-se da responsabilidade da publicação. Isso aplacaria a irritação do corpo docente e daria margem para que o reitor pedisse honestamente suas desculpas: "Lamento que tenha acontecido isso. Não era minha intenção que saísse a público um levantamento errado e prematuro". O reitor concordou, pediu que Wanderley e eu redigíssemos uma carta para o jornal nessa linha. Entregamos a ele a minuta do texto.

Na terça-feira, para minha surpresa, a manifestação de Goldemberg nada tinha a ver com as minhas sugestões. Ele declarava não saber quem tinha entregado ou elaborado, e nada mais. A situação interna complicou-se mais ainda.

Tive que presidir uma reunião do Conselho Universitário, substituindo o reitor que viajara para Brasília, e o clima era de guerra. Usei um argumento: "Nós temos a lista das bibliotecas com os trabalhos publicados pelos docentes anualmente. Fica fácil para quem quiser saber quais são os docentes que não publicaram trabalhos. Basta folhear a lista de professores da USP e conferir quem consta ou não da listagem do SIBI (Sistema Integrado de Bibliotecas da USP)". Ficou claro para todos que o pecado da Reitoria foi ter facilitado a tarefa do jornal. Na verdade, a *Folha*, com dois estagiários, faria isso em uma semana. O grave seria se a USP afirmasse que aquelas pessoas eram academicamente improdutivas. Alguém, dentro da universidade, fizera a lista e entregara ao jornal. Quando entregou, avalizou institucionalmente. Esse foi o grande problema.

Acredito que se Goldemberg tivesse assumido uma posição nítida naquela ocasião, como eu tinha sugerido, o caso teria proporções menores. Cheguei a escrever um artigo explicando tudo, que deixei de publicar em face da posição um pouco tímida da Reitoria. O reitor não quis enfrentar a situação e achei que não me cabia, diante disso, sair levantando a bandeira.

Se tivesse sentido mais apoio, o artigo estava pronto, dizendo, em resumo: a lista era pública, obtida a partir de dados públicos, embora academicamente incorretos e sem uma análise mais adequada das diferentes situações. O autor ou autora do vazamento agira como qualquer desconhecedor dos assuntos acadêmicos teria agido. Discordo, além da questão técnica, da citação nominal através da imprensa, quando há na USP comissões que deveriam acompanhar a produção dos docentes e cobrar essa produção.

Mas, nessa época, a cobrança interna era muito pequena.

Na ocasião o professor Erney Plessmann de Camargo escreveu uma carta muito digna e esclarecedora para a Reitoria. Protestava contra a lista, mas defendia uma avaliação responsável e competente. Goldemberg me mostrou o texto, elogiando sua qualidade e elevação moral. Por alguma razão, não quis falar diretamente com Erney. Delegou-me essa tarefa.

Recebi o professor. Discutimos sobre o assunto e várias outras questões da USP. Foi quando descobrimos nossa grande afinidade pessoal e acadêmica. Percebemos ambos que tínhamos a mesma visão de universidade. A partir daí ele se tornou meu amigo e muito próximo da Vice-Reitoria, participando de um grupo que discutia mais profundamente os desafios da USP e trocava sugestões para enfrentá-los.

Goldemberg fechou-se em copas. Os diretores das Unidades, durante a crise, enviaram um documento para ele oferecendo apoio. O portador, Osvaldo Ubríaco Lopes, diretor do Instituto de Ciências Biomédicas, não foi recebido pelo reitor, que encarregou o chefe de gabinete de tratar com ele.

Embora muito experiente, tendo ocupado cargos importantes no Brasil, acho que ele pecou pelo excesso de centralismo e falta de transparência em alguns momentos decisivos. Creio que foi mal assessorado. Posso estar fazendo uma interpretação severa, mas quero registrar com absoluta franqueza minhas lembranças destes fatos vividos tão intensa e dolorosamente.

O pior, para mim, ainda estava para acontecer. Na semana seguinte aconteceu. Começou a correr em surdina, dentro da universidade, o perverso boato de que eu fora o autor da lista.

Os difamadores manipulavam o fato real de que eu era uma pessoa interessada em avaliação, tinha feito levantamentos estatísticos anteriores e, por essa razão, devia ser a fonte da *Folha*. Tudo uma articulação para desviar a atenção dos verdadeiros autores, desviar a atenção do reitor e descarregar a culpa na segunda pessoa mais importante na escala hierárquica.

Esse foi um dos piores momentos que passei na USP. É horrível uma pessoa ser acusada por algo que não fez. Senti-me como um condenado à morte que não cometeu nenhum crime. A calúnia dói terrivelmente. Se eu tivesse feito a denúncia de improdutividade, até poderia achar motivos para explicar meu ato. Mas, inocente, não encontrava saída. A menos que, prejudicando a imagem da instituição, disparasse minhas farpas contra os detratores. Só que a responsabilidade do cargo me impedia de fazer uma retaliação. Limitei-me a explicar internamente, quando perguntado, tudo o que estou contando aqui.

Surgiu, porém, um complicador para os autores da intriga: a *Folha* estampou, no auge da crise, um fac-símile da lista de improdutivos com o timbre da Coordenadoria de Administração Geral (Codage), que era dirigida pela professora Elisa Wolinec, do Instituto de Física da USP, ex-aluna e pesquisadora do grupo do Goldemberg e muito próxima dele.

Posso estar enganado, mas talvez o jornal tenha feito isso para corrigir a injustiça. Sua repórter sabia que eu não alimentara o noticiário. Então, para dar uma pista sobre a origem da lista, publicou o fac-símile. Foi uma interpretação minha, talvez otimista demais. Tive solidariedade explícita de todos os colegas que conheciam de perto meu estilo de trabalho e jamais me atribuíram a ideia de levar para fora da universidade uma lista elaborada de forma incompetente, equivocada e lesiva ao andamento normal do processo de avaliação.

Devo assinalar aqui o papel corajoso e leal do professor Joaquim Engler nesse episódio. Engler, professor da Escola de Agricultura Luiz de Queiros, do campus de Piracicaba, trabalhava comigo, na Vice-Reitoria, justamente na análise de dados e outras tarefas que cabiam à Vice-Reitoria. No auge da crise, ele me contou que foi ao reitor dizer que sabia em detalhes de como a lista tinha ido parar nas mãos da *Folha*, que tinha presenciado a cena, e que achava melhor que não mais insinuassem que eu fora o responsável. Acredito que essa iniciativa também me ajudou muito.

Um fato que surpreendeu muito em 1988 foi a avalanche de cartas e artigos nos jornais, assinados por vários professores da universidade, transcrevendo seus currículos e sua produção científica nos dois anos anteriores. Tais professores, entretanto, em sua maioria, jamais haviam comunicado esses trabalhos à universidade. Achavam que a Administração Central não tinha o direito de registrar a sua produção científica. Só se manifestaram quando sua vaidade foi ferida.

Se os comunicados de produção tivessem chegado à USP anteriormente, ajudariam a trazer recursos e realçariam nosso papel no desenvolvimento do país e de liderança na América Latina.

A divulgação da lista abriu uma porta para o registro da produção científica da universidade. Será que Goldemberg já imaginava isso?

Depois da crise os professores passaram a informar melhor a universidade. Hoje muita gente me diz que boa percentagem daquele pessoal constante da lista figuraria em qualquer levantamento negativo. Eram, na maioria, pessoas acomodadas, descomprometidas com a universidade.

O impacto da lista produziu, nesse plano, alguns resultados positivos. Mas é preciso deixar claro, por outro lado, que isso poderia ter sido obtido por outros meios e que o incidente atrasou o projeto de avaliação imaginado por Goldemberg. Não se falou mais nesse assunto em 1988. A avaliação somente foi retomada em profundidade na década de 1990.

- 2 -

Decorridos poucos meses da publicação da lista, outra violenta crise eclodiu na USP, relacionada com o novo Estatuto. Estive no centro dos acontecimentos, porque, além de vice-reitor, coordenava a Comissão de Sistematização criada por Goldemberg para elaborar uma proposta consensual.

O reitor assumira, durante a campanha sucessória, o compromisso de reformular globalmente o Estatuto gerado no período autoritário. Eleito, ele anunciou no Conselho Universitário a sua decisão de cumprir o prometido.

A Comissão de Sistematização subdividiu-se em vários grupos setoriais de trabalho. Coordená-la foi uma tarefa dura porque, durante vários meses, correu em paralelo com as tratativas para a assinatura do convênio BID/USP.

Os colegas mais experientes advertiram-me para os riscos da polarização: o Estatuto seria rotulado de populista ou retrógrado, não havendo chances para uma linha equilibrada. Costurar a sua reformulação, diziam, era a melhor maneira de uma pessoa queimar-se dentro da universidade. Correndo todos os riscos, enfrentei os interesses corporativos e tratei de ouvir as áreas mais divergentes.

O principal obstáculo era o de ampliar as Congregações, então compostas pelos professores titulares e apenas um representante de cada categoria docente. Havia Congregações com quarenta titulares e apenas um representante de cada categoria restante. Nelas o placar era mais ou menos de 40 a 8. Havia um desequilíbrio muito grande e excessiva concentração de poder dos titulares nessa composição.

Anunciamos a ideia de tornar as Congregações mais representativas e enxutas. Em relação às chefias de departamento, queríamos ampliar o universo de escolha porque, se prevalecesse a exigência de alguém ser professor titular para ocupar o cargo, em muitos departamentos havia apenas um titular que seria eternamente o chefe. E que até poderia empenhar-se para que ninguém mais chegasse a esse nível da carreira docente. Para prevenir tal abuso, propusemos que houvesse a exigência, nesses casos, de um espectro maior de candidatos, escolhendo-se dentre eles o chefe de departamento

Quando as discussões estavam nesse pé, a Escola Politécnica e a Faculdade de Medicina anunciaram publicamente sua intenção de se separar da USP. A Faculdade de Medicina publicou um enorme abaixo-assinado no jornal *O Estado de S. Paulo*. Denunciava uma suposta conspiração populista na elaboração do Estatuto e afirmava que um professor titular, chegando ao último estágio da carreira, não deveria pleitear votos para entrar na Congregação (na proposta, o número de titulares era limitado e os membros, escolhidos por eleição entre os professores).

Do outro lado da trincheira o contra-argumento era o de que titulares, sendo ainda maioria, sairiam bem representados e, sozinhos, não representavam o espírito de pesquisa da universidade: professores adjuntos, livre-docentes e doutores formavam um universo de competência que deveria ser mais ouvido. Escrevi, na época, um artigo no *Estadão* com o título "Separar ou integrar". Dizia, em essência, que a Medicina queria se separar da USP sem que antes tivesse havido qualquer tentativa de integração real da escola com a universidade.

A questão dos titulares ocupava o primeiro plano dos debates. Manter todos eles nas Congregações e equilibrá-las com uma representação significativa de outros segmentos incharia demasiadamente a sua composição. O certo seria torná-las proporcionais e enxutas ao mesmo tempo.

A proposta da Comissão de Sistematização previa a escolha dos representantes dos titulares por todos os professores. Os titulares, porém, exigiam que eles próprios escolhessem seus representantes. A concessão máxima era admitir que as demais categorias (adjuntos, por exemplo) escolhessem os seus representantes, em colégios eleitorais separados. Qualquer outra solução era taxada de populista.

O mês de julho foi de intensas discussões. Um fato que enfraqueceu a proposta globalmente mais avançada foi a insistência dos estudantes em ganhar representação de 20% no Conselho Universitário, dobrando o seu índice. Era uma orientação da UNE, e eles queriam seguir ao pé da letra essa palavra de ordem. Pus-me a negociar, então, em dois polos opostos: estudantes e professores titulares.

Enfraquecida pela crise com as faculdades mais antigas, a Administração, por meu intermédio, fez uma sondagem no Conselho Universitário. Senti que os 20% de representação discente não passariam. Propus 15% aos estudantes.

Quando foi feito o atual Estatuto, quase não existia pós-graduação na USP, ela estava apenas começando. Mas naquele momento a pós-graduação correspondia a quase metade da graduação. Então a proposta era manterem-se os 10% para a graduação e, como a pós-graduação tinha praticamente a metade, aumentaríamos em mais 5%, contemplando a categoria que era inexistente naquela época.

Era um argumento lógico e com certeza passaria no Conselho. Lamentavelmente, os estudantes romperam as conversações. Recusaram-se a discutir minha proposta e anunciaram que não participariam da votação.

A proposta estatutária, que em seu conjunto era mais renovadora, foi duramente atingida: perdeu o apoio de setores que deveriam ser seus aliados naturais. Não conseguimos, apesar dos esforços, trazer de volta a representação discente para a votação. Nem a docente (cinco professores não titulares representantes de suas categorias).

Em um grupo de reestudo formado pelo reitor, que eu coordenava, estavam pessoas que defendiam o Estatuto tal como fora proposto na Comissão de Sistematização e pessoas que defendiam uma linha menos avançada, dentre estas o professor Fabio Goffi, diretor da Faculdade de Medicina. Era um perfeito cavalheiro, de quem vim a me tornar amigo. Discordávamos civilizadamente. Tive com ele um debate na TV sobre o assunto. Também participou desse debate o professor Décio Zagottis, diretor da Escola Politécnica. Os dois contrários ao meu ponto de vista. Mas a posição de Décio tinha uma característica especial: ele queria ser o sucessor de Goldemberg.

Repercutindo na mídia intensamente, a questão continuava em ebulição dentro do grupo de reestudo. Pleiteava-se insistentemente a maioria absoluta dos titulares nas Congregações. Num dado momento tudo convergiu para uma discussão aritmética. Fazíamos todos os cálculos possíveis em torno dos percentuais. No final, a solução inflou demasiadamente as Congregações, mas ela foi a única forma de achar o consenso.

Consegui que os titulares, quando a faculdade quisesse, fossem membros natos da Congregação, mas não constituíssem maioria absoluta. Propostas justas, entretanto, ficaram de lado: por exemplo, o chefe de departamento não precisar necessariamente ser um professor titular para ocupar o cargo. Essa ideia não tinha mais condições políticas de passar pelo Conselho Universitário com a ausência das bancadas que tinham se retirado. O pessoal mais conservador tinha permanecido e pesava bastante nas decisões. Foi impossível fazer progressos além daqueles já negociados.

O Estatuto, mesmo com emendas, foi um avanço para a universidade.

Um avanço importante ocorreu no processo de escolha do reitor e dos diretores de unidades. Antes, o diretor era escolhido apenas pela Congregação. Agora, seria escolhido pela Congregação e mais os Conselhos de departamento. O reitor era eleito somente pelo Conselho Universitário, mas no novo Estatuto existia um primeiro turno do qual participariam todas as Congregações (mais de mil pessoas) e um segundo turno que envolveria todos os conselhos superiores da universidade, totalizando mais de duzentos votantes.

A aprovação de novas regras para a instituição, ocorrida em 1988, consagrou alguns dos princípios defendidos por Hélio Lourenço e seus colaboradores. Em 1968, o professor Hélio Lourenço, reitor em exercício, tentou viabilizar um Estatuto progressista para a universidade, mas foi cassado pelo governo militar. Seu projeto ficou engavetado.

Esse foi, sem dúvida, um fato positivo do conturbado ano de 1988 na gestão de José Goldemberg.

- 3 -

As preocupações acompanhavam os administradores da universidade onde quer que eles se encontrassem. Eu estava na Itália, representando a USP nas comemorações dos novecentos anos da Universidade de Bolonha. O reitor me pedira para viajar antes, ele só poderia ir nos últimos dias dos festejos. Nesse último dia Goldemberg chegou acompanhado pelo reitor Paulo Renato, da Unicamp. Paulo Renato me disse que o pessoal de Campinas tinha entrado em greve por questões salariais. Comentei que achava que a USP não entraria de imediato, mas acabaria aderindo se continuasse a paralização na Unicamp.

Os salários estavam baixos e o momento político (havia uma eleição para prefeitos à vista) favorecia a mobilização. Professores estavam sem receber reajustes há vários meses, com a inflação corroendo seus vencimentos. Quando voltamos para o Brasil havia um nítido quadro de greve na USP. Em poucos dias a paralisação foi decretada e obteve uma adesão muito grande. Circulares do reitor, às vezes num tom não muito adequado ao momento, dificultavam as negociações. Deixavam os diretores numa posição difícil, demasiadamente imprensada e sem espaço.

O movimento durou três meses. Em dado instante senti que era necessário partir da Administração um esclarecimento à sociedade sobre o que estava acontecendo. Os docentes sentiam-se desprestigiados pelo discurso da Reitoria. Goldemberg se recusava a entender melhor a greve, insistia que o quadro salarial não era dos piores e que o Brasil todo estava fazendo sacrifícios. Em nenhuma circunstância reconhecia as dificuldades salariais.

Então escrevi um artigo na *Folha de S.Paulo* com o título: "Quem tem medo da universidade?". Argumentava que a greve não era uma boa solução, mas admitia a degradação dos salários. Os professores, enfatizei, não tinham condições de tranquilidade para trabalhar e o governo ignorava as universidades, centros vitais para o desenvolvimento do país e do estado. Não fiz apologia da greve, mas emiti um sinal de desagravo ao corpo docente.

Houve, algum tempo depois, uma proposta razoável de reajuste. Mas a Adusp (Associação dos Docentes da USP) resolveu manter a greve, principalmente porque o movimento estava fazendo um estrago na campanha do candidato João Leiva, do PMDB.

A greve tornou-se política e mantida por uma liderança que queria ajudar a campanha do PT. Achei que era demais e escrevi um outro artigo no *Estadão*, protestando contra a manutenção do movimento. Dizia que a greve assumira um desenho político, estava prejudicando os alunos e a sociedade. Conclamava os professores a voltarem ao trabalho. Pouco tempo depois a greve acabou, não por causa do meu artigo, mas porque a campanha eleitoral terminara e Luiza Erundina fora vencedora.

Naturalmente submeti os artigos a Goldemberg antes de publicá-los. Como vice-reitor, eu tinha esse dever. Não podia abordar na imprensa uma questão política em relação à USP sem que ele fosse ouvido. Goldemberg concordou com os dois artigos.

Acho que foi importante me posicionar dessa forma. A minha atitude em relação ao assunto é muito conhecida. Sou radicalmente contrário a qualquer greve na universidade. Uma greve dessa natureza afeta o futuro do país e é muito pouco percebida pela população. Leva dois meses para aparecer com destaque nos jornais. Não é como uma greve de lixeiros, que começa a incomodar a cidade no dia seguinte. Uma greve universitária somente começa a ser notada quando os alunos perdem o ano e existe ameaça de cancelamento do vestibular.

Mas é bom registrar que essa paralisação de 1988 teve uma consequência real, não cogitada pelos seus articuladores: estimulou o Decreto de Autonomia Universitária de 1989. O governo Quércia não quis mais se envolver com questões salariais na universidade.

Um pouco antes do Decreto da Autonomia aconteceu um incidente que passo a relatar. As brasas da greve ainda estavam acesas, quando irrompeu outro incêndio. O estopim foi a promulgação do Estatuto.

O reitor Goldemberg publicou o Estatuto no *Diário Oficial* e remeteu para o Conselho Estadual de Educação, que o aprovou, graças ao apoio do professor Erasmo Tolosa, membro daquele órgão e professor da Faculdade de Medicina da USP, e do professor Jorge Nagle, seu então presidente.

Dias depois, eu estava trabalhando sossegadamente quando o reitor me chamou com urgência. Disse Goldemberg: "Temos problemas. Aqui está um parecer da Consultoria Jurídica do Estado. O governador Quércia ameaça uma intervenção na USP, alegando que promulguei o Estatuto sem autorização dele". Imagino que o reitor fizera isso, logo depois da greve, para mostrar ao público interno sua independência em relação ao Governo do Estado.

Recebi a missão de negociar em nome da USP. Encontrei-me no Palácio dos Bandeirantes com Alberto Goldman, secretário de Administração, e Edgar de Carvalho, secretário adjunto de Governo. Comigo estavam Francisco de Assis, advogado e assessor de gabinete, posteriormente meu consultor jurídico, e o professor Wanderley Messias. Este havia feito um trato prévio com o Goldman, avisando que a USP não desejava confronto.

A posição do governo tinha duas origens: a questão da autoridade do governador e a então inexistência de autonomia financeira da universidade, em contraste com um artigo do Estatuto que previa a criação de cargos de professores titulares a serem preenchidos através de concursos.

Depois de sucessivas rodadas de negociações, na USP e no Palácio, conseguimos achar a solução: Goldemberg republicaria o Estatuto, autorizado pelo Governo, e ao mesmo tempo Quércia publicaria uma ressalva no *Diário Oficial* estabelecendo que a criação de novos cargos teria que ser previamente aprovada pelo Governo do Estado. Com isso foi salvo, depois de dois meses de luta, o Estatuto da USP, tão laboriosamente preparado.

Em 1989 Goldemberg estava sem entusiasmo. Ele enfrentara muitos problemas desgastantes no ano anterior. Além das crises já contadas, sofrera derrotas no Conselho Universitário quando indicou nomes para as Pró-Reitorias de Graduação e de Cultura, que não foram homologados.

Em 1989 ficou muito distante da rotina administrativa. Passou a aceitar convites de viagem, começou a escrever trabalhos sobre energia. Quero ressalvar, entretanto, mais uma vez, os méritos de sua gestão: resgatou a autoridade da Reitoria, teve coragem de falar em avaliação desde o princípio, valorizou a produção científica. Foi muitas vezes um executivo rápido e conseguiu viabilizar o convênio BID/USP, extremamente importante para a universidade.

A Campanha para Reitor

- 1 -

A sucessão do reitor José Goldemberg era a primeira que seguiria as regras do novo Estatuto. A lista de candidatos, que era sêxtupla, passou a ser tríplice. E, diferentemente das eleições anteriores, haveria dois turnos.

Além do Conselho Universitário, única instância no passado, agora entravam no primeiro turno todas as Congregações para escolher oito nomes. No segundo turno, como já dito, entravam todos os Conselhos Superiores: Conselho Universitário e Conselhos de Graduação, Pós-Graduação, Pesquisa, Extensão e Cultura, totalizando mais de duzentos votantes que reduziriam a lista de oito para os três nomes que seriam submetidos ao governador para a escolha do novo reitor.

Muita gente, desde o princípio daquele ano, vinha me falar que eu devia ser candidato. No momento em que julguei oportuno, em meados do ano, chamei um grupo de pessoas mais ligadas a mim, constituído pelos professores Erney Camargo, Osvaldo Lopes, Wanderley Messias, Joaquim Engler, Lor Cury e Rui Laurenti. Disse a todos, em resumo: "Estou aqui há três anos e pouco e acho que já dei minha contribuição para a universidade. Não quero ser candidato a reitor. Mas faço o reitor. Disponho de peso para ajudar numa campanha, peso forte. Vocês conversem e decidam quem é a pessoa que vocês gostariam de indicar. Eu apoiarei esse nome, acho que temos força para ganhar a eleição". Eles perguntaram: "Você não quer?". Fui enfático: "Não, não quero".

Dias depois essas pessoas voltaram ao meu gabinete e disseram: "Nós discutimos bastante. Não há ninguém que nesse momento agregue tanto quanto você. Você é o nosso candidato". Tive que pedir um tempo para pensar.

Levei minha família para passar um fim de semana em São Carlos, num hotel. Sentamos à beira da piscina e passamos uma tarde inteira, eu, minha mulher e meus filhos, discutindo se eu deveria ou não aceitar a indicação. Havia muitos prós e contras, é claro.

Aceitar significava defender publicamente o projeto que eu tinha na cabeça e a respeito do qual discutia muito em casa. Eu argumentava que provavelmente perderia a eleição porque não iria prometer nada. Normalmente não se ganha eleição sem prometer compensações às forças aliadas, e eu estava decidido a oferecer apenas um projeto, sem nada específico para ninguém. Adotando essa linha, muito provavelmente eu perderia.

Mila e meus filhos, depois de muita discussão, acharam que eu deveria aceitar, nem que fosse para apresentar minhas ideias como contribuição para o futuro da universidade. Jogando limpo e jogando sério, na pior das hipóteses eu perderia e tudo bem. De qualquer forma, iria enriquecer o debate sucessório. Mas havia outro fator me preocupando: eu não gosto de perder, nem no jogo de palitinho.

Mesmo mantendo essa posição construtiva, eu teria que fazer força para ganhar: jamais havia perdido uma eleição em minha vida. A família, meu primeiro colégio eleitoral, decidiu por unanimidade que eu deveria disputar. Eu disse: "Durante quatro anos vocês vão me ver muito pouco. Se eu ganhar, eu vou me meter na USP para fazer o que eu quero. Será um sacrifício tremendo para a vida familiar. Vocês vão ter que decidir isso. Não se entusiasmem, porque é um ônus para todo mundo". Mas todos me encorajaram. E, na segunda-feira, anunciei aos meus companheiros: "Tudo bem, aceito a candidatura".

O primeiro choque na campanha surgiu quando a *Folha de S.Paulo* fez uma entrevista com todos os reitoráveis que tinham chance. O repórter me formulou uma série de perguntas sobre ensino, universidade, ciência e tecnologia. Como estava acontecendo também a campanha presidencial, ele me perguntou à queima-roupa em quem eu iria votar. Eu disse: "Eu voto numa pessoa de uma linha social democrata, honesta e equilibrada". Ele insinuou: "Esse é o perfil Mario Covas?". Eu disse: "O perfil Mario Covas é um bom perfil". O jornal publicou: "Vai votar em Mario Covas". Isso não era uma coisa muito boa em relação ao governo do estado, porque o PSDB estava em crise com o PMDB, e Quércia e Mario Covas não eram exatamente bons amigos.

Recebi um telefonema do secretário de Ciência e Tecnologia: "Você ficou louco? Como é que você vai dizendo que vota em Mario Covas nessa hora? Não faça isso". Mas estava feito. Eu sabia, porém, que isso teria um impacto interno favorável. Embora não tenha dito objetivamente que meu candidato era Mario Covas, eu sabia que a matéria repercutiria favoravelmente na USP. Mario Covas tinha a imagem de pessoa séria, progressista e equilibrada. Alguns dos prováveis candidatos fugiram da resposta, disseram que o voto era secreto. Décio Zagottis, ligado ao PMDB, disse que votaria em Ulisses.

Tempos depois convidei todos os candidatos para uma conversa franca. Era importante discutirmos alguns aspectos do nosso comportamento durante a campanha. Precisávamos dar o tom para o futuro na primeira eleição com ampla participação regida pelo novo Estatuto.

Propus, com aprovação geral, que não haveria faixas no campus, nem distribuição de "santinhos" ou recursos de propaganda que fugissem ao espírito acadêmico. Todos eram professores titulares, conhecidos da comunidade, não havia razão para que fizessem campanha igual à de candidatos a vereador. Esta foi a primeira decisão coletiva para preservar a imagem da instituição. Decidiu-se também que não haveria acusações levianas, ou ataques pessoais. Em grande parte, excetuados raros momentos, isso foi cumprido por todos ao longo da campanha.

Havia, porém, uma certa agitação nos setores que queriam fazer a eleição direta. A minha posição a respeito sempre foi muito clara: não vejo sentido em fazer eleições diretas numa universidade. Mais adiante, em um capítulo específico deste livro, essa questão é novamente abordada. A Adusp escreveu para todos os possíveis candidatos dizendo que a entidade queria fazer uma eleição e, por sua conta, promover um debate. Ora, se aceitássemos esse procedimento, estaríamos endossando uma eleição antiestatutária.

O Estatuto era novo, fruto de muito trabalho, não podia ser desrespeitado. Reunimo-nos novamente. Propus a minuta de uma carta à Adusp dizendo que não aceitávamos o termo "eleição" e não participaríamos de qualquer debate que conduzisse a um pleito em desacordo com o Estatuto. Todos assinaram, mandamos para a Adusp. Não houve debate, o que foi ruim. Nem houve eleição direta. Mas a Adusp participou do processo, mandando perguntas aos candidatos. As respostas foram publicadas no jornal da entidade, que se manteve neutra.

Eu estava com muito receio de que a votação no primeiro turno fosse pequena. As Congregações jamais haviam votado, não tinham experiência eleitoral. Cada membro podia sufragar três nomes, mas também podia escolher apenas um ou votar em branco.

Como não tivemos tempo de visitar todas as Congregações e fazer debate em cada uma, eu achava que poderia haver uma grande quantidade de votos em branco, ou votos secos, o que iria totalizar um número pequeno de votos. Isso enfraqueceria o Estatuto.

Cheguei a pedir às pessoas que me apoiavam para escolherem três nomes e não votarem exclusivamente em mim. Isso daria maior soma de votos. Quando se vota em três, aparecem três votos: fulano um, beltrano um, sicrano um. Colhe-se, no cômputo geral, uma significativa quantidade de votos.

Trezentos votantes geram novecentos votos. Era importante que houvesse esse clima de participação, que se mostrasse claramente a viabilidade de vários candidatos. Eu receava que saíssem um ou dois com grande votação e outro com apenas seis votos, por exemplo. Formar uma lista tríplice em que entrasse um candidato com poucos votos seria péssimo. Eu insistia muito nesse ponto. Mas, independentemente desses esforços, a campanha polarizou-se: de um lado, Décio de Zagottis, de outro, eu.

- 2 -

Às vésperas do primeiro turno dei um susto no meu *staff* de campanha. Informei que aceitara a incumbência de representar Goldemberg nas comemorações do centenário da Universidade de Nihon, em Tóquio. Era um compromisso já assumido com o reitor antes de surgir minha candidatura. Não poderia, invocando problemas eleitorais, cancelar a viagem. O *hard core* entrou em pânico. O mais inconformado foi o professor Wanderley Messias, encarregado das tarefas de comunicação: "É uma loucura o candidato estar em Tóquio na hora decisiva do pleito". Senti que, se eu vacilasse, ele simplesmente rasgaria meu passaporte para reter-me em São Paulo. A solução encontrada foi aceitar que me manteria informado, via fax, de tudo o que se passasse na USP.

Viajei, mas sofri. O extremado zelo de Wanderley no envio de correspondência praticamente não me deixava dormir. Ele esqueceu a diferença de doze horas no fuso-horário entre Brasil e Japão. Toda vez que chegavam os meus comunicados por fax, o telefone trinava no meu quarto de hotel, em plena madrugada.

Eu descia estremunhado para receber montanhas de papel: pronunciamentos dos demais candidatos, boletins sobre negociações salariais na USP, noticiário sobre a campanha, relatórios, clipes dos jornais diários.

Muitas vezes, enquanto lia, sonolento, uma primeira remessa, a gerência avisava de novo: havia mais papéis lá embaixo, todos urgentes. Eu me vestia, pegava a papelada, voltava para o quarto, desabava na cama. Minutos depois, nova chamada. Fazer o quê? Se eu pedisse para sustar a correspondência, isso pareceria descaso pelo empenho dos companheiros. Conformei-me e sofri, durante oito dias, a solidariedade implacável do professor Wanderley e a eficiência do gerente japonês do hotel. Vinguei-me prorrogando a volta por mais três dias.

Fui aos Estados Unidos visitar o Departamento de Física da Universidade de Berkeley e aproveitei o sábado e domingo no Havaí, recuperando o sono perdido. Não avisei ninguém. Na USP o *staff* arrancava os cabelos: no fim de semana, argumentaram depois, também se faz campanha. No fundo, talvez quisesse mostrar aos amigos que a sucessão não era um problema de vida ou morte para mim. Aquele clima de corrida pessoal pelo cargo me contrariava. Mas voltei ao Brasil disposto a cumprir a intensiva programação marcada, inclusive um debate na Faculdade de Arquitetura e Urbanismo (FAU), em que enfrentaria meu principal adversário, Décio Zagottis, ministro da Ciência e Tecnologia e diretor da Escola Politécnica, o que dá a dimensão na minha luta.

- 3 -

O debate na FAU corria equilibradamente, quando o professor Décio resolveu me provocar: "O professor Lobo está com um discurso aparentemente liberal, mas ele representa uma gestão imperial, autoritária. Como vice-reitor, é parte dessa gestão. Seu discurso não é verdadeiro, porque ele é conivente com tudo o que acontece nessa gestão". Engraçado isso, porque muitas vezes eu tive a impressão de que Décio era o candidato preferido do Goldemberg.

Não pensei duas vezes. Mesmo sem elevar a voz, rebati de pronto a provocação. Olhei a plateia e disse: "Eu poderia discutir com o professor Décio, ministro de José Sarney, a política geral desse governo. Dentro do seu raciocínio, ele é corresponsável pelo Governo Federal. Correm acusações de corrupção e de falta de apoio à Ciência e Tecnologia. Como ministro de Ciência e Tecnologia, dentro da linha que ele dá ao debate, o professor Décio Zagottis seria conivente com tudo isso... Quero que ele explique o governo Sarney".

Houve uma forte movimentação na plateia. Acho que ganhei o debate naquele momento.

Aconteceu o primeiro turno. Acompanhei as apurações na minha sala de vice-reitor, a equipe estava comigo. Vinham me contar que o Décio e eu estávamos na frente e que o páreo era muito equilibrado. O pessoal que estava do meu lado foi ficando deprimido, porque, antes, achava que eu iria ganhar o primeiro turno folgadamente. De fato, ganhei, mas por uma margem pequena.

Num determinado momento Hernan Chaimovich, professor da Química, disse: "Vocês estão ficando loucos? Eu nunca vi ganhar eleição e ficar com essa cara. Vocês estão parecendo que perderam". Aquilo me bateu: "Eu acho que realmente estamos ficando loucos. Como é que está todo mundo deprimido? Nós ganhamos a eleição! Ganhamos o primeiro turno, vamos para o segundo turno". Engraçado que nós mesmos tínhamos pedido para nossos eleitores votarem em mais de um candidato para valorizar o Estatuto e agora estávamos preocupadíssimos porque a diferença de votos era menor do que a esperada!

- 4 -

Na campanha do segundo turno a coisa mudou, porque não se tratava de manter o Estatuto em pé, era uma questão de ganhar ou perder. O voto seco passou a valer. E passamos a trabalhar cada eleitor. Não prometemos nada, mas procuramos as pessoas que iam votar. Dividimos entre nós os contatos com as pessoas, cada um falou com certo número de eleitores.

Explicávamos o que estávamos propondo, a questão da valorização da graduação e outros pontos da nossa plataforma. Os pedidos para que eu escrevesse textos ou respondesse perguntas por escrito me puseram numa roda viva. A equipe mais próxima me ajudava. Tínhamos reuniões para discutir as propostas, o formato, os argumentos. Cabia-me decidir a versão final, conciliando os textos longos, explicativos, muito contextualizados do Wanderley, com a secura e a objetividade sem concessões do Erney e as preocupações com a heterogeneidade da USP apresentadas por Franco Lajolo. Alguns textos saíram muito bons. Outros, nem tanto.

Havia quatro candidatos com chances no segundo turno: Décio Zagottis, Walter Colli, Jacques Marcovitch e eu. Embora a minha candidatura e a do Décio estivessem polarizadas, ocorria uma disputa pelo terceiro lugar na lista, entre Colli e o Marcovitch. Isso era muito nítido.

Não houve debates nessa etapa da campanha, e sim uma demanda de respostas escritas para indagações das entidades representativas da comunidade acadêmica. E o *Jornal da USP* abriu suas páginas para que todos os concorrentes publicassem suas propostas.

Desenvolver esse trabalho e também as articulações necessárias junto ao colégio eleitoral exigia um grande esforço do *staff* da minha campanha e de mim próprio. Tínhamos, ainda, nossas atribuições de rotina da universidade. Isso era muito estafante para os membros do nosso pequeno Estado-maior: professor Erney Plessmann de Camargo (o principal articulador), José Roberto Drugovich, Wanderley Messias da Costa e Franco Lajolo.

O dia da votação havia chegado. No primeiro escrutínio eu obtive cerca de 80% dos sufrágios. Um resultado retumbante. No segundo escrutínio nenhum dos demais candidatos obteve os 50% dos votos regulamentares e, no terceiro, quando vale qualquer votação, entraram Marcovitch e Colli. Décio ficou de fora. A estratégia da campanha fora plenamente vitoriosa e o meu projeto para a USP, compreendido pela maioria esmagadora dos votantes.

Um fator que contribuiu fortemente para a exclusão do Décio foi a notícia, difundida pelos seus articuladores, de que mesmo aparecendo em segundo ou terceiro lugar da lista ele seria nomeado reitor por motivos políticos: era amigo de Quércia, tinha o apoio do secretário Biasi e do PMDB. Essa era uma tática inadequada dentro da universidade. Seus articuladores não perceberam que a USP tinha a sua altivez e não prestigiaria um candidato que usasse pressões externas.

O raciocínio da grande maioria dos eleitores passou a ser: "Se eu o incluir na lista, mesmo em terceiro, ele será o reitor. Não voto nele para compor a lista de jeito nenhum". O fato de não ter entrado ninguém no segundo escrutínio também não se deu por acaso. A equipe trabalhou para isso, para deixar uma distância bem nítida entre o nome preferido pela comunidade e os demais.

Uma festa explodiu na minha sala. Eu estava recebendo abraços e cumprimentos efusivos quando um jornalista me chamou à parte e disse: "Não se iluda, estão trabalhando para que outro candidato ganhe no tapetão. Já pediram ao Ralph Biasi para trabalhar o Quércia". Acontece que o governador já havia combinado com o Goldemberg para que este fosse ao Palácio tão logo tivesse a lista. Não queria pressões. Assim aconteceu. O reitor me telefonou de lá: "Estou aqui no Palácio, o governador acaba de nomeá-lo".

O meu sentimento naquela hora foi de grande satisfação. Eu não conhecia muitos dos meus eleitores. Conhecia muito os membros do Conselho Universitário, mas não os dos outros Conselhos Superiores. Trabalhava apenas há três anos no campus de São Paulo, não era sequer paulista.

Os meus companheiros diziam: "Não fala US(ch)P, porque não dá para carregar você com esse chiado carioca. Fale USP, como os paulistas. Mantenha o sotaque, mas pelo menos fale USP do nosso jeito". Eu vinha de um campus do interior, acho que fui o primeiro reitor da USP com essa origem. Físico, ainda por cima, substituindo outro físico. Não me formara na USP, fizera graduação no Rio e pós-graduação no exterior.

Com todas essas características politicamente desfavoráveis e sem ter feito uma promessa sequer em troca de voto, eu estava eleito reitor com aquela votação esmagadora. Os meus serviços prestados à universidade foram reconhecidos e o meu projeto despertara o entusiasmo da grande maioria dos meus pares.

Comecei a conceber projetos concretos para a gestão que iniciava para retribuir a confiança e a generosidade da universidade.

Poucos dias depois da eleição, Goldemberg me informou que iria fazer uma viagem ao exterior e somente voltaria no final do ano: "Sinta-se à vontade para trocar as pessoas que você desejar na Administração. Se houver lista tríplice para diretor, você pode escolher, tem carta branca".

A posse foi no dia 9 de janeiro de 1990. Goldemberg me pediu para não fazer a cerimônia no Anfiteatro, ele não queria manifestações. Sugeriu um ato discreto, o que evitaria faixas, vaias e outros efeitos retardatários da greve. Concordei. E até aproveitei isso para não usar a tradicional beca reitoral. Numa cerimônia simples eu poderia dispensar tranquilamente este adereço.

A minha investidura no cargo aconteceu no saguão de entrada do gabinete, onde ficavam os retratos dos ex-reitores. Vieram muitas pessoas, mas todas ficaram de pé. Goldemberg não discursou. Deu suas razões, perfeitamente justas. Queria seguir a tradição das posses dos diretores quando os que saíam não falavam, por ser inconveniente fazer relatório de gestão no último dia. O trabalho de um diretor deve ser atestado pelos seus companheiros, e não adianta fazer balanços administrativos na despedida. Cabia ao novo diretor expor a sua proposta. O antigo apenas o cumprimentava. Assim foi feito na minha posse.

O governador não compareceu, também receando hostilidades. Ele mesmo me transmitiu pessoalmente os seus motivos. Aliás, em toda a sua gestão, Quércia jamais esteve na USP.

A Reitoria por Dentro

- 1 -

Nove horas da manhã de 9 de janeiro de 1990. Estou em minha nova sala de trabalho. É um grande ambiente retangular que mede vinte metros de profundidade por cinco de largura. Há uma mesa de reuniões em primeiro plano e, lá no fundo, vários metros depois, uma majestosa escrivaninha individual, tendo atrás uma cadeira de espaldar alto. Suponho que esse *layout* tenha sido concebido para o visitante sentir o peso da importância do reitor. Entrando na grande sala, é preciso percorrer toda a sua extensão até chegar à escrivaninha e sentar-se diante do "todo-poderoso" anfitrião.

Decidi somente despachar na cabeceira da mesa de reuniões, que fica no meio do caminho, poupando os meus visitantes da "viagem" até o fundo da sala. E mandei instalar um jogo de sofá e poltronas para que se pudesse conversar descontraidamente. Esqueci a mesa imperial lá no fundão. Comparando o novo gabinete com a sala de vice-reitor, achei meu antigo escritório mais agradável e aconchegante.

O ambiente em volta do reitor conspira para inflar o seu ego e despertar secretas inclinações autoritárias. Eu já notara isso no dia seguinte à minha nomeação, mesmo antes da posse. Chegara para trabalhar na Vice-Reitoria e percebera um clima diferente em torno de mim. O porteiro se levantara com ar solene para me cumprimentar. Todas as pessoas, mesmo as mais íntimas, me trataram quase com reverência naquele dia. Agora, empossado, eu queria mostrar que se pode exercer o poder com firmeza, mas sem perder a naturalidade.

Um formalismo desconfortável a que tive de me submeter foi o tratamento de "Magnífico". Esse termo está no dicionário, faz parte da língua portuguesa, é o designativo de reitor, do mesmo modo que "Meritíssimo" é o designativo de juiz. Para mim, entretanto, ser chamado à queima-roupa de "Magnífico" era muito incômodo. Por escrito ainda vai, não há maiores problemas, mas verbalmente beira o ridículo.

Quando era membro do Conselho Universitário, eu geralmente me dirigia ao reitor chamando-o de professor Goldemberg. Acho que "professor" é um termo muito mais honroso do que "Magnífico". Se eu proibisse seu uso, porém, cortando um hábito de sessenta anos, chocaria uma porção de gente que valoriza isso. Poderia até traumatizar fatalmente alguns colegas mais tradicionalistas do Conselho Universitário. Ali não tive como evitar esse tratamento. Mas, no contato direto e pessoal, quando pessoas vinham para mim dizendo "Magnífico", eu corrigia depressa: "Me chame de professor Lobo, por favor".

Outra coisa que procurei evitar foi o uso da beca reitoral. Esse paramento é uma tradição nas antigas universidades europeias, transplantada para o Brasil. Aqui, nesse clima quente e sem um traço cultural que a justifique, acho a beca uma coisa artificial. Eu tomei posse sem ela, o que não quer dizer que eu não a tenha vestido nunca. Há cerimônias em que seu uso é obrigatório.

Na posse de reitores de outras universidades, por exemplo, não há como dispensá-la. Eles mesmos pediam para se ir de beca, eu não faria a descortesia de contrariá-los. Mas entendo que essa vestimenta não é um elemento de civilização. Devemos ter respeito ao passado e valorizar eventos e cerimônias, mas isso pode ser feito à maneira de nosso tempo. Não é necessário retornar à Idade Média para respeitar a tradição.

A Reitoria da USP não tem arcos, colunas e pátios góticos. Ficar usando beca em prédio de concreto e vidro não combina, na minha opinião.

- 2 -

Montei rapidamente o primeiro escalão. Todos os nomes escolhidos dentre aqueles que, entendia, se mostraram em sintonia com as minhas propostas para a universidade. Não engoli nenhum sapo, nem cedi a pressões políticas.

Mantive na Pró-Reitoria de Pesquisas o professor Erney Camargo, uma pessoa executiva, rápida, competente e sintonizada comigo no que dizia respeito ao papel da instituição. Um cientista respeitado, na ocasião membro do Conselho Deliberativo do CNPq.

Para a Pró-Reitoria de Graduação designei alguém experiente, sério, com habilidade para melhorar as relações daquele órgão com seu conselho específico: o professor Celso Beisiegel, na época diretor da Faculdade de Educação.

A escolha do pró-reitor de Cultura e Extensão foi feita de maneira curiosa. Eu estava falando sobre isso com o professor João Alexandre Barbosa, então diretor da Faculdade de Filosofia: "João, não é fácil achar um pró-reitor de

Cultura e Extensão". Conversamos sobre vários assuntos e num certo momento eu disse: "O nome ideal seria o seu, mas você é o diretor da Filosofia, não tenho coragem de convidá-lo". Ele sorriu e disse: "Tente". Eu tentei e ele aceitou. Não foi a última vez que essa cena aconteceu na minha vida.

Ótima solução, o professor João Alexandre; um homem culto, criativo e talhado para o cargo. O professor Oswaldo Ubríaco Lopes continuou na Pró-Reitoria de Pós-Graduação onde vinha fazendo um bom trabalho. Somente dois anos e meio depois, esgotado o seu mandato, ele se aposentou. Para substituí-lo designei o professor Franco Maria Lajolo, que tinha feito um bom trabalho na revisão do Estatuto e como diretor da Faculdade de Farmácia.

O chefe de gabinete foi o mais jovem da equipe: professor José Roberto Drugowich, meu ex-aluno, um físico. Ele fora prefeito do campus de São Carlos, indicado por mim ao reitor Goldemberg e ali revelara grande competência político-administrativa. Na Reitoria, antes de assumir o cargo, passou uns dias com o chefe de gabinete de Goldemberg, Fábio Prado, para observar as novas funções. Rapidamente Fabio Prado veio me dizer: "Esse rapaz é um azougue, inteligentíssimo, já sabe tudo".

O professor José de Camargo Engler, que no último ano da gestão Goldemberg era o coordenador geral de Administração, ali permaneceu. O professor Wanderley Messias da Costa deixou a Coseas para dirigir a Coordenadoria de Comunicação Social, com a tarefa de melhorar o *Jornal da USP* e a USP FM. Um ano depois, ele afastou-se para trabalhar em Brasília com Goldemberg.

Na Coseas, substituindo Wanderley, coloquei o professor Edmundo Juarez, uma pessoa íntegra e eficiente, mas que logo teve atritos com os estudantes e foi substituído pelo professor José Norberto Callegari, que julguei ter o perfil mais adequado para ocupar o posto. O prefeito escolhido para cuidar da Cidade Universitária foi o professor José Geraldo Massucato. Ele era vice-diretor da Escola de Educação Física e encarregado de supervisionar a parte de construção, reformas e jardinagem, trabalhando muito bem. Eu o indiquei por essa razão simples: ele sempre quis que a universidade fosse bonita e bem conservada. Foi sempre corajoso para enfrentar crises geradas na Prefeitura.

Na Secretaria Geral entrou a professora Lor Cury, o que constituiu surpresa para ela e para muita gente, porque o setor era normalmente gerido por um funcionário, não sei de outro caso de indicação de um docente para essa função. Estávamos implantando um Estatuto e o Regimento vinha sendo elaborado. Era necessário na Secretaria Geral alguém como Lor, que tivesse participado da discussão de ambos.

Havia muitos candidatos a vice-reitor, mesmo antes da posse. Na USP o vice é eleito depois do reitor, mas a influência do candidato vencedor da Reitoria é muito grande. Chamei meus colaboradores de campanha e pedi que não postulassem o cargo, para evitar cisões na equipe. Consegui baixar a bola por algum tempo, mas, fora das minhas relações mais próximas, os apetites estavam mais aguçados.

Alguns professores me procuraram insinuando ou mesmo abertamente declarando que não postulariam cargos em suas unidades se eu os convidasse para fazer parte da Administração Central. Nenhum recebeu essa proposta.

Com relação à Vice-Reitoria, o meu candidato inicial era o professor Erney. Ele não aceitou, preferindo ficar na Pró-Reitoria de Pesquisa. Comecei então a informar aos mais próximos que o nome do professor Ruy Laurenti, da Faculdade de Saúde Pública, seria muito bem recebido por mim. Ele tinha participado de muitas reuniões conosco na época das eleições para reitor, tendo sempre se mostrado leal e equilibrado. Os membros do Conselho Universitário foram sensíveis e o elegeram. Ruy Laurenti era um homem sereno e extremamente dedicado à universidade.

- 3 -

A autonomia da USP trouxe um choque inesperado. Antes da autonomia, a Universidade fazia sua política de pessoal e ia negociar os aumentos orçamentários correspondentes, uma vez que a folha era paga pelo Estado.

Com a autonomia financeira, subitamente a USP passou a receber uma parcela do ICMS arrecadado pelo Estado para todas as suas despesas dividida em duodécimos. Se o ICMS subia, a parcela subia, se descia, a parcela descia, o que passou a exigir da universidade uma estratégia de gestão financeira inovadora.

Ou seja, a autonomia implicava na mudança de papel do reitor, que de encaminhador de demandas da comunidade interna para o Governo passaria a ser a liderança executiva a responder, em última instância, por várias decisões, muitas delas impopulares. Talvez por isso muitas universidades públicas não lutem de fato por sua autonomia. No caso das universidades estaduais paulistas, tudo prova que a autonomia foi uma medida muito importante, em especial para a USP.

Promulgada a autonomia, o que poderia fazer um reitor que levara várias demandas ao governador senão tentar, agora com os recursos próprios oriundos da autonomia, fazer o que ele mesmo havia defendido?

No final da gestão Goldemberg houve um programa de promoção dos funcionários e muitas contratações, principalmente de docentes. O programa de promoção dos funcionários não tinha um limite orçamentário — o velho hábito de mandar a conta para o Governo — e se transformou em um aumento generalizado. Quem ganhou somente um nível de promoção ficou aborrecido.

Ao mesmo tempo, no final do governo Sarney, a inflação estava atingindo patamares de 80% ao mês, o que tornava os repasses, se um mês atrasados, efetivamente reduzidos a quase metade do valor do mês anterior. Além desse cronograma perverso, o país atravessava um período de estagflação, ou seja, recessão com inflação. Os funcionários e professores ainda pressionavam, com razão, por reajustes salariais, tendo em vista a inflação desmedida.

Recursos diminuindo e folha de pagamentos crescendo rapidamente. Resultado: crise financeira sem precedentes.

No final do ano Goldemberg viajou e deixou em minhas mãos a gestão da universidade. Não tínhamos dinheiro para pagar a folha mensal nem o décimo terceiro salário, e a USP ainda devia cerca de 20 milhões de dólares em empréstimos tomados para tentar manter as obrigações em dia.

De dezembro de 1989 a março de 1990, quando se daria a posse do novo presidente da República, sofremos com crises financeiras sucessivas e atrasos de pagamentos para o pessoal, que me tiravam o sono. Não há coisa pior para um gestor do que não conseguir honrar o pagamento dos salários de pessoal. É um horror.

No princípio do meu mandato, a crise chegou ao auge. O governo era insensível às dificuldades da universidade e ainda atrasava os repasses. Não conseguimos pagar integralmente o décimo terceiro salário.

Alguns colegas meus, principalmente da Física do campus de São Paulo, vieram indagar por que o campus estava limpo e cuidado se os salários estavam atrasados. Fiz ver a eles que o custo de uma manutenção digna representava uma parcela mínima do orçamento e que deixar o campus abandonado não resolveria o problema e só deixaria as condições de trabalho ainda piores.

Resolvi escrever uma carta a todos os docentes, individualmente, explicando as origens do problema financeiro e as perspectivas que se seguiam. Esperei ansiosamente a reação. Ela foi muito melhor do que as expectativas. Até a Adusp, que sempre se aproveitava das crises da universidade para criticar as reitorias, mostrou-se solidária.

Começamos a tomar medidas para conter gastos. Congelamos contratações e promoções, pagávamos as contas na medida de nossas disponibilidades. A inflação continuava em patamares de inacreditáveis 30% ao mês, chegando a 80% no final de 1989. A hiperinflação estava se instalando.

Em 15 de março de 1990, Fernando Collor tomou posse como presidente. No dia seguinte, decretou o congelamento dos ativos, inclusive depósitos bancários, congelamento de preços e aumento de tarifas públicas, entre outras medidas econômicas.

Foi um pânico no Brasil, e não menor na USP. Em meio à nossa crise financeira, que já estava mais controlada, mas longe de ser resolvida, os professores passaram a procurar a Reitoria para tentar a liberação de verbas e depósitos que ficaram congelados e que deveriam cobrir compromissos que eles já haviam assumido. Mas não havia nada a fazer.

Começamos a lutar pela nossa recuperação financeira eliminando oficialmente o conceito de vaga, que fazia com que o posto deixado por um funcionário afastado, por aposentadoria ou demissão por vontade própria ou não, fosse automaticamente preenchido por um novo servidor ou docente, dependendo do caso, como explicarei melhor depois. Assim, pudemos reduzir nosso quadro de pessoal.

Assim que equilibramos um pouco nosso fluxo de caixa, procuramos pagar nossas contas, e a Administração procurou nossos fornecedores informando-lhes da nova política e apelando para que eles reduzissem seus preços, já que receberiam em dia. Isso de fato ocorreu.

Passamos a alocar às unidades um percentual do ICMS mensal que recebíamos, o que permitiu uma gestão muito melhor das unidades e uma nova geração de recursos para a Reitoria. Consegui, mantendo a coordenação, dar também mais autonomia às unidades.

Passamos também a compor um orçamento que premiava o bom desempenho das unidades e projetos prioritários, reduzindo, embora sem extinguir, o orçamento histórico que perpetuava os antigos orçamentos das unidades que eram baseados em seus gastos de pessoal, o que ia contra toda a nossa política de enxugamento.

Outra ação importante neste período foi a negociação com o governo Fleury em relação aos pagamentos da contrapartida do BID. No contrato assinado com o BID, para cada dólar investido na USP com recursos do Banco, a USP deveria entrar com o equivalente, dentro do projeto. Mas mal conseguíamos pagar a folha. Conversei com o governador e conseguimos que ele assumisse essa contrapartida, o que nos aliviou enormemente.

Depois de quase quatro anos, saímos de uma dívida de 20 milhões de dólares para uma reserva financeira do mesmo valor. Esses 40 milhões de dólares de diferença representavam mais de 10% do orçamento anual da USP.

Eu fui o primeiro reitor cujo mandato inteiro se deu sob a Lei nova da Autonomia promulgada em 1989 e acho que ela é fundamental para o desenvolvimento das universidades. Falarei mais adiante sobre o conceito mais amplo de autonomia.

- 4 -

O governo Collor nos pregou sustos enormes com os Planos Collor I e II.

Um belo dia, abro o jornal e descubro matéria de primeira página em que Collor dizia que nossa indústria automobilística produzia carros que mais pareciam carroças, quando comparados com os produzidos internacionalmente, e me citou, o reitor da USP, como autor dessa frase. Não nego que deva ter feito essa afirmação em alguma entrevista, porque era minha opinião, mas não com tal ênfase.

A partir dessa afirmação do presidente, passei a ser convidado para algumas cerimônias no Palácio da Alvorada, onde fui poucas vezes. Numa reunião o próprio presidente me solicitou apoio para um estudo que o ministro Carlos Chiarelli da Educação estava montando para propor sugestões para o vestibular.

Aceitei o convite e recebi Carlos Chiarelli na Reitoria, onde ele me expôs algumas ideias, ouviu com atenção algumas sugestões que fiz e acabou me convidando para integrar a comissão do MEC para elaboração de novas propostas. Lembro-me bem de que Sergio Costa Ribeiro, meu ex-colega da PUC — Rio e de São Carlos —, estava conosco e fizemos uma boa parceria na discussão.

Apesar do fim escandaloso e atribulado da gestão Collor, uma coisa me impressionou nele, pelo contraste que fazia com nossos demais políticos: nunca vi Collor se atrasar um segundo em suas entrevistas, tanto para iniciá-las como para encerrá-las.

Respeito cada vez mais a pontualidade, mas esse é um traço que pouco se encontra em nosso país, embora seja, em minha opinião, uma demonstração de respeito ao interlocutor, por isso o cito aqui.

Reflexões sobre a Universidade

- 1 -

Quando iniciei o mandato de reitor, minha preocupação fundamental era saber explicar a universidade. Este foi o eixo de todo o trabalho que vim a desenvolver. Sempre considerei que os executivos da USP pecavam frequentemente pela falta de racionalidade administrativa.

Decisões eram tomadas sem que houvesse uma fundamentação técnica e indicadores que as sustentassem. Pulverizadas em segundo escalão ou centralizadas na Reitoria, as ações administrativas não guardavam coerência entre si. O próprio reitor não podia definir objetivamente a política da universidade em determinada área.

Eu achava importante que a USP adquirisse clareza institucional e que o reitor pudesse explicar o que a universidade estava fazendo, a partir de uma exata compreensão de cada procedimento.

Era preciso agilizar ao máximo as informações internas e promover levantamento de dados que garantissem racionalidade na tomada de decisões.

Eram necessários projetos bem definidos nas áreas de pesquisa, ensino, extensão e cultura, em harmonia com as linhas mestras definidas pelo reitor e mantendo-se um fluxo regular da informação.

Claro que não haveria centralização no sentido de que alguém tivesse que pedir licença para fazer pesquisa, mas a universidade deveria acompanhar permanentemente a marcha de seus trabalhos científicos. A instituição tinha passado muitos anos trabalhando de uma forma excessivamente federativa. Cada um fazia o que achava conveniente, e a Reitoria tinha a função de atender passivamente as demandas, omitindo o seu papel de liderança crítica e inspiradora.

Resolvi mudar esse *status quo* e fazer uma revisão geral de atitudes, aproveitando o fato de que iria administrar durante quatro anos com os pró-reitores. Eu seria o primeiro reitor que trabalharia quatro anos com eles, os responsáveis diretos pelas áreas vitais da universidade.

Introduzi na USP o que chamei de autorregulação. Isso consistia em penalizar o desperdício que deve ser o objetivo número um de qualquer política de racionalidade gerencial. Procurei criar mecanismos que automaticamente gerassem contrapartidas para decisões que conduzissem à eficiência e à qualidade acadêmica. Como fazer isso globalmente ainda é um desafio em todas as universidades, principalmente naquelas que trabalham com orçamentos garantidos.

Preocupava-me também com um plano estratégico defensável quando comparado com os que eram aplicados nas grandes universidades do mundo. A gente precisa se comparar e aprender com os outros. Foi por isso que lancei o meu projeto de avaliação departamental, mais adiante comentado.

A avaliação é a única forma de tomarmos pé da situação em que nos encontramos e darmos um grande salto qualitativo.

- 2 -

Minha preocupação em trazer a universidade na ponta da língua e saber descrevê-la em todos os seus múltiplos aspectos gerou uma carga de trabalho que se iniciava às nove da manhã e muitas vezes passava das dez da noite. Passo a descrever, para melhor compreensão dos leitores, uma agenda típica de um dia meu como reitor da USP.

Às nove da manhã estive no Instituto de Estudos Avançados abrindo mais uma sessão do "Fórum Capital/Trabalho", que vem servindo para as lideranças empresariais e sindicais discutirem, com a participação de especialistas da USP, as melhores opções para o Brasil.

Às dez horas, ainda com a cabeça tomada pelos temas estratégicos do país, fui ao gabinete receber o prefeito do campus e técnicos da Administração Regional do Butantã para uma conversa sobre recapeamento asfáltico em duas avenidas da Cidade Universitária.

Meia hora depois, tive uma audiência prazerosa com o coordenador do Curso Experimental de Ciências Moleculares, que acabei de criar e que formaria, em 1994, pesquisadores com uma forte base científica em matemática, física, química, bioquímica e biologia.

Ao meio-dia recebi o diretor do Instituto Oceanográfico e discuti com ele o que fazer para consertar o eixo do nosso navio de pesquisas que se quebrou no sul da Argentina. O seguro não dá para cobrir as despesas, o Centro Interministerial de Recursos do Mar está falido e o diretor veio me procurar em busca de recursos. Teríamos que pensar em uma estratégia para resgatar nosso navio.

Depois almocei às pressas ali mesmo no gabinete e saí voando para uma reunião do Conselho de Reitores das Universidades Estaduais de São Paulo (Cruesp), às duas da tarde. Discutiu-se exaustivamente a política salarial das três universidades paulistas.

Logo depois, ali mesmo no prédio da Secretaria de Ciência e Tecnologia, tive uma entrevista com o secretário sobre o prédio novo do Pelletron, que o Estado vinha ajudando a construir na USP.

Voltei para o gabinete às cinco da tarde e mantive uma longa reunião financeira com o coordenador-geral de Administração.

Às sete, quando fechei todos os itens da pauta que me trouxe o responsável pela Codage, chegaram alguns pró-reitores para discutir planos de trabalho. São dez e meia da noite, eles acabam de sair.

- 3 -

Mesmo correndo o risco de ser incompreendido, quero me estender um pouco mais a respeito dos professores da USP, em seu conjunto. Afinal sou um deles, com muita honra, e tenho bem presentes as suas atitudes em face da universidade.

Há, para os professores, uma estabilidade funcional prematura. O Estatuto fixou-a no nível de doutor, mas acho que deveria ocorrer ainda mais na frente. A estabilidade no emprego acomoda as pessoas comuns, infelizmente. Einstein poderia ser estável porque ele tinha uma dinâmica e angústia próprias. Mas não é todo mundo que tem isso e não é preciso ser Einstein para se autoemular.

Não procurei, como reitor, adotar uma linha assistencialista que levasse meus colegas a julgar-me um delegado dos interesses da categoria. Fiz o possível para que eles tivessem um salário digno, mas não os poupei de exigências, nem me curvei às suas pressões corporativistas. Pensei sempre na universidade como um todo. E vou aqui abordar uma questão-chave no relacionamento da minha gestão com as Unidades da USP: a contratação de professores.

O quadro de docentes de uma universidade tem que levar em conta uma série de fatores, dentre os quais, é claro, o orçamento disponível. Mas há outras variáveis no problema.

A universidade precisa de professores em número suficiente para dar conta das tarefas de ensino, pesquisa e extensão, mas também com o perfil necessariamente amplo para não privilegiar em demasia alguma atividade.

Essa composição ideal varia de unidade para unidade e até de departamento para departamento. Nos setores mais aplicados onde a interação com atividades fora da universidade é mais importante, a presença de profissionais que exerçam duplas funções, dentro e fora da instituição, é uma necessidade para se conseguir o equilíbrio desejado entre o trabalho acadêmico e a realidade externa.

Essa política não se restringe a setores óbvios como as Engenharias, a Medicina, o Direito e a Economia, mas inclui as Artes, o Jornalismo e as Ciências Humanas. As relações ideais entre os diferentes regimes de trabalho em cada faculdade ou departamento foram bastante discutidas na Reitoria, constituindo a base política de contratações e parte muito importante do plano estratégico da universidade.

Nas faculdades onde o ensino e a pesquisa básica são mais presentes, o docente deve estar particularmente atento às questões de forma e conteúdo dos seus cursos, porque estes contêm disciplinas para um número grande de estudantes dos primeiros anos. Tais disciplinas, pelo seu caráter básico, apenas indiretamente estão ligadas à escolha profissional feita pelo aluno.

A pressão nos órgãos centrais das universidades para a realização de novas contratações de professores é uma constante em todas as instituições. Os docentes sempre desejam reforçar seus grupos de pesquisa, seja pela contratação de colaboradores experientes, seja pela absorção de ex-estudantes que tiveram bom desempenho. Essa é a verdadeira prioridade.

O puro atendimento dessa demanda levaria uma universidade a crescer indefinidamente seu corpo docente, a insuflar o perigoso autocentrismo que desestimula o embate entre diferentes visões do mundo e a dificultar a criação de novas áreas de conhecimento. É preciso que haja equilíbrio entre as demandas setoriais e um plano geral da universidade. Foi isso que procurei fazer em minha gestão.

Nos países mais desenvolvidos a relação entre o número de alunos e o de professores depende, fundamentalmente, do modelo adotado para o ensino superior. Naqueles onde não há limitações quanto ao número anual de ingressantes nas universidades, a proporção de alunos por professor chega a ser da ordem de 25 para 1. Nos países onde o ingresso é mais limitado, esse número cai para alguma coisa entre 10 e 15 para 1.

Na USP estávamos um pouco acima de 10 para 1, uma das maiores relações no sistema público brasileiro, mas ainda no limite da média mundial das boas universidades de pesquisa. Tínhamos uma relação favorável de docentes por aluno e em todas as avaliações feitas no Brasil a USP se destacava como a universidade de melhor desempenho e por larga margem. Se tais resultados são gratificantes para a USP no cenário brasileiro, indicam, por outro lado, uma grande ineficiência do nosso sistema universitário quando comparado aos dos países mais desenvolvidos. Não podemos, portanto, nos acomodar a um quadro meramente comparativo dentro dos limites nacionais.

Ainda hoje, também é verdade que a USP tem o corpo docente mais qualificado do país e uma das maiores porcentagens de professores em tempo integral, com o maior índice de publicações por docente. Tudo isso é ótimo, mas não nos coloca entre as universidades cinco estrelas do mundo, nem próximos da perfeição.

A USP apresenta setores em que o número de professores é excessivo para as atividades de graduação e pós-graduação que realizam. Não há nenhuma correlação óbvia entre a produção científica per capita ou mesmo global e o excesso de professores, muitos deles com pouquíssimas aulas por semana. Da mesma forma, há locais onde faltam docentes, pois a má distribuição é comum.

Na minha época de Reitoria, a expectativa era de uma atividade de pelo menos seis horas/aula semanais, em média, como o mínimo aceitável numa instituição que tem um compromisso com a formação de quadros para o país. Considere-se, ainda, que havia setores em que a carga horária dos professores era alta, chegando a mais de doze horas semanais, sem outra razão que não fosse histórica (e da força política interna de certos setores). Quem tinha pouco continuava com pouco, e quem tinha muito assim continuava. Cada professor que se afasta abre uma vaga no próprio departamento, ou na unidade, que a preenche, e assim se mantêm eternamente as mesmas distorções. Isso não é justo. Empenhei-me fortemente para corrigir esta situação.

A análise de cada caso e, ao mesmo tempo, a possibilidade de verificação das distorções existentes só podem ser feitas de maneira global, a partir de indicadores que permitam comparar necessidades e demandas. Por essa razão, eliminei o conceito de "claro docente",[4] que tendia a perpetuar distorções pelas substituições um por um.

Se fôssemos manter a política de vagas consolidadas e corrigir distorções simultaneamente, significaria manter o número onde já há excesso e corrigir, através de novas contratações, setores onde se identificavam carências. Ou seja, aumentaríamos significativamente o corpo docente da universidade, sem correspondente aumento do número de alunos. Tal inchaço nos poria muito aquém da razão desejável entre o número de alunos e o de professores, inflacionando tremendamente a folha de pagamentos da universidade.

---

4. "Claro docente" é o nome dado na USP para a vaga.

É verdade que a redução do número de professores, mesmo em setores que aparentemente estavam superdimensionados, trouxe alguns problemas de ajuste para os quais a universidade não estava preparada.

Considero que os programas de ensino devem ser de responsabilidade da unidade como um todo, que otimiza a cada semestre as obrigações de seus docentes no ensino das disciplinas a ela atribuídas e não elegendo um professor permanente por disciplina, a não ser em casos muito especializados.

É claro que esse processo de transição deve ser paulatino e, por mais de uma razão, procurei indicar o caminho mantendo uma porcentagem dos claros existentes ainda à disposição das unidades. Não foi uma simples redução linear e sem outros critérios objetivos, mas uma medida baseada na implantação gradual e sistemática que deve orientar a implantação de toda uma nova filosofia de trabalho.

Uma política de contratação de docentes deve ter várias entradas, para evitar que a universidade se feche em si mesma. É preciso evitar o corporativismo, o envelhecimento do corpo docente e a falta de arejamento de ideias. De acordo com estes conceitos, a USP incluiu em seus programas de contratação a análise das necessidades didáticas de suas unidades, a contratação "extracota" de pesquisadores de excepcional mérito, a contratação de jovens pesquisadores e, finalmente, a contratação de professores colaboradores ou visitantes por período limitado.

Concordamos que é necessário que haja um núcleo de professores em tempo integral em todos os departamentos. Pessoas que pensem as atividades do departamento permanentemente e que vivam seus problemas e realizações. Que sejam capazes de desenvolver pesquisas com seus colegas e com os estudantes. Que se angustiem com os insucessos do departamento no ensino de graduação ou na formação de pós-graduandos. Que bem aproveitem os laboratórios existentes e as bibliotecas para se manterem atualizados nas atividades de ensino e pesquisa. Que participem das atividades administrativas, principalmente aquelas relativas a decisões de mérito acadêmico, que só um docente é capaz de analisar com a abrangência necessária. Isto é o que se espera de professores em dedicação exclusiva. Quantos somos assim?

A dedicação exclusiva não deve ser desagravo para quem passou por um insucesso no mercado de trabalho externo à universidade. Não é uma forma de aumentar sua aposentadoria a ser paga pelo Estado, sem que o trabalho correspondente tenha sido executado para o Estado. Não é, certamente, um emprego que, se mal remunerado, tampouco exige dedicação ou desempenho.

Ainda que o salário pago pela universidade não seja o ideal, considerando a competência e dedicação dos bons professores, um professor em tempo integral resulta de razoável investimento que a sociedade fez para construir uma boa universidade pública.

A universidade vinha sendo muito complacente com a contratação de professores nesse regime. Não apenas contratando pessoas que nunca demonstraram real vocação para o trabalho universitário, a partir de uma interpretação estreita do Estatuto, desvalorizando o papel importante que professores com dupla atividade, dentro e fora da universidade, desempenham nos departamentos mais "profissionalizantes".

Por tudo isso orientei que se tratasse com muito rigor as contratações em Regime de Dedicação Integral à Docência e à Pesquisa (RDIDP), evitando o ingresso na USP de professores que claramente não dispusessem dos requisitos indispensáveis ao bom exercício do regime de trabalho em questão.

Achei que o resultado da avaliação de nossos departamentos, já iniciada na época, seria preciso instrumento para a análise das necessidades de cada um no que se referia aos regimes de trabalho. E também um salutar diagnóstico do que a USP vinha produzindo com os seus docentes.

Os departamentos com um bom desempenho nessas avaliações teriam autonomia para preencher suas vagas de professores, libertando-os, nesse caso, da tutoria da Comissão Especial de Regimes de Trabalho (CERT), que é responsável pelo acompanhamento dos docentes nesse regime.

- 4 -

A Universidade de São Paulo tem um corpo funcional numericamente acima de suas reais necessidades. Mesmo com a redução de 10% que pude fazer durante a minha gestão, ainda empregávamos 16 mil pessoas, grande parte das quais igualmente beneficiárias de estabilidade que acomoda tantos professores e funcionários.

Devo registrar que jamais contei com o meu órgão representativo para estabelecer uma política de recursos humanos capaz de premiar os mais esforçados e punir os relapsos. Este órgão é o Sindicato dos Trabalhadores da USP (Sintusp), talvez assim denominado para assemelhar-se às corporações operárias, e a Associação dos Docentes da Universidade de São Paulo (Adusp) também transformada em sindicato.

Um caso pitoresco ilustra muito bem o que acabo de dizer. O Sintusp, certa vez, entrou com um dissídio trabalhista arrolando nada menos do que 160 itens de reivindicações visivelmente copiadas de algum sindicato metalúrgico ou similar. Basta dizer que um dos itens pedia algo parecido com "transporte gratuito para a fábrica". Não tiveram sequer o cuidado de fazer uma adaptação. Também foram pleiteados benefícios que a USP já oferecia. Copiaram tudo, mecanicamente. Parecia brincadeira. Perderam a questão na justiça.

No início eu achava que a conversa com eles poderia ser racional, quando na verdade era puramente política. Queriam fortalecer suas posições, enfraquecendo a Reitoria, que acusavam com esse objetivo, pouco importando a veracidade das acusações.

Quando assumi a Reitoria já me desiludira com a atuação do sindicato, que pouco trabalhava para conseguir benefícios concretos e jamais lutou para que os bons funcionários fossem valorizados. Fincava-se obstinadamente na cobrança do que a USP não podia oferecer, para forçar o confronto com a Administração.

Os diretores do Sintusp julgavam o movimento sindical pelo número de greves em cada ano e não pelo número de conquistas reais, inclusive aquelas que beneficiavam a instituição e, consequentemente, os funcionários.

Para mim, eles pareciam não ter nenhum compromisso institucional, ou não se preocupar com a USP e os compromissos acadêmicos e sociais da universidade, mas somente em fazer política partidária. De repente ficamos até com problemas de pauta. Eles traziam, por exemplo, sete questões. Eu concordava com três e não concordava com quatro. Na reunião seguinte traziam as quatro negadas anteriormente e mais cinco novas. Eu concordava com duas das cinco, sobravam três e mais as quatro já negadas. Em reunião subsequente vinham as sete já negadas e mais cinco. Aí chegou um momento em que eu disse: "Vamos parar, porque vocês não acreditam na sinceridade de minhas negativas e vão acumulando questões indefinidamente, parecendo até uma provocação".

Esse clima perdurou durante toda a minha gestão. Adotei uma política salarial no extremo limite das disponibilidades orçamentárias, procurando ser justo com os funcionários, mas a partir de um certo momento não recebi mais o sindicato.

A decisão se baseou nas informações que recebia de que nas assembleias os dirigentes sindicais relatavam inverdades em relação às entrevistas que tinham comigo. Disse francamente isso a eles e informei: "Se continuarem a distorcer os relatos sobre nossa conversa no meu gabinete, vou parar de recebê-los". Eles insistiram na prática — parei de recebê-los. Designei outras pessoas para essa finalidade. Fiquei decepcionado com isso, porque acho que os sindicatos podem ter um papel importante em qualquer organização, inclusive na universidade.

- 5 -

Se a maioria dos funcionários da USP não segue a orientação do sindicato, o mesmo se dá com os estudantes em relação ao DCE e centros acadêmicos. Isso aconteceu porque a liderança estudantil também se partidarizou. Os alunos que não pertencem às diretorias desses órgãos ignoram inteiramente suas propostas. As eleições para representantes discentes no Conselho Universitário são exemplos dessa apatia. Os estudantes eleitos não têm mais de oitocentos votos dentro de um universo de 35 mil alunos.

Eu acreditava que os estudantes estavam mudando. Estavam procurando se profissionalizar com mais empenho. Escrevi um artigo para a *Folha de S.Paulo* ("Caras-pintadas, terno & gravata") em que abordei essa questão.

Disse nesse artigo que o imaginário dos radicais projeta um distorcido perfil do estudante. Alguns o querem omisso no debate nacional, voltado exclusivamente para ambições materiais. Outros o idolatram e o idealizam pelo fato passageiro de ser jovem, mesmo que indiferente aos estudos.

O que vemos na universidade, porém, é o estudante real, contrariando expectativas do maniqueísmo. Vemos indivíduos em processo de formação, mais (ou menos) capazes, exatamente como se passa no universo das pessoas já formadas. Nesse contexto é irrelevante o modelo clássico ou extravagante do vestuário. Não é o hábito que faz o monge, mas a virtude. E a virtude, no meio acadêmico, não tem nada a ver com modismos e costumes. Estudantes de terno e gravata ou jeans desbotados dividem o mesmo espaço de competência.

Os estudantes dos novos tempos estavam nas salas Pró-Alunos da USP, aperfeiçoando-se no uso da informática. Ou desenvolvendo bons projetos nas empresas juniores das unidades, sem que isso representasse apoio às teses de privatização do ensino superior. Ou garantindo, com seu empenho, a manutenção do curso de Ciências Moleculares, um dos núcleos dos pesquisadores do futuro. Ou participando do Projeto Nascente, para exercer suas vocações artísticas.

Eles estão atentos e participantes nas salas de aula, bibliotecas e laboratórios. No Instituto de Física e Química de São Carlos podem ser vistas muitas salas acesas até tarde da noite. São laboratórios e salas de estudo aonde estudantes e professores vão além das obrigações diárias para dar continuidade às suas tarefas de pesquisa.

Eles sabem dosar adequadamente os prazeres da idade, lá fora, com as obrigações dentro da universidade mantida pelo povo para que o Brasil disponha de bons profissionais de nível superior. Retribuir esse investimento é um dever de cidadania tão sério quanto pintar a cara em protesto contra a má gestão de recursos públicos.

A profunda crise que abalou o país na década de 1990 ainda não tinha sido superada por inteiro. Restava-nos o conforto de saber que historicamente as mudanças tinham sido bons produtos de grandes crises. Sentia, nessa época, que mais do que nunca o Brasil precisava forjar novas lideranças, e a juventude universitária era uma reserva indispensável para as inadiáveis transformações no Brasil.

Apostava na mocidade, pouco importando seu figurino. O fundamental é a qualidade das ações e do pensamento. Como dizia Chico Buarque, no idos de 1968, nem toda loucura é genial e nem toda lucidez é velha.

Apesar das realizações voltadas para os estudantes que se efetivaram durante a minha gestão na Reitoria, como o curso de Ciências Moleculares, as salas Pró-Aluno e a criação de cursos no interior, por exemplo, guardo certa frustração por não ter feito mais pelo corpo discente. Acho que houve uma certa dificuldade para que fizéssemos emergir os problemas dos estudantes e discuti-los objetivamente. Não consegui isso na escala que desejava. Não tive tempo para tentar.

O reitor da USP não dispõe de tempo para um diálogo mais profundo com os estudantes e talvez a minha equipe, de modo geral, também não tenha alimentado essa conduta, ou se preparado para essa missão. Faltou-nos a preocupação de buscar os estudantes, não apenas respondendo passivamente às solicitações deles, mas tomando a iniciativa de sondar suas opiniões e necessidades justas.

Os reitores deveriam ter como um de seus propósitos o de observar melhor o corpo discente, independentemente das suas lideranças formais. Para saber o que está acontecendo com os alunos e realmente inovar o relacionamento com eles é preciso ir na base. É necessário conversar com o estudante comum e cotidiano, o estudante da "massa". Acho que, se bem entendida a base estudantil, haverá mais facilidade até para implantar melhores reformas curriculares.

As dificuldades com as entidades representativas dos estudantes, funcionários e professores podem soar como um problema interno, sem maior gravidade, porque a maioria da comunidade não segue a orientação delas, mas estas entidades muito frequentemente se tornam agressivas impedindo seus próprios representados de participar, contra sua vontade, das atividades rotineiras da universidade. Politicamente, esses problemas internos causam dificuldades que constituem um ônus muito sério para a Administração.

Imprensa, políticos e opinião pública muitas vezes as colocam como expressando a tendência dominante no segmento, o que é natural. Quando essas entidades entram em conflito com a Reitoria, isso enfraquece publicamente a autoridade do reitor. A repetição de crises tenderá a agravar essa situação no futuro.

Curiosidades Acadêmicas

- 1 -

Não resisto à tentação de contar um episódio ocorrido no dia 25 de maio de 1993 em sessão do Conselho Universitário, órgão máximo da USP. Suprimidos alguns detalhes que não vêm ao caso, discutia-se, em dado momento, o seguinte: deve uma tese acadêmica sobre literatura francesa ser defendida em idioma francês?

Um professor titular da Faculdade de Direito levantou-se para defender o uso do idioma português, invocando razões de praticidade. Presidindo a sessão, eu deveria manter-me à parte, mas não resisti: "Meu caro professor, eu gostaria de saber qual o idioma adequado para se usar numa tese de matemática para apresentar as equações e gráficos próprios dela…". Ele ficou em silêncio, mas outro colega veio socorrê-lo: "Também sou pelo uso do português. Imaginem o caso de uma tese sobre literatura chinesa…". Dei o troco: "Professor, qualquer banca encarregada de julgar uma tese sobre literatura chinesa tem no mínimo a obrigação de ler chinês, não é?". E os conselheiros aprovaram a defesa da tese em língua estrangeira com um sorriso nos lábios.

- 2 -

Questão bem mais complexa do que o idioma chinês me foi trazida por um diretor de unidade, recém-nomeado. Ele veio pedir demissão. Alegou, de cara, um motivo transcendental: "Deus me mandou renunciar ao cargo". Embora respeite a fé alheia, desconfiei de que o professor tivesse motivos bem mais terrenos para a renúncia.

A sua faculdade estava repleta de problemas e ele não sabia como resolvê-los. Comecei a inquiri-lo objetivamente sobre estes problemas e, tendo ele deixado clara sua incapacidade para solucioná-los, pedi que ficasse no cargo por mais um mês e depois o transmitisse ao vice-diretor, que permaneceria por igual período, até a Congregação eleger um novo diretor.

Eu ganharia, com isso, sessenta dias para pensar a respeito do assunto. O renunciante concordou. Mais tarde, conversando com o professor Dalmo Amorim, ele brincou: "Deus pediu para que o diretor saísse logo, o reitor pediu para que ficasse. O diretor, respeitando a hierarquia, preferiu ficar". Dias depois o diretor saiu, recompondo a hierarquia maior.

- 3 -

Não tinha feito recenseamento, mas achava que somente na rua da Reitoria moravam uns duzentos gatos. Eles estavam concentrados na área do Crusp (moradia estudantil) e das Colmeias (um conjunto arquitetônico ali perto) e frequentemente provocavam apaixonados debates na comunidade acadêmica.

Existia, formada por estudantes e professores, uma Comissão Pró-Gatos, que brigava pela manutenção dos felinos na USP e uma outra ala que lutava pela sua expulsão. O que o reitor menos queria era ter de arbitrar o confronto, mas isso infelizmente veio a acontecer.

O nosso querido prefeito do campus, acossado pelos amigos e inimigos da gataria, declarou à imprensa que "o assunto subiria à consideração do magnífico reitor". Tratamento ostensivamente feito quando queriam passar uma bomba para o reitor. Um inferno. Eu fiquei sem poder trabalhar direito, procurado pelos jornais e bombardeado por manifestos das partes em litígio.

Uma distinta professora titular saiu dos seus cuidados acadêmicos para me escrever uma carta indignada, supondo que eu era favorável à expulsão dos gatos. Finalmente, quando o prefeito do campus me trouxe essa grande questão, formei um grupo de trabalho para examiná-la. Escolhi a dedo os seus integrantes e o assunto arrefeceu. Esse é um exemplo do uso deliberado de uma comissão para não resolver o assunto.

Depois disso ainda havia muitos gatos no campus, mas com algumas providências chegamos, parece, a estabilizar a população felina. Pouco depois um membro do grupo de trabalho, quando conversávamos sobre a urbanização do campus, propôs a plantação de árvores que atraíssem pássaros. Descartei a ideia. Talvez ele desejasse, com a proposta, prover melhor a alimentação dos gatos, pensei maliciosamente.

- 4 -

Contou-me o pró-reitor de Pós-Graduação, Franco Lajolo, o incrível caso do doutorado póstumo. Um professor havia encaminhado sua tese escrita à banca examinadora, mas veio a falecer. Não houve tempo, infelizmente, para fazer a defesa oral. E os colegas examinadores, compungidos, levaram longe demais o seu pesar. Lavraram uma ata na qual era relatada, em detalhes, toda a defesa: "O candidato, inquirido sobre esse ponto, revelou pleno domínio da matéria etc. etc.". O nosso pró-reitor cumpriu o doloroso dever de anular o processo.

Um ex-pró-reitor da mesma área, Oswaldo Ubríaco Lopes, na mesma época foi procurado por um veterano professor MS1 (auxiliar de ensino), prestes a se aposentar. Ele veio com esta não menos incrível explicação: "Professor Oswaldo, agora que estou me aposentando, terei tempo suficiente para terminar minha tese de mestrado...".

Também corria a história de um candidato a mestre na área de Literatura Brasileira que estava preparando uma tese sobre poesia. Ele anunciava pelos corredores da faculdade o seu grande trunfo: compactar, em apenas uma frase da sua lavra, o essencial de qualquer poema famoso, por mais longo que fosse.

Vivia dizendo suas "frases-resumo" dos clássicos de Drummond, Bandeira, João Cabral, poetas estrangeiros. Um dia, outro professor da faculdade, mais experiente e com agudíssimo senso de humor, ofereceu-se para ajudar na preparação da tese. E sugeriu uma frase-resumo para os "Lusíadas" de Camões: "O mundo gira e a Lusitânia roda...".

- 5 -

Por falar em roda, quando o governo Collor decidiu vender os carros oficiais, a Unicamp fez o mesmo. Anunciou um grande leilão de carros pretos de representação. Os veículos foram mal vendidos e trocados por carros brancos. O reitor passou a andar de carro chapa comum, sem identificação de propriedade da universidade. Achei que não era assim que deveríamos agir na USP. Vi aquela medida como uma jogada de marketing que não representava economia real.

Decidi que não faria reposições da frota de carros pretos por veículos iguais. As renovações seriam feitas com carros de serviço, brancos, tipo Belina. Curiosamente acabou a pressão para a renovação de carros de diretores. Eles preferiram ficar com o carro velho, porém preto e imponente. Se soubesse dessa reação, teria tomado a providência há mais tempo. Eram assim alguns exemplos e mensagens de Collor, atitudes de aparente austeridade, muito necessárias, mas que se mostraram, infelizmente, inconsistentes.

- 6 -

Registro aqui um episódio bastante revelador sobre a empáfia e o preconceito existentes no meio científico — extensão do meio acadêmico — ocorrido no primeiro mundo.

O professor Peter Antoniewicz, polonês de nascimento, tendo emigrado com seus pais para os Estados Unidos ainda criança, fez seus estudos na América, do primeiro grau ao doutoramento. Assim, dominava inteiramente o idioma inglês, falando e escrevendo.

Pete, como o chamávamos, foi meu colega de sala em Purdue durante o meu primeiro ano, quando concluiu seu PhD e foi contratado para o corpo docente da Universidade do Texas, em Austin.

De volta ao Brasil, convidei-o para passar um ano em São Carlos, onde ele escreveu um longo artigo sobre interações magnéticas em sólidos, sua especialidade.

O artigo foi enviado à *Physical Review*, revista americana altamente conceituada. Tempos depois o artigo voltou com várias correções no inglês do autor. O editor da revista dizia que o texto fora escrito num inglês incompreensível, segundo o consultor que dera o parecer. Não poderia ser publicado.

Imaginem a revolta do Pete, que já tinha publicado vários trabalhos em revistas americanas, inclusive na que agora recusava seu manuscrito. Ele falava e escrevia inglês como um americano culto e, nesse episódio, foi vítima de um preconceito contra o terceiro mundo. Um nome polonês assinando artigo escrito no Brasil não deveria ser grande coisa na visão do consultor da revista.

Sugeri ao Pete que respondesse à revista contando sua história e dizendo que o comentário do consultor desmoralizava o sistema de ensino americano, onde ele obtivera toda a sua educação, desde o primeiro grau. A carta seguiu e o trabalho foi publicado.

- 7 -

Ao assumir a Reitoria confirmei a impressão que tinha quando vice-reitor de que a USP publicava revistas demais, mais de uma por área, muitas vezes, que não tinham, em grande parte, a menor projeção internacional.

Convidei o professor Gerhard Malnic, do Instituto de Ciências Biomédicas da USP (ICB), para presidir uma comissão para análise de nossas revistas, que, segundo me informaram, tinham seus números devolutos ocupando todo um antigo prédio da universidade.

Realmente a análise de nossas publicações confirmou minhas desconfianças. Começamos a forçar a redução, inclusive com a fusão de algumas delas. Em um desses casos, o diretor da unidade que publicava a revista veio me dizer que a fusão era absurda porque a revista dele tinha grande tradição e tinha permutas com várias e importantes revistas internacionais, que eram fundamental fonte de consultas de alunos e professores.

Mandei levantar as revistas permutadas e não encontramos nenhuma das grandes universidades internacionalmente reconhecidas, nem editoras importantes. Também não havia qualquer tipo de financiamento para sua publicação. Expliquei ao diretor que o atual auxílio não se justificava, que as permutas não eram com revistas importantes (estas nós comprávamos) e que quase ninguém consultava as revistas permutadas, conforme mostrava o relatório que solicitei para nossas bibliotecas. Conseguimos, neste caso, realizar a desejada e útil fusão, reduzindo custos e aumentado a densidade da revista científica.

Não sou favorável à proliferação de revistas científicas domésticas. Acho que baixam o padrão de exigência dos artigos e reduzem os índices de impacto de nossas publicações, principalmente quando são escritas em português. Infelizmente, elas servem muitas vezes para aumentar a produção científica dos docentes para ajudar nas promoções.

Em certa ocasião, fui convidado a abrir uma reunião em Ribeirão Preto, de editores de revistas científicas brasileiras. Entrando no auditório de mais de quatrocentos lugares, encontrei-o lotado. Abri meu discurso com a seguinte frase: "Na agricultura, há um tempo de semear e um tempo de podar. Acho que no caso de nossas revistas científicas, chegou o momento de podar". Gelou o auditório, mas essa era é minha opinião.

No setor privado essa tendência se agrava mais ainda quando algumas instituições que nem têm professores em tempo integral produzem revistas científicas que nada mais são que artigos de revisão de temas já conhecidos, ou partes de trabalhos de pós-graduação realizadas por seus professores horistas, a maioria deles em universidades públicas.

- 8 -

Nos últimos anos de minha gestão decidimos criar um estímulo aos melhores professores (não aos melhores pesquisadores).

Anunciei um prêmio de 5 mil dólares a ser utilizado pelo melhor professor de graduação eleito em dada faculdade, a partir da votação dos estudantes em três nomes e a seleção de um deles pela Congregação da Faculdade, para ser utilizado em atividades acadêmicas como compra de livros, viagens a congressos, contratação de visitante ou bolsa a alunos.

No dia da entrega dos prêmios convidamos o ator Paulo Autran para fazer um brilhante monólogo. Foi uma linda festa, que só teve uma ausência: a Faculdade de Educação, que se recusou a participar sob a justificativa de que não desejava incentivar a competição entre seus professores.

Respeito a opinião de cada um, embora ache que eles perderam uma boa ocasião para valorizar o ensino, o que eles mais deveriam prezar.

Negociando com os Invasores

- 1 -

Quando assumi a Reitoria, mantive durante algum tempo uma posição bastante rígida nos confrontos. Acho que, em certos casos, a dureza de quem toma decisões faz com que a parte reivindicante compreenda melhor a necessidade de negociar. Do contrário, a autoridade corre o risco de ser pressionada o tempo todo.

Quase sempre agi assim nos meus desentendimentos com os estudantes. Justiça, mas dureza. No entanto, a partir de um certo momento do meu mandato, eu vinha cada vez mais preocupado com a situação da moradia estudantil na USP.

O Crusp tinha mais de mil jovens alojados. Era quase um gueto, no sentido de que a Reitoria sempre investiu muito pouco em suas instalações. A infraestrutura era precária, e o número de estudantes procurando moradia tornava-se cada vez maior, principalmente no período de recessão. Eu vinha tomando consciência de que não conseguira motivar a Coseas e a prefeitura do campus para atenuarem o problema.

Em 1992 recebera os estudantes do Crusp e lhes dissera que devido à redução no quadro administrativo eu poderia oferecer novos espaços para o Museu de Arqueologia e Etnologia (MAE) e o Instituto de Estudos Brasileiros (IEB) sediados no bloco D. Assim, esta área ficaria liberada para ampliarmos a moradia estudantil. O bloco D pertenceu aos estudantes até 1968, quando o regime militar os tirou de lá, pela força, ao que consta.

Mandei o Fundo de Obras da USP estudar a questão e os trabalhos tiveram início. Só que as obras demoraram muito além da conta, como costuma acontecer na USP e em todos os órgãos públicos, e nem sempre o reitor consegue evitar que isso ocorra. Em maio de 1993 a Coseas selecionou quem tinha direito à moradia e muita gente sobrou. Esse pessoal, que ocupava temporariamente alojamentos no Centro de Práticas Esportivas da USP (Cepeusp), ficou sem ter para onde ir.

Uma noite eu estava em casa e recebi um telefonema do professor Witter, diretor do IEB, dizendo que os alunos tinham invadido o bloco D, ocupando os espaços do seu instituto e do MAE. Perguntei pela Coleção Mário de Andrade e peças arqueológicas do museu. Ele me informou que não houvera danos. O professor Callegari, coordenador da Coseas, ligou-me depois para dizer-se traído pelos estudantes, que não o avisaram da invasão. Não conheço ninguém que anuncie invasões. E tratei de buscar uma solução urgente e justa.

Liguei para São Carlos e chamei o professor Sacomano. Ele seria meu negociador. Iria, no dia seguinte, participar de sucessivas reuniões comigo e com os estudantes.

Acordei cedo e fui para a Cidade Universitária. Durante o percurso, no automóvel, fiz uma avaliação do problema. Eu tinha várias alternativas, entre as quais a reintegração de posse, pleiteada na justiça, como se faz para expulsar os invasores de imóveis que não lhes pertencem. Enquanto o automóvel corria, tudo foi ficando claro como água. Fixei dois pontos de referência: primeiro, os estudantes tinham razão para se revoltar, pois o bloco D fora prometido por mim e não fora entregue; segundo, a Coseas não deveria ter anunciado que alguns alunos tinham sido escolhidos e os restantes que se virassem.

Lembrei-me, então, de uma situação que observara em Chicago, nos Estados Unidos, há muitos anos. Ali, durante as agitações de 1968, os estudantes tomaram o prédio da Reitoria. Eu estava saindo do meu trabalho no Departamento de Física e passei na Reitoria para ver a confusão. Ex-ativista no Brasil, queria saber como atuava o movimento estudantil americano. Cheguei lá e para minha enorme surpresa havia dois caminhões descarregando cobertores para os estudantes. Ao recordar essa cena do meu passado, tive a inspiração para resolver o problema quando chegasse na USP.

Reuni-me com meu *staff*, ouvi seus diagnósticos. O professor Sacomano já fizera os primeiros contatos com os invasores e informou: "Não estragaram nada. E ainda fizeram um levantamento cuidadoso de tudo o que encontraram lá, trancando e lacrando as portas para que não houvesse risco de dano". Bons tempos aqueles…

Saí do gabinete para abrir um congresso de estudantes de pós-graduação e, no meio do congresso, os alunos que tinham invadido o bloco D pediram para discutir comigo a situação. Eu disse: "Não vamos estragar o congresso dos outros. Depois a gente senta aí fora e conversa". De fato, pouco tempo depois estávamos conversando. Eles explicaram tudo o que haviam feito.

Concluí que tinha acontecido uma ação civilizada, embora não autorizada. Perguntei como é que estavam dormindo: "Nós estamos dormindo no corredor, no chão". "No chão?". "Sim, no chão", lembrei-me de Chicago: "Eu vou mandar colchões. Vocês estão tomando banho?". "Não, não temos onde tomar banho". "Vou mandar abrir o Cepeusp para vocês. É necessário que continuem assistindo às aulas e estudando com tranquilidade. Vocês têm um ano acadêmico pela frente, têm que passar nos exames. Vamos aguentá-los no bloco D até que se possa retirar ordenadamente as coisas do MAE e do IEB. E é prioritário que tenham bom desempenho escolar".

Iniciamos uma negociação que se desenrolou bastante equilibrada. No dia seguinte a esse meu diálogo com os estudantes, a *Folha de S.Paulo*, que soubera da invasão, publicou matéria de Ricardo Bonalume reproduzindo declarações de alguns invasores: "Esperávamos a polícia, e vieram colchões".

A Reitoria contratou firmas especializadas para fazer a mudança do MAE e do IEB, sem danificar o importante patrimônio daqueles órgãos. Alguns pesquisadores reclamaram, como outros reclamariam se eu tivesse expulsado os estudantes. Depois se queixaram de que havia risco de danificação das peças, além de resmungarem contra a presença dos estudantes, que atrapalhava o andamento normal de seus trabalhos de pesquisa. Mas, logo, tudo se normalizou.

Houve, nesse episódio, uma derrota dos setores mais radicais da universidade, que torceram pela invasão e até mesmo a estimularam. Tais setores ficaram perplexos com a atitude serena que tomamos. Queriam forçar uma ofensiva truculenta que atendia aos interesses dos reacionários e dos anarquistas.

A invasão deu-se numa data bem próxima da reunião mensal do Conselho Universitário e poderia ter criado sérias dificuldades políticas para a minha administração. O que aconteceu, porém, foi exatamente o contrário. A representação discente no Conselho Universitário pediu que constasse da ata a matéria publicada na *Folha de S.Paulo* sobre a chegada dos colchões em lugar de policiais.

Relações com a Imprensa

- 1 -

Sempre achei que a universidade tinha que ter toda a transparência com a imprensa, como instituição mantida por recursos públicos e prestando um serviço fundamental à sociedade. Isso não implicava, no entanto, que a universidade aceitasse passivamente que os interlocutores da imprensa fossem somente os grupos de oposição interna da universidade ou de repórteres ou colunistas que não tinham real interesse em apurar fatos e, às vezes, pretendiam com as críticas à nossa universidade valorizar outras instituições concorrentes.

Durante minha gestão a Universidade de São Paulo esteve muito presente na imprensa. Chamei Torquato, meu assessor de imprensa, e decidimos que, sem censurar críticas à universidade nem omitir informações, ao contrário, tomaríamos uma posição proativa, divulgando interna e externamente matérias que mostrassem também as coisas boas que realmente aconteciam dentro dos muros da universidade na pesquisa, no ensino, na extensão e na administração. Nos sentávamos toda semana para verificar o número de extensão das matérias negativas, neutras e favoráveis. Tentávamos esclarecer as negativas e induzir a publicação de matérias positivas.

Orientei Luiz Torquato para que ele desse prioridade absoluta à instituição e evitasse a simples promoção pessoal do reitor junto a colunistas. Eu queria ver o nome da USP nas manchetes de boas notícias em educação, ciência e tecnologia.

Analisei o material jornalístico sobre a USP e notei que, na maioria das vezes, mencionava-se o reitor ou citava-se apenas a faculdade, como se ela não fizesse parte da USP: ESALQ, Poli, Faculdade de Medicina... O nome USP só aparecia em matérias negativas. Procurei reverter essa tendência, abrindo a universidade à imprensa, jamais negando informações e, ao mesmo tempo, citando sempre a USP. Solicitei aos diretores e professores que fizessem o mesmo.

Depois de dois anos, um levantamento mostrou que a USP ocupava cerca de 65% de todas as notícias relativas ao ensino superior nos principais órgãos da imprensa paulista e tinha, também, grande participação na grande imprensa, carioca e brasiliense, enquanto a Unicamp obtinha 13% e a Unesp 8,5%, ficando o restante com as federais e particulares.

Foi um trabalho de formiguinha que rendeu ótimos resultados do ponto de vista da imagem da USP, mas que, por outro lado, acendeu as cobiças pela gestão da universidade na época da sucessão.

- 2 -

É claro, porém, que tivemos algumas dificuldades, como acontece com qualquer instituição pública em nosso país. A moda era provar que elas não funcionavam e seus dirigentes eram apadrinhados políticos, corporativistas ou corruptos (já naquela época!). E não era fácil mudar essa imagem.

Uma das turbulências na imprensa durante a minha gestão foi provocada pelo jornalista Luís Nassif, na *Folha de S.Paulo*. Especialista em economia, ele resolveu, de uma hora para outra, escrever uma série de artigos críticos em relação à USP.

O primeiro alvo escolhido foi o professor Goldemberg, a quem chamou de marajá (palavra na moda, na época) e de haver criado muitos outros, quando foi reitor. O jornalista Aluízio Falcão, meu assessor, disse-me que Nassif era profissional correto e sugeriu-me receber o colunista para uma conversa, o que fiz imediatamente.

Falei exaustivamente nesse encontro, demonstrando os seus equívocos e chamando a sua atenção para os aspectos positivos da nossa política de recursos humanos. Ele tomou notas o tempo todo. Coloquei-me à disposição para outros esclarecimentos.

Acreditava que o problema estava superado. Para minha surpresa, o jornalista endureceu ainda mais nas matérias seguintes.

No auge do bombardeio recebi convite da *Folha de S.Paulo* para almoçar com os dirigentes do jornal. Eles costumavam fazer isso para conversar sobre a universidade e problemas de educação no país. Desse almoço participaram Otávio Frias, pai, seu filho, também Otávio, os editores Marcelo Beraba, Eleonora de Lucena, Leão Serva e Laura Capglione, além do meu assessor Luiz Torcato.

A certa altura do almoço um dos editores referiu-se às matérias de Nassif e perguntou se de fato Goldemberg era um marajá. Respondi negativamente, informando que a USP cumpria a decisão do Cruesp, que estabelecia um teto para todos os salários. Os vencimentos do Goldemberg, com todas as vantagens decorrentes do seu tempo de serviço, não ultrapassavam o teto.

O velho Otávio Frias, pedindo desculpas pela curiosidade, foi direto: "E o senhor, como reitor da USP, quanto ganha por mês?". Declarei prontamente o meu salário, dentro do teto estabelecido pelo Conselho de Reitores. Ele ficou espantado com os baixos rendimentos do reitor e disse: "Nesta mesa, meu caro professor, todos ganham mais do que isso". Acrescentou que as farpas do Nassif sobre os salários da USP não tinham sustentação. Mudamos de assunto. Coincidência ou não, a campanha do colunista não durou muito depois disso. Ele ainda passou uns dias criticando os nossos concursos para professores, mas por pouco tempo. Aparentemente se baseava em informações de gente ressentida, talvez, mesmo, algum professor nosso.

Não dei resposta a Nassif, nem ao seu provável informante, porque senti que naquele momento não adiantaria. Muito tempo depois, quando o *Estadão*, em editorial, encampou os mesmos argumentos, publiquei a réplica.

Disse naquele artigo que os concursos na USP obedecem às normas vigentes em todas as universidades brasileiras, até com exigências maiores. Para chegar ao nível de professor titular, um docente percorre várias etapas: mestrado, doutorado, ingresso na carreira, livre-docência e, finalmente, concurso para professor titular.

Em todos os concursos, exceto o de mestrado, o docente era avaliado por bancas de cinco examinadores e pelo menos três não pertencentes à unidade sede. Essas bancas eram designadas pelas Congregações das Faculdades, compostas, em média, por quarenta a cinquenta docentes de todas as categorias, além de representantes de alunos e funcionários.

Os concursos para professores titulares, por exemplo, incluíam provas de títulos e produção acadêmica, exame público do memorial do candidato e uma conferência igualmente pública.

Para qualificar ainda mais o quadro docente da USP, propus ao Conselho Universitário permitir que em nossos concursos participassem professores estrangeiros, o que foi aprovado. Abrindo ainda mais o processo da seleção pela excelência e com o propósito de estimular a inscrição de candidatos fora do quadro da universidade, determinei que as chamadas para todos os concursos, além da publicação obrigatória no *Diário Oficial*, fossem veiculadas em jornais de grande circulação.

A USP realizava anualmente mais de quinhentos concursos para docentes e era muito improvável que pudessem ocorrer manipulações corporativas sistemáticas na série de concursos ao longo da carreira do docente.

Além disso, desconhecia, afirmei, melhor alternativa para provimento de cargos que a realização de concursos públicos. O sistema podia não ser perfeito, mas era o melhor e mais transparente que podíamos fazer.

- 3 -

Em meados de 1990, já reitor, recebi a informação de que alguns diretores estavam reclamando que alguns equipamentos vindos de um programa da Secretaria de Ciência e Tecnologia do Estado com o governo de Israel estavam chegando para a Unesp e não havia notícia da chegada de equipamentos para a USP.

Pedi ao chefe de gabinete, o professor Drugowich, que se informasse do andamento da compra dos equipamentos pelo Estado a serem doados para a USP e que seriam importantes, segundo meus diretores, para a implantação dos cursos de mecatrônica e automação em nossas escolas de Engenharia, como a Poli e a Escola de Engenharia de São Carlos, por exemplo. Nunca vou me arrepender o bastante deste simples pedido!

Informando-se na Secretaria de Ciência e Tecnologia, Drugowich soube que havia o risco de que os equipamentos para a USP fossem cancelados. Seria conveniente, disseram, que insistíssemos em recebê-los.

Tendo em vista as necessidades apresentadas pelas nossas faculdades, pedimos, através de ofício, para que a USP fosse mantida no programa, o que aconteceu. Soube disso porque nos foram solicitadas duas declarações, uma sobre a inexigibilidade de licitações e outra sobre a compatibilidade de preços, com a informação de que eram necessárias para completar o processo de doações para a USP.

As duas questões, ao que sabia, estavam respaldadas em pareceres da Cacex,[5] que havia autorizado as compras para a Unesp, depois de analisar os itens. Pela necessidade de não perdermos a chance de equipar nossos laboratórios com equipamentos considerados fundamentais e pela falta absoluta de tempo para fazer um estudo minucioso, que aliás não competiria ao reitor, confiamos no estudo feito pela Secretaria, que tinha trabalhado em conjunto com técnicos das universidades estaduais.

Sobre a declaração de compatibilidade, Drugowich teve uma intuição e me perguntou: "Você vai assinar?". Respondi: "Vou, ou você acha que só a USP vai ficar de fora de um programa de modernização dos laboratórios que o governo atual quase já nos tirou?". Assinei.

---

5. Carteira de Comércio Exterior, órgão do Banco do Brasil responsável pela decisão sobre similaridade de produtos para fins de importação.

Por motivos semelhantes, meu vice-reitor, Ruy Laurenti, assinou a declaração de inexigibilidade de licitações. Tratávamos o assunto com base no que fora feito antes, em outros governos estaduais, em relação a compras de equipamentos da Alemanha Oriental e da Hungria. Nesses casos a Secretaria de Ciência e Tecnologia utilizara saldos comerciais brasileiros para importar equipamentos. Não tinha a preocupação de que os procedimentos fossem diferentes.

Em meados de 1991 surgiu a primeira denúncia da *Folha de S.Paulo* provocada pelo secretário Severo Gomes e seu chefe de gabinete, Rui Lopes. Imaginei que Severo, a quem respeitava muito, mas que não abandonava uma posição ultranacionalista (expressa inclusive em seu discurso de posse), estivesse, por motivos ideológicos, sendo levado a impedir a importação dos equipamentos, invocando minúcias processuais irrelevantes.

Não levei a coisa muito a sério. Pedi a Drugowich que verificasse com os professores da área se as denúncias faziam sentido. A resposta veio rápida: estavam comparando limão com maçã. Os preços veiculados pela *Folha* como comparação referiam-se a equipamentos diferentes dos que constavam em nossas listagens. Enviamos a resposta ao jornal, mas as denúncias continuaram e se aprofundaram.

Chamei os diretores das faculdades interessadas nos equipamentos. Pedi-lhes uma verificação. As respostas foram contraditórias e cautelosas, agora. A questão se complicava e estava assustando. É muito difícil, a distância, saber se um equipamento estaria no preço exato de mercado, principalmente se ele fosse original.

Qual o material exato de fabricação, qual a qualidade dos componentes, em quanto está estimado o custo de engenharia do sistema, da mão de obra etc.? Um exame completo exigiria meses de trabalho, visitas às fábricas e acesso aos custos do pessoal técnico. Depois começaram a surgir notícias de que as três universidades, USP, Unesp e Unicamp, eram citadas como envolvidas no processo de "importações irregulares de Israel".

Em entrevista com o governador Fleury, procurando preservar a imagem da USP, pedi que as importações para a universidade não fossem efetuadas enquanto não se esclarecessem as dúvidas levantadas na imprensa. Pouco depois o secretário de Ciência e Tecnologia, Delen Leite, criou uma comissão com assessores da Secretaria (inclusive professores da Universidade Federal de Santa Catarina) e representantes das universidades estaduais paulistas para analisar os equipamentos e preços. Era gente da área e competente na minha avaliação. Transcrevo trechos do seu parecer:

Os sistemas de equipamentos adquiridos pela Secretaria de Ciência e Tecnologia propiciarão uma excelente oportunidade de modernização curricular dos cursos de engenharia elétrica e mecânica.

Os sistemas de equipamentos foram projetados e construídos para serem utilizados intensamente em laboratórios didáticos e de pesquisa das nossas universidades. A especificação dos componentes e das bancadas permitirá o uso dos sistemas por vários anos.

Com relação aos custos dos equipamentos, a Cacex, após análise exaustiva, os considerou adequados. Esta missão prospectiva demonstrou que o custo total do sistema não pode ser avaliado através de comparações simplistas entre preços de componentes.

E então? Houve ou não sobrepreço? Havia ou não similar? Tendo ainda a acreditar que, se houve irregularidades no processo, não tinham a ver com os equipamentos e seus preços globais em si. Mesmo porque o processo pode ter tido outras irregularidades que eu não poderia saber, uma vez que a responsabilidade era da Secretaria e eu não tive acesso a ele.

Foi um período terrível, porque, embora as três universidades estivessem no programa, o fogo se centralizou na USP e em mim, como se autoridades e jornalistas quisessem encontrar um bode expiatório para atacar o governador Quércia, de quem nunca fui correligionário, e livrar as outras universidades.

Os meus diretores, antes tão interessados e insistentes em receber os equipamentos, sumiram, apesar de saberem de todo o desenrolar interno do processo. Dificilmente se tem uma decepção e um sentimento de se ter sido injustiçado como tive na época, e por muitos anos depois.

Dei alguns esclarecimentos sobre o assunto, mas não pude evitar que ele se desdobrasse repetidamente, sempre com a citação do meu nome. Cheguei a cogitar de mandar uma carta-desabafo ao ombudsman do jornal quando foi publicado o quadro "Para entender o caso". A diagramação lembrava em tudo a que fora usada nas denúncias contra Collor e companhia. Desta vez a minha foto aparecia junto com as de alguns personagens bastante polêmicos, para dizer o mínimo.

Os jornais e seus repórteres sabiam que eu pedi ao governador para que a USP não recebesse os equipamentos (nunca publicaram essa informação, embora eu sempre a repetisse), sabiam das razões de termos escrito as declarações e nunca fizeram uma retratação à altura.

Na época, acabei desistindo de escrever ao ombudsman porque seria apenas um texto contra várias insinuações, porque o jornal já assumira uma posição, que seriam repetidas conforme os humores do repórter. Acho que errei ao não escrever ao ombudsman.

Tive um encontro anos depois com o jornalista mais presente e agressivo nas matérias e dei-lhe a completa versão dos fatos e todas as explicações que, acreditei, o fariam entender minha posição. Ele nunca publicou minha versão e insistiu, sempre, em manter algumas informações que já sabia não serem verdadeiras.

No final do primeiro semestre os três reitores das universidades estaduais paulistas foram chamados para prestar declarações à Polícia Federal e à Procuradoria-Geral da República, na condição de testemunhas. A Justiça Federal foi mais isonômica do que a imprensa paulista.

Na minha vez, disse tudo que havia ocorrido, que não era muito, mas sem meias palavras, reproduzindo essencialmente os fatos que registrei aqui. Os jornais, porém, publicaram minha fotografia saindo da Polícia Federal. Isso foi explorado em panfletos das associações de categorias da USP. A meta: provar que o reitor não eleito diretamente é necessariamente ruim e comprometido com eventuais falcatruas do governo. Para estas associações, se a imagem da universidade sucumbir juntamente com a do reitor, tanto faz, o que também é muito ruim.

- 4 -

Uma das razões que certamente levaram a *Folha* a desencadear esta campanha foi a ausência de licitação na compra dos equipamentos. Não entro no mérito jurídico desse caso isolado por não ser especialista, mas vou fazer alguns comentários a respeito de como o sistema de licitação, sendo pensado corretamente como uma forma de proteção da sociedade, pode, em certas situações, prejudicar o interesse do Estado.

É claro que esse sistema foi criado com a boa intenção de organizar as compras do setor público e evitar favorecimentos. Ele é igual, por assim dizer, a um concurso para contratação de funcionários. O Estado oferece algumas vagas e as pessoas tomam a iniciativa de procurá-las.

Na licitação o Estado também é passivo no processo, ao contrário do que ocorre em vários países avançados, onde o governo age ativamente para descobrir os melhores profissionais e os melhores preços. No caso da seleção de profissionais, poderão surgir situações insólitas: imagine-se, por exemplo, um Prêmio Nobel submetido a um processo seletivo para contratação. No Brasil, a rigor, ele precisaria se submeter a isso, para ser contratado em uma universidade pública!

No Brasil, as instituições públicas anunciam que pretendem comprar alguma coisa e quem quiser e puder vender que apareça. Tal procedimento não tem atendido ao objetivo de baratear custos. Evita-se o favorecimento? Evita-se, em tese. Muitas vezes, no entanto, o pequeno empresário é alijado de uma licitação porque não preenche as cláusulas mínimas, ainda que ele pudesse oferecer preços mais vantajosos para o setor público.

Certa vez telefonou-me um diretor de faculdade dizendo que estava comprando por seiscentos dólares, através de licitação, um altímetro que custava cem dólares. Fiquei escandalizado. Pedi à Marli, minha secretária, que telefonasse ao fornecedor vitorioso na licitação. Deu-se um curioso diálogo: "O senhor vende altímetro?". "Não, não vendemos altímetro". "Engraçado, eu tenho um colega da USP que disse que estava comprando um altímetro em sua firma". "Ah, mas para a USP nós vendemos". E explicou tudo: para entrar na licitação uma empresa tem que mostrar um mínimo de capital e grande experiência. As pequenas fábricas de altímetro não tinham estas condições. Ele, dono de uma grande empresa, recebia os altímetros dos pequenos fabricantes e entrava na licitação. Aí cem dólares viravam seiscentos.

Também existem os acordos feitos entre fornecedores para elevar o preço acima do valor real. O administrador público, nesses casos, escolhe um preço que na verdade não é o menor, apenas o que parece menor nas ofertas que recebeu. E ainda corre o risco de ser acusado por estar comprando com valor acima do mercado. Isso, é claro, quando o funcionário público age na boa-fé e não acumpliciado com as empresas.

As pessoas que não tiveram experiência de administração em órgãos estatais costumam dizer: "Anula a licitação, é muito simples". Não é tão simples como parece. Tínhamos uma obra (o novo teatro da ECA) que ficou parada durante seis meses. A construtora escolhida em licitação sublocou ilegalmente, sem nosso conhecimento, as obras a uma pequena empresa, que não pagou os trabalhadores. Estes entraram com uma reclamação na Justiça do Trabalho. Não houve como detectar antes a ilegalidade e anular a licitação.

Acho que os legisladores deveriam buscar uma saída mais inteligente e moderna de licitação. Uma espécie de auditoria permanente junto à repartição ou autarquia para controlar a seriedade das compras, mas permitindo que os seus responsáveis pudessem ter a iniciativa de buscar preços mais baixos. Eles deveriam ser incentivados a escolher bons fornecedores de forma agressiva.

Tudo isso naturalmente com controles para evitar favorecimentos ilegítimos que comprometeriam o Estado.

Enfim, acho necessário que se repense o assunto. O passado continua no presente. Do jeito que as coisas são, para se evitar o "enriquecimento ilícito", está-se promovendo o "empobrecimento lícito" do Estado. E os altímetros de cem dólares continuarão custando seis vezes mais.

No Brasil herdamos a cultura portuguesa em que se quer prevenir o mal feito, gerando uma enorme burocracia, *a priori*, ao invés de dar liberdade de ação a quem se confia a condução dos órgãos estatais e auditar *a posteriori*, punindo exemplarmente quem abusou desta liberdade.

A reduzida educação do povo e a Justiça lenta e pouco eficiente são a sustentação desta burocracia ineficaz.

- 5 -

Lembro-me bem de uma participação minha no programa *Roda Viva*, da TV Cultura, bastante intenso, e tenso, com alguns entrevistadores claramente indispostos comigo. Descobri, bem mais tarde, que o meu perfil que tinha sido distribuído a eles havia sido feito pelo Sindicato dos Servidores da USP e era claramente calunioso.

Por exemplo, algumas vezes eu saía no campus de S. Paulo para caminhar com meu pró-reitor de Pós-Graduação, Franco Lajolo. Mas no documento da Adusp, Franco Lajolo era identificado como meu segurança, e assim por diante. Se tivesse conhecimento anteriormente da origem do meu perfil que traçaram, talvez não tivesse comparecido ao programa.

- 6 -

Na ocasião em que lançamos o curso de Ciências Moleculares, José Hamilton Ribeiro, aquele mesmo ex-repórter premiado da *Realidade* e que agora estava na Rede Globo, convidou-me para um programa do Amaury Junior, na TV Bandeirantes, com quem tinha comentado do curso despertando a curiosidade no jornalista.

Fui, ele me entrevistou sobre o curso, sobre a USP, e propôs uma matéria especial sobre o Hospital Universitário, o curso de Ciências Moleculares e disse que aproveitaria a ida à USP para falar um pouco da descoberta da América, que completava quinhentos anos em 1992.

Recebemos Amaury Junior, abrimos as portas para que ele pudesse preparar a matéria. Ao final do dia, eu estava de saída para outro compromisso, quando Amaury Junior me procura e lembra que ficara faltando a parte da descoberta da América, perguntando se eu podia sugerir algumas perguntas para ele fazer ao pessoal da História, que ele iria encontrar em seguida.

Falei um pouco das evidências negativas de proposta, dos erros no cálculo das distâncias marítimas já conhecidos na época, das notas falsas no diário de bordo para não assustar a tripulação e outras curiosidades, mas, por outro lado, das evidências de materiais orgânicos que aportavam na costa da África de espécies inexistentes naquele continente, o que indicava terra para oeste no Atlântico Norte.

Achei que poderia dar uma graça a uma história em que muitas vezes simplesmente se glorifica Colombo, ou só se abordam as tragédias e massacres indígenas que sucederam essa descoberta.

No dia seguinte falei com Amaury. Disse: "E aí, Amaury, como foi na História?". Ele respondeu, meio sem graça: "Lá não consegui nada. Embora tenha dito aos professores que meu programa é um programa leve e que gostaria de contar alguns fatos curiosos sobre a aventura de Colombo, eles se recusaram. Só falariam se fosse da conquista e opressão da civilização nativa. Desisti".

Nossos professores não conseguem ser leves! A Torre de Marfim é reconstruída a cada momento! Sem concessões à população menos culta e menos ideológica!

- 7 -

E, para completar, no final da minha gestão dei uma grande entrevista para um dos principais jornais de São Paulo, quase um relato de gestão, com tudo documentado.

O repórter ficou impressionado e escreveu uma matéria (que me mostrou mais tarde) altamente positiva. Como a entrevista estava demorando para ser publicada, perguntei ao repórter para quando ela estava prevista. Ele me respondeu que a reportagem havia sido vetada por ser muito positiva!

Relações com o Governo

- 1 -

Durante a campanha para a sucessão de Orestes Quércia recebi na Reitoria todos os candidatos a governador. Devo dizer que o encontro com Fleury foi o melhor de todos. Ele não parecia estar cumprindo um ritual de campanha. Mostrava o desejo de aprofundar as conversas e adiantou várias ideias para trabalhar com a universidade, caso chegasse ao governo.

Depois que ele se elegeu, convidou-me para uma reunião em seu comitê e reafirmou a disposição de incorporar propostas da USP.

Sondou-me, inclusive, a respeito de algumas pessoas para o seu secretariado. Disse que pensava em meu nome para secretário de Educação. Estava em meu primeiro ano de mandato, não deixei o assunto evoluir.

O professor Erney Camargo, meu pró-reitor de Pesquisa, também foi sondado para a Secretaria da Saúde e não aceitou. Na verdade, o novo governador mostrava-se bastante diferente de Quércia, que jamais visitou a universidade e tinha até mesmo certa implicância pessoal com o reitor Goldemberg.

O novo clima de boa vontade me permitiu sugerir que o governo estadual alocasse uma pequena parte do percentual do ICMS para as universidades paulistas desenvolverem projetos de interesse do Estado, por meio de propostas competitivas, como, por exemplo, era feito na Alemanha.

Ele achou muito interessante, mas nunca pôs esse projeto em prática. Houve alguma cooperação individual de alguns professores e pouco envolvimento da universidade como instituição. Esse entusiasmo inicial, sem continuidade, foi um dos traços do relacionamento com o governo do estado ao longo dos anos de convivência.

Embora o governo do estado não tivesse demandado da universidade da forma esperada por mim — que sempre defendi que quem financia a USP é a população do estado e que projetos devem ser solicitados às universidades paulistas para apoio a esta mesma população —, sempre manteve um relacionamento cooperativo com a USP.

O repasse do ICMS foi sempre cumprido na data certa no governo Fleury. Nunca houve atrasos dramáticos. Podia-se até dizer que, às vezes, o ICMS previsto não era o real e que o governo previa um pouco mais abaixo do que arrecadara, pagando a diferença *a posteriori*, sem correção.

Tratando das relações com o governo do estado, não posso deixar de lado a questão da autonomia universitária, um dos temas pelos quais mais trabalhei antes, durante e depois da minha gestão. Devemos examiná-la em três níveis: acadêmico, político e financeiro.

Acho que a única autonomia que não enfrenta grandes riscos é a acadêmica. A autonomia política é relativa, depende um pouco, eu acho, do reitor. A expectativa do governo é a de que o reitor atue como correligionário. Se, como eu, um reitor quiser agir apenas como colaborador, terá dificuldades.

Os políticos querem sempre transformar colaboradores em correligionários. Isso é ruim. A universidade tem que ajudar o governo no que interessar à melhoria da população, mas o reitor não pode ser um militante político — eis uma premissa que muitos líderes do partido governista em São Paulo não compreendiam. Assim, a autonomia política das universidades estaduais paulistas ainda não tinha sido conquistada inteiramente. Seria preciso lutar todos os dias para mantê-la.

A autonomia financeira existia, mas a título precário, porque não havia meios de evitar, por exemplo, uma eventual retaliação do governo. Se este quisesse, podia atrasar um mês o repasse das parcelas do ICMS e criar um colapso nas três universidades. Será preciso criar no futuro mecanismos que impeçam definitivamente essa possibilidade.

Uma ação importante no sentido de assegurar maior autonomia financeira seria a criação de um fundo de investimentos das universidades para dar maior estabilidade financeira e socorrê-las em períodos de crise. O *endowment* (fundo de doações) das universidades americanas é um bom exemplo.

O problema é que essa política teria que ser entendida pelo governo como positiva, e não como uma demonstração de que as universidades estariam recebendo demais.

- 2 -

Eu estava na Presidência do Conselho de Reitores das Universidades de São Paulo (Cruesp) quando tratei com o governador Fleury sobre os orçamentos das universidades paulistas.

Havia um pleito exagerado de 10,5% do ICMS para as três instituições e outro que reajustava de 8,4% para 9%. Eu disse ao governador: "É importante que tenhamos uma redistribuição orçamentária entre as três universidades, porque a cota de cada uma não reflete bem seus desempenhos e necessidades".

Quando implantado o sistema de participação no ICMS o governo considerou, como ponto de partida, o quanto de ICMS cada universidade tivera nos últimos três anos, fixando os percentuais em função disso. Quer dizer, quem recebera mais naqueles três últimos anos ficaria rico para o resto da vida e quem recebera menos ficaria pobre para sempre. É claro que essa fórmula não era boa. Talvez fosse necessária no momento da implantação da autonomia, à falta de alternativas melhores. Mas era importante rever a questão.

Eu mostrei ao governador que havia esse desequilíbrio e que, de acordo com os meus cálculos, uma percentagem global de 9,2% consertaria a situação sem reduzir os orçamentos de qualquer das três universidades. Fiz esses cálculos ali mesmo, com lápis e papel. Ele pediu para que eu deixasse o manuscrito para que ele pudesse examinar a questão.

Voltei tranquilo para a USP, supondo que, tão logo tivesse estudado o assunto, ele me chamaria para uma nova reunião. Mais adiante houve uma conversa pelo telefone com o governador em que admiti a percentagem redonda de 9%. Depois daquela reunião recebi um telefonema do secretário Delben Leite informando que tinha lido a mensagem orçamentária para a Assembleia Legislativa e que nela já estavam definidas as quotas de cada universidade.

Praticamente toda a diferença entre 8,4 e 9% tinha ido para a Unesp. Isso era o contrário de tudo o que eu tinha sugerido no sentido de equilibrar financeiramente as três universidades. A Unicamp já estava bem, a Unesp ficaria muito bem e a USP afogada.

O governador aparentemente cedera à pressão de prefeitos do PMDB interessados em favorecer a Unesp, que tinha vários campi no interior nos municípios eleitorais dos deputados. O pior é que eu já havia tido um jantar com os outros dois reitores e fechado um acordo em torno de 9,2%, perfeitamente adaptável aos 9%. Prevalecera, naquele encontro, o critério do reequilíbrio.

O reitor da Unicamp admitira que a maioria dos recursos devesse ir para a USP e para a Unesp em função dos respectivos portes. Quando Delben Leite me ligou, eu disse: "Você só pode estar brincando. Isso contraria tudo o que eu falei para o governador". Ele me pediu calma e eu repliquei: "Impossível ter calma, vocês estão inviabilizando a USP. Eu vou ter uma greve atrás da outra, não poderei pagar os reajustes salariais como as outras duas e vou sacrificar todos os nossos projetos. A USP será destruída".

Decidi mandar uma carta pessoal ao governador em termos duros. Argumentei nessa carta que a decisão dele tinha sido precipitada e desrespeitava o compromisso de falar comigo sobre a proposta de distribuição. E que o seu governo com este procedimento estava inviabilizando a maior universidade do país. No dia seguinte me ligou o secretário Delben dizendo que Fleury tinha ficado ofendidíssimo com a carta. Perdi um pouco mais a paciência e disse que ofendido ficara eu com o governador.

A crise estava consumada. Um professor da USP, lotado na assessoria do governo, veio me procurar para dizer que eu não devia criar problemas. Recusei os conselhos, é claro. Muitas vezes as pessoas operam no marginal. Recebem o seu salário integral pela universidade, mas a fidelidade fica com os que lhe dão o marginal, como as assessorias.

Muitos outros professores, estes solidários, vieram me procurar. Alguns diretores também. Contei-lhes que a situação era de crise profunda e que eu iria brigar até o fim. Eles fizeram um manifesto em defesa da distribuição que eu propunha. Esse manifesto foi aprovado pelo Conselho Universitário e encaminhado ao governo.

Fiz um comunicado interno para conhecimento de todos os docentes e funcionários, chamando-os à resistência. Eu estava em paz com a minha consciência porque eu sempre me opusera a qualquer farra com os recursos do ICMS. Naquele momento o problema era garantir a sobrevivência da instituição modelo que eu dirigia. Soube que os funcionários da gráfica da USP, quando leram meu comunicado, comentaram: "Nunca vimos um documento desse escrito por um reitor da USP…". Para completar, publiquei artigo na terceira página da *Folha de S.Paulo*, onde fica a sessão "Tendências e Debates", sob o título "Desacerto de Contas", criticando abertamente a atitude do governador. Mantive a elegância na linguagem, mas não escondi minha insatisfação.

Comecei a trabalhar a Assembleia Legislativa. Peguei os indicadores de desempenho da USP e fui conversar com as lideranças parlamentares, mostrando por que estava inconformado com a distribuição. Mobilizamos professores e diretores que também foram lá procurar quem conheciam levando os documentos, e deflagrou-se uma contrapressão muito grande. Estive inclusive com os senadores por São Paulo, Fernando Henrique Cardoso e Eduardo Suplicy. Não tínhamos, porém, nenhuma perspectiva do que ia acontecer. Estávamos somente fazendo a nossa guerra.

Então, de repente, o governador Fleury, na véspera de uma viagem ao exterior, declarou à imprensa que ele tinha proposto 9%, mas que o problema da distribuição era de competência exclusiva do Cruesp. Uma vitória da USP. Uma vitória do bom senso e da combatividade.

Iniciou-se uma rodada de negociações no Cruesp com a participação do secretário Delben e finalmente surgiu uma proposta consensual. O secretário aceitou, disse que tinha carta branca do governador, mas quando ligou para Fleury foi aconselhado a mudar de rumo outra vez. O governador estava muito comprometido com os deputados que defendiam a Unesp. A reunião foi suspensa e falei: "Não converso mais. Pensei que o secretário tivesse carta branca, mas ele não tem. Estamos sem interlocutor".

No dia seguinte o secretário me ligou: "O governador quer que eu acerte com o Cruesp, mas não naquela base. É preciso que todos tenham um pouco de compreensão". Eu sabia que o governo estava numa situação difícil e que era preciso ceder um pouco, sem sacrificar a autonomia do Cruesp e o princípio do equilíbrio. Disse ao secretário: "Não há por que fazer reunião sem a presença do governador. Depois que a gente concorda no Cruesp, ele discorda no Palácio. Proponho que você sente com o governador e me telefone na frente dele. Eu recebo a ligação, falo com os outros reitores também por telefone, volto a ligar para você e aí fechamos um acordo com a participação dele". Assim foi feito e achamos uma solução razoável para o problema.

- 3 -

Antes de tudo isso, em 1990, o secretário de Educação, Fernando Morais, esteve na USP trocando ideias para um programa de cooperação mútua. Fui com ele e outros colegas ao Clube dos Professores. O professor Luiz Carlos Menezes lembrou que o prédio da antiga Faculdade de Filosofia, na Rua Maria Antônia, fora tomado da USP durante o regime militar e ainda estava ocupado pela Junta Comercial. Era um prédio símbolo da história universitária em São Paulo e fora reduzido a isso.

Eu disse que encaminharia um ofício ao governador nesse sentido e pedi ao Fernando que me ajudasse. Ele prometeu todo o apoio.

Algum tempo depois, em despacho com Fleury, avisei que a USP iria formular o pedido. Não gosto de pedir sem avisar antes. Então o governador disse: "Mande, tenho o maior interesse, acho uma boa ideia".

No segundo semestre de 1991 ele me comunicou verbalmente que iria preparar um decreto devolvendo o edifício para a USP. Logo depois explodiu a crise do ICMS.

Com o fim dessa "guerra do ICMS", que me deixou bem próximo do estresse, fui ao Palácio para assinar um convênio e Fleury reclamou, embora cordialmente, do artigo que eu tinha publicado na *Folha*. Lembrei-me de um assunto pendente entre nós e brinquei: "Veja, governador, eu não posso desdizer o que disse porque não seria correto. Mas posso falar bem de outra coisa, caso ela aconteça. Posso, por exemplo, escrever um artigo favorável quando o senhor devolver logo à USP o prédio da rua Maria Antônia". Ele sorriu: "Tudo bem, negócio fechado". Assim, a USP recuperou sua antiga e histórica sede.

Conforme prometera ao governador, publiquei artigo elogiando a sua decisão, que foi também um desabafo da universidade, 24 anos após a destruição daquele seu patrimônio. Assim terminava o meu artigo: "Coube ao governador Luiz Antônio Fleury Filho, honrando seu mandato, devolver à Universidade de São Paulo aquele prédio símbolo da Rua Maria Antônia. Esse gesto de reparação ficará em sua biografia de homem público. Faz-se um acerto de contas com a História. A cultura retoma democraticamente o espaço que perdeu naqueles anos de chumbo e intolerância".

Fleury veio à universidade para assinar o decreto de devolução do prédio e foi recebido festivamente no salão nobre da Reitoria. Meses depois instalávamos no mesmo endereço da Maria Antônia um espaço de intercâmbio voltado para as artes, ciências, tecnologia e educação.

Os professores da rede pública tiveram ali um núcleo de atualização e acesso a programas específicos. Em seus auditórios e salas de aula, outros usuários externos tiveram acesso a cursos, seminários e reuniões. Foi inaugurada uma livraria da Edusp. Havia salas de leitura, centros de documentação histórica e videoteca. O programa universidade-empresa que a USP desenvolvia também ficou sediado no local, bem como o escritório em São Paulo da Sociedade Brasileira para o Progresso da Ciência (SBPC), em troca de uma área desta, ao lado da nossa Estação Ciência, que teve assim ampliado seu espaço de exposições.

Este centro foi inaugurado numa solenidade em que falaram os professores Antônio Cândido, Florestan Fernandes, Carlos Guilherme Mota, Enio Candotti e Alfredo Bosi, além do deputado José Dirceu, ex-líder estudantil e protagonista dos acontecimentos que culminaram com a depredação de 1968.

Quem conhece o papel daquela casa de estudos na história da inteligência brasileira compreende a importância da recuperação do prédio. A Faculdade de Filosofia, Ciências e Letras (FFCL), nas décadas de 1950 e 1960, era o polo agregador entre ciências humanas e exatas. Uma universidade dentro da universidade. Mobilizava estudantes, professores, pesquisadores e intelectuais de múltiplas formações.

Produziram-se ali livros, opiniões e teses que sacudiram vivamente a sociedade. Aquele prédio de colunas cinzentas tornou-se um centro irradiador de novas posturas críticas. Livros de Foucault, lições de vida, ciência e arte de Mário Schenberg, aulas de Antônio Cândido, ideias de Sartre, filmes de Buñel, canções dos Beatles e Chico Buarque embalavam sonhos e utopias, pesquisas e estudos em todos os níveis.

A boa localização do prédio, no centro da cidade, aliada à programação prevista, permitiu que se esperasse que o local se transformasse em um shopping cultural em São Paulo, com o suporte que a maior universidade brasileira seria capaz de oferecer. Tratava-se de recriar, com os traços de contemporaneidade, é claro, sem nenhum espírito revanchista, o pluralismo que dali emanara.

- 4 -

No final de 1992 o clima entre a USP e o Palácio dos Bandeirantes era o melhor possível. Estive lá, discutindo a contrapartida do programa BID/USP com o governador e ele me sondou novamente sobre a hipótese de tornar-me secretário em sua gestão. Prometi estudar o convite e deixei claro o meu interesse em colaborar. Isso me levou à situação desagradável que vivi em março de 1993. Quando disse que admitia colaborar, criei uma expectativa, fiquei meio comprometido. Mas não imaginava o que ia acontecer.

Em março telefonou-me o secretário de governo, Claudio Alvarenga, dizendo que o governador Fleury estava sem secretário de Ciência e Tecnologia (Delben tinha ido para a presidência do BNDES) e queria saber se eu aceitaria minha indicação para o cargo. Eu disse que iria pensar. Claudio pediu: "Pense logo, amanhã me ligue".

Chamei os meus pró-reitores e o vice-reitor, conversei com eles. Todos acharam que eu deveria aceitar, pois a USP jamais tivera um secretário de Ciência e Tecnologia. Julgaram importante que eu aceitasse para ajudar as universidades. Isso pela manhã.

Às quatro horas da tarde me liga o secretário, perguntado se eu já tinha uma resposta. Respondi que aceitava. "Ah, ótimo, eu vou falar com o governador…". Eu disse que antes de qualquer divulgação gostaria de conversar com Fleury. Pouco depois, Claudio ligou marcando audiência para o dia seguinte, às dez horas da manhã. Fui ao Palácio, o governador estava com a agenda atrasadíssima, me disseram. Fiquei esperando até depois do meio-dia, quando vieram me avisar que ele precisava sair.

Ficou marcado um novo encontro para o dia seguinte às cinco da tarde, que também não aconteceu. Ficou claro para mim que havia pressões muito fortes pela nomeação de alguém mais afinado com a Fiesp, ou com o partido governista. Procurei o autor do convite, secretário Claudio Alvarenga, que se fez de morto. Então um deputado peemedebista, conhecido de um auxiliar meu, esclareceu tudo: "Hoje à tarde estive no Palácio e o seu nome já estava fora de cogitação. Não conte com isso".

Comuniquei aos pró-reitores que permaneceria na USP, voltei a trabalhar como se nada tivesse acontecido. Mas foi tudo muito desagradável porque algumas pessoas ligadas ao governo haviam contado a professores da USP que eu estava escolhido. Isso gerou fofocas. Na segunda-feira, nomeado o novo secretário, o autor do convite "ressuscitou". Telefonou pedindo desculpas, afirmando que o governador queria me indicar, mas outras forças interferiram e acabaram fazendo com que ele mudasse de ideia: "Ele vai te procurar para explicar tudo". Eu disse: "Tudo bem, quando quiser". Soube depois que, mesmo antes desse fato, circulava no Palácio que eu era "sério demais"!

Dois meses depois encontrei o governador Fleury. Foi uma conversa rápida. O governador pediu desculpas pelo episódio. Disse-me que inicialmente eu era o seu candidato para a pasta, que havia decidido pela nomeação, mas teve de ouvir outras forças políticas. Foi muito amável, prometeu vir à USP tomar um cafezinho. Não voltamos a falar do assunto, nem a nos encontrar. Eu soube que houve muita reclamação por parte de gestores de outra universidade em relação à minha indicação, e na verdade nunca tive, nem quis ter, padrinhos políticos, o que para preenchimento de cargos políticos é uma desvantagem.

Ao longo de todo o meu mandato jamais fiz barganhas políticas com o governo do estado. Não me manifestei politicamente a favor de decisões do chefe Executivo, nem participei de reuniões que fossem de natureza partidária.

Somente fui ao Palácio quando havia interesse acadêmico: convênios com a universidade, reuniões sobre ciência e tecnologia, discussões de caráter administrativo. Deixei de ir até mesmo às reuniões pelo parlamentarismo, uma das questões mais importantes para o governo Fleury, por considerar que a Universidade de São Paulo não deveria estar oficialmente no encontro de caráter puramente político.

No começo de minha gestão recebi vários pedidos para contratações ou transferências de funcionários e sempre mantive isso em nível puramente administrativo, nunca interferindo e respeitando as normas do serviço público.

Parece incrível, mas cheguei a receber pedidos de gente do Palácio do Governo para colocar alunos na USP, sem vestibular. Claro que neguei com toda a clareza. Ingresso de aluno na USP é por vestibular ou exame de transferência. Ponto. Pedidos para funcionários e professores nos exames seletivos tinham a mesma resposta: "O reitor não interfere nisso".

Claro também que se tivesse cedido ganharia mais apoio em alguns setores do governo. Repito: não fui correligionário, fui colaborador. Não pedi favores, nem os fiz. Sempre mantive com o governo Fleury relações institucionais. Mas o incidente da Secretaria de Ciência e Tecnologia amargou as relações.

Diretas Não!

- 1 -

Como cidadão posicionei-me claramente, em 1983, por eleições diretas para presidente da República. Quem me conhece mais de perto sabe das arraigadas convicções democráticas que orientam minha conduta política. Mas discordo da esquerda com que tenho contato na universidade, que confunde para efeito de eleições a Reitoria da USP com a Presidência da República.

Não pode ser autônoma uma universidade que permite a intervenção de partidos políticos em seus assuntos acadêmicos e administrativos. E uma das portas mais largas para essa intromissão é a eleição direta para reitor, que alguns setores erradamente vêm propondo na Universidade de São Paulo.

Quando me opunha a essa proposta, não desmentia as minhas convicções democráticas. O sufrágio popular é o melhor instrumento para a escolha de governantes de um país, estado ou município, que sofrerão diretamente os resultados de uma má escolha.

Ocorre, porém, que a USP não é um município — ela é uma instituição mantida pela sociedade para prestar um serviço altamente especializado, onde devem, e precisam, conviver linhas antagônicas de pensamento baseadas no respeito acadêmico. Por isso, a Reitoria da USP não pode ser confundida com um cargo de representação político-partidária.

A experiência mostra que os reitores escolhidos em eleições diretas enfrentam enormes dificuldades para defender posições não corporativistas e tendem a curvar-se às pressões do eleitorado, desconsiderando os interesses maiores da sociedade que paga os impostos que sustentam as universidades públicas.

O reitor é o representante da universidade perante a sociedade e seria insustentável que ele declarasse, por exemplo, ter cancelado atividades essenciais porque uma assembleia interna, muitas vezes pouco representativa, assim decidiu. Seria como se o superintendente de um hospital fechasse sua instituição durante o fim de semana para agradar as enfermeiras, ou os Correios deixassem de entregar cartas nas quartas e sábados por decisão unânime (mas ilegítima) dos carteiros. A universidade não é um clube cuja única função é agradar seus associados.

A proposta de eleição direta traz em seu bojo a paridade, ou a quase paridade, em que os três segmentos da universidade (professores, estudantes e funcionários) pesam igualmente nas decisões da academia.

Esse é também, na minha visão, um equívoco. Na Idade Média coexistiam modelos de universidades "dos estudantes" e "dos professores", dependendo cada caso de onde se situava o poder de decisão. A história claramente consolidou o segundo modelo, onde os professores têm a delegação da sociedade para conduzir o processo educacional (e científico) da universidade.

A presença minoritária dos outros segmentos é salutar porque evita o corporativismo exagerado dos professores e traz à discussão problemas específicos que afetam os outros setores. Mas a responsabilidade fundamental de uma instituição acadêmica tem que repousar sobre o corpo docente.

Nos EUA, por exemplo, a escolha dos reitores é feita por um comitê, o *Search Committee*, que responde ao *Board of Trustees*, onde estão representados diferentes segmentos da sociedade. A escolha não é feita para agradar estudantes, funcionários e professores. É feita para tornar a universidade melhor e mais eficiente.

Muitas vezes o reitor escolhido é de fora da universidade, por ser capaz de reforçar uma determinada área onde a performance da universidade não vem sendo boa. Esta é uma fórmula, mas não necessariamente a melhor. É citada aqui para mostrar que há, nos grandes centros universitários, modelos em que a escolha de reitores escapa dos segmentos internos à própria universidade, dentro do conceito, correto, de que as universidades são responsáveis perante a sociedade por uma tarefa altamente especializada e relevante e que a sociedade se importa com o que acontece nessas instituições.

Infelizmente, no Brasil, esse modelo provavelmente estaria sujeito a escolhas puramente político-partidárias do *Board*, que desfigurariam os objetivos desse órgão.

O modelo adotado pela USP era, em minha opinião, muito superior ao da eleição direta, porque dificulta a partidarização da universidade, que acaba destruindo o sentido plural necessário a uma universidade digna desse nome. Evita, também, a contratação irresponsável de novos funcionários comprometidos a votar em determinado candidato, como aconteceu em uma universidade federal na época, transformando a instituição em um cabide de empregos.

A autonomia universitária, que alguns invocam em defesa das eleições diretas para reitor, é justamente a razão fundamental para evitá-las. Não é livre uma universidade que abre mão da ética acadêmica e se transforma em campo de manobras para um ou vários grupos externos de pressão. Nem quando coloca a questão ideológica acima da competência técnica na escolha de seus professores.

Naqueles dias encontrei-me com os meus colegas da Adusp, sabidamente favoráveis às eleições diretas na universidade. Estávamos reinaugurando o prédio da USP na rua Maria Antônia. O reitor e os dirigentes da entidade uniam-se, naquele momento, pelo mesmo motivo. Misturando as coisas, uma sorridente colega da Adusp veio dizer: "Lobo, você poderia coroar a sua gestão implantando eleições diretas para reitor". Seguiu-se uma argumentação que veio a acentuar as minhas diferenças com a Adusp. Sugeria, esta colega, em essência, que eu tivesse a "coragem" de voltar atrás e tornar-me um adepto das diretas. Ora, se eu sou contra as diretas para reitor, não é porque acho que esse seja um problema político difícil de enfrentar. Eu sou contra por motivos racionais, certos ou errados, mas nos quais sempre acreditei.

Nessa conversa, o pessoal da Adusp mostrou-se preocupado "porque a USP talvez fosse a última universidade a adotar a eleição direta". Brinquei: "Não, não será a última. Yale não faz, nem Harvard, Oxford, Cambridge ou MIT. Há muitas excelentes universidades no mundo que não fazem eleições diretas". "Ah, Lobo, mas nós estamos falando do Brasil". "Ora, pessoal, a USP é um referencial no Brasil. Por que devemos imitar a Unesp ou a UNB? Acho que em nosso país a USP, em vez de caudatária, deve ser paradigma. Em vez de imitar, dar o exemplo".

Em outra ocasião, em uma reunião ampla discutiu-se a questão da escolha de reitores e um professor perguntou a um acadêmico cubano que nos visitava como era escolhido o reitor da Universidade de Havana: "Pelo camarada Fidel", respondeu o cubano.

- 2 -

Sempre gostei de ouvir muitas opiniões diferentes antes de tomar decisões importantes. O conjunto de visões vindas de diferentes pontos de partida pode ser muito esclarecedor para quem tem a caneta na mão.

No entanto, nunca fui favorável a estruturas em que colegiados possuem funções executivas, porque o colegiado, em cada um dos seus membros, não dispõe de todos os conhecimentos detalhados de quem vive o dia a dia da instituição e será responsabilizado por eventuais fracassos.

O colegiado não tem rosto e, por isso, não se sente tão comprometido com o resultado final das decisões, muitas vezes preferindo assumir uma posição mais simpática e populista. Quando o colegiado decide questões executivas e o reitor é quem assina, aí é ainda pior.

Os colegiados em uma universidade são muito importantes não só pela sua função participativa, mas por nos trazer as competências que a universidade tem nas diferentes áreas do saber e em seus inúmeros órgãos ligados à comunidade.

Por essa razão, os professores são o segmento mais importante de um colegiado acadêmico. Mesmo em questões puramente acadêmicas, às vezes os docentes precisam ser defendidos dos outros docentes e, neste caso, uma influência de uma administração hierarquicamente superior pode ajudar a corrigir injustiças.

Outro fato que torna os colegiados universitários insubstituíveis é a necessidade de que nas universidades as decisões sejam compreendidas pela comunidade, em particular pelos professores e gestores acadêmicos, sem cuja participação nenhuma mudança terá sucesso. Há uma frase famosa que diz: "O reitor de uma universidade precisa trabalhar no convencimento. Não adianta mandar, é preciso convencer".

Sempre achei que os estudantes têm informações importantes para julgarem sobre aspectos da vida estudantil, na qualidade do ensino, no atendimento às suas necessidades, e sobre isso devem ser ouvidos. Da mesma maneira, os funcionários precisam participar de discussões sobre a qualidade de vida no campus, aperfeiçoamentos que podem sugerir na administração e na oferta de serviços e sobre processos e planos nas unidades onde atuam, devendo ser ouvidos na avaliação das políticas da área de recursos humanos.

Para não dizer que os itens acima esgotam as atribuições de estudantes e funcionários nas esferas de decisão da universidade, acho que esses dois grupos têm um papel importante quando participam (minoritariamente) nos colegiados para evitar que os professores legislem em causa própria, esquecendo seus compromissos com a sociedade.

Por isso sou, em princípio, contra a paridade entre professores, alunos e funcionários nos colegiados acadêmicos.

Como sempre achei os colegiados importantes em todos os níveis de decisão, me espantava com o absoluto amadorismo com que esses órgãos são tratados nas nossas instituições de ensino superior.

As pautas são distribuídas na hora da reunião e trazem uma enorme quantidade de processos irrelevantes e de intermináveis informações pelos membros do colegiado, que mais parecem marketing institucional. As atas muitas vezes são tão resumidas que se tornam incompreensíveis.

Os assuntos mais importantes são decididos no afogadilho, sem o devido tempo para considerações mais profundas. A maioria dos processos são intermináveis recursos que passaram por uma dezena de instâncias, nenhuma final, do acordo com a pior tradição da nossa justiça.

Representantes externos nos colegiados universitários morrem de tédio devido à enorme quantidade de assuntos irrelevantes das pautas e não conseguem contribuir com sua importante experiência de vida fora do campus universitário, perdendo-se assim grande oportunidade de aperfeiçoamento institucional.

Vários comportamentos ameaçam a eficácia dos colegiados.

O longo tempo para tomadas de decisão e o poder de veto a novas ideias que afetem diferentes setores (porque quando a mudança afeta só um departamento, este mesmo a introduz e os outros pouco se importam) são uma forma de deixar tudo como está, impedindo que mudanças às vezes inovadoras e indispensáveis sejam implementadas. As pessoas muitas vezes não compreendem que deixar tudo como está é também uma escolha, que pode levar ao desastre. Não mudar também é uma escolha!

Outro comportamento nocivo é a acomodação dos colegiados diante de um de seus membros, ou grupos, se ele for truculento e obstinado. Passa o colegiado a tentar convencer este personagem por horas a fio ao invés de simplesmente reconhecer que a opinião deste membro, ou grupo, é só uma opinião, por mais barulhenta que ela seja, e que, posta em votação, a questão se resolve imediatamente, sem maiores traumas. No entanto, como isso geralmente não é proposto, o colegiado fica imobilizado por horas e muitas vezes não consegue decidir sobre a questão.

Mais um comportamento negativo é a repetição por parte de todos os membros de um segmento dos mesmos argumentos. Isso é típico da representação estudantil. Quando um tem a palavra, já se sabe que se seguirá uma onda de inscritos que repetirá exatamente a mesma coisa. Durante a reforma do Estatuto, quando os estudantes queriam ter uma representação correspondente a 20% do colegiado, um professor experiente propôs: "Põe um estudante só e dá a ele 20% dos votos, porque todos dizem a mesma coisa e votam em bloco sobre todas as questões".

Um problema adicional dos colegiados acadêmicos acontece porque naturalmente, em uma universidade de pesquisa como a USP, as promoções se baseiam na produção intelectual, os trabalhos publicados valem mais do que qualquer outro indicador. Esses pesquisadores naturalmente são guindados a postos de direção pelo seu prestígio e preponderam na composição dos colegiados superiores.

Entretanto esses professores geralmente não são extremamente preocupados com o ensino, e têm suas relações profissionais fora da universidade, internacionalmente conectados com seus pares científicos; portanto, tendem a querer uma universidade totalmente descentralizada onde eles possam ter total liberdade de ação, de locomoção e de captação de projetos.

São forças centrífugas da universidade, como analisa Clark Kerr em seu livro *Os usos da universidade*. É preciso saber equilibrar a valorização da pesquisa e da liberdade acadêmica, com a necessária organização interna em uma instituição que lida com milhares de estudantes e recebe recursos públicos basicamente para educar esses mesmos estudantes.

Quando tinha a responsabilidade como gestor de dirigir colegiados, tentei sempre organizar uma pauta viável, distribuída dias antes da reunião, juntamente com a ata da reunião anterior, deixando todo o material que originou a pauta à disposição dos membros do colegiado para consulta.

Na verdade, nunca tive problemas com os colegiados que dirigi. Ao contrário, reconheço que eles me ajudaram a tomar decisões importantes, indicando soluções e opinando sobre alternativas que permitiram à universidade seguir o caminho mais adequado.

Na USP havia por tradição uma primeira parte da reunião do Conselho Universitário que se constituía de informações. Essas informações levavam horas e eram, como disse, um marketing para professores e faculdades: "Ganhei um prêmio tal, vamos promover um seminário x, nosso bolsista foi aprovado em primeiro lugar em concurso y etc.". Passei essa fase para o final das reuniões do Conselho Universitário, para o que chamava de "Nossos Assuntos", e dispensava o quórum, permanecendo quem desejasse. Os assuntos mais importantes da pauta passaram a ter mais tempo e fôlego para serem discutidos.

Quando mais tarde fui reitor da Universidade de Mogi das Cruzes, reorganizamos o Conselho Universitário e, pela primeira vez, se abriu um espaço real de discussão, substituindo a tradição anterior do: "Processo Tal: os que estiverem de acordo permaneçam como se encontram. Aprovado".

Quem Paga a Conta?

- 1 -

Durante uma reunião financeira com o professor José Roberto Drugowich, coordenador da Administração, ele me mostrou um documento impressionante. Não havia naquele papel qualquer texto ou frase bombástica. A rigor, nem mesmo novidades. Era um simples gráfico. Acontece que ali estavam alinhados, comparativamente, os orçamentos das universidades estaduais paulistas e as arrecadações do ICMS nos estados brasileiros.

Um inimigo do ensino superior público faria este resumo brutal do demonstrativo: só a USP tinha um orçamento equivalente ao volume integral do ICMS do Ceará — um estado onde parte da população morre de fome, ou come calangos para sobreviver. Com 360 milhões de dólares da época por ano o Ceará tentava cuidar de seis milhões de habitantes, enquanto nós da USP, com a mesma quantia, mantínhamos apenas 70 mil pessoas entre professores, alunos e funcionários.

Diante desses dados muita gente alegaria que a privilegiada USP aplicava um milhão de dólares por dia no ensino superior gratuito, enquanto o Ceará, com a mesma verba, administrava problemas de saúde, transporte, educação básica, agricultura, segurança, habitação popular etc. E que o Cruesp, sozinho, correspondia, em termos do ICMS, à metade do Nordeste brasileiro.

Imagino que essa informação poderia gerar um discurso agressivo contra as universidades estaduais paulistas, por isso é bom enviar um alerta aos defensores do ensino superior público gratuito. Ao mesmo tempo que advogam o generoso modelo em vigor, eles precisam compreender que não pode haver qualquer desperdício de recursos nas universidades públicas.

Tinha consciência de que a menção àquele gráfico eventualmente poderia municiar os que combatiam o ensino público gratuito de terceiro grau. Era um risco. Mas achava que não teria vida longa o raciocínio simplista de que a miséria do Nordeste se deve aos gastos das universidades paulistas. Não era por isso que o Nordeste era pobre. Nem seria destruindo a USP, Unicamp e Unesp que se eliminaria a pobreza.

As universidades públicas de São Paulo constituíam a vanguarda do nosso desenvolvimento científico, tecnológico e cultural. Havia necessidade de preservar essa vanguarda. Mas acreditava que as universidades não tinham o direito de mandar a conta que quisessem para o povo brasileiro. Elas precisavam ser fiscalizadas e apresentar o melhor desempenho possível. Teriam que ser econômicas e eficientes.

Não adiantava, por outro lado, pensar que o ideal seria nivelar por baixo o Brasil porque assim o Brasil cresceria harmonicamente. Não cresceria. Se não dominássemos tecnologias jamais reverteríamos os problemas do Nordeste, ou os problemas do cerrado. Será preciso que existam sempre centros de excelência como a USP. Desde que esses centros tenham o compromisso de não gastar mais do que realmente necessitavam para alcançar seus objetivos.

Não há qualidade que justifique o desperdício do dinheiro público. Embora muita gente dentro das universidades concorde com essa visão, poucos tiram as consequências devidas e se preocupam obcessivamente em não desperdiçar os escassos recursos nacionais.

Naquela época, em São Paulo, 21% do orçamento estadual destinavam-se à educação de 6 milhões de crianças do ensino básico. As três universidades paulistas, que educavam 100 mil pessoas, recebiam 9%. Não havia como sair por aí pedindo mais dinheiro para o ensino superior, como desejavam alguns setores nas universidades, mesmo levando-se em conta que os salários estavam, naquele momento, defasados em função da inflação.

Se cada vez que a economia enfrentasse uma recessão as universidades aumentassem seus percentuais no ICMS, quando houvesse a recuperação econômica elas ficariam nadando em ouro, o que seria uma grande injustiça social.

Por isso, era necessário naquele momento apertar um pouco o cinto e, quando houvesse uma recuperação econômica, colocar as necessidades em dia e começar um processo de poupança interna para enfrentar oscilações negativas no futuro.

- 2 -

Em 1991 houve, como já disse, uma proposta para aumentar o percentual do ICMS para 10,5%. A situação do Estado estava péssima e a das universidades também. Esse pleito de 10,5% era encabeçado pelas associações de docentes e funcionários, com o apoio de alguns deputados.

Não achava a proposta defensável pelas razões que já indiquei e levei a questão ao Conselho Universitário. Só que procurei qualificá-la, não tentei um plebiscito na base do sim ou não para os 10,5%.

Disse ao Conselho que o percentual de 8,4%, então vigente, era globalmente razoável, e um reajuste seria mais cabível somente para reequilibrar esses percentuais entre as três universidades. As universidades não deveriam exigir o privilégio de serem tratadas diferentemente dos demais setores da sociedade afetados pela crise. Admiti até pleitear um aumento, desde que as universidades assumissem uma série de compromissos com a sociedade: aumento de vagas, aumento de eficiência, mais atividades de extensão, novos cursos. E isso o Conselho aprovou.

Elaboramos então um documento, redigido durante uma pausa que eu propus na reunião do colegiado. Fui ao meu gabinete e montei, com algumas pessoas de minha equipe mais próxima, o documento com questões que iam se aprofundando até a questão final: em que circunstância seria legítimo pleitear um aumento do nosso próprio orçamento, tendo em vista as comparações com as arrecadações do ICMS dos outros estados e os gastos de São Paulo com a educação?

Essas questões foram lidas e votadas em sequência, uma a uma. A posição do Conselho, baseada nas respostas aos quesitos, ficou basicamente assim: não discutir um determinado percentual enquanto não se discutisse o que o Estado esperava a mais das universidades.

Essa decisão, altamente responsável, na minha opinião, foi muito atacada pelas associações, que acusaram o reitor e o Conselho de "entregarem o ouro ao bandido, pois o dinheiro poupado não iria para a educação e sim para outras coisas". Poderia até ser verdade, mas, na opinião do Conselho, teríamos feito a nossa parte.

No entendimento corporativo a universidade devia olhar para si mesma e tratar de defender interesses específicos dela. Mas nós tivemos uma posição muito firme e mandamos cópia da decisão do Conselho Universitário para deputados da Assembleia Legislativa. O pessoal do PT ficou louco da vida. O PMDB assustou-se: "Como vocês vão explicar isso aos docentes e funcionários?". Respondi que não precisava explicar nada porque a posição do Conselho Universitário era muito clara. Foi uma decisão rara que me deixou muito orgulhoso da minha universidade, pelo altruísmo, ética e visão social que já faziam falta e viriam a fazer mais falta ainda no futuro do nosso país.

Paralelamente, a Unesp, que agitara a questão do aumento percentual, dizia que estava pior que a USP e a Unicamp. E, atraindo vários deputados do interior, fez com que um parlamentar apresentasse a proposta de aumentar o percentual para 9% apenas para atender seus interesses. Em contatos na Assembleia Legislativa eu senti que o PT já dava como perdida a posição de 10,5% e que a posição pelo aumento para 9% estava crescendo.

Liguei para o governador e disse: "Governador, vamos fechar em 9%, porque acho que esse percentual será aprovado por unanimidade e as universidades vão aceitar, ficando numa posição intermediária entre nenhuma correção e 10,5%". Ele telefonou para o deputado Arnaldo Jardim, que era o líder do PMDB, e disse para ele fechar nos 9%. Foi a comparação entre os orçamentos das universidades e as arrecadações do ICMS nos estados, em sua simplicidade numérica, que justificou nossa posição inicial e nos colocou em condições de negociar uma solução intermediária.

O episódio revelou também que um reitor não deve apenas ser um membro da comunidade acadêmica, mas deve ter uma posição de liderança e compromisso mais global com a sociedade. E, como tal, precisa agir com espírito público mesmo quando sua posição afronte as corporações internas.

A comunidade universitária, talvez porque viaja muito, costuma comparar nossas instituições às universidades do primeiro mundo a propósito de quase tudo, principalmente salários. Não compara nossa baixa competitividade com o grau acirrado de competição naqueles países. Demanda, insistentemente, por salários e infraestrutura. Deveria também refletir sobre as comparações em relação ao Brasil, como os gráficos estaduais do ICMS. As universidades paulistas já tinham um orçamento que para o Brasil era bastante bom. O que precisavam fazer, por sua parte, era buscar mais eficiência, cobrar mais desempenho interno, não contratar sem necessidade e poupar ao máximo para investir no essencial.

No início da minha gestão, o sindicato entrou com um dissídio trabalhista reivindicando uma exorbitância em termos salariais. Reuni os advogados da Consultoria Jurídica e avisei: "Digam aos juízes do Trabalho que nesse momento de recessão nós estamos priorizando salários e corrigindo-os a cada mês. Aumentar mais é impossível, até porque temos um orçamento que vem do ICMS, que onera o arroz e o feijão do povo de São Paulo. O reitor tem um limite. Se houver uma decisão judicial que inviabilize a universidade eu irei ao Tribunal e entregarei a chave para que os juízes administrem a USP". Eu mesmo tive oportunidade de dizer isso ao juiz.

Disse a mesma coisa no Cruesp em reunião com as associações e sindicatos: "Se for tomada alguma decisão que inviabilize a gestão financeira da Universidade de São Paulo, eu entrego a chave. Vocês terão que gerir a falência". Prevaleceram os indicadores que propus e não foram atendidos os pleitos exorbitantes.

Se há uma coisa que sintetizaria a minha gestão como reitor foi a preocupação com os recursos públicos. Sempre tive a obstinação de usá-los com a maior austeridade possível, evitando o inchamento de pessoal, não desperdiçando verbas em contratos mal formulados e revendo cuidadosamente despesas com "direitos" que parecem adquiridos e muitas vezes são benefícios indevidos.

Desde a posse empenhei-me na eliminação de gastos dispensáveis, aplicando as economias nas atividades-fins. Procurei também trazer outros parceiros financiadores, de modo que a universidade pudesse canalizar maiores parcelas do seu orçamento para o ensino e a pesquisa.

Reduzi o número de professores e funcionários sem maiores traumas, principalmente evitando a política de substituições automáticas. Cada pedido de contratação passou a exigir uma clara demonstração de necessidade. Repassamos às unidades o orçamento corrigido pelo ICMS. Quando elas recebiam o orçamento em bloco, saíam comprando para gastar depressa, temendo a desvalorização da moeda. Com a nova medida, nós dividíamos o orçamento em duodécimos.

Os diretores podiam comprar o necessário e guardar com a Reitoria o que restasse, que seria corrigido mensalmente pelo valor do ICMS do mês. Os diretores podiam assim planejar seus gastos ao longo do ano e planejar aquisições maiores poupando mensalmente, com a garantia da preservação do poder de compra de sua economia. Aumentou muito a racionalidade da gestão das unidades. Quando o diretor sabe que não precisa gastar tudo correndo, gasta melhor e na hora certa. A Reitoria ainda podia aplicar essa poupança com retornos superiores à correção do ICMS, permitindo novos investimentos centrais.

Com essas medidas a universidade economizou o equivalente a cerca de 30 milhões de dólares em 1992. Recursos que foram aplicados, naturalmente, em infraestrutura, apoio ao ensino, compra de equipamentos e reajustes salariais.

A contratação de funcionários passou a ser muito seletiva. Reduzimos o nosso quadro em aproximadamente 2 mil servidores. Ficamos com um prédio inteiramente vazio na administração, sem prejuízo do andamento dos serviços. Era um prédio inútil porque abrigava funcionários desnecessários. Passou a ter um fim mais racional.

Prestação de Contas à Sociedade — 1993

- 1 -

Apesar de ser um assunto técnico e mais palatável para quem conhece o sistema universitário por dentro, decidi escrever este capítulo porque, mesmo sem entender tudo completamente, considero que o leitor se sentirá mais apto a fazer julgamentos e a entender o dilema de quem tem que tomar uma decisão importante a cada hora, ou como se tivesse um dia "D"[6] a cada dia.

É um capítulo para um recado especial: qualquer organização e até mesmo em governos de cidades ou países, os bons projetos sofrem solução de continuidade por motivos por vezes meramente políticos. Em outros casos, nem a oposição mais ferrenha consegue destruir o que foi feito.

Para demostrar isso, após cada item deste capítulo, busquei introduzir informações sobre o destino de alguns dos projetos que me eram mais caros.

- 2 -

Quero dirigir-me, com todo o respeito, aos cidadãos que pagaram o meu salário como professor e reitor da Universidade de São Paulo. A eles, contribuintes do ICMS e, portanto, financiadores da USP, devo explicar algumas iniciativas que acho importante destacar, que realizamos na universidade nestes anos de Reitoria.

Destaco, em primeiro lugar, um trabalho realizado pela primeira vez em quase sessenta anos de existência da Universidade de São Paulo: a avaliação institucional de todos os departamentos de ensino e pesquisa.

---

6. O dia do desembarque das tropas aliadas na costa da Normandia, que foi decisivo para o fim da Segunda Guerra Mundial e para a vitória dos aliados contra Hitler, ficou conhecido como Dia "D".

Os cursos da USP estavam colocados sempre nos primeiros lugares nas medições realizadas, a cada ano, pela imprensa. O que jamais ocorrera foi um esforço como o que foi realizado dentro da própria universidade para conhecer-se melhor.

O projeto de avaliação interdepartamental que ocorreu na USP foi amadurecido nos dois primeiros anos de minha gestão e estudado com a máxima cautela, por ser um projeto-chave para a instituição. O seu resultado final foi programado para o final de 1994, e deveria revelar à sociedade um retrato nítido da eficiência da universidade.

Foram tomados os devidos cuidados para que não houvesse uma caça às bruxas, nem que se tornasse um documento corporativista; deveria ser voltado apenas para os aspectos positivos. Para estudar o assunto e verificar o que havia de novo nos melhores centros universitários do mundo, estive na Europa e nos EUA, juntamente com o professor Franco Lajolo, depois meu pró-reitor de Pós-Graduação, e outros professores.

Fizemos uma conferência internacional para tratar do tema. Trouxemos pessoas de fora para discutir com a gente. Decidiu-se que haveria uma etapa inicial de autodiagnóstico: os departamentos fixariam os seus próprios perfis e objetivos, informariam sobre os seus esforços para melhorar o desempenho.

Depois, um grupo de especialistas externos, a maioria internacional, iria aos departamentos e confrontaria essa autoanálise com a realidade vista de fora, recomendando medidas de aperfeiçoamento.

Uma terceira instância, espécie de poder moderador, examinaria os dois diagnósticos. Isso para evitar excessos das partes envolvidas na etapa inicial. Os avaliadores externos, desconhecendo a realidade brasileira, poderiam cometer equívocos — mesmo porque estrangeiros também erram.

Foi criada a Comissão Permanente de Avaliação (CPA), constituída pela Comissão Especial de Regime de Trabalho (CERT) e pela Comissão de Atividades Acadêmicas (CAA), com a tarefa de funcionar como grupo moderador. Juntos, esses órgãos escolheriam os visitantes e atuariam na avaliação final.

Criamos este modelo depois de acompanhar vários modelos internacionais. Há universidades que só fazem a autoavaliação, outras que fazem apenas avaliação externa. A USP resolveu adotar uma fórmula mista. O grupo de membros da CPA faria a avaliação final e atribuiria notas. Achamos importante atribuir notas, que, embora incluam várias características em um único indicador numérico, evitam nuances e entre vírgulas, muito características da postura universitária quando se trata de autodiagnósticos, ao contrário do que prescrevemos para nossos alunos. A nota tem a vantagem de ser uma coisa muito clara.

A USP, na época desse relato, já tinha realizado sessenta avaliações e o processo marchava em bom ritmo. Isso correspondia a 25% da estrutura departamental da universidade. Às vezes me perguntavam quais seriam as consequências da avaliação. Dizia: "A USP deverá fazer o que a avaliação indicar. Quantos departamentos iam bem em determinada área e quantos iam mal? As prioridades da universidade deveriam ser estabelecidas depois da avaliação, não antes. Teríamos que fazer, no ano seguinte, um diagnóstico completo da instituição. A partir daí o futuro reitor definiria suas ações na área acadêmica".

Uma consequência da avaliação, que já se observava na prática, era a de se dar mais liberdade aos departamentos que tinham obtido uma boa avaliação. Eles tinham mais autonomia para contratar docentes ou transformar docentes de boa qualidade em professores em dedicação integral.

Um subproduto interessante surgiu do processo: os departamentos com notas baixas promoveram reuniões com seus conselhos para debater as causas do mau desempenho. As próprias faculdades discutiam mais a respeito da qualidade dos seus cursos, antes mesmo que a Reitoria adotasse medidas.

Outra boa surpresa do projeto na fase inicial foi a forma com que os avaliadores estrangeiros ficaram entusiasmados com os pesquisadores da USP, cuja qualidade superou as suas expectativas. Alguns deles me procuraram: "Estamos preocupados com o que vamos fazer. Não conhecemos as pessoas, imaginamos que sejam fracas do ponto de vista da pesquisa, pois não vimos muitas publicações delas. Se os grupos forem fracos teremos que registrar isso". Eu sugeri que fossem rigorosos. Depois eles voltaram à Reitoria e disseram que tinham encontrado grupos tão bons que estavam interessados em fazer convênios com eles.

Estes visitantes ficaram felizes com a liberdade que tiveram para manifestar suas opiniões, mesmo quando os diagnósticos eram desfavoráveis, às vezes ao extremo, o que também aconteceu.

Outro fato curioso que aconteceu foi a reprovação de pareceres externos pelo grupo moderador. Os visitantes em um caso fizeram uma análise muito superficial de um determinado departamento e deram pareceres informando que estava tudo maravilhoso, o que evidentemente não estava. O "chute" ficou evidente no próprio modo em que o relatório foi apresentado. Não havia o necessário detalhamento, nem análise mais aprofundada. A avaliação superficial deste grupo foi reprovada.

Até o final de 1994 deveria estar concluída toda a avaliação. Seriam examinados, no total, duzentos departamentos da USP. Não encontrei maiores resistências na ocasião. Claro que, aqui e acolá, pipocaram as queixas de sempre. Era o corporativismo disfarçado em "participação". Os poucos opositores alegaram que não houvera ampla consulta. Respondi que tive o apoio maciço do Conselho Universitário e toquei o programa, sem fazer plebiscito, nem cair no populismo inconsequente, que não levaria a nada.

Avaliação é um assunto muito sério, técnico, que não pode sair de discussões de corredor.

Naquela época, a avalição acadêmica já estava em curso há muito tempo nos EUA e na Europa, com grande intensidade. Todo o primeiro mundo fazia avaliação. Para gerir corretamente uma instituição de grande porte, em constante expansão, as lideranças universitárias precisam de informações. O roteiro de trabalho da Reitoria deve ser o diagnóstico elaborado periodicamente, de cinco em cinco anos, por exemplo. Estava feliz por ter inaugurado essa prática na USP e tinha a esperança de que ela se tornasse uma boa e frutífera rotina. Para sempre.

O texto a seguir mostra que essa semente frutificou:

AVALIAÇÃO ABRIL DE 2016 — PRESS RELEASE DA USP

Dirigentes da USP estiveram presentes no Teatro da Faculdade de Medicina (FM), na tarde do dia 31 de março, para a apresentação do Relatório do 4º Ciclo de Avaliação Institucional da USP 2010 a 2014, coordenado pela Comissão Permanente de Avaliação (CPA).

Desde 1992

A CPA foi criada em 1992 e, desde então, a cada cinco anos, é realizado o processo que resulta no relatório de avaliação das atividades da Universidade.

- 3 -

Desde que assumi a Reitoria da USP passei a buscar uma aproximação entre a universidade e as empresas. Cheguei a dar entrevistas e escrever artigos nessa linha.

O presidente do Sindicato das Micro e Pequenas Empresas do Estado de São Paulo (Simpi), Joseph Kouri, leu uma das entrevistas e veio me procurar. Trouxe-me o seguinte problema: os microempresários não saberiam como descobrir o professor de quem necessitariam dentro de uma universidade com as dimensões da USP, pelo seu número de professores e com seu imenso campus.

Eles precisavam de um sistema que os orientasse e facilitasse o seu contato com a pessoa certa para ajudá-los em suas dificuldades tecnológicas, que, via de regra, não dependiam de uma inovação nem de grandes projetos de pesquisa científica e tecnológica, mas de conhecimentos que já eram dominados e que estavam nas salas de aula. Não somente de tecnologia, mas de gestão. Numa primeira reunião em meu gabinete surgiu a solução: o programa batizado como "Disque Tecnologia".

O que era a ideia do "Disque Tecnologia"? Basicamente um serviço que atendesse micro, pequenas e médias empresas pelo telefone, mobilizando os 4.200 especialistas da USP, cadastrados voluntariamente num banco de dados, para resolver os problemas apresentados pelas empresas.

Alguns consulentes, assistidos por nossos pesquisadores, obtiveram resultados fantásticos. Foi o caso de uma fábrica de artigos de borracha que, aconselhada por técnicos em engenharia química, dobrou a qualidade de seus produtos. Ou de uma indústria especializada em lentes multifocais, quintuplicando sua produção, sob assistência direta de um professor de física. A grande maioria dos três mil consulentes era constituída por microempresas, mas já naquela época estávamos atendendo a indústrias com mais de trezentos trabalhadores.

Mais do que o relato de casos, entretanto, importa que a experiência conduziu a uma séria indagação: não estaria em mecanismos desse tipo uma das chaves para a melhoria do nosso desempenho industrial?

A fórmula inicial já tinha sido testada pela USP: uma real integração entre as mais fortes universidades e as empresas mais frágeis. Um setor empresarial representado por 2,5 milhões de unidades em todo o país que gerava uma parcela majoritária no volume físico do nosso PIB. Pareceu-nos sensato que as universidades estendessem seus convites de integração a pequenas e médias empresas. Teríamos assim uma importante válvula para a democratização da economia, tão falada no plano político e frequentemente desacompanhada de uma proposta clara e realista de encaminhamento.

As relações da universidade brasileira com o chamado setor produtivo, depois de tantos anos de inércia mútua, estavam num ponto em que se acreditava que os papéis estivessem mais bem definidos. A realidade contrariaria o *script* elaborado pelos sonhadores. Não vinha acontecendo, na escala que se imaginava, o casamento entre os grandes projetos privados e a competência disponível nas academias. Houve uma surpresa.

A USP detectou, então, que em São Paulo a demanda mais forte de apoio em tecnologia tinha origem no micro, pequeno e médio empresariados, que respondiam por 80% da produção industrial e empregavam mais de 70% da mão de obra. A base da pirâmide produtiva estava descobrindo aqui mesmo o que poucas empresas de grande porte, situadas no topo, quase sempre buscavam no exterior.

As corporações multinacionais tinham políticas próprias de investimentos, voltadas para a área de alta tecnologia. Basta dizer que a IBM, sozinha, gastava anualmente cerca de 500 milhões de dólares em pesquisa, o dobro do que o governo brasileiro pretendia repassar a todas as agências de fomento.

O mesmo ocorria com as grandes empresas brasileiras. Não pretendo contar detalhes sobre o caso de uma grande organização privada nacional que, em vias de assinar um convênio de milhões de dólares com uma universidade americana, foi alertada por um consultor bem informado de que poderia obter na USP o suporte necessário de competência a preço muito mais conveniente. A intenção inicial mudou. O desdobramento do episódio trouxe benefícios à imagem dessa organização e dos pesquisadores brasileiros.

Diante desse quadro de equívocos e desencontros, o "Disque Tecnologia" era um modelo alternativo tendo em mira o segmento industrial mais carente de apoio tecnológico. Um modelo que, exatamente por sua eficácia, simplicidade operacional e criatividade causou um grande impacto num seminário ocorrido na época de capacitação tecnológica em Cuernavaca (México) com a presença de pesquisadores das maiores universidades do mundo, incluindo Cambridge (Inglaterra), Twente (Holanda) e Ulster (Irlanda do Norte). Tiveram importante participação no projeto os professores Luís Carlos Menezes e Antônio Marcos Massola, tanto no planejamento como na implementação deste modelo pioneiro de apoio a pequenos e médios empresários.

Os esforços da USP, através do "Disque Tecnologia", configuram apenas um exemplo. Outras formas podem e devem ser tentadas. O importante foi que compreendemos que o elenco dos agentes econômicos com os quais deveríamos colaborar não era somente aquele que aparecia nos jornais e TV constituído pelos "pesos-pesados" de sempre. Ensinar pequenos e médios empresários a desenvolver suas potencialidades não seria, de certo modo, abrir uma nova fronteira de atuação de nossas universidades?

As maiores universidades e as menores empresas, em países em desenvolvimento, exatamente por suas diferentes dimensões, tinham muito a dizer umas às outras, em benefício do país.

- 4 -

O programa BID/USP foi planejado e iniciado na gestão José Goldemberg. Teve 90% de suas obras realizadas na minha gestão. Foram 179 mil metros quadrados de área construída — uma expansão de 25% nos vários campi da USP. Crescemos, nesse aspecto, o equivalente a uma Unicamp da época, em apenas quatro anos.

Um ponto importante e pouco lembrado desse convênio foi o intercâmbio que nos proporcionou com grandes centros internacionais de excelência acadêmica. Mandamos mais de mil professores para o exterior e trouxemos o dobro de visitantes estrangeiros. As viagens dos nossos docentes e pesquisadores contribuíram enormemente para a melhoria da capacitação da universidade.

Antes estávamos mais distantes do circuito internacional. As viagens, onerosas e poucas, restringiam-se praticamente a congressos e algumas bolsas de estudo. As faculdades não programavam as visitas em função de suas prioridades. Cumpriam apenas as pautas dos simpósios internacionais. Com o BID tudo passou a ser feito de maneira mais dirigida e proveitosa.

Acho que também conseguimos dar ao programa de equipamentos laboratoriais, dentro do convênio BID, um encaminhamento mais racional. Eu ainda era diretor do Instituto de Física e Química de São Carlos quando imaginávamos como seria, naquela Unidade da USP, a forma mais correta de pedir equipamentos.

Recebi na ocasião uma consulta da Reitoria para apoio à aquisição de equipamentos e encaminhei aos departamentos para que formulassem os seus pedidos. Recebi de volta listas enormes de pequenos equipamentos, atendendo ao interesse particular de professores e grupos. Ora, para isso já havia o CNPq, a Fapesp e os recursos da própria unidade.

Disse aos chefes de departamento que não devíamos pedir miudezas pingadas, mas equipamentos de grande porte e que pudessem ter uso comum para vários grupos.

Quando vice-reitor, encarregado de coordenar o convênio BID, defendi esta mesma linha para todas as unidades. Quando reitor, mais ainda. Com os recursos do BID passamos a comprar equipamentos de base, difíceis de conseguir no CNPq ou na Fapesp. Diversas unidades chegaram a trocar pedidos pulverizados por demandas centradas na infraestrutura.

A diretriz de fazer com que cada departamento, ao invés de pedir isoladamente, pensasse em grandes equipamentos para uso coletivo foi bem compreendida por algumas unidades. O maior sucesso ocorreu nas áreas de agricultura e biociências. A ESALQ abriu mão de equipamentos menores que havia pedido e criou um Centro de Microscopia Eletrônica, extremamente moderno. Na capital o Instituto de Biociências (IB) mudou seu projeto inicial e também foi montado um Centro de Microscopia.

Também com recursos do BID/USP realizou-se o projeto de informatização da universidade, coordenado pelo professor Erney Camargo. Do total de 3 mil micros 386 adquiridos pela USP, cerca de seiscentos destinaram-se ao que chamamos de sala Pró-Alunos. Estas salas de uso exclusivo para estudantes foram instaladas em todas as unidades de ensino. O Programa de Apoio à Pesquisa consistiu na distribuição de 1.325 microcomputadores aos docentes doutores das diversas unidades, em função de suas necessidades de pesquisa e produtividade científica.

O Programa de "Micros para Uso Pessoal" destinou oitocentos micros 386 a docentes da USP em regime de dedicação exclusiva, que podiam trabalhar a partir de suas próprias casas, ligando-se, inclusive, via modem, à Redeusp. É do interesse da universidade que essas horas-extras, não pagas e voluntárias, sejam incentivadas. Além disso, destinamos para o apoio operacional às unidades 250 micros 486, acompanhados de impressoras matriciais a laser e inkjets (bem modernos, na época).

Também agilizamos, via informática, o nosso Sistema Integrado das Bibliotecas (Sibi) que, além do Disque-Sibi, passou a oferecer um serviço de consultas 24 horas. Colocou-se, desta forma, um acervo de 3 milhões de títulos catalogados à disposição instantânea de seus usuários. Não posso falar do Sibi sem mencionar o trabalho exemplar desenvolvido com entusiasmo pelo professor Jorge Schwartz.

Simultaneamente ao reforço do nosso arsenal de microcomputadores buscamos modernizar o sistema de softwares. A USP e a Microsoft firmaram convênio para que esta empresa fornecesse gratuitamente softwares às salas Pró-Alunos e os comercializasse a preços muito abaixo do mercado para toda a comunidade acadêmica.

Para tirar ainda mais proveito em nosso parque de micros, eles foram integrados a uma pioneira rede de fibras óticas, padrão FDDI. Assim, os micros dos docentes poderiam acessar os sistemas centrais da USP e outras redes internacionais. A nova rede podia permitir a transmissão de sinais de TV para todo o campus de palestras realizadas no país e no exterior.

Além disso, todas as publicações listadas semanalmente pelo Current Contents estariam à disposição de nossos pesquisadores, via Redeusp. (Hoje, com a revolução nas tecnologias de comunicação, é difícil julgar o avanço destes investimentos na época em que foram realizados.)

Devo dizer ainda a respeito desse programa que os financiadores do BID citaram a Universidade de São Paulo como o melhor exemplo de gerenciamento de recursos na América Latina. Nesse caso também a avaliação externa foi positiva.

- 5 -

As atividades de extensão da USP alcançaram, na época, mais de 150 mil pessoas com aproximadamente 2 mil programas. Para que se forme um juízo sobre a dimensão e a natureza social destes serviços, basta dizer que a USP tinha 55 mil estudantes regularmente matriculados em cursos de graduação e pós-graduação, praticamente um terço da clientela na área de extensão universitária.

Em 1990, em visita à USP, o então presidente do CNPq, Clodoaldo Pavan, informou-nos que iria, no processo de reorganização do CNPq, desativar a Estação Ciência, importante órgão de divulgação da ciência sediado na cidade de São Paulo.

Imediatamente propus que o CNPq o repassasse para a USP, uma vez que nós preferíamos arcar com esse novo gasto a permitir o encerramento das atividades da Estação Ciência, em um país onde a educação científica já era (e é) tão precária.

Nas mãos da USP ela teve um grande impulso (até ser recentemente desmembrada, tendo a USP retornado o prédio original ao governo do estado). Nomeei o professor Ernesto Hamburger do Instituto de Física de São Paulo para dirigi-lo, o que fez com dedicação e competência, como atestam os resultados alcançados. Em 1993, o público anual de visitantes era de 400 mil pessoas.

O que aconteceu a essa iniciativa? Fechada em 2013 para reforma, a Estação Ciência jamais foi reaberta e teve seu acervo expositivo transferido para outros espaços da USP, como o Parque CienTec, a Escola de Engenharia de Lorena (EEL), a Escola de Artes, Ciências e Humanidades (EACH) e o Centro de Difusão Científica e Cultural (CDCC).

- 6 -

Na área de cultura, a USP lançou sob a direção do professor João Alexandre Barbosa, pró-reitor de Cultura e Extensão, o projeto "Nascentes" — descoberta de talentos artísticos entre alunos — em parceria com a Editora Abril.

Esse projeto foi escolhido como exemplo de inovação em encontro nacional de reitores das universidades brasileiras. Esse projeto estimulou vocações artísticas em estudantes dos mais diferentes cursos, alguns demonstrando enorme talento, até então desconhecido da universidade, da sociedade e, talvez, até deles mesmos. Pude verificar, conforme texto a seguir, que esse ainda projeto permanece vivo:

AGÊNCIA FAPESP — 2017

A Pró-Reitoria de Cultura e Extensão (PRCEU) da Universidade de São Paulo (USP) está organizando a 17ª edição do Programa Nascente, que tem como objetivo distinguir e incentivar trabalhos artísticos de alunos.

- 7 -

Procuramos dinamizar, na minha gestão, os trabalhos dos nossos museus e institutos especializados, patrimônios abertos à comunidade. Foi inaugurado na ocasião o novo prédio do Museu de Arte Contemporânea (MAC), uma das grandes referências culturais de São Paulo.

Outra iniciativa de abertura de nossa universidade para a comunidade, com o apoio do então Banco Real, teve grande sucesso: o programa "USP Comunidade", que consistia em orientar, por meio de monitores-estudantes, os milhares de visitantes que acorriam ao campus da USP nos fins de semana, buscando lazer e atrações culturais.

Sempre defendi que a universidade tem que abrir suas dependências de forma controlada para contribuir para a cultura e o lazer da população que a sustenta com o pagamento de seus impostos. A divulgação científica e cultural deve ser parte integrante da missão da universidade pública, e receber a população de forma organizada não é mais que sua obrigação.

Mas fui além. Em maio de 1991, estreou no campus da USP São Paulo, com transmissão ao vivo aos domingos, pela TV Cultura, o programa *Bem Brasil* de música popular, que atraía centenas de espectadores.

Infelizmente, em 1995 o *Bem Brasil* saiu da USP e mudou-se para o Sesc Pompeia. Fechou-se o campus da USP nos finais de semana para o público externo, perdendo a sociedade uma grande oportunidade de conviver mais proximamente da universidade e a USP a oportunidade de conviver mais de perto com a população. Mas as queixas que levaram a esta decisão, para mim melancólica, vieram de vários setores que diziam que o povo que frequentava a USP nos finais de semana havia quebrado alguns vidros (dois ou três ao longo do tempo), sujado o campus e jogado bola na Praça do Relógio, embora na segunda-feira de manhã não houvesse vestígios das atividades do final de semana, tal a eficiência de nossa Prefeitura. Outra queixa era que as pessoas faziam barulho, o que atrapalhava as pesquisas de fim de semana realizadas na universidade e atrapalhava também os finais de semana dos estudantes moradores do Crusp. Engraçado que me ficou a impressão de que os setores ditos mais progressistas foram os mais reacionários em relação à abertura do campus.

- 8 -

Lendo um jornal matinal em meu apartamento em São Paulo, antes de ir para a Reitoria, chamou-me a atenção uma matéria com o treinador de Joaquim Cruz, nosso medalhista olímpico dos oitocentos metros.

O técnico, Luís Alberto de Oliveira, falava da necessidade de um treinamento sistemático e políticas de longo prazo para que o Brasil pudesse se transformar em uma potência esportiva. A visão dele era bastante negativa em relação ao futuro de nosso esporte.

Chegando à USP, pedi à minha secretária que ligasse para Luís Alberto e o convidasse para fazer uma visita à Reitoria. Ele veio logo. Conversamos e perguntei o que poderíamos fazer, na opinião dele, para ajudar o esporte brasileiro, além dos programas acadêmicos da nossa Faculdade de Educação Física e do nosso Centro Esportivo, o Cepeusp, que abrigava algumas competições esportivas e ficava à disposição da comunidade universitária.

A Olimpíada de Atlanta 1996 se aproximava. Ele sugeriu que a USP, não sendo clube, deveria fazer um trabalho de base com crianças em idade escolar para introduzi-las e orientá-las em esporte mais competitivo do que elas tinham nas escolas.

Poderíamos fazer uma seleção entre estudantes das escolas públicas da região e montar um programa de introdução ao esporte sob orientação de profissionais competentes e com o apoio da universidade para alimentação, acompanhamento físico e utilização do Cepeusp como local de treinamento.

Disse a ele: "Luís Alberto, isso é possível fazermos aqui, porque temos Educação Física, Medicina, Nutrição, Enfermagem. Precisamos de uma orientação sobre o profissional que vai liderar este projeto. Precisa lidar bem com crianças e, ao mesmo tempo, dominar o treinamento para o esporte competitivo". Ele foi rápido: "Sugiro o Pedrão". Pedrão era o Pedro de Toledo, ex-treinador do João do Pulo.

Depois desse encontro, chamei um grupo representativo dos setores que deveriam fazer parte do projeto, convidei o Pedrão, mas avisei a todos que somente implantaria o projeto se tivéssemos patrocínio, uma vez que ele não estava dentro da missão precípua da universidade e eu precisaria saber se a sociedade o considerava importante.

Assim, surgiu o Projeto Olímpico da USP, apoiado pela Xerox do Brasil, aberto à comunidade para estimular crianças vocacionadas ao atletismo para desenvolverem seus talentos e poderem, quem sabe, representar o Brasil em futuros Jogos Olímpicos, o que de fato ocorreu.

Soube durante a vigência do projeto que nossos atletas não só estavam se saindo muito bem nas competições como estavam dando um exemplo de disciplina e educação nos estádios, cuidando do setor onde ficavam, não deixando sequer um papel no chão ao término do evento. Em 2005, relatório da Xerox informava que o projeto havia sido interrompido porque, nas palavras da empresa:

> A principal razão para essa interrupção foi o desvirtuamento da clientela atendida. Concebido para atender aos jovens da rede de escolas públicas próximas ao campus da USP, acabou voltado para os alunos da USP e os filhos de seus funcionários. O foco social do projeto foi perdido, em favor dos jovens de classe média.

- 9 -

Outra iniciativa que priorizei foi a valorização e expansão dos campi do interior. Em Ribeirão Preto foi criada uma extensão da Faculdade de Economia e Administração e em Pirassununga, depois da criação desta sede da USP como campus universitário pelo reitor José Goldemberg, foi criada a Faculdade de Zootecnia e Engenharia de Alimentos.

Queria criar lá um curso de Medicina Veterinária, principalmente voltada a grandes animais, mas tal foi a resistência da Faculdade sediada em São Paulo que essa proposta se tornou inviável. Acho que foi uma perda para a USP. Ampliamos também o número de vagas em cursos noturnos. Uma coisa que não fiz, no entanto, foi absorver faculdades existentes no estado.

O momento mais crítico foi quando o governador Fleury pediu para que eu visitasse a Faculdade de Medicina de São José do Rio Preto, sua cidade natal, bastante boa, aliás, para depois sondar a possibilidade de a USP absorvê-la. O mesmo se deu com a Faculdade de Lorena. Recusei ambas as solicitações, porque a absorção de faculdades isoladas cria situações internas de conflito para adaptação de estudantes e professores, que precisariam entrar na carreira docente da USP, mas teriam que ser doutores, exigência que não era feita em suas faculdades de origem. E não é fácil pedir a um professor que se considera um catedrático em sua faculdade ser orientado em um programa de doutorado aos 60 anos.

Ofereci ao governo orientação da USP caso o estado desejasse encampar essas faculdades, intercâmbio, uso de nossas bibliotecas, orientação de mestrados e doutorados e tudo mais. Só não aceitei absorvê-las, o que não ocorreu até eu sair da Reitoria.

- 10 -

Tenho especial orgulho do curso experimental de Ciências Moleculares criado na minha gestão na Reitoria da USP. É um fato novo que vem reafirmando o papel de vanguarda que a universidade precisa assumir.

Na época em seu terceiro ano, o curso recebia estudantes efetivamente vocacionados para a pesquisa, oriundos de outros cursos de graduação. Eles estudavam em classes de dois períodos, com férias de apenas quinze dias. Um currículo muito forte em matemática, física, química, bioquímica e biologia, com noções suplementares de inglês, filosofia da ciência e cultura geral.

Ao final de quatro anos os alunos deveriam estar aptos a fazer o doutorado diretamente e em seguida, ainda muito jovens, seguir a carreira de pesquisador, ou outra em que pudessem aproveitar da experiência única que o curso proporcionava.

Esse curso começou a ser discutido em reuniões quando eu ainda estava na Vice-Reitoria e comentávamos sobre a rigidez de nossos currículos e as restrições que uma grade cheia de pré-requisitos representava como entrave para os estudantes mais vocacionados e dedicados.

Chegamos a fazer um teste entre nós: como formar um pesquisador em quatro anos capaz de dominar os conceitos científicos modernos para poder realizar competentemente uma pesquisa científica multidisciplinar unindo conceitos da física, química e biologia? Como fazer isso se no primeiro ano de Física ele passaria meio ano estudando roldanas, planos inclinados e fazendo experiências repetitivas para demonstrar o que ele já sabia que iria ocorrer?

Propôs-se, então, esse curso em que se admitia que o aluno dominasse os conteúdos do ensino médio e seguia-se daí pra frente ambicionando atingir conhecimentos avançados nas distintas áreas. Contávamos com o apoio dos departamentos para ajudar na formulação e colaboração no ensino do curso, mas, ao contrário, os departamentos foram muito reticentes. Por isso, decidimos criá-lo fora das estruturas tradicionais, como um curso experimental.

Conhecido no campus como o "curso de cientistas", este programa tinha como um de seus objetivos encurtar a transição para o doutorado, quando o jovem pesquisador está no auge de sua criatividade.

A partir do segundo ano, o estudante era encorajado a iniciar o desenvolvimento de um projeto de pesquisa na área de seu maior interesse. Poucas aulas expositivas, estudo organizado por metas, estímulo à curiosidade, forte nível conceitual nas ciências básicas são as principais características desse curso, que não fazia parte de nenhuma faculdade e estava diretamente subordinado à Pró-Reitoria de Graduação. A ambição presente na formulação do curso e a aposta da equipe da Reitoria na resposta positiva dos estudantes ao desafio proposto foram sendo confirmadas e superadas pelos alunos.

Além do objetivo específico de formar especialistas de alto nível em áreas de ponta, o curso experimental tinha ainda a intenção de atuar sobre as unidades responsáveis pelos cursos de bacharelado na USP, demonstrando que era possível tentar inovações mais radicais e significativas. Em outras palavras, o curso seria um desafio à imaginação criadora da universidade.

A originalidade do curso e o entusiasmo de seus professores e estudantes impressionaram os dirigentes do grupo Itaú. Informados da realidade do projeto e seus primeiros resultados, eles ofereceram à USP uma doação anual para o curso. Essa colaboração empresarial a um projeto acadêmico de graduação é muito comum nas universidades americanas, mas raríssima em nosso país.

Assim se manifestou o professor Henrique Fleming, titular de Física da Universidade de São Paulo e um dos melhores professores da universidade, figura essencial na formulação e aperfeiçoamento do Curso de Ciências Moleculares:

> Em meus 37 anos de Universidade de São Paulo não me lembro de nenhum outro empreendimento ligado à formação de pessoal de alto nível que me tenha satisfeito tanto quanto colaborar no desenvolvimento e implantação dessa ideia simples e rica que ocorreu, um dia, a Roberto Lobo.

Depois de minha saída da Reitoria, esse curso sofreu grande risco de ser fechado. Para analisar seu desempenho foi criada uma avaliação por uma

Comissão Especial. O parecer de 1995 foi contundente a favor da manutenção do curso e de seu importante papel. Segundo trecho do relatório da Comissão: "O curso tem condições de servir de modelo para experimentos mais generalizados, relacionados ao ensino de graduação, estimulando a formação básica mais abrangente em Ciências, sem perda de profundidade".

Parecer da Comissão de Avaliação Indicada pela Reitoria — 1995[7]

Essa Comissão afirma que [...]

4- Na avaliação da Comissão, este curso pode servir de exemplo para que se realize experimentos em outras áreas do conhecimento. O seu sucesso deve alavancar outras iniciativas dentro da USP no sentido da modernização dos programas de graduação em áreas menos tradicionais.

A revista *Super Interessante* termina uma matéria "Um Nobel na USP?" sobre o curso em 2016 como segue:

> Das turmas formadas até 2008, 41% dos ex-alunos concluíram o doutorado e 28% tem um pós-doutorado no currículo (isso sem contar as outras dezenas de alunos que ainda estão no meio do caminho). São índices que nenhum outro curso de graduação possui.

- 11 -

Durante a minha gestão jamais perdi uma votação importante no Conselho Universitário. As questões de interesse para a minha gestão sempre foram ali aprovadas por grande maioria de votos. Uma delas foi a criação da Fundação de Apoio à Universidade de São Paulo (Fusp), que teve o sufrágio de 85% do plenário. Dias depois, entretanto, começaram os protestos da contumaz e barulhenta meia dúzia de sempre. Eles escreveram para os jornais, alegando que a Fusp fora criada "sem discussão". Não mediram esforços, internamente, para torpedeá-la. Tudo em vão.

---

7. Artigo "Curso de Ciências Moleculares: Uma singularidade nas Colmeias — 2017", publicado na *Revista Brasileira de Ensino de Física*, v. 39, n. 3, 2017, que traz, entre outras informações sobre o curso, o parecer da Comissão escolhida pela Reitoria da época (1995) para avaliar o Curso de Ciências Moleculares, composta, entre outros, pelo Prof. Brito Cruz, ex-reitor da Unicamp e atual diretor científico da Fapesp, e Jacob Pales Junior, do Impa/CNPq e ex-presidente da Academia Brasileira de Ciências.

Seguindo o exemplo das melhores universidades estrangeiras, a Fusp tinha o objetivo de captar recursos privados e, assim, aliviar o nosso orçamento. Ao contrário de outras fundações de universidades brasileiras, não utilizaria recursos nem funcionários da USP.

Na época, já vinha trabalhando a pleno vapor e a expectativa era de que, no futuro, pudesse contribuir para a realização de grandes projetos para a universidade e fosse um polo de atração de novos projetos de unidades que não possuíam suas próprias fundações. Enfim, uma alternativa para que as atuais fundações pulverizadas em muitas unidades fossem sendo aos poucos desativadas e substituídas pela Fusp, por seu porte e transparência.

Infelizmente, as fundações de apoio às universidades têm dois grandes inimigos no Brasil: o primeiro são os opositores ideológicos, que acham que elas significam a privatização das universidades públicas sendo radicalmente contra elas, não importa o que façam, mesmo que a experiência internacional seja claramente favorável à sua existência como mecanismo de desburocratização e transparência na gestão de projetos. O segundo inimigo, que está dentro das próprias fundações e da gestão superior da universidade, é a falta de transparência acadêmica e financeira, as concessões com o compadrismo, triangulações financeiras ilegais e com as pequenas transgressões, que com o tempo se agigantam.

Em 2004 escrevi na seção "Tendências e Debates", na *Folha de S.Paulo*, artigo defendendo as fundações de apoio às universidades, mas propondo medidas para assegurar seu bom funcionamento e transparência.

- 12 -

No primeiro ano de minha gestão tomei uma iniciativa que repercutiu bastante. *O Estado de S. Paulo* publicou extenso editorial para aplaudi-la. Foi quando propus ao Conselho Universitário que não cumpríssemos o Regime Jurídico Único (RJU) aprovado pelo Governo Federal, que discriminava os professores estrangeiros em atividade na USP. Por esse regime eles somente poderiam ser professores visitantes e, assim mesmo, durante apenas dois anos.

Propus ao Conselho Universitário que os professores visitantes tivessem o mesmo direito dos brasileiros baseado na autonomia universitária e na experiência internacional, particularmente a americana. Pedi dois pareceres de eminentes juristas, ideologicamente equilibrados, os professores Miguel Reale e Dalmo Dallari, ambos totalmente favoráveis à proposta. O Conselho Universitário a aprovou.

A USP tinha, na ocasião, em seu corpo docente 455 professores estrangeiros (menos de 16%), dos quais 177 não eram naturalizados brasileiros, em muitos casos, porque não desejavam perder a cidadania original. Não pretendíamos abrir mão de sua contribuição à universidade e ao país em função de uma reserva de mercado que não encontrava paralelo nas sociedades mais avançadas.

A formação de um doutor exigia, na época e segundo nossos cálculos, um investimento médio de US$ 200 mil e, portanto, a absorção de pesquisadores já formados no exterior correspondia a uma transferência líquida de capital para os países que adotassem com inteligência uma política de imigração para suas universidades e centros de pesquisa, além da bagagem científica que traziam e da integração internacional que propiciavam.

A decisão da Reitoria e do Conselho Universitário inspirou-se na história da USP: quando a universidade foi criada, em 1934, vieram da Europa mais de três dezenas de professores para ocuparem suas primeiras cátedras. Honramos, com essa decisão de 1990, a memória dos nossos pioneiros Armando de Salles Oliveira, Júlio de Mesquita Filho e Fernando Azevedo. Rebelamo-nos contra uma proibição que, pretendendo ser nacionalista, acabaria prejudicando os interesses do país, em particular de nossas universidades.

Anos mais tarde, encontrei-me em Brasília com o deputado Marcos Maciel, que me disse que tinha ficado muito impressionado com a decisão corajosa da USP em relação aos professores estrangeiros e que estava propondo uma emenda constitucional para estender esta decisão para as universidades federais, que acabou sendo aprovada pelo Congresso e permitiria a mudança em todas as universidades do Brasil.

- 13 -

Outra medida inovadora, em 1992, foi a de atrair para os quadros docentes da USP doutores brasileiros formados no exterior e jovens recém-formados aqui mesmo. O *Estadão* aprofundou o tema em criteriosa matéria de Paulo Camargo, na qual documentou, em primeira mão, um anúncio da USP na revista *Nature*, de ampla circulação internacional e respeitabilidade científica, convidando pesquisadores que estivessem se doutorando (ou tivessem concluído recentemente o doutoramento) a nos enviarem seus currículos.

Todas as boas universidades brasileiras e do primeiro mundo tinham, como a USP, cerca de 50% dos seus professores com mais de 45 anos. Atraindo um punhado de jovens pesquisadores demonstramos que, se não temos preconceito contra os mais velhos, tampouco o nutrimos contra os mais jovens.

Foi um gesto de boas-vindas ao talento, que não tem idade. Esses jovens, muitas vezes com excelente formação no exterior, não vinham encontrando espaço propício para voltar ao Brasil e trabalhar em nossos centros de pesquisa mais avançados. Acabavam, muitas vezes, radicando-se no exterior, com sérios prejuízos para o país.

- 14 -

Estive fortemente envolvido no Projeto Columbus, que tinha se iniciado em 1987 e pensado como um mecanismo de integração entre reitores europeus e latino-americanos. Seu objetivo era fixar padrões modernos de gestão nas universidades participantes. Desde o início dois tópicos foram identificados para uma contínua discussão entre os reitores: relação universidade/empresa, através do estímulo às incubadoras tecnológicas, e avaliação de desempenho.

A USP teve uma participação modesta no princípio. Não havia de sua parte uma intervenção política e institucional.

Logo em meu primeiro ano de mandato compareci a um encontro plenário do Columbus na Europa e ali visitei algumas universidades. Pouco depois, ainda em 1990 fui indicado para integrar uma comissão de reitores latino-americanos que iria interagir com os reitores europeus na programação de todo o projeto.

Em seu início o Columbus dispunha de fundos para manutenção alocados pela Comunidade Europeia. Mais tarde, os europeus cansaram de bancar tudo sozinhos. A USP tomou a iniciativa de fazer uma reunião com os reitores latino-americanos e eles passaram a contribuir para a manutenção do Columbus. Nos tornamos cogestores do projeto, que se valorizou mais ainda e deixou de ser uma iniciativa paternalista dos europeus.

Esse é um programa que sempre achei muito importante para a América Latina. Os reitores do nosso continente, muitas vezes críticos ao comportamento pragmático das universidades americanas, quando foram interagir com as europeias descobriram que estas últimas, embora com algum atraso, vinham aplicando o modelo americano de permanentes avaliações e cooperação com o setor produtivo.

Nos Estados Unidos as avaliações eram de iniciativa da própria universidade porque a maioria delas era privada e tinha que buscar recursos permanentemente. Elas tinham que ir bem e mostrar que iam bem. Na Europa tudo era (e é) mais centralizado. As universidades dependem do poder central e essas avaliações vêm sendo feitas pelo governo. De qualquer forma há, no mundo inteiro, uma disposição cada vez maior a favor da avaliação.

Todos os tabus que se tinha no meio acadêmico em relação à empresa privada estavam caindo nas universidades europeias, o que gerou uma nova atitude entre os reitores latino-americanos que as visitaram. Isso abriu muito a cabeça desses dirigentes (mas não de nossas associações docentes).

Em todas as reuniões do Columbus eram itens recorrentes a eficiência da gestão, a hierarquia de decisões e a distribuição orçamentária. Os procedimentos adotados pela USP sempre foram bem recebidos nesses encontros. Nós descobrimos soluções diferentes das encontradas pela Europa, mas que respondiam a muitas perguntas de lá e dos nossos colegas latino-americanos. Acho que durante a minha gestão a colaboração USP/Columbus foi muito benéfica para ambas as partes.

Uma passagem que marca a importância da USP para o Brasil e para o mundo eu vivenciei exatamente ao chegar a um encontro do Columbus e ouvir meu nome ser anunciado da seguinte forma: "Está adentrando ao auditório 8% do investimento em Ciência e Tecnologia da América Latina: o reitor da Universidade de São Paulo!".

- 15 -

Procurei resumir neste capítulo alguns projetos de destaque que considerei importantes na minha gestão da universidade.

Tentei pontuar com bastante clareza alguns dos projetos desenvolvidos na universidade entre 1990 e 1993, para que os leitores pudessem compreendê-los e a população de São Paulo que paga por sua manutenção soubesse onde foram utilizados seus recursos. Espero ter conseguido isso.

Experimentei enorme felicidade individual, nos Estados Unidos e no Brasil, durante o período em que fiz somente Física. Praticar ciência é uma aventura inesquecível.

Vejo agora, porém, que o desafio intelectual enfrentado nesses anos de trabalho na Reitoria foi bem mais pesado, mesmo que guardando até certa analogia com aqueles tempos. Encarei minhas responsabilidades como sempre fiz em física: diante do problema, tratei de montar um modelo. Na Reitoria isso é feito diariamente. Os problemas são muitos e as respostas devem ser dadas com extrema rapidez. Remonta-se um quebra-cabeça que se desfaz a cada 24 horas.

Existe, em matemática, o que se chama de "condições de contorno". Pode-se encontrar um triângulo com maior área que cabe dentro de um círculo. É otimizar internamente dada uma condição de contorno. O círculo é sua condição de contorno. Se aumentar o círculo ou transformá-lo em uma elipse, mudam as condições e contorno do sistema e, portanto, a solução. Ampliando-se os espaços externos, pode crescer o espaço interno. Em administração também é fundamental interferir nas condições de contorno — etapa mais sofisticada e mais difícil. Isso implica rever muitas leis e até a Constituição.

Na USP fiz algumas incursões para descobrir o modelo mais racional de universidade pública no Brasil, aquele que mais satisfaz ao país. Fiz algumas incursões nas mudanças das condições de contorno, como a contratação de professores estrangeiros e o Curso de Ciências Moleculares, mas várias outras soluções exigiriam mudanças em novas condições de contorno, como recursos, legislações, cultura acadêmica, postura sindical, atitude e atuação da imprensa, por exemplo, que um reitor não pode modificar ou criar sozinho, ou somente com sua equipe. Eu pelo menos não pude.

Creio que mostrei que é possível fazer muita coisa em um mandato de quatro anos apenas, assim como muita coisa pode ser destruída em pouco tempo também.

A Véspera

- 1 -

Rua da Reitoria, 109, Cidade Universitária, dez da noite. Escrevo as últimas linhas sobre minha trajetória até aqui. Dentro de 24 horas estarei pondo o ponto-final em minha gestão, seis meses antes do prazo por motivos que explicarei no capítulo seguinte.

Terei registrado tudo o que aconteceu, desde janeiro de 1990? Certamente não. Como descrever completamente as alegrias e tensões vividas neste gabinete? Há pouco estava lembrando alguns momentos passados aqui. Sentado à cabeceira daquela mesa comprida tive inspiração para acertos e equívocos. Por muitas vezes, sozinho nesta grande sala, pus-me a caminhar de um lado para o outro, antes das decisões. Quantas foram?

Olho em redor e tudo me parece familiar. Vou sentir falta dessas coisas. Não é para menos. Fiquei aqui, durante três anos e meio, cerca de doze horas por dia. Mais tempo que em minha própria casa nesse período.

Telefones, computador, móveis, livros e quadros parecem compor um cenário indissociável de mim. Naquela estante, o diploma de professor *honoris causa* que recebi em 1991 da Purdue University, onde aos 28 anos completei o meu doutorado, e outras recordações de viagens de trabalho a universidades do exterior.

Quantas vozes ressoaram nesta sala, em reuniões importantes para a universidade? Gostaria de lembrá-las todas, registrar, um por um, os nomes daqueles que me trouxeram, em horas decisivas, a sua colaboração e o encorajamento para que eu continuasse aplicando o meu projeto de gestão.

Ali naquela poltrona uma ilustre visitante, a pró-reitora de Ciência da Universidade de Maryland, Katherine Morman, ouviu-me sobre as medidas que vinha adotando em São Paulo. Eu lhe contava algumas atitudes não convencionais tomadas pela Reitoria da USP e ela, sorrindo, fez esse julgamento: "Até que enfim estou conhecendo um reitor subversivo...".

Aceito a pecha. Acho que Miss Morman lavrou uma justa sentença. Muitas vezes subverti mesmo alguns estereótipos do meu cargo. Não me conformei em ficar aqui assinando papéis, repassando verbas e dizendo amém às demandas.

Não fui reitor preocupado em visitar e receber poderosos, presidir cerimônias ou envolver-me confortavelmente em tarefas de representação. Fui de meter a mão na massa, intervir, opinar, dentro do modelo clássico de universidade, de desafiar a ordem natural das coisas.

Amanhã, dia 4 de agosto, tomarei outra atitude incomum na história da universidade. Espero ter forças para resistir aos apelos no sentido de agir de maneira convencional. Tenho consciência de que o meu gesto, embora chocante à primeira vista, será benéfico à Universidade de São Paulo.

A Renúncia-denúncia

- 1 -

Em 4 de agosto de 1993 aconteceu um episódio único na história da Universidade de São Paulo: o reitor pediu demissão, renunciou. E o demissionário reserva este capítulo para recontar os fatos, incluindo todos os seus antecedentes.

Dei uma entrevista coletiva que não foi suficientemente esclarecedora porque os jornais a editaram sem ênfase nas razões fundamentais de meu gesto. Pelo menos um deles não resistiu à tentação fácil de comparar-me com Jânio Quadros, que jamais identificou as forças "terríveis" motivadoras de sua renúncia, mas certamente elas existiam...

Em justificativa escrita, mais adiante reproduzida, eu havia falado em "pressões espúrias" e na coletiva tratei de pontuá-las. Os repórteres, porém, talvez por não entenderem suficientemente o peso moral, dentro da universidade, dos fatos narrados em minha entrevista, trataram de minimizá-los, com o costumeiro traço de cinismo nas matérias do dia seguinte. Parece que, para os repórteres, quem ocupa cargos de direção tem sempre uma verdade obscura subjacente que não pode ser contada. Essa é a experiência que tive quando assumi cargos de direção e que sempre me incomodou.

Este livro é um bom espaço para situar a questão em seus termos mais claros e mais abrangentes. Digamos que os motivos apresentados na coletiva respondem por 80% do meu gesto. Os 20% que foram omitidos também serão aqui relatados. Não os declinei antes para evitar que os inimigos da universidade usassem as minhas palavras de forma indevida. Para uma exata compreensão do que se segue é preciso considerar as peculiaridades que distinguem o cargo de reitor de um cargo político. Feita esta distinção, o episódio da renúncia será avaliado com a maior objetividade possível.

Vincent Tinto, professor da Universidade de Syracuse e especialista em estudos sobre a evasão no ensino superior, compara a evasão ao suicídio, quando o indivíduo se distancia da sociedade e não vê mais interesse em continuar vivendo (ou estudando). O mesmo se verifica em uma renúncia. Quando me perguntavam depois qual o fato que me levou à renúncia, eu costumava responder: "Que facada matou César?".

O espírito da renúncia se instala quando se percebe que não se tem mais forças para reverter situações negativas e quando o amor-próprio e o respeito ao seu cargo e sua instituição se recusam a conviver com elas.

No capítulo sobre a gestão Goldemberg contei que ele, durante o último ano de mandato, quando se iniciavam as negociações para sua sucessão, esteve praticamente fora do país. Por que isso aconteceu? Disse que ele perdeu o entusiasmo em função das crises administrativas que teve que enfrentar na Reitoria.

Entendi, depois, que deve ter havido uma razão suplementar: talvez as muitas viagens que fez no período tenham servido para deixá-lo a salvo das pressões políticas, que se avolumam no último ano de mandato. Eu também poderia ter feito o mesmo e, num dado momento, diante de sugestão do meu *staff*, até pensei em viajar.

Depois, me perguntei: por que o reitor da USP tem sempre que fugir, ou entrar de férias durante a fase crítica da sucessão? Por que não sair de uma vez, então, denunciando as pressões e os desvios de conduta? Respondi a essas perguntas íntimas tomando a decisão de ir para casa e anunciando, em termos claros e fortes, os motivos da renúncia. Seria minha derradeira contribuição à USP como seu reitor.

Dentro da universidade as pressões contra o reitor vieram principalmente do Sintusp, Adusp, DCE e alguns professores, inclusive diretores de unidades.

De fora para dentro atuaram setores radicais dos partidos políticos de esquerda que inspiram ideologicamente essas entidades, em surpreendente aliança com os setores mais conservadores da USP. Contra a Reitoria vale tudo! E, ainda, alguns políticos engajados na indébita missão de interferir nos assuntos internos da academia, justificando-se como agindo em defesa da democratização da universidade.

Não é novidade na USP o surgimento, às vésperas de sucessões reitorais, de campanhas pró-eleições diretas. Acontece em todas as sucessões. Nunca, entretanto, os arautos dessa tese recorreram a expedientes tão baixos de proselitismo quanto em 1993.

O ponto de partida foi uma nota falsa, publicada no jornal da Adusp, em que se dizia que o reitor e o pró-reitor de Pesquisa Erney Camargo (então cogitado como candidato e supostamente apoiado por mim) tinham manipulado "verbas do BID de 4,8 milhões de dólares para pesquisa" em favor de suas unidades de origem, o Instituto de Física e Química de São Carlos e o Instituto de Ciências Biológicas. O foco era a candidatura de Erney, que, por fazer parte da minha equipe, aparecia com força. Envolver-me nisso parece ter sido mais uma estratégia do que um desejo de me atingir, mas, como era uma injustiça, tocou a mim de qualquer forma.

Enviamos carta conjunta de protesto demonstrando claramente que tal verba não era do BID, mas da Finep, e sua destinação de nenhum modo privilegiara o IFQSC, ou o ICB. O jornal da Adusp reconheceu o erro, argumentando que baseara sua nota em uma fofoca publicada na imprensa e "em informações recebidas por meio de docentes". Lamentável justificativa.

Comecei a sentir o cheiro de lama e calúnia no ar e prometi a mim mesmo que se as coisas continuassem daquela forma eu teria que tomar uma iniciativa de impacto para salvar a dignidade acadêmica, nossa e da universidade. Isso foi em maio. Não recebi nenhum apoio público, interno ou externo, mesmo de quem sabia ser falsa a notícia.

Mais ou menos na mesma época, dentro do seu programa de racionalização administrativa, a Reitoria aprovou o remanejamento de recursos humanos no Centro de Computação Eletrônica (CCE) de modo a tornar mais ágeis os serviços na área de informática.

Essa medida feriu fundo os interesses corporativos do Sintusp, que ali mantinha uma base de operação política. Para vingar-se, o sindicato aguçou uma campanha de infâmias publicando, seguidamente, boletins que acusavam a Reitoria e a Pró-Reitoria de Pesquisa de "fraude" na compra de microcomputadores.

Embora essa operação tenha seguido todos os procedimentos com lisura, segundo todas as informações recebidas na época, tendo sido aprovada pelo BID, logo o jornal do DCE (que estava fora de circulação há vários meses) reapareceu com grande tiragem, repetindo a calúnia e afirmando que a compra de computadores fora feita para ajudar a campanha do professor Erney.

Eu estava viajando e, no regresso, tomei conhecimento de que um deputado estadual do PT visitou a Reitoria para protestar contra as medidas adotadas no CCE. Em reunião com o professor Erney — que o recebeu com toda a civilidade, como é seu costume — chegou a ameaçá-lo, dizendo que o assunto poderia repercutir na Assembleia Legislativa.

De fato, dois meses depois, Erney recebeu uma carta da Comissão de Cultura, Ciência e Tecnologia da Assembleia Legislativa, presidida também pelo PT, convidando-o a prestar esclarecimentos sobre a compra de micros.

Os jornais do Sintusp e do DCE alardeavam no campus que a "fraude" estava sob investigação.

Paralelamente, o jornal da Adusp clamava por eleições diretas como "única forma de tornar transparente a administração". Para justificar a eleição direta tinham que jogar lama na administração não eleita diretamente.

Publicava, com todo o destaque, a minha foto defronte da sede da Polícia Federal onde estive, juntamente com os reitores da Unicamp e da Unesp, na qualidade de testemunha (e não de acusado) para falar sobre a importação dos equipamentos de Israel. Como na foto eu aparecia olhando o relógio, o jornal dos docentes da Universidade de São Paulo, no melhor espírito da imprensa marrom, cravou essa legenda: "Acertando os ponteiros com a polícia". No mesmo número veiculou com grande destaque artigo de um político defendendo eleições diretas para reitor.

Na nossa época, a USP estava tão em evidência na imprensa, pelo que realizávamos e pela transparência e alimentação da imprensa com matérias positivas sobre a universidade, que ela se tornou alvo de grande cobiça partidária, por isso o alarde com o caso de Israel. Um subproduto inesperado. O mais importante é que, mais tarde, a questão dos microcomputadores foi encerrada e comprovada sua lisura.

Enquanto isso o meu expediente de reitor era tumultuado por pressões de diretores de unidades que, aproveitando a fase sucessória, vinham pedir-me para afrouxar minha política de austeridade e contenção de gastos. Somente duas faculdades, Direito e Engenharia, pediram mais de duzentos cargos, sem qualquer demonstração de necessidade. Claro que neguei, liberando a contratação de apenas três para cada uma. Eles jamais teriam coragem de pedir isso longe do final do meu mandato.

Por causa do processo sucessório, a universidade parara. Todas as propostas ficaram congeladas nas comissões. Nunca admiti ficar num cargo sem poder realizar o que era de minha alçada. Foi a gota d'água.

Encaminhei uma carta ao governador do Estado pedindo demissão da Reitoria. Em documento encaminhado à comunidade acadêmica expus os principais fundamentos da minha decisão:

> A minha demissão do cargo de reitor da Universidade de São Paulo não é uma desistência com relação aos princípios que entendo como fundamentais para a existência digna de uma instituição de pesquisa e ensino como a universidade. Muito pelo contrário, renun-

cio para que a instituição possa retomar o seu verdadeiro curso, deixando de se concentrar, por motivos sucessórios predominantes, na figura do reitor como se a ele se reduzisse toda a Universidade. É preciso que a Universidade discuta projetos, examine as grandes questões nacionais, que passam necessariamente pela educação, a pesquisa, e as relações com a sociedade, sobretudo num período em que se prepara para a escolha de seu reitor. Não é o que vinha ocorrendo. Demonstrações inequívocas de pressões espúrias, provocadas por membros irresponsáveis da própria comunidade universitária, expressões de colegas que buscam desqualificar o próprio processo sucessório, tudo isso, a meu ver, aponta para um grande perigo (que vemos infelizmente concretizado pelo Brasil afora) de uma liquidação de instituições de pesquisa e saber, em grande parte entregues à voracidade dos partidarismos que nada esperam da cultura, da ciência, da tecnologia, a não ser frutos políticos imediatos. Como professor, como cidadão, não posso aceitar nada disso. Cheguei ao ponto em que não me sinto mais capaz, como reitor, de defender a universidade de predadores internos e externos: a minha renúncia é uma denúncia.

Tenho consciência clara de que cumpri alguns de meus mais importantes projetos, mas não me sinto confortável em continuar ocupando o cargo de reitor. E é a possibilidade que abro para que outros, conscientes dos perigos que cercam cada vez mais a universidade pública, possam, com eficácia, tomar o caminho certo de sua defesa, livrando a USP do nefasto destino da maior parte das instituições públicas brasileiras de ensino e investigação. A Universidade deve saber existir para além de seus indivíduos, mesmo porque o respeito pelos estatutos significa a preservação da própria USP e ali está claramente definido como deve ser realizado o processo sucessório.

Este processo deve continuar ainda melhor do que antes, preservado em suas datas, uma vez que para isso, retardei a decisão suficientemente amadurecida do meu pedido de demissão e o mesmo será conduzido por um homem íntegro e de princípios éticos muito claros, como o professor Ruy Laurenti. Serei um eleitor alerta na defesa dos valores maiores da universidade.

- 2 -

Pretendo fazer um registro histórico e não um exercício de vaidade pessoal. Se estes fatos forem relembrados no futuro, certamente os interessados quererão saber das suas repercussões dentro da USP e na sociedade. Noticiando o primeiro debate da campanha sucessória, a *Folha de S.Paulo* registrou: "Se a intenção de Roberto Leal Lobo, ao renunciar ao cargo de reitor da USP há duas semanas atrás [sic], era diminuir o ritmo das acusações que havia tomado conta da campanha para a sua sucessão, deu certo".

O *Estadão* publicou três editoriais, revelando aguda percepção dos fatos que culminaram com o meu pedido de afastamento. Do último deles, em 23 de agosto, reproduzo este trecho:

> A renúncia-denúncia do reitor Roberto Leal Lobo abortou a vulgarização do debate sucessório. Aqueles que pretendiam a personalização acusatória foram obrigados a conviver com documento que é um alerta candente contra os perigos que provocam a "liquidação" de qualquer centro de conhecimento que se entrega à "voracidade dos partidarismos". A partir da carta do professor Lobo não pairou dúvidas de que os "profissionais do voto" tudo fariam para buscar impor sua vontade na escolha do novo reitor, que deve zelar pela formação de 38 mil alunos de graduação e 16 mil pós-graduandos, além de assegurar condições de trabalho a mais de 5 mil professores e quase 17 mil funcionários.

O *Jornal da Tarde*, comentando ingerências políticas na Fapesp e a reação do professor Aziz Ab'Saber, presidente da Sociedade Brasileira para o Progresso da Ciência, destacou:

> Segundo o professor Ab'Saber, que também é professor da USP, o pedido de demissão do prof. Lobo e Silva comprova as suspeitas da comunidade acadêmica com relação ao uso das instituições estaduais de ensino superior e pesquisa com vistas às eleições de 1994: Lobo é um homem de grande credibilidade que não suportou as pressões a que ficou exposto pelo episódio das importações de equipamentos israelenses. Ele pagou por algo de inteira responsabilidade da Secretaria Estadual de Ciência e Tecnologia.

Um jornalista, Pedro Del Picchia, que eu não conhecia pessoalmente, procurou-me para uma conversa que resultou em matéria publicada no *Shopping News*, sob o título: "Lobo, um exemplo que abalou a USP", cujo trecho final foi o seguinte:

> Seu pecado? Ser contra as eleições diretas para a escolha do reitor, achar que a universidade não é um clube onde predominam as aspirações dos associados, ter horror ao fisiologismo e ao clientelismo; julgar que a universidade deve ser protegida da partidarização; ter compromisso exclusivo com a eficiência na gestão administrativa e com a busca de excelência no ensino e na pesquisa. Coisa de lobo solitário, talvez.

Uma boa surpresa foi o elogio que a minha administração recebeu de Luís Nassif. Comentando o que definia como interferências políticas de um certo grupo de acadêmicos de São Paulo (omito deliberadamente a sugestão do jornalista sobre a origem dessas pessoas), ressalvou que a USP, na minha gestão, soube resistir ao assédio dessa facção. Em um trecho da coluna Nassif comenta que a USP "somente conseguiu se livrar dos problemas financeiros produzidos por uma gestão irresponsável, quando foi entregue a pessoas imunes a políticas de grupos, e preocupadas em legitimar novamente o papel da Universidade perante a sociedade".

Regrets?

Em nenhum momento experimentei qualquer sensação de arrependimento. Haveria motivos para frustração se a renúncia não tivesse alcançado os objetivos. As matérias dos jornais exibidas no capítulo anterior demonstram que, felizmente para a USP, aconteceu o que eu esperava. Refluiu a onda de insensatez, o processo eleitoral voltou ao terreno da civilidade. O reitor saiu do centro dos acontecimentos e os atiradores, à direita e à esquerda, ficaram sem alvo para insultos. Recolheram, sem ânimo, as armas da calúnia e da politicagem.

Senti, ao sair da Reitoria, que tinha acabado minha missão na Universidade de São Paulo e, por ter tempo de serviço suficiente, pedi, meses depois, minha aposentadoria.

Voltei à minha vida simples, sem carro oficial com motorista. Passei a dirigir meu próprio automóvel, um surrado Santana modelo 89.

Cada vez mais a sociedade deve cultivar o bom hábito de cobrar dos administradores públicos o máximo de transparência. Julgo conveniente traçar aqui uma singela declaração de meus bens à época: saí da Reitoria mais pobre do que ao chegar para ser vice-reitor e depois reitor.

Quando professor em São Carlos, dispunha de uma casa e dois terrenos. Mantive a casa, apesar da crise, mas fui obrigado a vender os terrenos para enfrentar despesas em São Paulo e outros gastos inesperados. Também não tive tempo de cuidar com a devida atenção de minhas próprias finanças. Meus dois carros se transformaram no meu carro modelo 89. Inversamente, o patrimônio da USP, durante a minha gestão, aumentou bastante e suas dívidas foram zeradas.

Pouco depois, voltei ao prédio onde trabalhei por sete longos anos como vice-reitor e reitor. Fui conversar com alguns auxiliares e tratar das férias acumuladas. Contínuos, secretárias e modestos servidores aproximaram-se de mim, estenderam as mãos, disseram palavras de amizade e admiração. Os mais tímidos acenavam, sorriam amistosamente. Isso me deu tanta alegria quanto a solidariedade que recebi de vários professores e lideranças acadêmicas. Aquele respeito formal que deixava os funcionários um pouco tensos na presença do reitor foi substituído por um clima de simpatia e acolhimento que me fez muito bem.

Até hoje, quando volto à USP, sou recebido com o mesmo carinho e atenção pelos funcionários, principalmente por aqueles que participaram de minha gestão.

No dia seguinte à minha renúncia recebi dois telefonemas que iriam influenciar minha vida nos dois anos seguintes.

O primeiro foi de Israel Vargas, então ministro de Ciência e Tecnologia, que me convidou para trabalhar na agência da Finep em São Paulo como consultor para a área de educação e para fazer um documento analítico sobre o CNPq.

Na Finep, montei um programa chamado Arquimedes para apoio a instituições educacionais ligadas ao ensino básico que tivessem projetos inovadores capazes de reduzir a evasão e as reprovações em nossas escolas.

Aprendi com o estudo dos casos apresentados que quase qualquer iniciativa que se tome para melhor atender os alunos baixa a evasão e a taxa de reprovação em até 10%. Pode ser criando um time de futebol, uma banda, um grupo de teatro, chamando os pais e filhos nos finais de semana para atividades conjuntas, pintando a escola, melhorando a biblioteca. Seja lá o que for. Os alunos, ao se sentirem valorizados pela iniciativa da escola, reagem positivamente. A dificuldade é institucionalizar esses programas e superar a barreira dos 10%. Não cheguei a ver esse caso!

O outro telefonema foi do prefeito de Campinas, José Roberto Magalhães Teixeira, com quem eu tinha tratado em 1983 da proposta da cidade como sede do Síncrotron e de quem me tornei amigo e admirador. O prefeito me convidou para fazer um estudo dos museus da cidade e apresentar uma proposta para dinamizá-los. Fiquei um tempo nessa missão e entreguei um relatório final que não creio que tenha sido aproveitado por seu sucessor. Em 1996 visitei-o quando já estava desenganado e morreu pouco depois. Perdi um amigo e o Brasil, uma liderança política honrada.

Nesse período, a pedido do prefeito, fizemos, eu e Ricardo Rodriguez (que ainda trabalhava no Laboratório Nacional de Luz Síncrotron, em Campinas), um projeto para um novo museu de ciências em Campinas, para competir dentro de um programa da Capes. O projeto ficou muito interessante, mas não conseguimos superar o Museu de Ciências da PUC do Rio Grande do Sul, já montado e com sucesso.

Nossa proposta para um museu de três andares começava com a evolução do universo, no segundo andar apresentava a evolução da Terra, topografia, flora e fauna, e no terceiro andar era apresentada a evolução das sociedades humanas. Poderia ter ficado muito bom se o projeto tivesse sido aprovado.

Em 1994 fui convidado pela Comunidade Europeia para compor o Comitê Científico do Programa Alfa, como um dos seus membros.

O Alfa é um programa internacional para aprimorar a colaboração científica entre a Europa e a América Latina, através do financiamento de projetos conjuntos de pesquisa e programas de mobilidade para estudantes, professores e gestores. O orçamento da Comunidade Europeia para a primeira fase do programa era de mais de 40 milhões de euros.

Milhares de projetos foram revisados no período de 1994 a 1999, e o comitê selecionou mais de 800 projetos a serem apoiados, que foram escolhidos entre 895 instituições de ensino superior (373 da América Latina e 522 da Europa) e mais 155 instituições associadas a compor 596 redes de pesquisa.

As reuniões do Comitê Científico eram realizadas em Bruxelas, duas vezes por ano. Este programa teve uma grande visibilidade internacional pelos seis anos que compreenderam sua primeira fase. O Comitê Científico era composto por seis acadêmicos internacionais: da Espanha, da Holanda, da Itália, do Chile, do México e do Brasil, e fazia recomendações para a aprovação de projetos a serem apoiados pelo Alfa.

Na primeira reunião, fui eleito por meus pares como vice-presidente do Comitê, onde fiquei por três anos, tornando-me presidente nos últimos três anos, no período de 1997 a 1999.

Foi uma experiência muito interessante que me deu um panorama das pesquisas realizadas na América Latina e Europa e me impressionou pela pouca presença brasileira nos projetos submetidos, apesar da grande massa de pesquisadores em nosso país, se comparada com os demais países da região.

A pouca colaboração internacional do Brasil, na época, ficou patente para todos os integrantes do Comitê Científico. Fui ao CNPq e propus que se criasse um programa como havia na Espanha, em que as agências de fomento espanhola aportavam o mesmo valor que a Comunidade Europeia para projetos aprovados para a Espanha.

Isso criou um grande interesse na Espanha pelo Programa Alfa, e eu acreditei que seria uma fórmula eficiente para aumentar nossa colaboração acadêmica com a Europa. Infelizmente não obtive resposta.

Apesar desses projetos, eu não estava feliz. Não me sentia desafiado e precisava de novos caminhos para me sentir útil e vibrante novamente. Fiquei dois anos na Finep até receber uma oferta que viraria minha vida de cabeça para baixo e abriria uma nova e feliz perspectiva para meu futuro.

Em 1995, fui procurado por um grupo de gestores de uma universidade particular que eu não conhecia — a Universidade de Mogi das Cruzes. Queriam desenvolver alguns projetos de pesquisa tecnológica e desejavam saber como poderiam solicitar apoio financeiro à Finep.

Não podia imaginar naquele dia que esse encontro iria mudar a minha trajetória dali para a frente e que me mostraria que havia vida depois da Reitoria da USP. Uma nova história começou naquela tarde.

SEGUNDA PARTE

Há vida (e "A vida") após a Reitoria da USP!

As concepções inovadoras de um dos mais audaciosos projetos do setor privado de educação superior no Brasil e da vida de consultoria na gestão universitária

Maria Beatriz Lobo

Mogi, Terra do Caqui[8]

- 1 -

Meu pró-reitor administrativo, Luiz Carlos Link, entrou no meu gabinete como sempre sem ser anunciado e não conseguiu esconder sua excitação: "Beatriz, eu estive ontem na Finep[9] para saber se há linhas de financiamento para universidades privadas. Não vi nada que possa nos interessar, mas encontrei uma pessoa lá que você precisa conhecer".

Foi assim que o ex-reitor da USP, Lobo, como me disse Link, entrou na vida da Universidade de Mogi das Cruzes e na minha.

Poucas vezes vi meu pró-reitor tão animado ao falar de alguém: "Disse que era da UMC e sugeriram que eu falasse com ele. Ele é ótimo! Um acadêmico respeitável, superinteligente, que sabe tudo de gestão, dirigiu a USP, veja só, mas não tem preconceito com o setor privado! Contei sobre o nosso projeto e ele gostou muito. Você precisa marcar de irmos lá, pois tenho certeza de que ele é o cara para nos ajudar a encontrar o caminho certo!" — assim mesmo, na maior intimidade, como se fosse amigo dele há anos...

Link adorava mostrar que tinha boas relações e excelente capacidade de intuir sobre a qualidade das pessoas, mas costumava superestimar seus próprios contatos. Dessa vez não houve exageros.

Pedi para minha secretária marcar uma hora com o Prof. Roberto Lobo, que era consultor do Ministério de Ciência e Tecnologia (MCT) e estava lotado na Finep, em São Paulo.

Era maio de 1995. Eu era vice-reitora, empossada no final de março daquele ano e com um enorme desafio pela frente: transformar a UMC na melhor universidade particular do Brasil até o ano 2000!

---

8. A cidade de Mogi das Cruzes, situada na Grande São Paulo, cerca de 50 km da capital, é conhecida por ser grande produtora de hortifrutigranjeiros, sendo cantada como a "terra do caqui" pelos alunos do curso de Medicina da UMC.
9. Finep: Financiadora de Estudos e Projetos, empresa pública brasileira de fomento à ciência, tecnologia e inovação em empresas, universidades e outras instituições públicas e privadas.

Nossas vidas correram, claro, em paralelo. A de Roberto, com sua trajetória profissional brilhante cujo ápice havia sido a Reitoria da USP, a melhor universidade da América Latina, depois disso tinha tomado um outro rumo, voltada mais a projetos após sua aposentadoria da USP em 1993.

Quando nos conhecemos ele fazia algumas consultorias internacionais importantes junto ao Columbus (um programa da Comunidade Europeia sediado na Unesco para gestão de universidades latino-americanas e europeias) e participava do Comitê Científico do Programa Alfa,[10] além de projetos para o MCT junto à Finep.

Ele me disse depois que não se sentia mais instigado por um novo projeto e que as pessoas precisam de projetos para viver! Ele não estava feliz.

- 2 -

Diferentemente de Roberto, eu sequer posso dizer que tive uma carreira acadêmica. Nascida em São Paulo, capital, numa família de quatro filhos, mãe paulista "quatrocentona" e pai cearense, ambos professores (ela de inglês, ele de português), ouvi falar da UMC muito pouco depois da morte trágica de meu pai. Eu não havia completado ainda 9 anos.

Minha mãe, pouco depois que ele fora assassinado em um assalto, foi a Mogi pedir a seu futuro concunhado, Manuel Bezerra de Melo, para dar aulas a fim de sustentar e manter a família. Nesse mesmo ano ele se casaria com nossa tia, irmã de papai, Maria Coeli.

O Padre Melo, como meu tio foi conhecido a vida toda por ter sido padre na paróquia em Mogi, é cearense como meu pai e havia criado a Organização Mogiana de Educação e Cultura (Omec), mantenedora dos cursos superiores de Ciências e Letras iniciados em 1962, de onde emergiu uma das primeiras universidades particulares de São Paulo, em 1973, a Universidade de Mogi das Cruzes (UMC), além das poucas que já existiam no estado como Mackenzie, PUC e Unitau, em Taubaté.

Nós nos mudamos para Mogi das Cruzes em 1973. Estudamos em colégios particulares e depois os três mais velhos fizeram faculdade na UMC, com

---

10. O Programa Alfa, da Comunidade Europeia e Unesco, financiava pesquisas conjuntas e programas de intercâmbio de estudantes e acadêmicos. Seu orçamento, vindo da Comunidade Europeia, era de 40 milhões de euros anuais e entre 1994 e 1999. Seu Comitê Científico – do qual Roberto Lobo foi vice-presidente e depois presidente – selecionou mais de 800 projetos oriundos de 895 Instituições de Ensino Superior (373 da América Latina e 522 da Europa) e mais de 155 instituições parceiras compondo 596 redes de pesquisa.

ajuda da bolsa de estudos que meu tio sempre ofereceu a todos os sobrinhos.

Nessa época minha irmã Ana Elisa fazia Arquitetura e eu, Psicologia, ambas na UMC. Eu havia prestado quatro vestibulares em 1980 (USP, PUC, a faculdade em Santo Amaro e em Mogi), passado muito bem em todos, mas queria ficar na cidade com minha turma e, como toda jovem, usufruir da liberdade de morar fora da casa dos pais, uma vez que minha mãe havia se mudado para São Paulo, aprovada no concurso para Procuradoria do Estado.

A decisão de ficar em Mogi foi determinante, para o bem e para o mal, de quase tudo o que ocorreu na minha vida e, depois, na vida de quem esteve perto de mim.

Nessa época eu já trabalhava como assistente na biblioteca da UMC e havia feito minha transferência para estudar no período noturno, uma experiência que ajudou a formar minha convicção sobre a importância do setor privado para tantas famílias, já que o setor público não oferecia o turno da noite.

Pouco antes de me formar fui chamada para ser assistente do decano do Centro de Ciências Biomédicas da UMC e logo depois de receber meu diploma, em 1984, comecei a lecionar psicologia geral no curso de Pedagogia, em razão, é claro, da influência de meu tio e de minha tia, irmã de meu pai.

Meu tio Melo, que além de fundador da Omec e da UMC foi seu reitor e depois passou a ser seu chanceler, sempre foi político. Dos seus quatro mandatos como deputado federal, três foram por São Paulo e um pelo Ceará.

Outra Universidade e Outro Chefe

- 1 -

Namorando firme com Eduardo e já professora na UMC, um dia, no começo de 1985, o chanceler me chamou ao seu escritório para avisar que queria voltar a morar em Fortaleza e se candidatar a deputado federal pelo seu estado natal para formar o Congresso — que seria responsável pela Assembleia Constituinte que promulgou a Constituição de 1988 —, mas estava encontrando forte resistência da esposa.

"Por favor, me ajude a convencer sua tia a mudar para Fortaleza. Eu dificilmente conseguirei uma vaga por São Paulo em razão da grande disputa, e no Ceará já está tudo encaminhado!", ele me confidenciou alegre como um menino. "E como você pretende cuidar da UMC morando em outro estado?", perguntei por achar que isso seria um risco enorme para uma instituição tão grande e tão centralizada nas mãos dele.

"Farei tudo por fax (é, naquela época nem se falava em internet!), telefone e virei aqui uma vez por mês. Por favor, faça isso por mim!", ele pediu de forma absolutamente emotiva, como viria a fazer mais algumas vezes no futuro.

Não conseguia imaginar como isso poderia dar certo e também não sabia como argumentar em favor dessa ideia de mudança com minha tia. Foi aí que ele teve um de seus *insights* quase maquiavélicos: "Você se mudaria para lá também! Mas deixe que dessa parte eu cuido e falo para sua tia".

Não tive nem lua de mel. Três dias depois do casamento fomos morar num apartamento novinho em Fortaleza, a três quadras da casa de meus tios. Eduardo e tio Melo se tornaram grandes amigos e todos faziam de tudo para que eu me sentisse feliz lá.

Como precisava da renda para ajudar Eduardo, mais uma vez meus tios me socorreram, dando-me aulas no Colégio Capital (que eles haviam criado em Fortaleza anos antes em um grande e caro projeto bem intencionado, mas com localização ruim).

Eu dava algumas aulas de Programa de Saúde para o antigo ginásio e tinha que enfrentar adolescentes já rebeldes e menos respeitosos do que na minha época de estudante. Mas o assunto ajudava.

Em 1989 nasceu meu único filho de uma gravidez de alto risco em razão da reincidência de um tumor no seio da face que, embora benigno, foi considerado inoperável, deixando-me desenganada até um ano depois.

Depois do nascimento do Thiago, fiquei quase um ano fora de combate, sem um emprego formal. Foi minha tia que deu a ideia: "Tente a Unifor.[11] Eu sou muito amiga dos donos. Talvez você consiga alguma posição, ou aulas lá!".

Mandei meu currículo e ao mesmo tempo ela ligou pedindo uma entrevista com o chanceler, Airton de Queiroz. Fomos recebidas poucos dias depois com muita simpatia: "Vejo em seu currículo que sua experiência está ligada à UMC e ao Colégio Capital. Você está aqui com a dona dos dois. Por que você não trabalha nas instituições da sua família? Desculpe perguntar, mas se você não a quer, porque nós haveríamos de querer?", disse olhando para minha tia meio embaraçado e ao mesmo tempo defendendo o óbvio.

Ela respondeu rapidamente concordando com ele: "Não somos nós que não a queremos, mas é ela que não quer mais trabalhar nos negócios da família! Não se preocupe, eu respondo por ela". Eu completei: "Quero ter outras experiências e medir meu valor em outros lugares, mas compreendo sua preocupação…", e já estava quase me levantando quando ele abriu um grande organograma à minha frente.

Pude ver claramente que abaixo da Reitoria da Unifor havia apenas duas Vice-Reitorias (uma de Assuntos Acadêmicos e a outra Administrativo-Financeira) e abaixo da Vice-Reitoria Acadêmica, dois quadrados vagos, o mais importante era a Diretoria de Assuntos Pedagógicos (DAP), que, ao lado da Diretoria de Assuntos Estudantis e da Diretoria de Pesquisa, Pós-Graduação e Extensão, completava o *staff* direto da Vice-Reitoria Acadêmica. Abaixo da DAP havia o outro quadrado vago, o da Chefia do Setor de Planejamento e Avaliação e, abaixo deste, outro de Assistente de Planejamento e Avaliação, um dos quadrados que representavam o conjunto de pessoas que faziam parte do setor. Escolhi este último.

"Eu quero começar aqui embaixo. Se for boa mesmo, em pouco tempo quero ir subindo e pretendo ocupar o quadrado da DAP", expliquei. Ousadia pura, pois a DAP correspondia à Diretoria de Graduação de outras universidades, com nome diferente, respondendo por todos os cursos superiores da instituição, mas para mim aquele era o desafio, o objetivo a buscar.

---

11. Universidade de Fortaleza, uma das primeiras e mais importantes universidades privadas do Nordeste, mantida pela Fundação Edson Queiroz.

Vi nos olhos dele que era a única resposta que tinha alguma chance de dar certo. Ele sorriu, fez os cumprimentos de praxe e pediu para eu esperar um chamado do Prof. Gil, o vice-reitor Acadêmico. Se despediu dizendo: "Espero não me arrepender disso", não sei se para mim, para minha tia, ou para ambas.

A ligação chegou dois dias depois. O forte sotaque holandês do meu interlocutor, desconhecido para mim, trouxe um pouco de apreensão. Minha entrevista com o Prof. Gil Absil foi muito agradável. Definimos também que carga horária de aula eu teria, uma vez que todos os membros da área acadêmica, na época, deveriam ter carga didática. Coube-me a disciplina "Processos Psicológicos III", no pior horário que poderia existir para quem mora no Nordeste, e trabalhava em salas de aula só com ventiladores e cobertas por telhas de amianto. Hoje não é mais nada dessa forma, mas dar aula às 13h20 da tarde não era brincadeira não!

Com seu enorme coração, Gil foi uma das figuras mais puras e dedicadas ao trabalho que conheci em minha vida. Sempre preocupado com o bem-estar de todos. Com o tempo chegamos a discutir se ele não era até bondoso demais. Ele riu e concordou, pois não tinha coragem de fazer os grandes confrontos, por vezes tão necessários.

Percebi que ele ficou muito animado em contar comigo e logo me apresentou aos colegas mais próximos: Ana Maria Fontenelle Catrib, Simone Trindade da Cunha e Ivaldo Portela, que formavam o time acéfalo, sem liderança, da DAP. Aos poucos fui conhecendo os demais gestores e assessores da Vice--Reitoria Acadêmica e os diretores de centro. Rapidamente me senti em casa.

Minha primeira missão veio diretamente da boca do reitor, Prof. Antônio Colaço Martins, que me chamou poucos dias após minha chegada à universidade. Juntos discutimos o que já estava sendo pensado sobre a avaliação do desempenho docente no ensino, com orientação dele.

Explicou-me que havia acabado de mandar aplicar um levantamento sobre o que os professores achavam da proposta que havia sido enviada para discussão e queria que eu tabulasse e analisasse os dados, para decidir com ele o que fazer. Estranhei que não fosse para discutir com meu chefe direto, mas o tempo me mostrou que as coisas delicadas sempre vêm de cima.

Ao tabular as respostas, vi que a rejeição à proposta era enorme. Tive dificuldades em acertar uma linha de ação junto ao reitor e acabei pedindo para sair do cargo e ficar só na docência. Uma semana depois, antes mesmo de terminar meu "aviso prévio parcial", o reitor me chamou e disse que eu poderia seguir com o trabalho da forma que achasse melhor.

Disse a ele que podia confiar em mim, que eu faria junto com a equipe a mais completa e impactante Avaliação do Desempenho Docente no Ensino do Brasil, talvez a primeira nesses moldes.

Quatro meses após iniciar o projeto, já assumia o "quadrado" vago acima da minha posição, a Chefia de Planejamento e Avaliação. Pouco mais de um ano depois, me ofereceram a Diretoria de Assuntos Pedagógicos (DAP).

Foi quando tive absoluta certeza de algumas coisas que levei para o resto de minha vida de gestora universitária: dados são fundamentais para se fazer gestão, o bom senso é o pai de todas as grandes ideias e decisões, autoridade e credibilidade são essenciais para qualquer processo de mudança, a qualidade da equipe como um todo pode e deve ser até melhor do que a soma das qualidades individuais e, a mais importante de todas, a liderança faz toda a diferença!

Vi a Unifor crescendo, se qualificando sob a regência calma, academicamente impecável e gerencialmente complexa do reitor Colaço e conheci pela primeira vez a briga interna pelo poder e a cisão entre entidade mantenedora e universidade. Conversava muito com ele, que parecia gostar das minhas ideias e da coragem de tocar em feridas que ele muitas vezes me confidenciou não ter.

Foi lá que testei e coloquei em prática algo que parece fazer parte do meu DNA: planejar, organizar, executar, avaliar e aprimorar. Uso isso em tudo! De uma simples reunião a um congresso internacional, até em um processo complexo como fazer uma avaliação censitária envolvendo milhares de alunos e todos os professores.

- 2 -

"O que você acha que aconteceria com a UMC se eu morresse?", perguntou meu tio Melo num voo que fizemos juntos voltando de São Paulo para Fortaleza, começo de 1991, ambos viajando pelas respectivas universidades. Ouvi a pergunta sem qualquer espanto, pois já esperava que um dia ele tivesse que tocar nesse assunto, mesmo sempre dizendo que ia viver muito, muito tempo ainda, dando trabalho para muita gente, como ele gostava de afirmar.

Achei que aquela era a oportunidade de termos uma conversa franca, longa e privada, coisa difícil de conseguir. Fui direto ao ponto: "Imagine que esse avião caísse agora — digo isso para mostrar que não desejo sua morte, pois morreríamos os dois nesse acidente —, ninguém saberia como tocar sua universidade. Você cuida de tudo até hoje, das coisas mais complexas até a compra de papel higiênico. Em três anos a UMC vai quebrar sem você!". Ele me olhou assustado. Continuei: "A UMC parece um corpo em que a cabeça é separada do tronco, e este, de seus membros. Ou seja, o que acontece na ponta da linha, você de fato não sabe, assim como embaixo eles não sabem o que se passa em sua cabeça!".

Ele bebia seu uísque (as companhias aéreas costumavam servir bebidas alcoólicas e boas comidas para todos os passageiros!) como fazia em todo começo de noite ou antes do almoço, e tínhamos quase cinco horas de voo pela frente.

E me respondeu muito seriamente que criara uma universidade para sobreviver a ele, como seu legado, o trabalho de uma vida. Falamos francamente sobre os problemas, as pessoas e a diferença entre o que eu tinha visto na UMC como aluna, funcionária e professora e o que via na Unifor e em outras universidades que tinha visitado e conhecido.

Ele no fundo sabia de tudo. Tinha plena consciência de que a equipe que tinha mantido lá preenchia o requisito confiança, mas estava longe de atender aos desafios que a concorrência que só aumentava estava impondo à sua instituição.

Caíra drasticamente o número de mais de 20 mil alunos em 1980 para cerca de metade em 1991, e a procura pelo vestibular também despencara. Ele estava visivelmente preocupado. Trocamos várias ideias e eu dava algumas sugestões, indicando equívocos que para mim eram agora fáceis de reconhecer. Ele parecia não se conformar com o ponto a que a UMC havia chegado.

"Por que as pessoas não fazem essas coisas? Por que não sugerem mudanças, não trazem soluções e escondem os problemas?", questionou com raiva. "Você incentiva que lhe tragam os problemas? Tenho certeza de que não! Você tem pouco tempo e nesse tempo as pessoas só querem trazer as coisas boas. Aliás, tenho certeza absoluta de que elas fazem o que acham que você quer", afirmei convicta. Ele reclamou dizendo que de forma alguma era esse tipo de situação que ele queria, afinal, havia trabalhado muito para ter uma boa universidade e achava que tinha feito tudo o que considerava essencial para isso. A verdade é que não tinha.

Ele tomava decisões baseado no que os outros informavam a ele e raramente aceitava chamar uma voz dissonante. Um rei que só se cerca de amigos e subordinados nunca estará perto da verdade. Quantas vezes vi isso acontecer com ele e a tantos outros mantenedores!

Ao mesmo tempo, por questões políticas e familiares, ele havia afastado, pouco a pouco, todos os que tentavam ser um pouco mais audaciosos, ou fazer o que era mais correto e de pouca aceitação (por isso, invariavelmente, também o mais difícil). Ele me pareceu absolutamente isolado e descrente em relação às pessoas que tinha na universidade, com raras exceções.

A conversa tomou outro rumo, pois ele sabia que a situação podia piorar porque ele tinha decidido que era hora de voltar para Mogi. Para cuidar da UMC? Não. Quer dizer, ele dizia que sim, mas quem o conhecia sabia o que o motivava. Ele queria ser prefeito de Mogi das Cruzes, queria pavimentar um caminho para o Senado, ou o Palácio dos Bandeirantes, e para isso precisava morar em Mogi outra vez.

Quando ele me contou esse sonho, o que chamou ainda de segredo, senti um frio na espinha. Como seria isso? Se a UMC já sofria em decorrência dos pedidos políticos e das campanhas para deputado, uma eleição local poderia misturar ainda mais as coisas e inviabilizar a instituição. Ele, como sempre, não via o perigo diante da flauta de Pã da política e da perspectiva de dirigir a cidade. Sonhava ser um executivo, mais adequado ao perfil dele após anos no Legislativo, ele dizia.

Minha tia era absolutamente contra. Não queria de forma alguma essa candidatura e ameaçou até com um divórcio. Por outro lado, Regina, sua única filha, era totalmente a favor. Sempre apoiou o pai, seu herói, e já havia se mudado para Mogi para começar o curso de Jornalismo na UMC e viver em um apartamento onde ela se sentia livre, cercada de amigas (a maioria delas, minhas próprias amigas de faculdade) e perto da universidade que ela dirigiria um dia.

Minha tia não queria nenhum dos dois em Mogi, nem o marido, nem a filha, mas tinha que seguir a família e acabou fazendo um acordo para que meu tio fosse candidato a vice-prefeito.

E, para completar, no romper do ano de 1992, meu marido me acordou de madrugada dizendo que a "luz do nosso casamento" havia se apagado...

As Mulheres que Vieram da Seca

- 1 -

Todos me apoiaram muito quando decidi que queria voltar para São Paulo, onde fui procurar emprego e um lugar para morar. Não me passou pela cabeça pedir nada a meus tios. Eu já tinha um currículo e achava que poderia conseguir um bom emprego em uma das dezenas de faculdades recém-abertas na região.

Meus tios me chamaram no prédio em que já moravam em Mogi, em um excelente apartamento que ocupava todo o andar, e fizeram uma proposta que só pais fazem para uma filha: "Você não pode morar em qualquer lugar com o Thiago, sozinha, separada e sem apoio. Eu comprei o apartamento dois andares abaixo do nosso e você virá para cá, fazer companhia para sua tia. Nós cuidamos de você e você cuida de nós!".

Sempre foi assim, uma troca. Eles davam o que achavam que era bom para eles e para mim, e eu ajudava no que estava à minha altura. Sempre fui agradecida e tenho certeza de que havia equilíbrio na relação, mas, acima de tudo, acreditava que havia genuína preocupação comigo, como eu tinha com eles.

Depois do jantar a razão mais clara do convite veio à tona. Meu tio se sentou com minha tia em duas poltronas perto de uma mesinha e eu me sentei no chão, como fazia muitas vezes ao longo desses anos todos.

De repente ele soltou a bomba: "Baía (meu apelido desde menina e que eles sempre usaram para me chamar na intimidade), nós precisamos de você. Eu estou assoberbado com a campanha para a Vice-Prefeitura. Todos querem discutir comigo as coisas e são muitos os compromissos. A sua tia e sua prima não têm condições de cuidar da UMC sozinhas. Eu não quero que a UMC seja uma herança maldita para a Regina. Quero que ela possa optar por viver dos rendimentos da universidade, se quiser, e preciso que você me ajude a recuperar e fazer a universidade crescer".

"Vocês perguntaram para ela o que ela quer?", argumentei, ingenuamente, e obtive a resposta mais clara e objetiva possível de ambos. "Ela não está preparada. Seu papel é exatamente cuidar da UMC para se um dia ela quiser assumir, ou se ela quiser apenas pertencer ao Conselho e receber os dividendos. Você e sua tia vão cuidar de tudo porque a Prefeitura vai me consumir. Acho que vou colocar você na Vice-Reitoria!", ele me avisou.

Fui eu quem o informou que na sua universidade o cargo de vice-reitor havia sido extinto na última mudança estatutária e, lembrando-me de minha experiência na Unifor, sugeri começar devagar, como assistente da Reitoria. Assim eu poderia conhecer, com o apoio da reitora, os problemas que já vivenciara nas bases. Eles não apenas aceitaram minha sugestão, mas me disseram, muitas vezes emocionados, que precisavam muito de mim, como eu deles.

Despedi-me de minha Fortaleza e de meus amigos, especialmente de meus colegas da Unifor. Foi uma experiência inesquecível e fundamental no meu desenvolvimento. Deixei as portas abertas, pois nunca se sabe do futuro.

Mudei-me para Mogi em junho de 1992, separada judicialmente, com o cargo de assessora acadêmica da Reitoria da UMC.

- 2 -

Minha volta à UMC foi marcada pela desconfiança disfarçada em razão da extrema amabilidade de todos. Minha sala ao lado da Reitoria foi montada com todo esmero. A Prof. Conceição Bernardo Silva, reitora da UMC à época, dizia sempre que era muito bom poder contar comigo para somar. A equipe era composta em sua maioria pelas mulheres vindas do departamento de Educação. Homens mais na parte administrativa e na pós-graduação.

Começamos a mexer com tudo muito rapidamente. A Prof. Carmem Silvia Fernandes, pró-reitora de Ensino, conhecia tudo como a palma da mão. Havia um professor da Engenharia também muito atuante, Prof. Carlos Rivera, que vinha discutir os problemas que ocorriam nos centros e, consequentemente, nos cursos.

A falta de organização e de controle me chamou imediatamente a atenção. A universidade havia regredido muito. A culpa não era só da equipe, já que esteve de fato acéfala sem a presença de meu tio.

Descobrimos que não havia sequer como reunir todos os coordenadores para uma discussão, pois muitos não vinham todos os dias, ou vinham em horários em que o curso não funcionava.

Eu não conseguia trabalhar com dados gerenciais porque simplesmente não eram confiáveis. Havia desencontros entre a folha de pagamento e a atribuição de aulas. Havia gente dando aula em dois lugares ao mesmo tempo, fenômeno que a física não explica... enfim, havia de tudo!

Tínhamos que começar a colocar ordem na casa iniciando pelas medidas básicas, exigindo a readequação dos horários de coordenação e que todos eles pudessem estar na UMC no dia que escolhemos, às quartas-feiras. Houve chiadeira entre os professores, mas minha tia trucou. Ela era vice-chanceler e no começo foi fundamental para as mudanças. Começaram logo a reclamar das medidas tomadas a mando das "mulheres que vieram da seca"! Aprendi cedo como a "radio peão" pode ser maldosa!

Com a administração superior apoiando e minha tia dando força, decidimos implantar o "Plano de Reorganização Interna da UMC". Talvez o maior pacote de medidas que já haviam tentado até então. Era visível que a UMC estava se direcionando para uma mudança ainda maior.

Em novembro, após muita insistência e com o apoio de meus tios e de minha prima, Eduardo resolveu largar tudo em Fortaleza para tentarmos o casamento mais uma vez. Eu ainda gostava dele e Thiago era o fiel da balança, então recomeçamos nossa vida.

Eu só entendi quatro anos depois que cristal trincado, de fato, quase nunca tem conserto.

- 3 -

As mudanças nos processos internos estavam avançadas, mas a UMC padecia da ausência de projetos sistêmicos, como planejamento e avaliação institucionalizados e com consequências.

Eu sempre usava como exemplo a Comissão do Vestibular, a Compevesumc, dirigida por muitos de forma cada vez melhor, mas que na gestão do Prof. Paulo Roberto Motejunas havia atingido o ápice da organização, eficiência e interlocução com a área acadêmica, num processo de aprimoramento constante que passava de presidente para presidente. Eu dizia que, se éramos capazes de fazer um processo tão bom envolvendo tanta gente e durante tantos anos, por que razão as outras áreas não seguiam esse exemplo?

Com o trabalho se infiltrando nas entranhas do ensino, da pesquisa e da extensão, os problemas pareciam maiores e mais difíceis e as soluções nem sempre eram claras para meu tio. E a razão real dos problemas também não. Fizemos várias tentativas, com erros e acertos. Ele, disposto a fazer o que achássemos melhor.

Concomitantemente com o arrumar da casa, fizemos substituições em cargos-chaves, como as direções de centro e a Pró-Reitoria Administrativa, com gente mais alinhada aos novos tempos. Entretanto, muita gente não acreditava que aquilo fosse pra frente.

Aqui já deixo claro o que para mim sempre foi óbvio, mas para outros não: nunca, nem na minha época à frente da UMC, nem quando Roberto foi reitor, houve alguma demissão, de cargo de coordenador para cima, que não tivesse a explícita aprovação de meus tios. Dos dois!

As demais demissões, de funcionários de cargos menores ou de professores, só eram efetivadas por pedido das chefias diretas (pois não se pode exigir resultados de quem não tem nenhum poder sobre seus subordinados, inclusive o de demitir) e nós apenas assinávamos em concordância, depois de confirmar com o Recursos Humanos que não havia injustiça flagrante ou implicações jurídicas na demissão daquela pessoa.

Como toda a parte financeira sempre ficou com a mantenedora e meus tios assinavam todos os cheques, quando havia algum problema eles me chamavam para discutir e chegávamos juntos a uma conclusão. Só que nas grandes organizações ocorre o seguinte: se o que acontece é bom, então foi o chefe que conseguiu; se é ruim, foi a liderança maior que mandou. Simples assim!

Por outro lado, lançávamos projetos novos, como os voltados à integração universidade-empresa para venda dos serviços que podiam ser feitos em nossos recém-modernizados laboratórios (de primeiro mundo, coisa rara no setor particular na época) e para ter alunos adotados pelas empresas parceiras.

Cuidávamos do interior, mas a equipe me alertava que precisávamos cuidar de nossa imagem externa, que nunca foi academicamente forte. Tinha então que começar a conhecer o mundo ligado ao ensino superior em Brasília.

Eu passei a ir a todas as reuniões do Conselho de Reitores das Universidades Brasileiras (Crub) a convite da própria Prof. Conceição. Via o quanto ela era querida como pessoa e desconsiderada como reitora de fato, afinal ela não podia assumir nenhum compromisso que envolvesse finanças, enquanto os demais reitores, a maioria também mantenedores, mandavam e desmandavam.

Eu fui reconhecendo e me familiarizando com a forma de agir dos fundadores que, junto com meu tio, respondiam pela maioria das vagas particulares de ensino superior no Brasil. As qualidades e os defeitos.

Peripécias do Destino?

- 1 -

Com toda a atenção voltada para seu cargo de vice-prefeito, nosso chanceler não tinha quase tempo para a UMC. Acompanhava tudo pelo que minha tia contava e parecia satisfeito com o andar da carruagem.

Só que o que se costuma chamar de destino apronta muito, muda planos, traz surpresas: o então prefeito de Mogi, Francisco Nogueira, adoece e falece em 1994, pouco mais de um ano após sua posse, e meu tio, pelas mãos do infortúnio, assume a Prefeitura da cidade que ajudou a transformar. Havia uma Mogi antes e outra depois de o Padre Melo criar a UMC, era o que todos diziam. Ele queria repetir o mesmo no comando da cidade.

Foi ainda em 1994, com o chanceler mergulhado na Prefeitura, que nossas conversas à noite, em seu apartamento dois andares acima do meu, se tornaram mais frequentes e mais decisivas, já que acabávamos tomando decisões a partir de questões levantadas por mim, minha tia ou ele mesmo.

Foi nessa época que eu disse a ele que a UMC precisava de um planejamento estratégico, um rumo para ser seguido, aprovado por ele e que pudesse ser aplicado com mais autonomia pelos gestores, dando transparência, objetividade e direcionamento às atividades acadêmicas e administrativas. Ele concordou de pronto. E fez o que muita gente o viu fazer em outras ocasiões semelhantes: se for portador de uma boa ideia, implante-a.

Diante do convite para eu assumir a Coordenação de Planejamento da UMC, ligada à Reitoria, disse a ele que precisava fazer alguns cursos para aprimorar meus conhecimentos. Ele sempre investiu na qualificação de muita gente e eu não era exceção.

Fiz com minha irmã mais velha, Ana Elisa (que trabalhava na UMC como assessora da Prof. Carmem), e com o Prof. Rivera um curso curto de Planejamento em São Paulo. Em seguida a Prof. Conceição trouxe a ideia de eu fazer uma pós-graduação *lato sensu*, uma especialização em Administração Universitária, de iniciativa do Conselho de Reitores das Universidades Brasileiras e da Organização

Universitária Interamericana (OUI). A parte teórica foi realizada num "intensivão" no meio do ano na Universidade Federal de Alagoas, e a parte prática logo depois, coordenada pelo Florida-Brazil Institute, da Universidade da Flórida (EUA).

Minha convivência estreita com meus quinze colegas de curso (reitores, vice-reitores e outros gestores da alta administração de treze universidades públicas federais e estaduais de vários estados e um de uma universidade privada de Santa Catarina que, como muitos desses, tornou-se depois reitor da sua instituição) e a troca de experiências foram muito enriquecedoras, mas nada se comparou ao estágio na Flórida.

Percorremos o estado de sul a norte e visitamos oito Universidades e Colleges com excelentes reuniões e discussões preparadas por área de interesse. Pude sentir pela primeira vez como meu modo de pensar e até conceber o ensino superior era próximo da lógica do sistema americano, talvez não do de primeira linha (que não está na Flórida), mas aquele que atendia a alunos medianos e que não eram da classe A.

Algumas ideias me marcaram como fogo: qualquer pessoa numa universidade deve permanecer em um cargo enquanto bem servir, independentemente de mandato; não existe universidade gratuita, pois todos pagam impostos; é preciso diversificar as fontes de receita, pois os alunos não podem pagar por tudo; professores valem também pelo que eles podem trazer para a instituição e disso deve decorrer uma salutar falta de isonomia; o bom controle orçamentário com uma certa autonomia dos setores ajuda a comprometer todos com os resultados; o aluno precisa ser muito bem atendido em suas necessidades, pois ele é o maior patrimônio e quem traz novos alunos; diferentes instituições devem ter diferentes missões; na gestão a experiência pode valer mais do que o título acadêmico; a gestão profissional faz uma instituição profissional.

Eu bebia aqueles conhecimentos e anotava tudo o que achava que era aplicável para a UMC, e meu trabalho final de curso foi uma monografia, "O Planejamento Estratégico da Universidade de Mogi das Cruzes", que apresentei no Crub, como fizeram meus colegas, para que outros gestores pudessem usufruir dessas experiências.

É claro que o documento foi prontamente aceito por meus tios para ser implantado na UMC e tudo começava pela fase diagnóstica.

Eu havia dito ao chanceler que não implantaria nenhum planejamento sem que ele soubesse o que aconteceria do começo ao fim e aprovasse o conjunto das ideias, pois pior do que não planejar é parar no meio de um planejamento em execução.

Quando o chanceler aceitou a minha monografia transformada em projeto, ele sabia que a coisa ia fundo. Fiz dois pedidos a ele: precisava de um consultor experiente perto de mim e queria a ajuda de alguém competente e que fosse de minha estreita confiança.

Pedi para que minha irmã Ana Elisa se transferisse da Pró-Reitoria de Ensino para me ajudar na Coordenação de Planejamento, e depois de visitar várias consultorias com as quais já tínhamos contratos em outros catorze projetos, escolhemos Luiz Carlos Link, da Trevisan, para ser meu consultor quase *full time*. Depois que chegamos começamos a adotar a prática de ter consultores em várias áreas para dar um impulso que o pessoal interno não tinha condições de dar.

Tomei um caminho que fez muita diferença e é raro de se ver. Mesmo contemplando o Diagnóstico Acadêmico, que abrangeu 108 aspectos de todas as áreas, eu queria começar a mudança da UMC pela gestão superior, sua relação com a mantenedora Omec e a área administrativo-financeira. Não queria começar pela área acadêmica e depois não ter condições gerenciais de atender àquilo que havia sido combinado com os professores e alunos. Autoridade e credibilidade sempre foram chaves para mim.

Essa decisão e a coragem de meu tio em abrir o coração para ouvir a verdade fizeram toda diferença na aceitação do "Diagnóstico da UMC" pela comunidade acadêmica, um marco que caiu como uma bomba H na vida de todos os que eram ligados à universidade, à família e todos aqueles que chegaram depois.

Em uma sexta-feira de dezembro de 1994 eu havia entregado três cópias dos resultados do Diagnóstico Acadêmico e Administrativo da UMC, nas versões estatísticas e analíticas, contendo, além dos diagramas de causa e efeito, entrevistas, análise de documentos comprobatórios solicitados a todos os setores e sugestões de soluções para meu tio ler e entregar os demais para minha tia e minha prima.

Só o Diagnóstico Administrativo continha 335 questões que haviam sido respondidas por todos os chefes de todos os setores da Omec e da UMC, acadêmicos e administrativos. Um dos trabalhos mais audaciosos, árduos e minuciosos que já havia feito, superando em complexidade e risco o projeto de Avaliação dos Docentes da Unifor.

Ana Elisa e Link foram fundamentais não só na aplicação e análise, mas na redação do documento que teve a crueza de uma cirurgia a céu aberto. Tinha que ser assim, pois havia tumores a serem sarjados. Vimos com a clareza da água que o paciente estava agonizando.

A sinceridade dos respondentes, parte baseada na garantia do anonimato, escancarou problemas de toda ordem, e pior: eles colocaram nos ombros do meu tio a culpa de tudo o que estava errado. Ele era o dono. Ele queria assim, afirmavam os participantes, quase unanimemente!

- 3 -

Ele havia passado o fim de semana sem dormir e me chamou na segunda-feira na primeira hora. Estava abatido, pálido, mas com algo fervendo por dentro. "Essa não é a UMC que eu quero. Eu posso ter errado, mas nunca quis que as coisas chegassem a esse ponto. E vou provar isso!", foi dizendo, assim, direto, logo que me sentei na cadeira em frente à sua mesa antiga que ele manteve desde que começou sua universidade, dentro da majestosa sala da Chancelaria.

Ele não discordou de uma única coisa do que leu. Acho que a presença do Link na elaboração dos relatórios dava-lhe ainda mais segurança, pois ele não teria aceitado tudo isso se os documentos tivessem saído apenas da cabeça das duas sobrinhas.

De 1992 até 1994, a universidade já havia melhorado bastante, recuperado parte dos alunos e aumentado em 50% os candidatos para o vestibular. Muitos projetos estavam em andamento, mas os problemas que eram cruciais, os que eram a coluna vertebral da mudança necessária, seguiam intocados.

Ele sabia e não havia tomado as decisões por diversas razões, uma delas, me disse ele, era a falta de clareza de como resolver os problemas e mexer com as pessoas, mas agora o relatório analítico falava em seu final das grandes linhas que deviam ser seguidas nesse sentido.

A profissionalização da gestão, uma autonomia responsável para a universidade baseada em orçamentos e dados gerenciais de controle, uma revisão estrutural dos cargos e atribuições, a adoção de metas e objetivos claros e a introdução de processos e critérios profissionais em todas as áreas, e, consequentemente, a mudança de pessoas que não se adequassem ao que estava sendo proposto eram as medidas básicas sobre as quais a nova UMC teria que se assentar para, aí sim, começar a mudança para a qualificação acadêmica.

Mais uma vez ele adotou a máxima de que quem tem a ideia propõe o projeto. "Vocês vão propor o novo organograma, as atribuições e os perfis para ocupar os principais cargos, pois temos que começar por aí".

- 4 -

Discutindo com Link e Ana, usamos na proposta solicitada o máximo que pudemos dos melhores exemplos que eu havia visto nos Estados Unidos e os bons princípios de governança de empresas que meu consultor dominava tão bem.

O modelo que propusemos era de uma separação clara entre mantenedora e universidade, com um reitor com papel semelhante ao dos presidentes das universidades americanas — mais externo do que interno —, um vice-reitor forte como um *Provost* americano, que teria sob si duas pró-reitorias, com papel estratégico e de acompanhamento para garantir a unidade de propósitos: uma Administrativa e outra Acadêmica. Abaixo da primeira, quatro diretores a serem buscados no mercado externo: um administrativo, um de recursos humanos, um de marketing e um financeiro, que responderia pelo orçamento (pagamentos e recebimentos sempre ficaram na mantenedora). Sob a segunda, três diretorias, uma de Graduação, outra de Pós-Graduação e Pesquisa e outra de Extensão e Assuntos Comunitários. Como exemplo da inovação, teve a Diretoria de Marketing, órgão que ainda não existia como tal em instituições de ensino no Brasil!

Mais do que os cargos, o importante eram as atribuições e a disposição em um organograma matricial, absoluta novidade para a época, no qual as diretorias das pró-reitorias se relacionavam diretamente com as diretorias de centro, que passaram a ser apenas três — Ciências Humanas, Ciências Biomédicas e Ciências Exatas — e que assumiriam também atribuições de gestoras em todos os aspectos. Os centros tinham um papel crucial nas diretrizes das áreas básicas e na gestão dos recursos físicos e financeiros, bem como de representarem a administração superior.

Nas atribuições de todos a análise de dados, a preocupação com os resultados acadêmicos e financeiros, a gestão do seu pessoal e a unidade com os propósitos vindos de cima davam uma nova configuração a cargos que antes cuidavam apenas da rotina e eram meros interlocutores, para cima e para baixo, como porta-vozes de alunos e professores.

Tudo o que era da autonomia da universidade estava lá, assim como tudo o que precisava de aprovação por parte da Omec, pois já sabíamos que autonomia não era soberania e não queríamos e não podíamos deixar de contemplar as formas institucionais de relação entre as duas instituições, para evitar o *by-pass*.

Dessa forma, sugerimos uma mudança no organograma da mantenedora, para que houvesse o cumprimento das tarefas de forma orgânica. Ele continuava chanceler e minha tia vice, mas como cargos honoríficos. Era com ele como presidente da Omec, tia Coeli como vice e Regina como diretora que eles exerceriam suas funções, de fato, em relação à UMC.

Eram tantas as novidades que temíamos que ele quisesse apenas partes, para evitar desgastes. Ele ficaria na mantenedora com as pessoas de confiança, mas, em razão de a parte acadêmica ainda não estar tão envolvida, foram previstas primeiro algumas trocas, mas ainda por gente da casa.

Ele não só aceitou tudo, como achou que era uma proposta fantástica. "Era tudo que eu queria! A Conceição fica um pouco mais no cargo, porque com essas atribuições não vejo problema. O papel-chave aqui é o do vice-reitor. Temos que escolher essa pessoa com muito cuidado", avisou. Ao guardar os novos documentos na gaveta, disse que falaria comigo mais tarde.

Já era fevereiro de 1995 e as coisas andavam céleres. Quando voltei à Chancelaria, ele estava com uma enorme lista, dessas que saíam direto da área de informática em papel listrado grande, todo furado nas laterais. Perguntei o que ele estava fazendo e bem-humorado ele me disse: "Estou aqui olhando um a um todos os nomes que existem na UMC e na Omec. O vice-reitor tem que ser de dentro, tem que conhecer bem tudo aqui e ser da nossa confiança". Por "nossa", entenda-se "deles". Concordei.

Ele ficou correndo a lista com uma régua, nome a nome, dizendo para quase todos apenas não, para poucos explicava o porquê da negativa e assim eu vi a lista acabar sem ele se entusiasmar por alguém.

"Talvez seja melhor trazer alguém de fora, com experiência em outra universidade privada e a equipe interna ajuda para uma adaptação rápida", eu sugeri, pois preferia um novo a alguém já sabidamente inadequado com panelinha formada.

Não senti qualquer reação. A cabeça dele estava longe...

"Eu não sei como vou convencer as duas lá em casa, mas acho que você é a pessoa mais indicada. Você sabe tudo que eu penso e quero e, além do mais, tocou tudo até aqui. Você vai ser a vice-reitora. Será uma revolução!", disse, já rindo... parecia até uma pegadinha. E, para confirmar que seria uma revolução, ainda escolheu a data. "Você toma posse dia 31 de março. Não há dia mais simbólico! Hahaha".

Eu só tinha 32 anos, apenas uma especialização e problemas já indisfarçáveis com a herdeira de tudo. Não achava, sinceramente, que ele me escolheria trucando dessa forma.

Ele pediu sigilo absoluto, pois queria uma reunião do Conselho Universitário para aprovar o novo organograma e atribuições, quando falaria as suas motivações e anunciaria meu nome. E assim foi.

Só que, quando uma liderança toma a palavra, você entende por que ela chegou aonde chegou. Ao anunciar as mudanças que a UMC tinha a realizar, ele disse o quanto o Diagnóstico tinha sido duro para ele, mas verdadeiro. Disse o que queria e o que não queria para a UMC. Fez mais: disse que todos precisariam melhorar e dar conta das novas exigências e anunciou uma bolsa de alto valor para mestrado e doutorado em curso credenciado a todos, indistintamente, que quisessem ter a chance de se qualificar.

Não sabia que ele faria isso, mas vi que assim ele matava dois coelhos com uma cajadada só: mostrava que não estava excluindo ninguém *a priori* e ainda investia na titulação do corpo docente e dos gestores, pois a universidade tinha ainda apenas 9% de mestres e doutores.

Mais do que me anunciar, algo que percebi que todos já esperavam, o mais importante na cerimônia foi o chanceler, Padre Melo, prefeito de Mogi das Cruzes, ter dito a todos, em alto e bom som, o que queria para sua universidade e qual era a missão da vice-reitora que assumia a partir daquele momento: "Fazer da UMC a melhor universidade particular do Brasil até o ano 2000!".

Trocando os Pneus com o Carro Andando

- 1 -

Para situar os leitores sobre o tamanho do desafio que o chanceler lançou em minha posse é preciso ter conhecimento de algumas coisas.

A UMC, nesta época, já havia passado por outras fortes mudanças, a maioria delas decorrentes de fatores exógenos, especialmente o aumento da concorrência. Quando meu tio começou sua empreitada, a UMC praticamente não tinha competidores. Quem não passava nas Instituições de Ensino Superior (IES) públicas e nas confessionais que existiam só tinha Mogi como opção.

Por essa razão, o perfil dos alunos era majoritariamente diurno, que não trabalhavam, e mais de um terço vinha de outros estados, especialmente para cursar Medicina, Odontologia, Engenharia... No seu auge, quando eu estudava lá, havia 9 mil alunos só nas Engenharias, distribuídos entre o diurno e o noturno.

Milhares de alunos se fixavam nas repúblicas, cerca de 20% eram de Mogi mesmo e o restante enfrentava o trem dos estudantes ou as estradas todos os dias, vindos da Grande São Paulo, do Vale do Paraíba e da Baixada Santista.

Da mesma forma, no começo, muitos excelentes professores que não tinham ainda o tempo integral nas universidades públicas aceitavam vir dar aulas em Mogi, juntando de oito a doze aulas em um mesmo dia!

Havia muitos alunos maduros, que só agora tinham a chance de fazer um curso superior, muitos já trabalhando em bons cargos nas indústrias, e dos quase 70 mil egressos que já existiam quando tomei posse os mais antigos ocupavam posições de destaque em centenas de empresas importantes.

Aonde eu ia, via egressos de Mogi. Vários tinham sido bolsistas. Milhares deles. Porém, muitos escondiam a origem de seu diploma. A discriminação do setor particular era ainda maior no passado, quando a UMC chegou a ser chamada pelo injusto apelido de 3M: Mobral, Madureza e Mogi.

A partir da década de 1980, com o crescimento da concorrência e a fixação dos docentes em tempo integral nas universidades estaduais paulistas, tudo isso começou a mudar. Veio a transformação das Faculdades Braz Cubas em Universidade Braz Cubas (UBC), que cresceu na esteira do nosso decréscimo, e dividíamos até a estação de trem de Mogi: de um lado desciam nossos alunos e do outro os da UBC.

A criação de novas IES e o aumento das existentes, inclusive em outros estados, mudou o perfil dos nossos alunos e docentes. Passamos de eminentemente diurnos para uma universidade noturna. As Exatas perderam vertiginosamente a procura e a qualidade do aluno ingressante piorou bastante. O corpo docente foi adquirindo um perfil mais doméstico, local, quase todos horistas, e os mais antigos sem titulação e muitas vezes com mais de quarenta horas/aulas por semana!

Quando eu assumi a Vice-Reitoria, mais de 60% dos alunos eram noturnos e a maioria vinha de um raio de duzentos quilômetros, viajando todo dia e com dificuldades de pagar as mensalidades e de acompanhar os cursos. Havia um déficit de 14 milhões de dólares[12] previstos para o ano, informou-me meu tio um dia para mostrar que as mudanças eram necessárias também por uma questão de sobrevivência.

Nunca vou esquecer a cena de uma das minhas primeiras noites no meu novo gabinete, vendo os alunos chegarem de trem e das caravanas de ônibus que lotavam todos os arredores, por volta de sete da noite, entrando pelos portões como uma boiada, em volume e pressa. Senti aquele desalento, mas imediatamente algo tomou a minha mente como um furacão.

Não esqueço porque o que pensei naquela noite pautou toda a minha vida profissional na gestão universitária, como dirigente e como consultora. Eu pensei que estavam ali milhares de alunos, muitos deles arrimos de família, que talvez tivessem jantado um saco de pipoca ou um pastel após um exaustivo dia de trabalho. Essa era a única chance que eles teriam para mudar suas vidas por meio da educação superior.

Eram quatro, cinco ou seis anos de investimento difícil, cheio de sacrifícios, e nós tínhamos a obrigação de fazer tudo o que pudéssemos por eles. Eles chegavam com um sonho com o qual concordávamos ao aceitá-los no vestibular, e não podíamos deixar de fazer a nossa parte no acordo para que esse sonho se tornasse realidade.

---

12. Nesse período o dólar estava igualado artificialmente e por um longo tempo à moeda brasileira, o que permite ter uma noção melhor do montante citado.

Tudo bem, erámos considerados uma instituição de qualidade duvidosa em vários aspectos, essa era a verdade, mas se fizéssemos tudo com o objetivo de melhorar a formação deles, nós estaríamos atendendo a uma outra missão.

Não entregaríamos um Mercedes, mas nosso formado poderia ser um Fusca: bom, seguro e com pouca manutenção! Essa foi a analogia que Roberto me ensinou depois, mas ela já existia em meu coração. Essa analogia não traz nenhum demérito, apenas a realidade entre o que se deve prometer e, consequentemente, entregar, com a consistência de propósitos, o controle de processos e a vontade de fazer bem feito.

Os alunos sempre foram importantes para mim, mas passaram a ser, a partir daquele dia, a razão de ser do meu trabalho!

- 2 -

O início de minha gestão na Vice-Reitoria foi muito puxado. Perdi nove quilos em dois meses. Se acordasse no meio da noite, os pensamentos não me deixavam dormir outra vez. Queria fazer tudo direito, mas estava mexendo em um vespeiro.

As trocas de gestores começaram. Mudamos a pró-reitora administrativa para colocar o Link, que teria que fazer a interlocução com as novas diretorias e também com a mantenedora, onde era bem visto, sugestão imediatamente aceita pelo chanceler.

A Prof. Carmem Silvia Fernandes assumiu a Pró-Reitoria Acadêmica e aos poucos fomos colocando novos diretores nos centros e abrimos um processo seletivo para atrair os novos diretores que ficariam na Pró-Reitoria Administrativa.

Foram 2 mil currículos para quatro vagas. Pudemos trazer o que havia de melhor nas empresas. Eu fiz a entrevista dos três finalistas de cada cargo indicados pelo pró-reitor e contratamos todos ex-diretores de grandes empresas como a Ford, a Adria e o Pão de Açúcar.

Rivera assumiu o Núcleo de Pesquisas Tecnológicas (NPT) e era um interlocutor constante. Ana Elisa assumiu a Coordenação de Planejamento e sob ela, como já era no meu tempo como coordenadora, também a área de Informática.

Era uma efervescência enorme, mexíamos em tudo, criando e documentando novos procedimentos, recuperando a excelente estrutura física que a UMC sempre teve, mas que estava abandonada, um pouco em razão da perda de receita e mais por conta da falta de verdadeiros profissionais nos setores de manutenção.

O avanço da área administrativa foi enorme e rápido em função da introdução da nova mentalidade quase empresarial. Sem dúvida foi um *upgrade* em relação ao que era, mas com o tempo percebemos que a falta de experiência acadêmica seria um problema grande, tanto na interlocução com os coordenadores e docentes quanto na adoção imediata de processos empresariais que precisariam antes ser adaptados a uma universidade.

Cito como exemplo paradigmático uma conversa que tive com meu novo diretor de RH. Encontrei-o no corredor, afobado e claramente insone. Chamei-o para ir à minha sala e perguntei: "Benê, o que está acontecendo? Você está cheio de olheiras!". Ele me respondeu sério e inocente: "Passei a noite estudando fisiologia e anatomia para fazer as perguntas aos candidatos a professores da Medicina". Pude imaginar a cena ridícula dele sabatinando um médico com perguntas sobre artérias e sistemas digestivo, circulatório etc. e tive que lhe explicar que esse não era o seu papel.

Caberia ao RH montar uma comissão de docentes para julgar questões de adequação de formação e conteúdo, enquanto ele deveria cuidar dos demais aspectos pertinentes ao recrutamento, seleção e contratação, incluindo o levantamento das referências e, principalmente, estar presente para garantir que não houvesse injustiças ou proteções indevidas.

Foi difícil convencê-lo e percebi como desconhecia o mundo da academia, ele e os demais diretores recém-contratados. Conseguia fazê-los rir de algumas situações, mas também sabia incentivar e cobrar mudanças. Era respeitada por todos os diretores recém-contratados. Contratar funcionários administrativos era muito mais fácil. Esta prática pode ser imediatamente transplantada das empresas para as universidades. Já para a docência...

Tivemos que rever esses fluxos diversas vezes para chegar ao que consideramos depois correto para uma universidade. Mais tarde, com o novo Plano de Carreira, voltamos a aperfeiçoar essa prática.

O aprendizado também era uma constante. É claro que havia erros entre os muitos acertos, mas tentávamos colocar regras em tudo, para evitar que as decisões fossem interpretadas como casuísmos, ou defesa de outros interesses.

Foi nessa época também que sofri as maiores retaliações às mudanças que estava fazendo e que, com a demissão de alguns, começaram a mexer com a paz de quem já imaginava que não teria perfil para ficar. Sofri ameaças por cartas, fitas e telefonemas anônimos, tive sapo de boca amarrada enterrado no meu jardim, meu filho teve problemas na escola e faziam de tudo para tentar me desmoralizar.

- 3 -

Criei a prática de ir aos centros, nas reuniões de professores e para me reunir com os diretores e coordenadores, levando meus pró-reitores para colher as opiniões e explicar os novos processos ou projetos. Nunca tive medo de enfrentar público ou perguntas. Sempre pensei que quem quer fazer direito só tem a ganhar, pois, se a opinião for boa, adota-se, se não for, explica-se por que não e se ganha um aliado. Autoridade e credibilidade.

Em poucos meses as mudanças na área administrativa estavam implantadas e já perguntavam quando ia avançar mais ainda para a área acadêmica. As mudanças na mantenedora também avançavam.

A Prof. Conceição fazia um papel mais figurativo e já havia uma impaciência com ela por parte da UMC e do próprio chanceler. Mexer com a reitora foi uma das partes mais difíceis. Meu tio queria para ela uma saída honrosa, mas minha tia e minha prima aceitavam a saída da Reitoria, mas não da UMC. Ela assumiu, então, a Diretoria de Extensão e Assuntos Comunitários.

Eu passei a acumular de forma temporária, a partir de outubro de 1995, as atribuições de reitora junto com as da Vice-Reitoria.

Procura-se um Reitor

- 1 -

Eu sabia que não tinha a liderança necessária para fazer tudo o que era preciso na parte acadêmica. Fui ao chanceler e avisei. "Está na hora de escolher um novo reitor". Ele concordou de pronto.

Quando eu estava em uma viagem, a Prof. Conceição pediu ao chanceler que desse a ela pelo menos a honra de sugerir o nome do seu sucessor.

Quando cheguei, o chanceler me deu a notícia. Ele havia recebido a sugestão e já havia sondado Carlos Vogt, ex-reitor da Unicamp, um nome de peso indicado pela ex-reitora. Eu só o conhecia de vista e nem meu tio tinha de fato conhecimento sobre o trabalho dele.

Na hora me veio a analogia com a política, tão familiar ao meu tio: "Acho que a UMC deve ter, primeiro, sua plataforma e só depois escolher o candidato. Se qualquer reitor vier sem termos um projeto, ficaremos à mercê dele. O projeto institucional não pode depender do reitor, pois se ele sair o projeto vai com ele", argumentei.

Meu tio concordou, mas não sabia o que fazer, pois sentia que havia a expectativa da formalização do convite. Sugeri que ele montasse uma equipe de consultores para junto com um grupo interno elaborarmos o "Projeto de Qualidade da UMC". Carlos Vogt responderia pela gestão financeira dos consultores convidados, sugeriria três nomes e eu dois, e teríamos mais cinco membros internos.

Meu tio aceitou e achou que eu deveria presidir a comissão, pois ele não tinha tempo em razão de seu cargo na Prefeitura e teria a liberdade de vetar algo que não concordasse. Pediu que incluíssemos a Regina e seu marido, mesmo que não estivessem livres para um envolvimento maior, mas como um meio de tê-los a favor da empreitada.

E assim foi feito. Vogt aceitou presidir a comissão externa e indicou três gestores do tempo de sua Reitoria, dois ex-pró-reitores — Prof. José Tadeu Jorge e Prof. Cesar Francisco Ciacco — e seu ex-secretário-geral, Prof. Irineu Ribeiro dos Santos, todos da Unicamp.

Eu indiquei o Prof. José Marques, pró-reitor de Pós-Graduação da Universidade Metodista de Piracicaba e ex-diretor da Escola de Comunicações e Artes da USP (depois soube, por coincidência, que ele também colaborava com Vogt no Laboratório de Estudos Avançados em Jornalismo — LabJor — da Unicamp), e o ex-reitor da USP, Prof. Roberto Lobo.

Alguns meses antes a Ana Elisa havia me pedido para contratar Roberto para ser seu consultor no Planejamento. Ela gostara muito dele na visita que fizemos à Finep e vinha conversando com ele por telefone. Tomei um tempo e pedi que ela segurasse o pedido porque, talvez, ele tivesse que ser chamado para algo ainda mais importante. Chegara o momento. Mas foi minha irmã quem pensou primeiro em trazê-lo para a UMC.

- 2 -

Sempre que damos cursos de treinamento de gestores eu conto esta parte de nossas vidas na palestra de planejamento porque, para mim, o que ocorreu na UMC naquela época foi o melhor exemplo de planejamento estratégico institucional que eu já vi dar certo em uma universidade, mas os participantes gostam mesmo é da parte pessoal que envolveu todos esses acontecimentos. Em especial a história improvável que me uniu a Roberto.

Sem querer menosprezar ou diminuir a importância que tanta gente teve na trajetória da UMC, o que ocorreu em nossa época se assemelha àquelas conjunções astrais: um improvável e raro alinhamento de planetas, no caso de situações. Meu tio com a Prefeitura tomando-lhe as ideias, as necessidades de mudança, minha experiência prévia e a confiança que depositaram em mim, tudo caminhando junto.

Eu acabo fazendo como um filme de cinema, do meu começo na UMC até quando o encontrei e depois um resumo do nosso trabalho e os dados da UMC antes e depois, constantes do relatório publicado do Planejamento realizado em nossa gestão. Levo exatas duas horas.

Comecei minha participação neste livro contando um pouco mais de minha vida para tentar explicar quem sou, a origem de nossas afinidades e por que elas ultrapassaram a vida profissional.

Recomeço aqui contando o início de nosso primeiro encontro, um *flashback*, da mesma forma que faço nos cursos, mas com muito mais detalhes, é claro.

Afinal, nosso encontro mudou tantas vidas...

- 3 -

Éramos uma equipe de cinco pessoas para a visita ao Prof. Lobo na Finep. Ele estava nos aguardando e nos recebeu com um sorriso. Lembro como se fosse hoje. Até a roupa que eu usava: uma blusa de seda bege, saia cinza chumbo reta na altura dos joelhos, meia-calça fina bege, com sapatos de verniz na mesma cor de laço estilo "boneca".

Eu me sentei na única cadeira que ele tinha em frente à sua mesa e os demais (Link, Carmem Silvia, Ana Elisa e Rivera) se sentaram em cadeiras que ele pediu que subissem, pois não esperava uma trupe desse tamanho, e ficaram encostadas na parede atrás de mim.

Comecei a conversa e, como de hábito, falei sem parar por um longo período. Queria que ele soubesse tudo o que eu pretendia fazer e as dificuldades que tínhamos que enfrentar.

Ele olhava para mim, depois para a equipe, e fazia muitos acenos de cabeça em concordância com o que eu estava dizendo. Acho que as palavras que ele usa para descrever esse momento são muito mais interessantes do que o que eu pensava naquele momento: "Ela entrou na minha sala com um monte de gente, sentou-se à minha frente, com uma saia cinza curta, e começou a contar tudo o que ela achava que deveria fazer na universidade. Enquanto ela falava, eu sentia uma dúvida crescente, pois tudo o que ela dizia não só fazia muito sentido como era tudo de mais moderno que eu havia estudado e vivido sobre gestão universitária. Não sabia se ela havia decorado isso de um livro e repetia como se fosse um papagaio ou se eu estava diante de uma moça diferenciada, que intuitivamente encontrara os caminhos que eu mesmo defendia para uma universidade, principalmente privada. Pensei que ela era tão entusiasmada que ou era meio louca, ou eu devia prestar muita atenção no que ela estava fazendo".

Eu não fazia ideia de que minha fala pudesse despertar tamanha desconfiança e admiração ao mesmo tempo. Ele me incentivou muito, chegou a se levantar e me levar a uma sala cheia de livros (onde Roberto mora ou trabalha, milhares de livros são uma constante) e mostrou alguns que falavam várias das coisas que eu estava propondo. Ele também se identificava mais com o sistema americano de gestão do que com o europeu, coisa rara entre as pessoas que eu conhecia oriundas das universidades públicas.

Combinamos que ele veria o que a Finep teria para apoio a projetos de gestão, mas já avisou que achava difícil que houvesse algo para a UMC em razão das políticas — erradas aos olhos dele — de só financiar instituições que tinham tantas garantias que acabavam não alcançando projetos inovadores.

Contou um pouco de coisas semelhantes que ele havia feito na USP, como a organização de dados gerenciais, a busca em melhorar a graduação, seu esforço para premiar os melhores professores no ensino, e aos poucos senti que ele reunia duas qualidades que eu ainda não havia encontrado em uma só pessoa: a experiência de uma carreira acadêmica brilhante e sólida nas três vertentes (pesquisa, ensino e extensão) e uma visão/experiência moderna de gestão, comprometida com resultados e ao mesmo tempo com os investimentos feitos pela população nas universidades.

Ele defendeu logo de início que alunos que merecessem apoio financeiro deveriam recebê-lo do governo, pois o aluno do setor privado não era um mantenedor e não podia ser sacrificado em nome de uma posição ideológica para ele indefensável. Além dos Estados Unidos, citou vários países em que o bom aluno recebia vouchers para escolher onde estudar. Pensei no quanto o setor particular precisava de alguém com essa visão e essa credibilidade.

A equipe participou da discussão de forma tímida, mas todos na volta, dentro do carro, concordaram que Roberto era mesmo um ícone brasileiro e uma pessoa ótima de se tratar. Sério, mas ao mesmo tempo aberto, lógico e intelectualmente diferenciado e corajoso. Descobri depois que sua coragem ia muito além da retórica.

Não nos falamos depois disso, só a Ana havia ligado algumas vezes discutindo com ele assuntos do planejamento. Quando liguei para fazer o convite para ser consultor externo da equipe que faria o Projeto de Qualidade da UMC, ele hesitou.

Fez perguntas sobre quem o contrataria (no caso, o Fórum Permanente das Relações Universidade-Empresa, Uniemp, dirigido pelo Vogt, que receberia da UMC e repassaria a parte dele) e quem fazia parte da equipe. Senti que ele não se animou muito. Apelei: "Não me deixe em desvantagem. Eu na verdade só terei a você que sei como pensa para fazer o contraponto com os outros de fora, senão tenho receio de que eles façam um projeto para uma universidade pública. A UMC precisa de você, nossos alunos precisam de você".

Na reunião de instalação da comissão, o chanceler recebeu a equipe de onze pessoas, os cinco consultores externos e a equipe interna (Regina Coeli como vice-presidente da Omec, seu marido à época Luiz Fernando Nassri, assessor da Chancelaria, os pró-reitores, a Ana Elisa e eu), disse o que esperava da equipe e me deu toda a força na Presidência dos trabalhos. Terminou avisando que seu objetivo era transformar a UMC na melhor universidade particular do Brasil até o ano 2000! E já deu um nome e passou a chamar o grupo de "Comissão de Notáveis".

- 4 -

A organização e o trabalho dessa comissão me ensinaram muitas coisas que usei depois em várias situações, inclusive em cursos e consultorias. Escolhemos dividir a equipe externa para trabalhar em quatro frentes: Estrutura e Organograma; Objetivos para o Ensino, a Pesquisa, a Extensão e Assuntos Comunitários; o Plano de Carreira Acadêmica e o Plano Diretor de Informática.

A equipe interna trabalharia em todas as frentes e os externos se dividiram assim: Roberto ficou com a parte mais pesada, a discussão de toda a área acadêmica, os dois membros da Unicamp ficaram com o Plano de Carreira, o Vogt, contando com o apoio do seu grupo, ajudou na Estrutura e na Informática, onde ele disse ter boas relações com as empresas da área. O Prof. Marques participou somente das reuniões de discussão mais amplas.

Foram quase quatro meses de muito trabalho, porém a parte mais intensa foi com Roberto, que se reunia para discutir tudo conosco em Mogi e em São Paulo com bastante frequência. Já os outros traziam documentos pré-elaborados para apresentar e discutir nas reuniões plenas.

Na primeira reunião com Roberto, ele fez uma pergunta que levamos meses para responder de forma concreta e só porque contávamos com a sua liderança: "Beatriz, se você encontrasse um importante empresário num coquetel e tivesse um minuto para falar com ele, me diga: como você o convenceria a contratar para a empresa dele um aluno egresso da UMC?".

Ou seja, o que nos fazia únicos? O que diferenciava positivamente nossos egressos dos demais alunos de outras IES? Nós sabíamos o que nós não tínhamos, mas não conseguíamos pensar no que poderíamos ter que representasse uma marca, um rosto que identificasse nossos egressos.

O mesmo foi feito com as demais áreas. O que queríamos da pesquisa? Numa universidade privada em que poucos são os docentes pesquisadores de fato e as mensalidades são restritivas, como cumprir a obrigação da pesquisa de forma a contribuir para nosso maior objetivo que era o ensino? Como fugir da armadilha de contratar grupos fechados para ter mestrados aprovados? Como atrair para Mogi das Cruzes gente de qualidade para o corpo docente em tempo integral sem que a UMC oferecesse um ambiente de pesquisa adequado?

Na extensão também pudemos discutir nossos avanços com o NPT e como espraiar essa experiência para outras áreas e ao mesmo tempo não superlotar as estruturas laboratoriais com atendimentos que tinham cunho político, mas sim agregando aos serviços que prestávamos em tantas áreas — em especial na saúde — o valor acadêmico e a viabilidade financeira.

Eram discussões acaloradas e instigantes. Quando nos reuníamos no escritório da UMC em São Paulo, na rua da Consolação, ao final Roberto se despedia, pegava seu carro e ia embora. E nós parávamos na volta a Mogi numa churrascaria na Marginal para jantar, depois de dez horas ininterruptas de trabalho, até que um de nós levantou a lebre: será que o Lobo não acha que a gente o dispensa e vem se reunir sozinhos, pois nós nunca o convidamos?

Ficou aquele mal-estar e na semana seguinte o convidamos. Ele aceitou prontamente. Sentamos numa mesa comprida, nós dois de frente em uma das pontas da mesa.

Começamos nesse dia a desenvolver um hábito que só muito depois percebemos que até pegava mal: conversávamos sem parar e sem dar chance a qualquer outro de entrar na conversa. Não reparávamos no que os outros faziam... quando nos dávamos conta, eles já estavam se levantando para ir embora.

Não havia nenhuma malícia, mas sim uma absoluta curiosidade e vontade de um conhecer o outro melhor.

Foram nesses jantares que começamos a falar de assuntos ligados à nossa trajetória de vida, ele me contou os pontos principais de sua experiência, em especial na Reitoria da USP, e eu contei minha vida, minhas escolhas e meus problemas de família, em especial com minha prima.

Foi lá que ele me deu o primeiro aviso: "Beatriz, espero que você saiba que quem entra para fazer uma grande mudança numa instituição, não fica nela depois...". Sábias palavras.

- 5 -

Dois episódios nos marcaram muito durante esse tempo da "Comissão de Notáveis". O primeiro foi quando ele me telefonou para avisar alguma coisa sobre o trabalho e eu, sem perceber, acabei fazendo uma confidência ao telefone: "Roberto, torce aí por mim porque acho que vou ser presa...".

Ele quis saber a razão, claramente assustado, e eu expliquei que havia uma lei chamada "lei do calote" que permitia que alunos inadimplentes fizessem provas e não tivessem qualquer sanção acadêmica. Isso quase quebrou muitas IES. Só depois aceitaram que eles tivessem que quitar a dívida por ocasião da matrícula. Ocorre que, sem penalidades, a taxa de inadimplência havia chegado a tal ponto que meu tio avisou que não tinha dinheiro em caixa para pagar a folha.

Havia descido até os centros e avisado: se não segurassem as notas dos alunos para pressioná-los a honrar as mensalidades, não haveria pagamento a docentes e funcionários. Tive apoio até dos docentes do curso de Direito.

Só que os alunos entraram na justiça e o oficial estava àquela hora na minha antessala para pedir que eu fosse à delegacia, pois no exercício da Reitoria eu seria a responsável, e já havia visto casos de prisão que duravam até que retirassem a ordem e os alunos tivessem acesso a provas, ou diplomas.

É o que sempre dizemos em nossas palestras: a solidão do líder que tem a caneta na mão é imensa. Ele toma decisões que só serão julgadas, em outra ocasião, já com outros dados e informações que o líder não tinha quando teve que decidir.

Roberto disse que naquele momento sentiu uma enorme pena, achou minha situação muita injusta e queria mostrar solidariedade. Depois ele me contou que se lembrou de um poema que um colega havia lhe enviado há muito tempo e pensou que, se o achasse, o que seria improvável depois de tantos anos e tantas mudanças, ele me enviaria.

Pois não é que milagrosamente ele abre uma das gavetas em sua mesa na Finep e acha o poema sobre vários outros papéis? Então ele pensou que depois disso tinha que me mandar o poema, que falava da bravura dos educadores e de sua missão.

Recebi por fax, pouco tempo após desligar o telefone. Fiquei perplexa. Nunca esperava isso dele, mas ao mesmo tempo achei tão natural e tão adequado... me emocionou.

Enquanto meu assessor jurídico ficava com o oficial de justiça, mandei saber no banco se havia pagamentos de mensalidades suficientes para cobrir a folha, e a resposta foi que nossa "medida extrema" tinha surtido efeito. Mandei suspender imediatamente a medida e o oficial foi levado para ver que os alunos estavam recebendo suas notas. Como isso se resolveu eu não sei, mas meu jurídico deu um jeito. Ufa!

A outra passagem foi mais doída, porque aconteceu na frente de toda a comissão. Estávamos já no fim dos trabalhos e as reuniões sobre os outros temas estavam tomando um caminho que não nos agradava.

A proposta para a estrutura não agregava nada de melhor ao que já havíamos feito após o Diagnóstico. Voltava tudo ao que se vê na maioria das universidades públicas. A parte da informática foi mais direcionada para a compra de equipamentos, o que nós só poderíamos julgar depois. O maior impasse era a proposta do Plano de Carreira.

Havia ligado para Roberto e me queixado: "Eu não posso aceitar essa proposta. Parece muito mais uma carreira para a Unicamp. Eu não tenho tido apoio dos outros consultores que acham que a proposta está adequada. Você, como eu, acha que não está. Me ajude na reunião?". Roberto me alertou que dificilmente eles mudariam de ideia e que o prazo estava acabando, mas faria o que achasse melhor para nós.

No dia da reunião, a última antes da entrega do documento final, eu debatia com os consultores, especialmente com Vogt, sobre a inadequação da proposta para uma universidade particular. Ele chegou a usar o argumento, irritado, de que eu não entendia muito daquilo e por isso eles tinham sido chamados.

Vi Roberto conversando alegremente com a Ana Elisa, meio alheio ao que já era quase um bate-boca. Achei que era a hora de tirar meu coringa da manga: "Roberto, qual a sua opinião?", eu perguntei com aquele ar de cumplicidade e ouvi, perplexa e desapontadíssima, a resposta: "Acho que a proposta deve seguir como está para ser entregue ao chanceler". E voltou a conversar com minha irmã. Parecia que estava já impaciente.

Fiquei muda. Senti meu rosto avermelhar e reparei que todos estavam em silêncio, o resto de minha equipe quase de cabeça baixa.

O que eu poderia fazer mais? Entreguei os pontos e terminei a reunião, avisando que o documento iria para a Chancelaria e, se aprovado, seria impresso e apresentado ao Conselho Universitário numa cerimônia aberta com a presença da imprensa.

Todos saíram e Roberto ficou. Perguntei por que ele havia feito aquilo e recebi uma resposta, mais do que honesta, realista: "Você sabe que eles não queriam mudar nada. Não vão começar do zero novamente. O melhor que você pode fazer é receber tudo e depois decidir se vale a pena implantar ou não. Eles fizeram o que achavam certo. Desse mato aqui não sai mais nenhum coelho".

Entendi e aceitei, aliviada por verificar que não havia sido traída.

- 6 -

Quando houve a sessão solene da entrega do documento "Projeto Qualidade e Projeto Acadêmico da UMC", um documento conceitual elaborado a partir da discussão que teve o mérito de registrar várias linhas a serem seguidas pela universidade nos anos seguintes, senti que havia uma esperança enorme da comunidade acadêmica na qualidade da equipe que o chanceler havia nomeado como "Notáveis". Ela trazia a chancela de experiência acadêmica do mais alto nível no Brasil e mesmo assim vimos como foi duro discutir e avançar nas propostas para a nossa universidade.

Como é importante ouvir outras pessoas! E como vejo que cada vez mais a maioria dos gestores brasileiros não têm exercitado a humildade de aprender com quem já viveu muito mais coisas nessa área, mesmo que seja para confirmar suas ideias, ou rejeitar o que for proposto. Conhecer e negar é melhor do que negar sem conhecer...

Aprendemos muito, com todos os membros, mas claramente com Roberto a equipe trabalhou mais e melhor.

Sabíamos que a cobrança da área acadêmica viria forte, ao mesmo tempo nos sentíamos preparados para começar, mas faltava a liderança. É claro que a equipe interna achava que provavelmente o novo reitor sairia daquele pequeno grupo. Durante os cerca de quatro meses que duraram as discussões, meu tio conversava muito comigo e ia formando opinião sobre o que estava sendo discutido e como as pessoas se apresentaram nessa difícil tarefa. Acredito inclusive que ele consultou outros membros internos da comissão, para sentir melhor a equipe externa.

Antes da reunião decisiva que eu teria com ele, reuni a equipe e perguntei se eles achavam que algum dos membros da comissão externa seria um candidato adequado para a Reitoria e todos, unanimemente, sem eu ter dado minha própria opinião, acharam que Lobo era quem melhor se encaixava no perfil do reitor que havia sido aprovado e com quem eles mais gostariam de trabalhar.

E foi exatamente o que eu disse ao chanceler quando ele me perguntou quem deveria ser o novo reitor da UMC: "A equipe prefere que seja o Prof. Roberto Lobo, mas sabemos que a decisão final é sua", respondi tranquila e convicta de que tínhamos feito o que achávamos certo. Caberia a ele a escolha.

Ele foi direto: "Eu também acho, gostei muito do Lobo, mas não quero, de forma alguma, magoar ou diminuir a importância do Vogt. Não sei o que fazer com a sondagem que fiz a ele". Pedi a ele um voto de confiança e que eu trataria com o Vogt com o maior respeito e profissionalismo. Meu tio me deu carta branca.

Tínhamos uma reunião de ajustes no LabJor da Unicamp e enquanto o grupo discutia pedi ao Vogt que fôssemos até a sala dele porque eu tinha uma conversa importante. Senti que ele estava esperando por isso...

Eu expliquei a ele, com a maior sinceridade, que a presença permanente do reitor em dedicação integral e praticamente exclusiva à UMC haveria de levar, naturalmente, à transferência de moradia e mais ainda a deixar outros vínculos, pois não seria possível fazer tudo o que havia para ser feito em um trabalho *part time*.

Conversamos francamente e ele confirmou que não teria disponibilidade para trabalhar na UMC em dedicação exclusiva, até porque tinha outros compromissos e não pretendia mudar de Campinas. Ele declinou educadamente o convite.

Saí de Campinas com a liberdade que o chanceler queria para fazer a escolha que achasse mais adequada àquela altura e ao mesmo tempo com o aval de Vogt para o nome de Roberto à Reitoria da UMC.

Quando dei a meu tio a notícia, vi que ficou feliz, mas preocupado: "Você acha que o Lobo aceitaria ser nosso reitor? Tenho medo de que ele não aceite... O que você acha que devemos fazer?".

Respondi que eu poderia fazer a sondagem e pedir a Roberto que desse suas condições, caso aceitasse ser o reitor, e eu traria para o chanceler avaliar a proposta e decidir se fazia ou não o convite definitivo. Ele respondeu de pronto: "Faça isso, e rápido".

- 7 -

Na mesma semana, no banco de trás do Santana preto da Vice-Reitoria, fui ao encontro de Roberto no escritório da Consolação, nervosa e apreensiva. Ele já imaginava do que se tratava a nossa reunião reservada, eu acreditava que ele gostaria de assumir o cargo, mas não tinha ideia de quais seriam as suas condições e se essas condições seriam aceitas pela família Bezerra de Melo, mesmo sabendo que meus tios e minha prima queriam que ele dirigisse a UMC.

Na viagem fui pensando sobre o que me dava tanta certeza de que ele era a pessoa ideal, além dos requisitos de competência, experiência, credibilidade, capacidade de liderança e trabalho em equipe que os meus colaboradores já haviam enaltecido.

Lembrei principalmente das conversas que tivemos entre as reuniões, nos jantares com o grupo, ou nos momentos que antecediam ou sucediam nossas discussões.

Minha maior preocupação era que, ao dar total apoio ao nome dele, mais ainda, ser a interlocutora e a negociadora de sua vinda para a UMC, eu teria que sentir a paz de quem indica alguém não só por suas qualidades profissionais, mas pelas pessoais também. A honestidade, a hombridade, o caráter, a coragem, o comprometimento, enfim, tudo o que a liderança maior de uma organização tem que ter e mostrar que tem... imediatamente me veio à cabeça a conversa com ele que mais me impressionou.

Foi naquela churrascaria, no caminho de Mogi, quando ele aceitou ir jantar conosco a primeira vez. Lá tive a coragem de perguntar o que me angustiava há certo tempo: por que ele havia renunciado nos meses finais da Reitoria da USP? Ele me respondeu de forma direta e muito tranquila: "Beatriz, eu nunca terminei um mandato na minha vida. Eu só fico em um cargo enquanto sinto que tenho com o que contribuir. Se não posso fazer o meu melhor, prefiro sair. Pego o que é mais importante para mim, minha dignidade, ponho embaixo do braço e vou embora!", e explicou que nos últimos meses, com as eleições reitorais se aproximando, ele não conseguia fazer andar mais nenhum projeto na USP, pois tudo que ele fazia ou dizia era imediatamente usado ou correlacionado indevidamente ao processo eleitoral.

"Saí, Beatriz, acho que contra a vontade da minha equipe, mas não podia ficar. E saí denunciando esse sistema hipócrita que imobiliza as universidades durante todo o processo sucessório". Ele parecia mesmo (e sua história corrobora) desapegado de cargos e títulos. Sempre pediu que o chamassem de Roberto e nunca exigiu que, mesmo em cerimônias oficiais, nomeassem sua titulação. "Eu sou professor e pesquisador, há anos estou na gestão, não é o título que me caracteriza e não há dinheiro que me faça ficar onde não acho que posso fazer o que está certo!".

Sabendo da importância do cargo e do tamanho do orçamento da USP, algo como se fosse o sétimo estado do país, via o quanto ele era simples, no vestir correto, mas modesto, no carro que tinha, em seus hábitos. Pensei em tantos que enriqueceram nos seus cargos públicos e que não largavam o osso ao mesmo tempo que já buscavam uma próxima posição a ocupar.

No meio da conversa ele me contou, sem demonstrar nem orgulho nem vergonha, que quando assumiu a Reitoria tinha a casa de São Carlos, dois terrenos e dois carros. Como tinha que morar em São Paulo e a família mantivera a casa em São Carlos, gastara mais do que ganhara durante o tempo de Reitoria. Saiu com essa casa e um carro, o resto vendera para pagar despesas.

Naquele dia, vi que estava diante de um homem raro. Eu sabia que ele era a escolha perfeita!

- 8 -

Pela primeira vez estávamos totalmente sozinhos, com um assunto delicado a tratar. Ele tirou o paletó e arregaçou as mangas de sua camisa social branca. Sentou-se na cabeceira da mesa provavelmente por hábito. Achei ótimo. Contei a ele toda a trajetória do convite, que havíamos chegado a um consenso geral e que eu estava lá para saber quais condições ele queria ter atendidas para assumir a Reitoria da UMC.

Ele tinha um papel branco e uma caneta na mão. Rabiscava desenhos de cavalos e perfis humanos, hábito que tem até hoje em certos tipos de reunião.

Eu falei tudo que achava que poderia ajudar a mostrar o quão importante seria sua ida para Mogi. Mas meu principal argumento era de abrangência muito maior: "Sei que, para você, a UMC perto da USP é quase nada. Você pode achar que já fez tudo de importante que estava a seu alcance na educação superior, mas, na verdade, você tem a chance de fazer história. Sua presença e o que você pode fazer pela UMC terão reflexos em todo o sistema privado e você estará ajudando milhões de alunos que precisam de uma única universidade particular como referência de alta qualidade viável, o que não temos ainda no Brasil. Acredite que esta missão será mais importante e impactante do que o que você fez na USP!".

Ele já sabia disso, é claro, mas gostou de ouvir mesmo assim. Queria entender o que esperávamos dele. Começou com uma bala na agulha muito bem apontada: "Beatriz, para começar, eu jamais aceitarei fazer o papel de rainha da Inglaterra que vocês criaram para o reitor no novo Estatuto!".

Mesmo compreendendo a origem do organograma, ele nunca conceberia um reitor tipo um presidente no perfil das universidades americanas, um representante externo para ajudar na imagem e na captação de fundos para a instituição. "Se eu aceitar, quero rever isso, porque preciso saber tudo o que acontece de importante e liderar os principais projetos. Não fico responsável pelo que não acompanho e decido".

Eu já imaginava… tão ele e tão correto! Ao começar a dizer o que ele não aceitaria, vi que já tinha pensado no que o faria aceitar. Ele não faria e nunca fez só o papel previsto no Estatuto que havíamos aprovado. Ainda bem!

Rascunhou suas condições enquanto íamos discutindo cada uma, pois seriam levadas ao meu tio: "Outra coisa é que não quero mandato. Não acredito em contratos sem rescisão, porque, se quiserem me inviabilizar, não há mandato que mude isso. Fico até enquanto sentir que me querem e pelas razões corretas".

Argumentei que havia uma exigência estatutária e até do MEC sobre o assunto, que visava garantir certa autonomia das universidades em relação aos seus donos. Na verdade, o mandato garantia mais o pagamento ao gestor do tempo faltante em caso de demissão do que, de fato, a estabilidade pelo período previsto. Isto era o que todos vimos acontecer em várias instituições.

Roberto disse que aceitaria então o mandato para fins burocráticos, ou seja, proforma, mas gostaria de assinar um documento em que ele ou o chanceler poderiam abrir mão do mandato a qualquer tempo sem ônus para as partes. Concordei que isso não seria um problema, pois sabia que meu tio acharia essa solução ótima.

Em seguida exigiu que tivesse absoluta autonomia na gestão orçamentária, mesmo que a operacionalidade financeira e contábil permanecesse na Omec. Ou seja, haveria um orçamento sobre o qual a universidade teria total independência para indicar onde gastar, via pagamentos recebidos e efetuados pela mantenedora. Também já sabia que meu tio esperava por isso e passou a fazer parte da lista.

Depois foi mais contundente: "Não aceitarei interlocução com a Omec que não seja por meio da Reitoria". Quis entender exatamente o que isso significava. Ele não titubeou: "Sei que muita gente hoje da UMC possui vínculos e costuma levar as questões diretamente a ele, sem passar pela Reitoria. Não aceito isso". Não conseguia imaginar que mecanismo seria usado para tal, mas a condição foi para a lista.

"Quero absoluta liberdade para escolher a equipe, para afastar ou contratar quem achar que devo. Nos cargos de nomeação do chanceler, deverá ser por meio de minha indicação." Pensei no tanto de gente que ele iria mudar e incluí a condição imaginando como isso aconteceria.

"Tenho alguns compromissos de consultoria até o fim do ano, pelo menos, e não posso deixar de cumpri-los, como a Presidência do Alfa e o Projeto Columbus. Tenho até viagens já marcadas para o exterior, uma em maio e outra no final de junho deste ano".[13] Eu achava muito bom que ele mantivesse sua atuação em órgãos tão importantes.

"Não penso em morar em Mogi, mas na Riviera de São Lourenço,[14] então poderei estar na universidade o tempo todo. Quero ficar perto da praia em um lugar sossegado nos fins de semana. Mas estarei direto na universidade se ele aceitar minhas condições". Não vi problemas.

---

13. Era então o ano de 1996.
14. O Condomínio da Riviera de São Lourenço fica no município de Bertioga, cerca de 40 minutos de Mogi das Cruzes.

Sobre salário, ele avisou: "Eu tenho duas coisas a dizer. Adoraria fazer o que aprendi na Europa: o dono escreve num papel o máximo que ele aceita pagar e eu escrevo o mínimo que aceito receber. Se meu mínimo for maior que o máximo dele, nos despedimos amigavelmente. Se for menor, o salário será a média entre os dois valores". Eu achei a proposta muito interessante, mas não era o que meu tio gostaria de fazer.

Ele continuou: "Mas, no caso da UMC, acho que o problema é outro. Não acredito numa política salarial que dê um enorme salto para pagar o reitor e o restante da equipe ficando lá para trás. Deveria ser uma pirâmide, na qual o vice ganharia 80% do que eu ganhar, os pró-reitores cerca de 70% e assim por diante. Dessa forma não me sinto o único privilegiado e terei um fator de atração de gente boa". Depois escreveu quanto queria ganhar. Fiz as contas rápido de cabeça do que isso implicaria nos cargos mais altos e temi pela resposta que poderia vir.

A UMC tinha uma característica muito interessante. Pagava muito bem e acima da média os professores (ou seja, o valor da hora/aula, pois não havia salário por tempo de dedicação). Costumávamos dizer que o gasto com docentes não era alto, mas era equivocado em função de vários que não deveriam mais estar na sala de aula. Mas não havia uma política de remuneração de funcionários ou gestores, cuja negociação era feita diretamente com o chanceler no caso das posições mais altas e dos empregados que ele colocava por razões pessoais ou políticas. Havia enormes discrepâncias, por vezes entre pessoas em cargos que se equivaliam, ou mesmo em cargos iguais. Seria um ganho para toda a equipe.

Além disso, a UMC sempre contava com uma estrutura física invejável, uma das melhores entre as universidades privadas, que havia se recuperado bastante nos últimos dois anos com todo o trabalho feito na área administrativa, o que permitiria investimentos em outros projetos de qualidade e, talvez, esse incremento na folha.

Disse que levaria essa ideia da pirâmide salarial para o chanceler e não tinha certeza se ele aceitaria. Ouvi uma resposta dura: "Se ele não aceitar, não vou!". Também já adiantou que iria rever o uso político da universidade, que, para atender à meta de ser a melhor universidade privada em cinco anos — já tendo se passado quase um —, precisava usar todo seu potencial para a melhoria acadêmica.

O que parecia mais difícil para ele, deixou para o final. "Beatriz, eu estive pensando... na verdade eu estarei no meio de um sanduíche, entre o dono e sua sobrinha como minha vice. Quem me garante que você não levará tudo diretamente ao seu tio, sendo uma fonte indevida de informações e decisões das quais eu não participo?".

Sem nenhuma hesitação, respondi o que achava que deveria ser o correto: "Eu entendo sua preocupação e a única coisa que posso fazer é prometer a você que jamais levarei nada a eles, ou a ninguém sem seu conhecimento e autorização". Olhando-o nos olhos, perguntei: "Você confia em mim?". Ele respondeu que sim, que confiava em mim.

Cumpri essa promessa à risca e tenho certeza de que essa foi uma das razões que me afastaram ainda mais da família. Mas haveria outra forma correta de agir? Para mim, não.

Levei as nove condições (pois a décima era a promessa entre mim e ele) com as devidas justificativas para meu tio, que as leu com cuidado e se engasgou com a pirâmide salarial.

Chegamos a fazer algumas contas, mas de repente ele falou: "Eu aceito todas as condições. Eu o quero na Reitoria. Pode chamá-lo para que eu faça o convite formal e marcarmos a data da posse".

A UMC teria como seu novo dirigente máximo o ex-reitor da melhor universidade da América Latina! O convite formal foi feito na Chancelaria, com a presença da família dos mantenedores e os principais gestores da UMC. Estavam todos eufóricos, mas contidos pela formalidade dada à cerimônia.

O jornal *Folha de S.Paulo*, assim como quase toda a imprensa que repercutiu muito a ida do ex-reitor da USP para uma instituição privada, publicou no dia 20 de junho de 1996: "Universidade contrata reitor profissional em SP" sobre a posse que ocorreria dia 22.

Na matéria, eu explicava a razão da escolha e Roberto dava o seu tom: "Será uma experiência diferente. O setor (universitário) privado é responsável por dois terços das vagas do ensino superior. Então, melhorar sua qualidade é muito importante. Quero mostrar que é possível criar uma universidade privada de qualidade".

Havia acabado a procura. A UMC encontrara um novo reitor!

Habemus Rector!

- 1 -

Decisão tomada e posse anunciada, tínhamos que nos preparar para o maior evento já realizado pela UMC.

Chamei a equipe e disse que faríamos um gabinete que se reuniria toda semana para tratar de todos os detalhes da posse. Além da reforma para um novo gabinete da Reitoria que ficaria no andar acima do meu e em frente à Chancelaria, havia todos os detalhes, dos convites ao cerimonial, da logística de receber os convidados que viriam de longe à preparação da comunidade acadêmica para os novos tempos.

Como encarregada de tudo, fiz o que adoro: um planejamento minucioso da data da posse para trás, com todas as ações, responsáveis, custo, setores envolvidos etc. Delegando tarefas e controlando o andamento de tudo, fazia também a ponte entre a UMC/Omec e Roberto, pois queria que ele estivesse a par de tudo e que decidisse as questões que o envolvessem diretamente.

Eu mostrei desde o começo que mesmo em ações que ainda eram da minha alçada de decisão, quando eu achasse que eram importantes, sondaria sua opinião antes.

Foi durante esse tempo que houve a troca da Pró-Reitoria Administrativa, com a saída do Link. Liguei para perguntar se Roberto concordaria com a indicação do Carlos Rivera para o cargo e ele disse que em princípio sim, já que o conhecia e não tinha nada contra, e além do mais ainda não tomara posse e analisaria cada situação a seu tempo.

Dessa época, três situações me marcaram muito. A primeira era a alegria que se alastrava na universidade e na cidade. Era como se a promessa de um novo tempo começasse a se concretizar com a chegada de Roberto. A curiosidade era enorme e a imprensa acompanhava cada detalhe, em contato direto com a nossa assessoria.

A segunda foi o carinho com que todos tratamos do gabinete novo. Da planta aos móveis e decoração, todos queriam pensar não só na beleza, mas no conforto dele. Sabendo que ele viajaria todo dia, foi feita uma suíte atrás da sala, com uma minicozinha, pensando nas refeições e num canto de repouso para que ele aguentasse sem muito desgaste tantas horas de trabalho.

A arquiteta Cleide Torralbo, nossa professora e já acostumada a esse tipo de trabalho, projetou um gabinete enorme e moderno, com as janelas dando para o campus e tomando duas paredes inteiras, deixando o ambiente claro e ventilado. Ao mesmo tempo, foi dado um ar imponente com poltronas de espaldar alto e uma grande mesa de vidro para reuniões.

Quando visitou o local e viu o projeto, Roberto comentou: "Meu gabinete da USP era com a mobília antiga e com aquela solenidade, mas esse será maior e bem mais bonito", disse relaxado e muito tranquilo com o caminhar dos acontecimentos, sentindo o carinho com que a equipe cuidava de tudo para o "Doutor Lobo", como passou a ser chamado internamente.

A terceira e mais importante foi quando decidimos que iríamos a Brasília entregar pessoalmente os convites da posse às autoridades mais destacadas.

Como ele mesmo disse, sabia que a maioria dos ministros não iria à posse, mas a entrega do convite em mãos, além de mais educada, era uma oportunidade de visita, conversas e de contar um pouco do que ele pretendia fazer na UMC.

Em reunião com o chanceler, foi decidido que eu iria com Roberto representando a UMC. Com os horários marcados, fizemos uma verdadeira romaria que durou dois dias. Todos os chefes de gabinete o recebiam como um amigo íntimo, mas ao mesmo tempo com o respeito que sempre o vi ser tratado.

A visita mais marcante foi ao ministro da Saúde, Adib Jatene, que era professor emérito da USP e nos recebeu já no elevador; "Meu Reitor! Que prazer recebê-lo aqui!", disse abraçando Roberto, que me apresentou em seguida como a reitora em exercício e a sua futura vice-reitora.

Essa forma de falar — "meu Reitor" — eu observei dezenas de vezes, todas em que ele encontrava autoridades formadas na USP. Como maior fornecedora de lideranças para o país, de Fernando Henrique Cardoso a Dalmo de Abreu Dallari, quantos não tiveram Roberto como reitor de sua universidade?

Também muito me impressionou quando Roberto passou, de repente, a receber cumprimentos de vários membros dos ministérios e viemos a saber a razão: havia acabado de ser aprovada a Emenda Constitucional proposta pelo deputado Marcos Maciel que, muito impressionado com a decisão corajosa da USP em relação aos professores estrangeiros, passara a permitir a mesma condição que a USP já dava a eles para as universidades federais.

Soube então que Roberto tinha tomado a iniciativa de propor ao Conselho

Universitário que na USP seria diferente, contrariando o Regime Jurídico Único aprovado pelo Governo Federal, que discriminava os professores estrangeiros em atividade, concedendo a eles os mesmos direitos dos brasileiros, exatamente o que foi aprovado. Todos reconheciam a coragem e a sagacidade da iniciativa que gerou uma mudança na Constituição do Brasil!

Pensava em como tudo isso seria bom para a UMC, afinal, qualquer projeto saído de mãos respeitadas teria pelo menos a chance de ter um julgamento sem risco de preconceito. Isso era o que eu e todos do setor privado pensávamos e a maioria ainda pensa. Sim, ter um reitor como ele faria toda a diferença, mas só isso não seria o bastante.

A discriminação do setor privado em órgãos do MEC e agências de fomento é usada como o grande argumento pelas instituições privadas para justificar a falta de apoio e financiamento a projetos de pesquisa e pós-graduação. Roberto iria provar logo que isso não era bem assim...

- 2 -

Foi durante essa viagem que pela primeira vez falamos de nossas vidas pessoais. Eu primeiro, é claro. Depois do jantar ficamos conversando no restaurante avarandado, a noite estava quente. Queria que ele soubesse de minhas limitações, mas também do quanto vinha tentando fazer tudo certo e das coisas que havia enfrentado até então.

Dei como exemplo o fato de que minha cultura geral e formação acadêmica eram reduzidas, que eu não tinha vergonha disso, mas que muita gente colocava isso como um *handicap* importante.

Contei o que tinha aprendido na prática e como costumava usar o bom senso. Ele disse que isso era o mais importante, junto com a capacidade de ouvir e atrair as pessoas certas. Pela primeira vez ele disse o que achava de mim: "Você é um diamante bruto que precisa ser lapidado. Espero ajudar a transformar você em uma nova e importante liderança acadêmica para o Brasil!".

As afinidades eram óbvias. Pensávamos muito parecido. Falamos dos planos para a UMC e do quanto chegar até esse dia havia exigido de ambos, de diferentes maneiras, mas com grandes sacrifícios em nome de um ideal do que achávamos certo na educação.

Aprendi naquele dia o perigo que a liderança sofre — se nadar longe demais, depois pode não conseguir voltar. Ele me disse que pessoas como nós corríamos o risco de lutar tanto por uma causa que numa certa hora poderíamos cair num martírio. Nenhum de nós dois queria isso, mas não fugíamos ao bom combate e claramente estávamos olhando na mesma direção.

Após chegarmos de Brasília, o tempo voou e Roberto viajou para o exterior como havia combinado enquanto ultimávamos os preparativos.

- 3 -

No dia da posse Roberto chegou cedo e desde a manhã ficou no seu gabinete dando entrevistas e recebendo quem chegava com mais antecedência.

Quando o carro dele apontou no prédio da Administração ele já podia ver a faixa de boas-vindas escrita em nome de toda a comunidade acadêmica da UMC. Todos os computadores da universidade estavam com a mesma mensagem de "Bem-vindo, Dr. Lobo. A UMC o recebe de braços abertos! Viva o novo Reitor!".

Eu cheguei mais cedo também para ficar com ele no gabinete recebendo os convidados como anfitriã, pois ele não conhecia ainda muita gente que viria do setor privado.

Foram muitos os convidados e o grande auditório da UMC estava quase todo tomado, só ficara um espaço guardado para o coral que, depois de cantar, tomaria assento. Havia muita gente do lado de fora acompanhando a cerimônia pelos telões.

Muitas autoridades da área de Educação, Ciência e Tecnologia vindos de Brasília, reitores de várias universidades, os membros da Comissão de Notáveis, antigos colaboradores de Roberto na USP e de outras instituições, o Conselho Universitário, amigos dele, toda a sua família com os filhos e namoradas, além dos convidados pelo chanceler.

A cerimônia foi solene, mas não seguiu o ritual conhecido das posses reitorais. Aliás, Roberto foi o único reitor que declinou de usar beca na sua posse da USP e repetiu a dose na UMC.

Os discursos mais esperados eram o do chanceler e o do empossado. O primeiro disse tudo o que queria para a UMC e da confiança que depositava no novo reitor. Roberto prometeu fazer tudo o que estivesse ao seu alcance para tornar a UMC a melhor universidade particular do Brasil até o ano 2000, quando terminaria seu mandato formal. Seria uma longa e árdua jornada, avisou.

Depois houve um belo coquetel e, quando a festa acabou, Roberto foi com a família para a casa que alugaram na Riviera de São Lourenço. Em seguida da posse ele viajou para a reunião do Programa Alfa em Bruxelas e pouco nos vimos porque em julho fui eu quem saiu de férias. Nosso trabalho na UMC começou pra valer em agosto de 1996!

- 4 -

O trabalho com o novo reitor começou na base do levantamento de informações enquanto eu não chegava e passou a ser intenso, quase alucinante a partir daí. Eram muitas frentes abertas ao mesmo tempo e era um tal de subir e descer escada sem fim para a Reitoria.

O primeiro objetivo era montar uma equipe de peso. Sem desconsiderar a importância que todos tiveram para levar a UMC até ali, agora era uma questão matemática: se a velocidade é dada em função do tempo definido e da distância a ser percorrida, ao dar prazo e objetivo para a UMC ser a melhor universidade particular do país, o chanceler acabou impondo uma velocidade enorme para as mudanças que teriam que ser feitas.

A dança das cadeiras começou pela Pró-Reitoria Acadêmica. Roberto chamou a Prof. Carmem Silvia, que prontamente perguntou o que ela poderia fazer por ele. "Eu quero discutir o perfil da Pró-Reitoria. Preciso que meu pró-reitor, se tiver um problema no sábado, possa ligar para o presidente da Capes,[15] por exemplo, ser atendido e resolver o problema". Ela respondeu com sinceridade que sequer sabia quem era o presidente da Capes e depois de explicar suas razões ele avisou: "É por isso que eu vou ter que trocar o pró-reitor".

Roberto não pediu a demissão dela da universidade. Quando isso ocorreu, foi a pedido do chanceler, que achava que o pessoal mais antigo não deveria permanecer por duas razões: não se adaptavam ao que seria a nova UMC e custavam muito para a universidade. Quando eram cargos importantes, Roberto ia conversar com ele antes para explicar as razões do pedido. As pessoas que a família não queria que saíssem da UMC ficavam ligadas à mantenedora.

Roberto convidou para a Pró-Reitoria Acadêmica o Prof. Dr. Oscar Hipólito, físico brilhante, um dos duzentos cientistas mais produtivos do Brasil que havia sido seu orientando no doutorado e com quem tinha grande afinidade. Acima de tudo foi seu conhecimento na gestão da pesquisa e sua paixão pelo ensino que o levaram à UMC. Ele havia sido diretor do Instituto de Física e Química de São Carlos da USP e teve uma bela passagem como presidente na criação

---

15. Coordenação de Aperfeiçoamento de Pessoal de Nível Superior, responsável por toda a avaliação, aprovação e concessão de bolsas para pós-graduação *stricto sensu* brasileira.

da melhor escola privada da região[16] e principalmente como membro assessor dos órgãos mais importantes de ciência e tecnologia (Capes, CNPq e Fapesp) nos quais ele tinha livre trânsito e grande respeitabilidade, experiências que pesaram muito na escolha.

Oscar foi o primeiro com quem Roberto começou a formar uma das equipes de gestão mais qualificadas de que já se teve notícia em uma universidade brasileira. Com liberdade de escolha, ele manteve primeiro os melhores quadros que já estavam disponíveis na UMC em novos cargos (Prof. Paulo Motejunas na Diretoria de Graduação, Prof. Morilla na Diretoria do Centro de Ciências Exatas e alguns coordenadores de curso, só para dar alguns exemplos) e depois foi sondando novas pessoas, algumas com quem ele havia trabalhado, outras sobre quem ele ouvira falar muito bem e outras ainda por indicação de gente em quem ele confiava.

Se um dos indicadores de qualidade de uma instituição é o grau de aceitação de convites para trabalhar, começamos com os dois pés direitos. Nenhum convite foi negado e, acreditem, a maioria aceitava sem sequer perguntar qual era o salário, e no momento dessa discussão a questão já estava equalizada na nova pirâmide que Roberto exigira para tomar posse.

Um caso lapidar foi o do Prof. Dalmo de Souza Amorim. Ele era doutor, ex-diretor da Faculdade de Medicina da USP de Ribeirão Preto e presidente da Academia de Ciências do Estado de São Paulo. Havia sido chefe de gabinete na Reitoria de Roberto e, quando recebeu o telefonema de Roberto dizendo que precisava dele para a Diretoria do Centro de Ciências Biomédicas, ele respondeu: "Infelizmente, Lobo, não posso..." pausa. "Porque é sexta e na segunda tenho um compromisso. Só na terça estarei aí!". Foi desse jeitinho mesmo, como um soldado que confia no comandante e vai convocado para uma luta importante. E essa luta era o projeto de fazer da UMC a melhor universidade particular do Brasil. Um desafio para todos, sem exceção.

Foi nas diretorias acadêmicas e nas coordenações de curso que Roberto centrou o fogo primeiro. E os nomes vinham chegando... alguns vieram morar em "repúblicas" de vários gestores, que voltavam para casa só no fim de semana, ou a cada quinze dias. Outros montaram casa e trouxeram toda a família.

Depois de Oscar, Roberto convidou, por sugestão do Prof. Erney Camargo — seu ex-pró-reitor de Pesquisa da USP —, o Prof. Isaac Roitman, ex-pró-reitor de Pesquisa e Pós-Graduação da Universidade de Brasília (UNB), para a nossa

---

16. A Educativa é uma escola cooperativada de um grupo de pessoas em São Carlos, entre elas vários professores, que queriam uma escola de qualidade para seus filhos.

Diretoria de Pesquisa e Pós-Graduação. Roberto não o conhecia, mas sabia que Isaac teria todo o apoio de Oscar para operacionalizar as diretrizes que já tinham sido tomadas para a UMC entrar, de fato, na comunidade científica.

Outro convite inusitado, mas eficiente, foi para a nova diretora de Extensão e Assuntos Comunitários, minha xará Beatriz Scavazza. Roberto a conhecia do tempo em que deu consultoria para montar a Cooperação Internacional da PUC de São Paulo, onde ela chefiava a Coordenação Geral de Especialização, Aperfeiçoamento e Extensão.

Roberto a chamou em Mogi: "Beatriz, eu não quero tirar você da PUC, não posso fazer isso com seu reitor, mas preciso de um clone seu para trabalhar aqui no nosso projeto", disse sabendo que ela era mesmo um azougue! "Por que você não me convida?", ela perguntou, sempre franca e direta. Ele convidou e ela disse que sim, na hora.

Uma máquina de trabalhar que gerenciava projetos e *fundraising* como poucos. Foi a primeira a receber uma proposta diferenciada de remuneração que incluía, a partir de um certo patamar, uma participação de resultados.

Tínhamos convicção de que em certas áreas, como a educação continuada, em que, quanto mais cursos, mais trabalho há, e onde se via pouco compromisso com o resultado econômico por parte dos gestores (e mais desejo de agradar docentes com o pagamento de aulas de cursos com baixa demanda), o ganho por incremento de resultado podia fazer, e fez, toda a diferença. Uma inovação absoluta na época.

E assim foram chegando, da USP, Unesp, Unicamp, PUC-SP, UNB, PUC-Rio, todos com doutorado, a maioria com pós-doutorado no exterior e com grande experiência no ensino superior.

O Prof. Paulo Porto, ex-diretor do ICMSC[17] da USP, um doutor em Matemática, veio chefiar o gabinete da Reitoria e coordenar os cursos de licenciatura em exatas. Ele já havia trabalhado na Comissão de Orçamento e Patrimônio da USP, mas não diretamente com Roberto. Tornaram-se grandes amigos.

Para o Centro de Ciência Humanas o Prof. Enio Casalecchi, historiador com grande presença nacional que formou uma equipe de primeira para as coordenações de curso, como fizeram os demais diretores.

Não foi só para o topo que chegava gente de primeira linha, mas também nos cargos que fazem acontecer, lá nos cursos, com gente de peso como Gilda Bruna, ex-diretora da Faculdade de Arquitetura e Urbanismo da USP, para

---

17. Instituto de Ciências Matemáticas de São Carlos da USP, atual ICMC, incluindo a Computação.

nossa Arquitetura; Zilda Mussolino, ex-diretora da Faculdade da USP de Ribeirão, para a Odontologia; Cleide Nébias, ex-coordenadora da Unesp, para a Pedagogia, entre tantos outros que não daria para nomear aqui.

A estratégia era trazer para os cargos de coordenação, com tempo e remuneração compatíveis, pessoas com grande histórico de dedicação e sucesso para que todos pudessem, também, manter ou participar de seus grupos de pesquisa.

Era tanta gente de peso que Roberto decidiu publicar um catálogo bilíngue (português-inglês) denominado "Perfil Acadêmico da UMC", um tipo *Who is Who* com a primeira equipe que ele montou, uma forma cabal de mostrar como estávamos mudando.

Em um segundo momento, chegou outra leva de expoentes universitários, como o Prof. José Roberto Drugowich (ex-presidente da Coordenadoria Geral de Administração da USP, após ter sido também chefe de gabinete de Roberto), que mais tarde veio a assumir a Pró-Reitoria Administrativa, e o Prof. Jorge Nagle (ex-reitor da Unesp), que se juntou à equipe para coordenar o Núcleo de Educação, a quem não posso deixar de citar.

Outro nome de peso, depois de uma tentativa com outro bom nome que não deu certo, foi o Prof. Dalmo de Abreu Dallari, que dispensa apresentações e foi nosso coordenador por um tempo do curso de Direito.

Um *mix* genial de gente experiente e de gente nova, todos com sólida formação acadêmica e com presença em suas áreas, dispostas a criar algo novo, com aquele brilho nos olhos por participarem de um projeto desafiador e que acreditavam na liderança de Roberto. Enfim, um timaço!

Muitas pessoas me perguntavam se eu não tinha medo de ter gente tão boa abaixo de mim e se não era um risco que tomassem meu lugar. Eu sempre respondi que não tinha medo, mas sabia que iria aprender com eles todos, e, como Roberto dizia, "e eles vão aprender com você a fazer as coisas acontecerem".

Mais tarde passamos a usar uma frase que Roberto leu num livro para incentivar mais universidades a qualificar seus quadros: "Gente A contrata Gente A, Gente B contrata C com medo de B". Fato que comprovei ao longo de toda a minha vida.

Contando a partir da minha chegada à Vice-Reitoria, durante a nossa gestão, mudaram de posição ou foram substituídos todos os gestores, cerca de 50% dos funcionários e 25% do corpo docente.

Não se esqueçam do triângulo: distância, tempo e velocidade!

A Verdadeira Revolução

- 1 -

Quando fui nomeada em 1995, meu tio escolheu o dia da Revolução, 31 de março, para a minha posse. A revolução começou sim, mas tomou ares de mudança geral mesmo com a chegada de Roberto.

Com novos gestores e mil projetos a serem alavancados, posso dizer que não houve uma única área em que não se mexeu.

À medida que os trabalhos avançavam, os problemas com a mantenedora, ou seja, com a minha família, começaram a se desenhar com mais clareza. E o problema de Roberto com os políticos locais também.

Para atender a uma das cláusulas do acordado antes da posse, Roberto e o chanceler assinaram uma portaria conjunta, proibindo expressamente, sob pena de demissão, a quebra de hierarquia dentro da UMC em relação à Omec. No começo foi fonte de altos buchichos, mas funcionou na maior parte do tempo. Roberto era querido, mas temido também.

Uma outra portaria foi derivada da ordem da Reitoria de que pedidos políticos não teriam qualquer prevalência de atendimento em relação à demanda do serviço acadêmico prestado pela UMC.

Normalmente o número de atendimentos na Odontologia, por exemplo, era dez vezes maior em época de eleição. Ou seja, ou o serviço estava subutilizado em outras épocas, ou sofria de colapso por causa dos pedidos políticos. Os cartões de vereadores que garantiam furar a fila das clínicas, entre outros serviços, não eram mais aceitos.

A coisa pegou mesmo quando Roberto criou uma comissão para definir quem faria jus a receber bolsa de estudos, *todas* por mérito acadêmico, julgadas dentro de critérios objetivos e sempre com contrapartida acadêmica do aluno (por exemplo: em tutorias, monitorias, participação em projetos de iniciação científica etc.). Ao adotar essa política, o reitor resolvia dois problemas: se libertava dos pedidos feitos diretamente a ele e criava critérios acadêmicos e econômicos para a concessão.

Foi uma choradeira dos políticos locais, acostumados a pedir, e receber, bolsas para seus "apadrinhados". Com isso, Roberto passou a ser uma *persona non grata* na Câmara de Vereadores de Mogi das Cruzes.

Ao mesmo tempo, quando recebia ligações do MEC, inclusive do gabinete do ministro, perguntando sobre bolsas, ele sempre podia responder o porquê de não ter qualquer poder de decisão sobre o assunto e explicar ao interlocutor o processo de aplicação, levando o outro lado até a elogiar os novos critérios.

Foi nesse período que Roberto constatou: "Um reitor do setor privado é muito mais achacado do que o reitor de uma universidade pública. Todos querem tirar uma casquinha".

Ao lerem isso, as pessoas podem ter a impressão de que Roberto não tem jogo de cintura ou habilidade política para trabalhar no setor privado, mas sempre teve e muito. Só que usava de saídas pouco ortodoxas, que eram fruto de inteligência, perspicácia e um certo prazer em ser irônico, especialmente para negar pedidos de cargos para pessoas não qualificadas para a posição, ou que não se coadunavam com os interesses da universidade.

- 2 -

Eu ia observando como Roberto agia e queria saber a razão de quase tudo que ele fazia ou decidia. Ele parecia não estar muito acostumado a isso, mas percebia que nas poucas vezes em que a discussão o levava a uma espécie de sinuca, ele considerava repensar o que estava decidindo.

Eu achava que o reitor deveria circular mais, como eu fazia na minha interinidade, para ouvir o que acontecia direto dos envolvidos, fossem gestores, funcionários, alunos ou professores. Ele, não! Dizia que só iria aos centros se tivesse algo a dizer, e explicou: "Quando o reitor vai para as faculdades ele ouve muita coisa. E cada uma ou vira uma portaria (para resolver o problema), ou vira um inquérito administrativo. Ninguém fala com um reitor em vão!".

Então vocês pensarão: gestão de gabinete. Errado. Ele criava várias situações formais para estar com a equipe de gestores, tinha um encontro às sextas no final da tarde na Reitoria para o qual convidava alguns grupos (de gestores, professores ou até de alunos) para tomar um suco e trocar ideias, e reunia com certa regularidade os professores no grande auditório.

A primeira reunião com os docentes foi muito concorrida, gente se sentando nas escadas do auditório, todos querendo ouvir o que o reitor tinha a dizer.

De frente para mais de 450 docentes (dos 750 que havia na época), Roberto contou o que pensava e o que esperava dos professores dentro do Projeto Acadêmico que havíamos aprovado. Depois abriu o microfone para qualquer pergunta.

Alguns antigos professores que se consideravam grandes pesquisadores elogiaram a chegada "até que enfim" de uma autoridade da comunidade científica que saberia entender a discriminação do setor privado para aprovar projetos nas agências de fomento.

Roberto foi de uma coragem ímpar, pois não conheço outro caso de alguém capaz de fazer as cobranças que têm que ser feitas, assim, de frente: "Eu não acredito nessa discriminação, mas tenho uma suspeita de que os projetos não são aprovados porque não são tão bons assim. Vou mandar fazer uma avaliação de todos os projetos e emitir minha opinião, mas desde já é bom que vocês saibam que a Reitoria não é cliente de pesquisadores. Os clientes de vocês são as revistas científicas, as agências e as empresas. Como reitor da USP nunca dei um centavo para grupos de pesquisa, pois a USP dá infraestrutura e o pesquisador vai buscar suas bolsas e apoios".

Em seguida um professor pediu a palavra, representando a Associação de Docentes. Após os elogios ao novo reitor, saiu-se com essa: "Dr. Lobo, o problema da UMC não são os professores, mas a baixa qualidade dos alunos que recebemos". Não prestou.

Roberto foi absolutamente incisivo na resposta: "Não concordo com você. No momento em que recebemos os alunos no processo seletivo, estamos dizendo que eles têm condições de acompanhar o curso e assumimos o compromisso de fazer de tudo para que eles tenham sucesso. A única forma de melhorar a qualidade do ingressante seria endurecer os critérios de entrada e, aí, quase todos os cursos, com exceção da Medicina, do Direito e de poucos mais, não teriam alunos para formar uma turma e todos aqui perderiam o emprego. Essa é a solução?".

O professor insistiu: "Mas os alunos são muito ruins", e ouviu a dura resposta: "Por tudo o que tenho visto até aqui, o problema não são os alunos, mas talvez os professores!".

Era preciso que os professores se adaptassem a uma autoridade que tinha um conhecimento indiscutível enquanto o reitor escrutinasse as dificuldades que de fato existiam, mas que não haviam ainda recebido ações concretas para a devida correção.

Em uma reunião posterior com alguns professores mais ligados à pesquisa ele deu a devolutiva: "Li todos os projetos de pesquisa desta universidade e, se fosse da Fapesp[18] ou do CNPq,[19] não aprovaria nenhum. Temos que rever toda a pesquisa na UMC!".

Falou e fez.

- 3 -

Roberto estranhou um pouco os processos que passam pelo reitor numa IES privada e nem chegavam perto dele na USP, mas adaptou-se rápido. Eu também tinha que me adaptar ao seu estilo. Um exemplo foi a parte burocrática e cito para ilustrar os processos de aprovação de licença de docentes e/ou apoio à participação em Congressos e outros tipos de viagem. Quando assumi, criei regras rígidas e prazos para concessões em razão do alto gasto da universidade sem grandes retornos.

Eu havia colocado regras em tudo, uma forma de garantir minha isenção, e cobrava de todos que, se soubessem de algum caso que fugisse à regra, levasse-o ao meu conhecimento. Isso já foi um imenso avanço na organização desses eventos e de outros processos internos.

Eu, como executiva acima das pró-reitorias, respondia por todos os despachos cotidianos e em dias marcados levava parte dos processos para Roberto ver e me dizer se estava tudo bem ou se teríamos que mudar algum procedimento.

Passava os processos rapidamente, dizendo: "Esse é de licença-maternidade, é lei e foi aprovado; esse é de participação em Congresso, entrou no prazo, atendeu às exigências e foi aprovado", e aí passava os documentos para a pilha dos vistos.

De repente, com o caso de um docente que teve o pedido de ir para um congresso negado, ele colocou a mão na pilha e puxou para si o documento. Ele leu e disse que aprovaria a ida do professor. Gelei! Toda a minha segurança em um procedimento já estabelecido estava em perigo e tive um átimo de desconfiança das razões dele.

"Beatriz, se você vier aqui na Reitoria para trazer processos que já estão definidos por critérios prévios, você não precisa de um reitor, pode colocar no computador que a máquina faz esse trabalho", e continuou, eu ainda perplexa: "Veja esse caso: o professor foi convidado para apresentar um *paper* numa universidade importante em Londres, tudo pago por eles, mas o convite chegou com atraso. Qual a culpa do professor e qual nosso ônus em aprovar?".

---
18. Fundação de Amparo à Pesquisa do Estado de São Paulo.
19. Conselho Nacional de Desenvolvimento Científico e Tecnológico do Ministério de Ciência e Tecnologia.

Respondi, preocupada, se ele não estava indo pelo caminho da escolha personalista, que o ônus era deixar cair no descrédito todos os critérios que deram tanto trabalho para implantar e que eu achava que funcionavam tão bem. E funcionavam, na imensa maioria dos casos...

Foi aí que ele mostrou com clareza o seu papel. "É uma atribuição do reitor decidir as exceções. E devem ser tão bem embasadas que não gerarão precedentes, ou somente precedentes de mesma origem, o que é bom. Será assim. Duvido que alguém renegue os argumentos de meu despacho!".

Um aprendizado para mim e para todas as pessoas que mesmo sérias acabam usando a burocracia para garantir isonomia, mesmo em casos não isonômicos.

- 4 -

Numa tarde ainda em 1996, Roberto recebeu a ligação da secretária da Educação de São Paulo, Rose Neubauer. Ela soubera que Roberto estava na UMC e queria que a universidade entrasse para concorrer a um seleto grupo de universidades que seriam responsáveis pela capacitação de 6.500 professores da rede pública estadual de ensino básico. Era um voto de confiança na UMC em razão da presença dele. Era coisa em torno de um projeto total de 4 milhões de dólares.

Ele chamou a Scavazza e disse: "Eu sei que não temos corpo docente para isso, mas temos capacidade de fazer o projeto e geri-lo, buscando os professores certos onde for preciso. Faça e mande". Não só fomos aprovados, a única universidade particular, como ao final fomos escolhidos como o melhor projeto entre todos. E aí se incluíam todas as estaduais paulistas. Começávamos a virar gente grande.

As coisas aconteciam assim, aonde ele ia voltava com alguma grande proposta ou ideia e discutia com o grupo dos catorze. Esse grupo ele formou com nós dois, o chefe de gabinete, os dois pró-reitores, os três diretores da Pró-Reitoria Acadêmica (Proacad), os três diretores de centro, a Diretoria de Planejamento, Avaliação e Marketing, que passara a responder diretamente ao reitor e era ocupada pela Ana Elisa, o assessor jurídico e o secretário-geral Rubens Guilhemat (que depois pediu para sair e montar sua escola e foi substituído pela Prof. Vera Lucia Pereira Lima).

Eram reuniões quinzenais onde todos tinham absoluta liberdade de falar ou propor o que quisessem, a nossa "Câmara de Gestão", com atribuições consultivas de apoio ao reitor, modelo que adotamos em várias IES nas quais fomos consultores depois.

A Câmara de Gestão, aliada à estrutura matricial que de fato criava uma ligação vertical e horizontal — entre as diretorias ligadas às nossas atividades-fim e as diretorias que cuidavam das atividades-meio —, era uma poderosa ferramenta contra o comum "aquartelamento" dos setores que é visto em quase todas as organizações.

É um problema generalizado (porque também vimos que ocorre nos EUA, por exemplo) essa pouca colaboração entre os diferentes setores, formando verdadeiras "igrejas" que passam a ser donas de determinado assunto e ninguém mais pode opinar nas questões a elas vinculadas. A área de informática não discute nem aceita opiniões de quem não é "especialista", o marketing idem, a área de vendas a mesma coisa, enfim, todos cuidando de suas igrejinhas e querendo tratar só e diretamente com o papa (no caso das universidades, com o reitor).

Roberto sempre lutou contra isso e, inclusive, fez veemente defesa da liberdade de opinião e sugestão na nossa equipe e em outras das quais participou. "Não é preciso ser especialista em algo para dar uma opinião. A área não precisa decidir a partir de palpites, mas tem que ouvir, compartilhar e colaborar. Ouvindo pode aprender e, se for preciso, esclarecer. A 'cátedra', entendida como uma hierarquia incontestável e fechada em si mesma, seja na gestão ou na academia, faz muito mal à evolução do conjunto em benefício do individual".

Além de discutir projetos e problemas e integrar as diferentes áreas, ele sempre criava uma pauta paralela que partia de algum assunto, livro ou artigo que ele entregava a um de nós para ler e apresentar ao grupo, terminando sempre com a discussão de como isso se aplicaria à nossa universidade.

Assim ele ia formando e aperfeiçoando a equipe, além de colher as reações às novas ideias e a discussão de como implantá-las.

Algumas vezes havia convidados externos nessas reuniões. O mais marcante foi em uma visita do Prof. Julio Pudles, do Instituto de Ciências Biomédicas da USP e do Instituto Pasteur, que, ao participar como convidado de uma dessas reuniões, afirmou: "Tive que vir para Mogi das Cruzes, numa universidade privada, para ouvir uma discussão que deveria ocorrer em todas as universidades brasileiras, mas que não acontece. Isso que vocês estão fazendo é o que caracteriza uma verdadeira universidade".

Como disse já várias vezes, nesses vinte anos, fiz o que se poderia chamar de um doutorado por ano ao trabalhar com essa equipe e, especialmente, com Roberto.

- 5 -

Roberto avisou que tinha uma tática para tratar com a imagem externa da UMC. Sabia que no começo teria que usar sua presença e credibilidade nas mídias, mas queria que, paulatinamente, fosse sendo substituído pelos demais gestores e, em especial, por reportagens que contassem o que a UMC e seus docentes estavam fazendo.

Ele sempre dizia que "a melhor notícia não sai do departamento comercial do jornal, mas de sua redação"! E tínhamos muita mídia espontânea diante de tantas coisas novas que estavam acontecendo.

Ele utilizou a mesma prática que já tinha usado na USP para monitorar as notícias e criar metas de participação da UMC no noticiário. Para isso, contratou uma Assessoria de Imprensa externa que tinha uma pessoa alocada diretamente ligada à Reitoria, mais barato que montar toda a estrutura internamente.

Pouco tempo depois, colhiam-se as notícias que aconteciam nos centros, nas diferentes áreas (ensino, pesquisa, extensão e cultura), e pautávamos todos os jornais locais e já entrávamos nos jornais de grande circulação.

Essa relação com a imprensa, com quem Roberto sabe lidar muito bem, sempre nos assustou. Mas fomos construindo a credibilidade que não havia anteriormente e em muitas ocasiões os jornais ligavam antes de veicular alguma notícia contrária a nós.

Um exemplo foi quando um aluno denunciou que estava havendo reprovação em massa para evitar que alunos ruins fizessem o antigo "Provão".[20]

A *Folha de S.Paulo* ligou e Roberto mandou a lista de reprovados, cerca de 10% dos alunos, e perguntou se esse índice poderia ser considerado reprovação em massa. A notícia não saiu.

Mas havia muita falsidade também. Uma repórter veio saber como era o projeto de renovação da UMC e, como sempre, começaram por mim, para contar o início de tudo. E eu sempre conto que tivemos que começar por uma reorganização interna, a arrumação da casa. Ela perguntou: "Uma espécie de faxina, né?". Eu acenei com a cabeça que sim, no sentido figurado do termo para a instituição, não em relação a pessoas, mais para a compreensão dela e jamais para publicação. Ela escreveu a perversa manchete: "Tudo começou com uma grande faxina!".

Resultado: fui processada por um professor do Direito que se sentiu pes-

---

20. Exame de final de curso de graduação, posteriormente substituído pelo Enade.

soalmente atingido porque havia sido demitido e me acusou de chamá-lo de lixo, denúncia não aceita pelo juiz.

Entretanto, a matéria mais bombástica foi capa da revista Veja. Roberto recebeu um repórter que ele considerava sério dizendo que queria retratar o que estava acontecendo na UMC, então contamos todo o projeto e mostramos tudo o que estava sendo feito.

A matéria de capa de 10 de dezembro de 1997 estampava: "Fuga de cérebros: por que os professores das universidades públicas estão indo para as faculdades particulares", e o artigo reclamava da perda de bons docentes das universidades públicas para o setor privado e tinha Roberto como o grande e maior expoente.

Em sua chamada na página interna que anunciava as principais matérias do respectivo número da revista, o título evidenciava o peso de Roberto no cenário da educação universitária brasileira: "A universidade pública perde nomes como o de Roberto Leal Lobo", e a sua foto ilustrava a chamada da matéria.

No corpo da revista, a matéria começava narrando uma cena que ocorreu na posse do novo reitor da USP, quando a presença de Roberto foi anunciada pelo cerimonial como reitor da Universidade de Mogi das Cruzes, dizendo que se ouviu expressões de espanto (por um ex-reitor da USP estar agora à frente de uma universidade privada).

A matéria completa tratava do que se considerava um problema no Brasil: o fato de que altos salários no setor privado estariam atraindo os maiores expoentes das universidades públicas (mesmo que na maioria dos casos citados — incluindo Roberto — os gestores já estivessem aposentados em suas instituições de origem), o que seria uma perda para o setor público na opinião da revista.

Ao longo da reportagem, a revista falava dos salários dos professores de forma comparativa entre o setor público e o setor privado das universidades brasileiras. Mostrava depoimentos de autoridades sobre o que considerava um risco para a qualidade das universidades públicas, em especial as ligadas ao Governo Federal, que não conseguiam pagar salários competitivos com as melhores universidades privadas.

Para provar a tese, a Veja buscou oito exemplos de destaque acompanhados de fotos na parte alta da página e mais quatro com menos destaque na parte de baixo da página. O primeiro exemplo de destaque era exatamente de Roberto Lobo com a seguinte legenda:

Reitor da Universidade de Mogi das Cruzes (SP). Físico, 57 anos de idade, ex-professor titular e ex-diretor do Instituto de Física e Química de São Carlos, da USP, reitor da USP de 1990 a 1993. Aposentou-se em 1993. Quanto ganhava: 10 mil reais. Quanto ganha: 25 mil reais.

Ele ficou muito bravo. Além das bobagens, a tabela tentava mostrar o ganho financeiro desses "traidores" e em nenhum momento levou em conta todo o projeto que Roberto tão bem explicara e mostrara ao repórter.

- 6 -

O projeto mais importante elaborado, discutido e aprovado no primeiro semestre da Gestão Lobo foi o Planejamento Estratégico Institucional (PEI).
Com a base da discussão já tendo sido feita por ocasião do Projeto Qualidade/Projeto Acadêmico, com o próprio Roberto, a tarefa maior seria decidir o processo de discussão e de aprovação nos órgãos colegiados.
Com a contribuição de Oscar, Rivera, Paulo Porto e Ana Elisa, finalizamos a proposta da Reitoria contendo Missão, Visão, Princípios e Valores, Políticas Gerais da UMC e Missão, Objetivos e Metas das grandes áreas: Graduação, Extensão e Assuntos Comunitários e Pesquisa. Um documento que não só trazia inovações, mas também oficializava e valorizava questões que antes eram subliminares e difíceis de serem cobradas.
Talvez os leitores estranhem a falta da Pós-graduação no PEI, mas a decisão foi de colocar os cursos de especialização na Extensão e, como não tínhamos nenhum programa de mestrado ou doutorado, Roberto considerou que eles só nasceriam como consequência natural do avanço da Pesquisa e suas definições ficaram atreladas a ela.
Mais importante que o projeto foi a forma como se deu o processo de discussão e aprovação, tão certo que adotamos ao longo de nossa vida em várias situações semelhantes.
Roberto sempre valorizou a participação do corpo acadêmico nas grandes linhas mestras de uma universidade e na UMC não seria diferente. Entretanto, sua experiência com os colegiados da USP havia provado que projetos levavam poucos dias para serem concebidos e anos para serem aprovados, na maioria das vezes totalmente desfigurados em relação às propostas originais.
Por isso os colegiados na UMC mudaram totalmente de configuração, a escolha dos representantes passou a ter critérios qualitativos e as decisões,

salvo ilegalidades, eram terminais nas questões de cada alçada, evitando o interminável ciclo de recursos.

Todos os colegiados passaram a funcionar como deveriam: com pauta prévia e acesso ao material que seria votado com a devida antecedência e abertura para defesa e contraditório de forma organizada e qualificada. Assim, os colegiados começaram a responder pelo que, de fato, seus integrantes podiam opinar com competência e deixaram de ser homologatórios, como haviam sido durante toda a existência da UMC.

Ou seja, agora se gastava mais tempo na elaboração dos projetos e menos na sua aprovação, dando uma celeridade enorme às mudanças com aumento de participação. Pois esse era o guiso no pescoço do gato. Participação da comunidade e discussão colegiada e uma certa celeridade pareciam coisas incompatíveis. Mas não são!

Para mudar isso Roberto adotou o que chama de "boia da decisão", analogia com aqueles sinalizadores no mar formados por dois cones unidos pela base, mais ou menos assim:

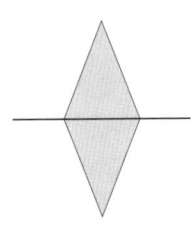

Ou seja, o problema é detectado ou levantado pela administração superior, que com suas informações e responsabilidades faz uma proposta e abre para discussão de forma organizada. Depois as propostas voltam para a equipe de elaboração para equalizar as diferentes demandas e dar uma razoabilidade ao documento, que, após ser aprovado pela gestão superior, segue para a aprovação dos colegiados superiores, fechando a parte final da boia.

Dessa forma, elaborada a proposta, Roberto deu ampla divulgação interna e convidou a comunidade acadêmica (professores, alunos, gestores e funcionários) para a leitura do documento — que ficou disponível no site institucional, na área de acesso privado — e para uma apresentação do documento em reunião aberta a toda comunidade com a participação de toda a equipe superior no grande auditório, que ficou lotado.

Durante um dia todo ele presidiu a apresentação do documento e defendemos a razão de ser de cada item. Depois abriu para perguntas. Ao final explicou como seria o processo de colaboração: indicou um e-mail exclusivo dedicado ao processo para onde deveriam ser enviadas todas as sugestões, individuais ou coletivas, e deu o prazo para que isso ocorresse. Passado o prazo, não houve um único questionamento de fundo, algumas sugestões apenas de redação foram acatadas e muitos foram os elogios. Todas as mensagens foram devidamente respondidas.

A proposta foi aprovada no Conselho Universitário por unanimidade e enviada para aprovação final pela mantenedora, conforme rezava o Estatuto. Ao final, foi impressa em formato bilíngue e passou a pautar todas as nossas decisões, ajudando inclusive a justificar negativas de propostas totalmente fora do que estava planejado.

Mas como planejar é só o começo, a implantação do Planejamento Estratégico dependia do Planejamento Tático-Operacional (PTO) para de fato acontecer e ter, inclusive, repercussões orçamentárias: o grande desafio para 1997!

Atendendo ao Coração

- 1 -

Durante os primeiros seis meses de sua gestão, em que de fato trabalhamos juntos, a partir de agosto de 1996, além de diversas e amplas discussões sobre vários temas de gestão, interna e externa à universidade, muitas vezes eu ficava no gabinete da Reitoria para discutirmos ideias e perspectivas que não estavam ainda maduras para serem levadas para a Câmara de Gestão, ou para conversarmos sobre algum fato, novo ou do passado, não importava. Estávamos nos conhecendo cada vez melhor.

O tempo passava muito rápido e muitas vezes Roberto e eu saíamos da Reitoria com o pessoal da limpeza trabalhando para deixar tudo pronto para o dia seguinte e com a maioria dos prédios já apagados. Não nos preocupava nenhuma interpretação maldosa, porque não se pensa naquilo que não se está fazendo.

O gabinete dele passou a ser o local onde fervilhavam assuntos interessantes, pessoas inteligentes, ideias inovadoras, questionamentos raros de serem feitos naquela época na maioria das universidades.

Participávamos da abertura das semanas dos cursos, ou de eventos como congressos e seminários. Muito tempo depois vi algumas fotos tiradas pela área de audiovisual da UMC e entendi do que se falava nos corredores. Eu tinha um olhar absolutamente embevecido nas fotos em que ele estava falando. Mas nossas cabeças não aceitavam sequer levantar essas hipóteses. Bloqueio total.

Estava me separando outra vez, e meu ex-marido parecia sentir o que eu mesma não havia percebido: quando eu disse "Ainda vou encontrar uma pessoa que me ame de verdade, que carregue por mim mais do que um caminhão, um trem cheio de areia e que me faça feliz de verdade e para sempre", Eduardo falou baixo, com a maior serenidade: "Você já encontrou, mas ainda não sabe disso!".

- 2 -

Eu me lembro muito bem de quando, de fato, percebi que estava absolutamente apaixonada por Roberto. Estava no chuveiro e ouvi a minha própria voz a dizer: "Você ama esse homem!". Assim como um *insight*, um quebra-cabeça cujas peças estavam lá, mas que só naquele momento se juntaram e criaram um novo significado.

Na hora senti um desespero, um terror de pensar como eu poderia sofrer por causa disso! Pensava que ele nunca havia demonstrado nada que não pudesse ser entendido apenas como amizade, carinho, afinidade e admiração... pensava na confusão que isso poderia trazer, de qualquer forma.

Mesmo nas viagens que fizemos juntos a trabalho, estávamos sempre alegres e conversando animados, mas acabava o dia e a despedida era simples, de boa noite e até amanhã.

Repassava na mente minhas conversas com ele, alguns gestos, até as confidências, mas seria fácil aceitar que ele me tomara pela mão, como uma discípula, ou uma quase filha, pois 23 anos são a nossa diferença de idade. Ele estava com 58 e eu com quase 35.

Tamanha admiração só podia dar nisso, eu pensava. Era quase uma idolatria. Mas e se só eu sentisse isso? Jamais poderia colocar tudo em risco.

Lembrei-me do poema que ele me mandara naquele dia e que me emocionou tanto, da sua simplicidade ao aceitar todas as homenagens que fizeram a ele durante a posse, de como se interessava por coisas tão diferentes, da física à poesia, da matemática aos cavalos, da história a todo tipo de esporte.

Decidi então ficar na minha, fechadíssima em copas, e prestar mais atenção nele, em seu comportamento e gestos em relação a mim.

Ele não fazia mais nada sem me consultar antes e me mostrava para opinar sobre qualquer documento que fosse, e a recíproca era verdadeira. O gabinete da Vice-Reitoria ficava quase o dia todo vazio...

Estava para começar o que Roberto chamou a vida toda de "uma vertigem"!

- 3 -

Algum tempo depois, ele já separado também, me entregou um acróstico[21] num pedaço de papel já meio amassado, parecendo que já estava rolando fazia

---

21. Poema cujas iniciais de cada linha formam frases ou palavras.

uns dias em seu bolso. As iniciais formavam a frase "Eu te amo".

Ele diz que nunca pensou que pudesse achar alguém que fosse "preencher todas as suas valências" (frase que ele usa para descrever nossa relação). Não havia outros interesses porque estávamos parelhos em tudo, inclusive financeiramente eu estava um pouco melhor. Ele até brincava que ninguém sabia que ele estava com a "Dona Baratinha que tinha dinheiro na caixinha". Não dava para sustentar uma versão interesseira para nossa relação.

Não tinha mais dúvidas de que ele me amava, mas sabíamos que era uma situação delicada, pois envolvia os gestores da Reitoria da UMC.

Superada a parte mais sensível, ligada à reação das famílias, faltava falar com meu tio. Marcaram de irem juntos à Brasília, pois Roberto havia sido convidado para falar para uma comissão que estava estudando o papel das fundações de apoio nas universidades públicas. O chanceler disse que tinha saudades do Congresso Nacional e que iria acompanhando o reitor.

Depois da fala de Roberto no Congresso foram jantar e antes da sobremesa Roberto contou que estávamos apaixonados, que queria ficar comigo e não deixou de fazer o mais certo: "Como o senhor nos contratou sem termos nenhum relacionamento, tem todo o direito de não aceitar essa situação, por isso nós dois estamos colocando nossos cargos à disposição".

O chanceler se mostrou preocupado, mas disse que não deveríamos deixar a UMC. Ele teria que convencer a mulher e a filha e garantiu que o faria. Na hora, entretanto, ele tentou outra tática: "Lobo, você está cometendo o maior erro da sua vida. A Beatriz ama o ex-marido e o relacionamento de vocês não durará dois anos". Em resposta, ouviu a única frase que eu gostaria que ele ouvisse. "Dois anos, chanceler? Para mim está de bom tamanho!".

Por ser uma versão que interessava a muitos, construiu-se a infâmia de que eu havia me aproximado de Roberto por puro interesse, para casar com ele e, juntos, tomarmos a UMC da família. Absurdo que só quem não conhece leis pode falar e defender tamanha estultice. Isso foi sobre um casamento que já dura vinte anos e é mais do que feliz! Só que quem não devia acreditar comprou a ideia, e isso não era bom para o projeto da UMC.

Já para meu filho foi uma curtição. Ele havia conhecido Roberto há algum tempo e o achado incrível. Um dia no carro me perguntou por que eu, estando separada, não me casava com Roberto, que parecia ser um cara legal.

Na verdade, o encontro decisivo deles aconteceu bem depois, quando já estávamos de fato namorando, e foi em meu apartamento, à noitinha, quando ele acabara de voltar do clube com Eduardo. Thiago tinha 8 anos. Chegou e se atirou, imenso como sempre foi, no meu colo, a ponto de me machucar os seios. Reclamei dizendo mais uma vez que ele não podia fazer aquilo, pois era muito pesado e abrupto.

Roberto perguntou, já que ele gostava de pular nas pessoas, se aceitaria pular sobre ele. Thiago me olhou ressabiado e eu acenei com a cabeça. Roberto pediu licença e ficou sozinho no sofá enquanto Thiago tomava distância, como um touro de cabeça baixa, e disparou para acertar Roberto na barriga. Só que, num átimo de segundo antes, Roberto saiu do sofá e Thiago esborrachou-se contra o espaldar de espuma. Levantou-se meio queixoso, sem nenhum ferimento que não fosse no orgulho e ouviu: "Aí, moleque! Viu como você está grande demais para pular nas pessoas assim?".

Depois falaram de amenidades e fizeram algumas brincadeiras mais comuns. Naquele momento Roberto marcou seu território, mostrou quem mandava e adquiriu o respeito que meu filho nutre por ele até hoje, de forma incontestável. "Mãe, não se esqueça de que eu fui o primeiro a dar a ideia!", disse meu filho quando Roberto explicou que estávamos namorando e que iríamos nos casar assim que os divórcios saíssem. E mesmo tantos anos depois Thiago ainda se diz responsável por nossa união. Se não foi o único, certamente ajudou muito com seu comportamento e sua absoluta aceitação de meu casamento.

- 4 -

Muitas vezes usamos para ilustrar a nossa decisão a analogia de "queimar as caravelas", ato de coragem e audácia tomado pelo espanhol Hernán Cortês, quando invadiu o México para dominar os astecas, pois não queria que sua esquadra voltasse fugindo da guerra. Roberto já havia mudado de emprego, agora deixaria definitivamente de viver perto da família e de amigos de uma vida inteira.

Ele dizia que se dois anos antes uma cartomante dissesse que a vida dele iria se transformar daquela forma ele teria dado uma grande risada, achando absolutamente impossível.

Avisamos aos colegas da UMC mais próximos e, para assumir a notícia para a cidade (provinciana, apesar de já bem populosa), fomos à churrascaria mais frequentada, num dia lotado de semana. Ele me olhou após deixar o carro no *valet*, estendeu a mão para pegar a minha e entramos assim, de mãos dadas, para almoçar.

Na manhã seguinte o jornal local lançou a manchete "Reitor da UMC namora vice-reitora". Estava dado o recado, de uma forma meio esdrúxula, mas eficiente. A matéria em si parecia coisa de coluna social.

Ao chegar uma noite para jantar, ele olhou pela janela do carro e nos viu, eu e Thiago, acenando da varanda do apartamento animados para o carro que estacionava. Me disse depois que na hora pensou: "Estou começando uma nova vida".

Durante quase seis meses procuramos e reformamos a casa em que fomos morar juntos e fizemos uma cerimônia de *open house*, dia 11 de setembro de 1997, que foi tratada como um casamento social. Um dia antes Roberto levou a mim e a Thiago para jantar e entregou um par de alianças, pedindo para que Thiago as colocasse nos nossos dedos. Aquele foi nosso casamento real. Após a festa saímos em lua de mel.

Nosso casamento civil ocorreu somente em 15 de abril de 2000, quando passei a assinar Lobo no fim de meu nome. Era o que ele mais queria e disse que tinha muito orgulho de que eu fosse uma "Lobinha" a partir de então.

É importante que nesse assunto eu avance um pouco no tempo para que não fiquem mal-entendidos. Não foi fácil para ninguém, não se iludam. Mila, sua ex-esposa, conquistou minha admiração e respeito e depois, com o passar do tempo e muita civilidade, tudo ficou para trás, e hoje há carinho genuíno de todas as partes.

Nosso primeiro reencontro foi quando nasceu a neta de Roberto, Luísa, que foi criada junto com os pais na casa da avó, que nos convidou para irmos lá conhecer o bebê. Depois disso estivemos em muitos eventos de família, como batizados e aniversários.

Meu filho frequentou a casa dela muitas vezes, de quem gosta muito até hoje, e ganhou, verdadeiramente, três irmãos mais velhos! Se os filhos de Roberto não são exatamente como filhos para mim, em decorrência da proximidade etária, são quase isso. São amigos para toda hora e juntos passamos excelentes momentos.

No casamento do caçula de Roberto, Carlos Eduardo, o Cadu, com Bárbara, que aconteceu em Brasília em 2009, Roberto entrou de braço dado com Mila na cerimônia ecumênica e logo atrás eu e Thiago como padrinhos, os irmãos com as esposas em seguida, como padrinhos também.

No churrasco da família reunida no dia seguinte, um convidado da noiva, vendo a farra entre os meninos e o clima amistoso entre todos, pensando na dificuldade que estava enfrentando com sua separação, perguntou a Roberto qual era o segredo. Ele não titubeou: "A verdade no longo prazo sempre vence!".

- 5 -

Apesar de estarmos de cabeça totalmente enfiada nos projetos da UMC, a minha vida pessoal com Roberto era ao mesmo tempo deliciosa e provocante.

Conversávamos tanto que no primeiro ano de nosso casamento passamos meio insones, dormindo poucas horas durante a semana e acordando na hora do almoço do fim de semana, tão grande era o cansaço acumulado.

Sentíamos no início que as pessoas temiam que a gente pudesse brigar e melar tudo o que estava acontecendo, mas, apesar de discutirmos todos os assuntos, nunca brigamos. Fazíamos desde o começo tudo juntos, no trabalho, em casa, no lazer e ríamos quando alguém dizia que isso faz mal para um casal. Para nós sempre foi simplesmente natural. Não há graça nenhuma em fazer as coisas longe dele, e vice-versa.

Aliás, talvez esse seja o grande segredo de um casamento. Ele sempre priorizou meu bem-estar e meus desejos, e eu sempre fiz o mesmo em relação a ele. Então, se cada um prioriza o outro, os dois se sentem valorizados.

Se duraria dois anos como meu tio havia dito… Roberto sempre achou que não. Apesar de termos os dois um gênio muito forte e traços de liderança bem marcantes e de sermos muito parecidos nas formas de pensar e agir na vida, nós nos complementamos em outras coisas.

Ele é mais introvertido e calado, e se diverte com o que ele chama de minha alegria e entusiasmo. Ele me dá uma enorme paz e equilíbrio, além de me manter sempre alerta, pois não quero decepcionar um homem tão diferenciado.

Quando fico brava com algo ele contemporiza. Quando ele fica nervoso por alguma razão, eu tendo a colocar panos quentes, mas sempre em relação a outras pessoas. Entre nós isso quase nunca acontece.

Ele aprendeu a me respeitar intelectualmente e a aceitar minhas perguntas como pertinentes e válidas por princípio. Não sei se alguma outra mulher o havia tocado nesse aspecto.

Nas viagens, virávamos as noites em conversas sem fim até o dia amanhecer. Nunca perdemos esse costume de conversar, muito, o tempo todo.

Somos agnósticos, mas um dia perguntei se ele achava que talvez nos encontraríamos no céu. Ele achou que fez poesia ao responder: "Nós vamos nos encontrar, sim, minha linda, mas no canteiro das rosas!".

Quando penso na forma como nos unimos, acho que foi um milagre. E um dia ele me disse: "Você é o meu milagre!".

Fazendo o Planejamento Estratégico Acontecer!

- 1 -

Quando o ano letivo de 1997 começou, alunos e professores encontraram muitas mudanças. Uma delas foi a reforma das salas dos professores, que passou a ser um espaço digno.

Os coordenadores de curso passaram a ocupar salas em volta do espaço aberto dos professores e, junto com o diretor de centro, podiam acompanhar tudo o que acontecia. Acabaram-se os atrasos dos docentes conversando no cafezinho.

Salas de reuniões coletivas permitiam uma convivência próxima e uma constante troca de informações. Com muitos docentes novos, vários em tempo integral, precisávamos de estrutura para atendê-los. Havia agora também salas de atendimento individual para professores receberem os alunos e novos laboratórios de informática.

Com o Planejamento Estratégico aprovado, queria discutir com Roberto como seria sua implantação. Não havia metas quantitativas e elas dependiam de um levantamento da situação de cada diretoria.

Foi quando formalizamos uma maneira de trabalhar que tem dado certo até hoje. Roberto costuma discutir primeiro os conceitos comigo, questiono aquilo que não entendo, levanto os obstáculos, faço sugestões que sempre são acatadas quando corretas e, depois que ele percebe que captei tudo, me delega a transformação de uma ideia ou um conceito em um processo detalhado, com começo, meio e fim, formatado de maneira que todos possam entender e acompanhar.

Sabíamos que o Planejamento Tático-Operacional (PTO) era a parte mais difícil, aquela em que quase todas as IES sucumbem em razão das pressões e da luta por verbas e poder. Roberto pediu que eu presidisse a Comissão do PTO, formada pelos dois pró-reitores, os sete diretores das pró-reitorias, a Diretoria de Planejamento, Avaliação e Marketing ligada à Reitoria, os três diretores de centro e o chefe de gabinete, catorze pessoas além de mim.

Foram inúmeras as reuniões em que definíamos não somente que critérios adotar para criar as metas para os próximos dezoito meses, mas quem eram os responsáveis, quem eram os colaboradores diretos, os custos e prazos para cada uma das ações decorrentes de cada meta.

Foram quatro meses de trabalho em que se discutia muito e depois eu renovava as planilhas com as novas decisões. Terminado o PTO, subi à Reitoria feliz da vida. Roberto leu o documento, fez algumas perguntas e foi marcando ao lado de cada meta números muito mais ambiciosos. Quase enlouqueci.

Depois de tanta discussão, como ele podia mexer assim e pressionar a equipe com tamanhos desafios? Foi então que ele me explicou: "Agora convoque a comissão. Conheço bem essa turma. Aqui muitas das metas estão próximas da zona de conforto, do que eles praticamente já garantiram que vão alcançar. Meu papel como reitor será puxar para cima todas as metas!".

Foi aquela chiadeira. Ele fazia ouvidos mocos. Apenas em um ou dois casos, reviu sua posição e diminuiu um pouco seu ímpeto. Nos demais casos, não aceitou reclamações. O PTO que levaria a UMC a outros patamares estava pronto em junho de 1997.

Novamente alguns meses para elaborar um documento tão importante e só um dia para aprovar, já que, diferentemente do PEI, o PTO só passaria por outra discussão na Câmara de Gestão, pois era um documento administrativo de execução do Planejamento Estratégico aprovado e não precisava (e não devia por uma questão de sigilo em relação às concorrentes) passar pelos colegiados deliberativos.

O PTO era a formalização das dezenas de projetos que iriam ou estavam sendo gerados em todas as diretorias, direcionados pelas metas, mensurados e orçamentados para agilidade e eficiência das ações. Não conheço outro exemplo no Brasil que tenha chegado a esse nível de detalhamento, com índice tão elevado de metas e que tenha sido executado com tal sucesso!

- 2 -

Difícil dizer qual dos projetos previstos no Planejamento, e detalhados no PTO, era mais impactante. Os que eram ligados à graduação tinham grande repercussão e mexiam com situações já consolidadas. Por serem multidirecionais, alguns deles foram verdadeiros precursores de uma nova mentalidade na UMC e mesmo no setor privado de educação superior.

Os projetos que estavam na extensão e assuntos comunitários desafiavam a máxima de fazer caridade com chapéu alheio. Antes, os projetos de atendimento à comunidade se multiplicavam, mesmo que sem qualquer cunho acadêmico para o aluno, pois quase sempre não estavam ligados à sua formação.

A proposta era que, se o projeto não integrava a formação do estudante, ou o fazia só em parte, seria preciso buscar apoios para que eles pelo menos empatassem em custo e receita. Os cursos de educação continuada e especialização, não; esses tinham que ser superavitários, assim como novos projetos que usavam a competência de gerenciamento da UMC nas mais diferentes frentes.

Naquilo que a UMC costumava chamar de pesquisa havia um pequeno número de docentes que formavam grupos, alguns com grande fama, como era o caso do Centro de Investigações de Crimes Sexuais, pioneiro no uso da análise de DNA para apoiar a polícia a desvendar os casos de estupro. Além de dar todo suporte às vítimas, o Centro era dirigido pelo internacionalmente conhecido Prof. Wilmes Teixeira, médico legista que, além de excelente professor, é uma celebridade depois de ter participado da identificação da ossada do carrasco nazista Joseph Mengele.

Outro era coordenado pelo polêmico Prof. Ricardo Veronesi, infectologista oriundo da USP que havia sido secretário de Saúde de Maluf e que durante anos fez pesquisas sobre Mal de Lyme e outras doenças transmissíveis pelo sangue, mas sobre quem recebíamos várias queixas acerca dos procedimentos adotados.

Havia também o Núcleo de Bioquímica dirigido pelo Prof. Paulo Cezar Almeida, o Núcleo de Pesquisas Tecnológicas, que agora estava com outra coordenação, já que Rivera subira para a Proad, o Instituto de Pesquisa da UMC (IPUMC), que atuava na área de economia e fazia regularmente a medição da inflação regional, e mais alguns pesquisadores isolados. O problema era que, além de serem quase todos financiados integralmente pela UMC, não fazíamos uma avaliação de seu impacto científico e a adequação de sua estrutura para serem considerados realmente núcleos de pesquisa.

Roberto já havia avisado que todos passariam por avaliação externa e que isso aconteceria com comissões formadas por cientistas de alto nível, com cargos de peso em agências de fomento e grande experiência em avaliação de projetos.

Apesar de ter sua opinião formada sobre todos os grupos e pesquisadores, já que tinha estudado os projetos e a produção científica por ocasião da discussão no encontro com os docentes, Roberto sempre acreditou na avaliação externa por meio de especialistas, seja pela competência específica ou pela transparência e imparcialidade que isso trazia para todos.

O Centro do Dr. Wilmes foi deslocado, após a avaliação externa, para a Extensão, já que não se tratava exatamente da criação de conhecimento científico novo, apesar de usar técnicas ainda recentes (como o caso do DNA), mas era muito importante para a UMC e a região.

O núcleo do Prof. Veronesi, por indicação dos especialistas externos, foi extinto, entre outras coisas, em razão da falta de produtividade, o que gerou um problema enorme para mim e principalmente para Roberto, pois fomos caluniados de forma pessoal e vergonhosa e tivemos que entrar na Justiça por danos morais, ação que ganhamos em todas as instâncias da vara cível.

Os demais núcleos e grupos se modificaram e se expandiram para serem verdadeiramente núcleos de pesquisa. Roberto sempre defendeu que a pesquisa ajuda a qualificar o ensino e criar um clima de curiosidade e de qualidade acadêmica diferenciado. Mas, para isso, reconhecia que tinha que ser parcimonioso e definir com clareza alguns grupos multidisciplinares de excelência, já que não era possível pulverizar os investimentos em muita gente.

E na Administração também caminhavam céleres a finalização da modernização da informática — que começara na minha gestão, quando saímos de um computador ultrapassado, que só tinha outra unidade igual no museu de São José dos Campos, para um Alfa Digital e a plataforma Oracle, uma das primeiras universidades a implantar os módulos administrativos completamente —, a criação de orçamentos geral e setoriais e a melhoria em todos os serviços que precisavam apoiar o avanço da área acadêmica.

- 3 -

Durante esse período ainda tínhamos que correr com as primeiras visitas de Comissões de Avaliação do MEC, oriundas do resultado do antigo Provão, e que deixavam nossos nervos à flor da pele.

Esse quesito era uma enorme novidade para Roberto também, apesar de ele ser especialista em avaliação nos padrões internacionais. Isto porque as visitas de Comissões do MEC não aconteciam na USP, seja pelo fato de que ela era ligada ao Conselho Estadual de Educação, seja porque, se houvesse, ficariam no âmbito das faculdades, não chegando à Reitoria. Na verdade, naquela época a USP sequer participava do Provão!

Um caso de visita de Comissão foi antológico. Ocorreu com a Odontologia, curso que era muito bom na UMC e que fazia uma seleção enorme dos alunos, até chegarem as outras universidades para concorrer conosco.

Tendo visitado e estudado a situação do curso, Roberto reunira os titulares e perguntara qual seria, na opinião deles, a nota que os formandos de Odontologia da UMC tirariam no Provão. A resposta foi unânime: nota A, ou no mínimo um B próximo de A. Numa reunião da Câmara de Gestão, o reitor também perguntou ao grupo qual a nota que a Odontologia tiraria. Novamente a resposta foi unanime: D, se não for uma nota E. Era exatamente o que ele achava. O resultado foi mesmo uma nota D.

A partir daí, e contempladas no PTO, várias ações estavam sendo tomadas para a melhoria do curso, seja no projeto pedagógico, seja nas instalações e mesmo no corpo docente. Com a chegada da Prof. Zilda Mussolino, com enorme experiência e uma capacidade de trabalho invejáveis, em pouco tempo, por exemplo, a clínica já estava irreconhecível.

No dia em que os dois avaliadores do MEC chegaram, Roberto pediu que fossem à Reitoria e contou a eles o projeto da UMC e tudo o que pretendíamos fazer. Depois pediu que eles ficassem à vontade e antes de irem embora voltassem para se despedir.

Tenho certeza de que a presença de Roberto, o novo clima entre professores e alunos e as mudanças já realizadas foram uma prova contundente de que o projeto estava, de fato, em andamento.

Quando voltaram, Roberto quis saber o que haviam achado. Um deles disse que o maior problema que haviam encontrado era que a fórmula do MEC dividia o número de alunos pelo número de equipamentos e a razão deveria ser igual ou menor que um. Ocorre que nosso curso funcionava no período matutino com 100 vagas, no vespertino com outras 100 vagas e tínhamos 120 conjuntos de equipamentos dentários. O resultado da divisão de 200 por 120 era claramente negativo para nós. Roberto não se segurou: "Acho que o MEC pensa que as universidades particulares são como a USP, ricas, e que há um equipamento para cada aluno que fica ocioso a maior parte do tempo. Aqui não há esse luxo, mas porque é um desperdício, já que há mais de um equipamento por aluno durante o tempo em que o aluno frequenta a clínica, que é o que importa".

O avaliador concordou com Roberto que aquela mensuração era inadequada, mas disse que não podia fazer nada, quando ouviu da boca do reitor: "Eu não quero saber o que você vai colocar em seu relatório, pouca me importa.

Quero saber se você matricularia seu filho no meu curso de Odontologia!". O avaliador disse que sim, sem nenhuma dúvida. "Era o que eu queria saber. Então, faça seu relatório ser justo", disse o reitor. Não tivemos nenhum problema com a avaliação *in loco*.

Apenas para provar como os alunos reagem quando percebem que a universidade de fato está trabalhando por eles, a própria Odontologia foi um exemplo.

Fazíamos reuniões periódicas com os representantes de classe de todos os cursos, presididas pelo pró-reitor acadêmico. A cada reunião se tratava de dar resposta ao que havia sido levantado na reunião anterior e se avançava para atender às reivindicações de fato justas. Com isso criaram-se uma ponte e uma relação de confiança enorme entre os alunos, a coordenação do curso, a Diretoria do Centro (que se sentiam respaldadas) e a Administração Superior.

Depois de vários projetos implantados, inclusive a reforma e modernização da clínica, os alunos foram reclamar, com razão, do calor, pois havia ventiladores na clínica, mas não nas salas de aula.

Levado o problema à Reitoria, fizemos um levantamento dos gastos que já haviam se efetivado para aquele curso em relação aos demais e Oscar mostrou aos alunos que, infelizmente, naquele ano, não havia mais orçamento para investir nos ventiladores.

Para surpresa geral (quando conto, até hoje muita gente se espanta!), o Centro Acadêmico de Odontologia da UMC decidiu se cotizar e comprar os ventiladores para as salas de aula, mesmo sabendo que em outros horários, nessas salas ventiladas, alunos de outros cursos fariam proveito desse valor aplicado por eles. Eles disseram que eram testemunhas do esforço que estava sendo feito para a melhoria geral da UMC e queriam fazer a sua contribuição! Alunos de uma instituição particular, pagantes de mensalidades altas, fazendo doação para a universidade! Essa é uma daquelas coisas na vida que faz tudo valer a pena!

- 4 -

Com o apoio das bolsas oferecidas pelo chanceler para que os docentes fizessem mestrado e doutorado e com a chegada dos novos gestores com alta titulação, nossos indicadores melhoraram bastante, mas ainda eram inadequados e não atendiam a um terço, como exigia a nova LDB.[22]

---

22. Lei de Diretrizes e Bases da Educação, que exige que o corpo docente das universidades seja composto por pelo menos um terço de professores com mestrado ou doutorado e um terço em regime de tempo integral.

Além disso, Roberto já havia terminado a avaliação dos grupos de pesquisa e precisava implantar as estratégias e políticas previstas no Planejamento para o desenvolvimento da nossa pesquisa, o que exigiria novos doutores. Não queríamos contratar docentes doutores apenas para fazer número, ou para trazer um grupo já fechado para termos um programa de mestrado aprovado pela Capes.

Eu mesma ouvi Roberto dizer a um pesquisador famoso que fora nos visitar e "oferecer a contratação do seu grupo para beneficiar a UMC com um programa de mestrado", mas avisando que a equipe ficaria trabalhando em São Paulo: "Se vocês vão ficar numa casa isolada, sem conviver com meus alunos e meu corpo docente, tanto faz vocês estarem em São Paulo como no Acre. Agradeço, mas não tenho interesse na sua proposta", afirmou com toda tranquilidade.

Foi lançado, então, um edital para captação de currículos de professores doutores, com especial indicação para os recém-chegados pós-doutores bancados pelo CNPq para irem ao exterior e que voltavam para o Brasil sem perspectivas. Recebemos mais de mil currículos!

Concomitantemente, Roberto convidou para irem à UMC o presidente do CNPq, o diretor científico da Fapesp, o representante de São Paulo da Finep, o presidente do Sebrae, o presidente do Sindicato Rural da região e por aí afora, para levantar quais as áreas de pesquisa que estavam mais propícias a receber investimentos públicos e privados.

Depois, com a avaliação dos grupos na mão e centenas de bons currículos, Roberto, Oscar, Isaac e os pesquisadores aprovados para compor novos núcleos começaram a montar o quebra-cabeça. Confrontando as áreas promissoras com o que tínhamos internamente, a equipe decidia se havia como formar um grupo de peso nas áreas escolhidas no Planejamento da Pesquisa e onde era preciso reforço.

Em alguns casos faltava gente jovem, pois já havia liderança interna (trazida na leva dos gestores que haviam sido contratados) e os pós-doutores foram contratados para integrar o novo grupo. Em outros faltava a liderança, aí a Reitoria fazia o convite para quem pudesse levar o grupo a patamares elevadíssimos desde o princípio.

Essa união de lideranças experientes e pesquisadores mais jovens mostrou-se muito bem-sucedida. Todos os que chegaram vieram dentro da proposta salarial uniformizada para cada cargo, trazendo não só seus projetos, mas muitas vezes equipamentos, bolsas e recursos.

As lideranças já chegavam se pagando, se é possível falar assim para mostrar que boa pesquisa se autofinancia. Quando não havia um histórico concreto, mas um potencial de captação, o grupo recebia um *seed money*,[23] por até dois anos, para incentivar a implantação desde que eles tivessem encaminhado seus projetos para as agências e sido aprovados pelo menos no mérito.

Em 1997 foram então criados cinco Núcleos de Pesquisa e Prestação de Serviços (NPPS) que agregavam pesquisa em áreas afins: o Núcleo Integrado de Biotecnologia (NIB), o Centro Interdisciplinar de Investigação Bioquímica (CIIB) — que era o antigo Núcleo de Bioquímica, também dirigido pelo Prof. Paulo Cezar Almeida —, o Núcleo de Ciências Ambientais (NCA), o Núcleo de Ciências Sociais Aplicadas (NCSA), que absorveu o trabalho do antigo IPUMC, e o Núcleo de Pesquisas Tecnológicas (NPT), completamente reformulado a partir do antigo que apenas prestava serviços às empresas.

Então, não foi por acaso que contratamos, por exemplo, o Prof. João Lucio de Azevedo, agrônomo geneticista que havia sido da USP, naquele mesmo ano, que junto com outros pesquisadores colocou a UMC como a única universidade particular no Projeto Genoma[24] da Fapesp, da bactéria Xylella Fastidiosa (da praga do Amarelinho).

Além disso, os bons pesquisadores isolados que tinham boa produção também podiam concorrer internamente a uma verba pequena de bancada, de modo a não estrangular iniciativas apenas ao redor dos núcleos.

A partir dos verdadeiros Núcleos de Pesquisa a UMC pôde começar a participar do Programa Institucional de Bolsas de Iniciação Científica do CNPq (Pibic), representando pela primeira vez o engajamento de alunos em programas de pesquisa institucionalizada. Havia bolsistas pagos pelo CNPq e o dobro de alunos em trabalho voluntário de pesquisa, o que começou a repercutir e atrair um novo tipo de estudante, muito mais qualificado academicamente, para os cursos de graduação.

Desses grupos de pesquisa nasceram pouco tempo depois os programas de mestrado (*stricto sensu* aprovados pela Capes) em Biotecnologia e Engenharia Biomédica, que se desenvolveram para contemplar dois doutorados nota 5 pela Capes! Não há outra universidade particular no Brasil que tenha alcançado isso tão cedo.

Roberto havia comprovado a sua tese: a implantação de pesquisa deve ser feita por transplante de boas mudas e não por semeadura!

---

23. É como se pode chamar um orçamento inicial para desenvolvimento de um projeto que deve ser retirado em razão de avanços esperados na captação futura.

24. O Projeto Genoma é o mais importante projeto internacional de trabalho conjunto entre vários países visando desvendar o código genético de um organismo (podendo ser animal, vegetal, de fungos, bactérias ou de um vírus) através de seu mapeamento.

Qual o Rosto do Formado na UMC?

- 1 -

Creio que a resposta a essa pergunta, feita por Roberto à equipe da UMC ainda na Comissão de Notáveis, exigiu de nós, inclusive dele próprio, respostas e decisões que não haviam sido tentadas antes.

Quando se quer dar um rosto aos formados de uma universidade, espera-se criar uma marca, um legado, que torna cada egresso semelhante em sua generalidade e diferente em sua especialidade.

Ao decidir que a Missão da Graduação da UMC era "formar profissionais preparados para o mercado de trabalho, capazes de assumir posições de liderança e de absorver rapidamente os novos conceitos nas suas respectivas áreas de atuação, constituindo-se, reconhecidamente, em indivíduos com nível de educação superior em seu sentido mais amplo", estávamos fazendo escolhas.

Havíamos decidido que não estaríamos formando, no geral, cientistas, e sim profissionais (que poderiam se tornar cientistas, mas não era nosso foco); sabíamos que isso teria repercussões enormes nos projetos pedagógicos, nas grades curriculares, nos métodos de ensino e até na escolha e distribuição dos docentes.

Também havíamos optado em assumir que daríamos muito mais do menos. Ou seja, mais formação do que informação, e para isso era preciso fazer o aluno "aprender a aprender", a frase mais batida da Pedagogia, para poder obter os novos conhecimentos que não sairiam só da boca do professor.

Só que foi preciso dizer como faríamos isso, a parte mais difícil. Depois de muita discussão, sabíamos que para continuar aprendendo um aluno tem que ser induzido e incentivado a ler e a produzir.

E, para isso, ele tinha que entender o que lia e escrevia em português, usar a informática como ferramenta indispensável de pesquisa e comunicação (e que em 1996 não era disponível e usada por tanta gente!), além de dominar, nem que fosse para uso técnico, a língua inglesa, afinal, a maioria dos artigos mais importantes sobre inovação nas diferentes áreas são publicados em inglês. Daí nasceu o projeto do Programa de Língua Estrangeira, Português e Informática (Plepi). Vou falar dele mais tarde.

Para dar certo, o aluno precisava ser visto, entendido e atendido como nosso aluno real, e não o aluno ideal dos professores e de todo membro da academia. Era preciso saber como ele chegava a nós, o que ele sabia e o que ele tinha que saber. Não importava mais só a qualidade do ingressante, mas a qualidade de nosso egresso!

As discussões conceituais eram feitas por meio dos centros e em cada um deles foram criadas as Coordenações das Áreas Básicas, já que haviam sido extintos os Departamentos ainda quando eu dirigia a UMC, numa nova estrutura carreirocêntrica (quando a estrutura do curso se sobrepõe à departamental), ou seja, criando uma estrutura de curso que funciona como um projeto. Roberto concordava com isso, mas sentia falta de uma representação das disciplinas não profissionais nas discussões gerenciais e também nos próprios Colegiados de Curso.

Com o aumento da carga horária das áreas especializadas, os Colegiados de Curso estavam perdendo a massa crítica dos professores das áreas básicas que tinham menos votos, consequentemente, menos assentos, e passamos, por isso, a exigir uma participação obrigatória de pelo menos 40% dos membros dos Colegiados de Curso oriundos das disciplinas básicas.

Só isso já foi uma revolução. Roberto liderou uma nova concepção de que o ensino privado havia adotado o discurso pragmático voltado a formar profissionais prontos para o mercado de trabalho, para se contrapor às universidades públicas, e, com isso, abandonado as áreas básicas que dão a estrutura sobre a qual vão se apoiar e depois se desenvolver (inclusive para o futuro do profissional) os novos conhecimentos específicos.

Sem base, os cursos ficavam mais informativos e pulverizados e acabavam aumentando as horas curriculares para acompanhar as necessidades das profissões (mais horas para alunos, mais remuneração para os professores...), gerando pouco domínio sobre muitas coisas dadas de forma rasa.

Era preciso não só recuperar as áreas básicas, mas até mesmo redefinir o que era básico e o que era profissionalizante na formação dos alunos. E essa discussão foi sensacional!

Coordenadores traziam de seus colegiados as definições e a proposta de distribuição das disciplinas, e foi possível perceber o quanto esses conceitos estavam ultrapassados. Não seria o inglês tão básico hoje para um engenheiro quanto o cálculo?

Definidos os conteúdos que eram considerados essenciais para o aluno antes de sua chegada a um ciclo profissional da formação, foi preciso rediscutir se o que estava sendo dado na Física, na Fisiologia ou na Sociologia era o que realmente deveria ser dado para os diferentes cursos.

O que um curso de fisioterapia precisava, de fato? Da disciplina de física, mecânica geral ou mecânica do movimento? E assim foram sendo revisitadas todas as disciplinas de todos os centros e as disciplinas ofertadas por professores de um curso tinham que atender ao que o curso de destino de fato precisava.

Entretanto, as enormes deficiências acadêmicas da maioria dos alunos ingressantes eram um obstáculo enorme a ser vencido. Para isso o Prof. Oscar coordenou o projeto "Toda Prioridade ao Primeiro Ano", no qual os melhores professores eram alocados nas disciplinas iniciais para poder partir não do ponto 1 do livro de referência, mas do ponto possivelmente anterior (chamávamos de -1), onde a turma de fato se encontrava, batendo os conceitos realmente básicos para seu aprendizado futuro.

Junto com a Diretoria de Extensão, o curso de Pedagogia foi chamado para colaborar na capacitação desses professores para que eles, mesmo perdendo algum tempo nos meses iniciais, pudessem fazer a turma "não perder a onda", pois como ensinou Roberto: "O aluno entra na universidade como um jovem que vai pegar jacaré numa onda. Se ele não acompanhar desde o princípio, a onda vai e ele fica. E se evade". Assumimos o compromisso de que nossos alunos saberiam pegar o jacaré.

Havia o desafio de não desmotivar os alunos mais bem preparados, e para isso foi criado o programa de monitoria, em que os melhores alunos recebiam bolsa parcial para se comprometerem com o aprendizado dos colegas. Quando há compromisso com o aprendizado de todo o grupo, todos aprendem mais. Depois o tempo era recuperado facilmente, já que a base tinha sido bem aprendida.

Com isso, aceitamos o desgaste de fazer não só a revisão de todos os projetos pedagógicos, mas de exigir que a carga horária total dos cursos fosse reduzida ao mínimo que exigia a lei. Com menos disciplinas e horas para cobrir aquilo que não era essencial, foi possível se concentrar no que realmente tinha importância e dar ao aluno as condições de aprender além da sala de aula, o que para nós é o verdadeiro conceito de currículo.

Para fazer tudo isso acontecer, não só novas práticas tinham que ser introduzidas, mas velhas práticas tinham que ser abolidas. Entre elas, acabar com um certo usucapião de disciplinas por professores antigos, pois a contratação de docentes e a distribuição de aulas passaram a responder ao conceito de área, e não mais de uma disciplina.

Também foi preciso enquadrar o uso de apostilas elaboradas e vendidas por vários professores, que não só traziam o "resumo prático e a lista de exercícios que iria cair na prova", mas na verdade limitavam a condição dos alunos a pobres coitados que não conseguiam aprender de outra forma! Muitos obrigavam a compra das apostilas para que os alunos frequentassem o curso!

O reitor baixou uma portaria proibindo a adoção e venda de apostilas que antes não passassem por uma comissão editorial interna de peso. Se a apostila fosse boa a ponto de ser aprovada pela comissão, seria financiada para ser publicada como livro-texto, ou livro básico de ensino daquela disciplina. Nessa mesma portaria, consolidou-se a obrigatoriedade de que fosse indicado pelo menos um livro básico para cada disciplina e foi possível verificar a defasagem das bibliografias dos cursos.

Na época tivemos uma única apostila levada à apreciação pela Comissão, o que acabou gerando um processo de plágio, pois a apostila era composta de partes copiadas de um livro já publicado e sem qualquer citação. Dezenas de gráficas/xerox na cidade tiveram enorme prejuízo e algumas delas fecharam as portas, mas o número de consultas à biblioteca dobrou!

Com o fim da paternalização indevida dos alunos, criou-se um clima de "sim, vocês podem!" que contagiava a Universidade.

Alguns alunos chegaram a escrever para a caixa "Fale com o reitor" perguntando se, por exemplo, a matemática tinha mudado, porque antes eles tinham assuntos mais fáceis e não entendiam nada e agora, mesmo com temas mais difíceis, eles conseguiam acompanhar a matéria e aprender!

- 2 -

A graduação era nossa maior prioridade, afinal, é sempre ela que sustenta uma universidade privada. Tínhamos que recuperar a fama ruim da instituição, muitas vezes injusta em alguns aspectos, mas claramente era preciso convencer para dentro e para fora que a mudança era mesmo profunda e sem volta.

Em razão do Planejamento, com a definição da missão da graduação, todos tiveram que incluir em seus ciclos básicos a aquisição da competência da compreensão de leitura em português, o inglês instrumental e a informática básica, deficiências importantes da maioria dos alunos de quase todos os cursos, com exceção da Medicina (que acabou incluindo essas competências em patamares mais elevados).

O Plepi foi um dos projetos mais audaciosos implantados. Nasceu das discussões com os docentes das áreas e da certeza que tínhamos, após reuniões na Reitoria, de que mais dois semestres de disciplinas convencionais de inglês, para quem já havia tido nove anos da matéria até o ensino médio, de nada adiantariam.

Então não se pensou em desenvolver essas competências na forma de disciplinas, mas de projetos multidisciplinares nos quais as oficinas trabalhavam com textos da área do curso, muitas vezes incorporados ao conteúdo de outras disciplinas, além de uso intensivo de novos laboratórios de línguas e de tecnologia.

Foi o projeto que mais demorou a ser implantado, mas o foi dentro do prazo para as turmas que iniciaram em 1998. Para se ter ideia da qualidade do Plepi, o jornal *Folha de S.Paulo*, no final de 1998, chegou a pedir um projeto de publicação como encarte da nossa apostila de iniciação à informática do Plepi, por seu autodidatismo e modernidade.

Para se ter uma noção da revolução, em dezoito meses, *todos* os currículos dos cursos de graduação passaram por uma inteira revisão e modificação para enxugamento e modernização, a exemplo do que mostra o artigo sobre o que ocorreu com os cursos de Engenharia. Foram mais de quarenta cursos! Para isso foi preciso muita organização, persistência, coragem de enfrentar os interesses corporativistas e liderança para guiar as novas ideias.

Depois de muita discussão interna para amadurecer os desafios nos cursos, decidimos fazer um mutirão fechando o Prédio I e colocando todos os coordenadores com os docentes que faziam parte do que chamamos de Núcleos Docentes (que depois o MEC criou com o nome de Núcleos Docentes Estruturantes — NDE —, provando o acerto de nossa ideia) em salas de reunião, num trabalho de dez a doze horas por dia até terminar tudo.

A equipe das diretorias acadêmicas, Secretaria Geral e todos os órgãos de assessoria transitavam pelas salas para atender aos pedidos de esclarecimentos, ou para levar indicações das diretorias de centro que ficaram no Plantão com os pró-reitores, a Vice-Reitoria e o reitor. Uma semana de trabalho profundo e de interação gerou o fechamento da concepção dos novos projetos pedagógicos e suas matrizes curriculares.

O mais interessante, e que consta do relatório publicado do Planejamento Estratégico, é que havia metas oriundas da Administração Superior para todos os cursos que tinham que ser atendidas (o Plepi, por exemplo), outras metas oriundas dos centros para todos os seus cursos (políticas de estágio e monitoria, por exemplo) e dos próprios cursos, criando assim uma pirâmide de metas, do geral para o específico e compatíveis hierarquicamente entre si, que foram checadas uma a uma para seu cumprimento.

Ao longo desse trabalho, eu e qualquer membro da UMC, se fosse a um coquetel e encontrasse um empresário, diria sem medo e sem titubear por que ele deveria contratar um egresso de Mogi: "Porque todo formado da UMC, além de ter tido uma formação sólida, domina as tecnologias e ferramentas de comunicação para poder continuar aprendendo sozinho!".

Professores para quê?

- 1 -

Ao mesmo tempo que as atividades iam sendo monitoradas, novos projetos pipocavam de cima para baixo, mas também de baixo para cima. As pessoas queriam e sabiam que podiam se manifestar, trazer ideias, projetos e sugestões que teriam uma resposta, seja ela qual fosse, mas não haveria gavetas para quaisquer solicitações.

Claro que não tenho condições de colocar tudo o que ocorreu em ordem cronológica exata, mesmo porque muitas coisas ocorreram de forma concomitante, e, em razão do grande número, muitas coisas deixaram de ser citadas, mas é o conjunto da obra que me interessa relatar.

Dentro desse espírito, muito me marcou a forma como todos se entregaram para buscar as soluções que, de fato, pudessem ser adequadas aos problemas da UMC e de seus alunos. Tudo era passível de ser dito, discutido, aceito ou rejeitado. Muitos tabus foram caindo por terra. E muita gente tinha nos olhos aquele brilho de quem acredita que está fazendo a diferença.

Os novos coordenadores de curso eram mais do que gestores, eram líderes de seus programas e apitavam nas duas pontas: tanto discutiam em alto nível acadêmico como cuidavam das questões operacionais mais simples, inclusive passaram a assistir às aulas para verificar a adequação de cada professor, algo considerado quase uma profanação em muitas instituições.

Mas como saber se as coisas estão de fato indo como planejado se a sala de aula for como um sepulcro, inviolável? Como ajudar a quem tem problemas e como achar quem pode apoiar os colegas por estar conseguindo dar conta do recado com toda maestria? Assim foi feito…

A coragem de enfrentar os problemas e radicalizar as soluções veio muito da postura de Roberto de liderança, com liberdade para falar e abertura para analisar ao mesmo tempo. Como já disse, as discussões eram radicais no sentido de ir à raiz do problema, coisa difícil de encontrar no ambiente da academia, justamente onde deveria vicejar a maior liberdade de pensamento.

Para dar uma noção da radicalidade de nossas discussões, todos sabem do dilema das carreiras docentes no ensino superior do mundo inteiro, mas especialmente no Brasil.

Infelizmente e por diversas razões que não terei como explanar aqui, o Brasil vive ainda a farsa do docente de ensino superior na grande maioria das universidades privadas, pois a lei exige a titulação e regimes de dedicação que quase inviabilizam financeiramente as instituições que vivem de mensalidades.

O que ocorre na maioria das vezes é que se paga por hora/aula atividades que não são de aula, como pesquisa, extensão e até gestão, onerando demais a folha de pagamento com todas as vantagens que estão previstas para as atividades de ensino. Ou se faz uma contratação com um valor agregado para dizer que o professor é tempo parcial ou integral, ele finge que trabalha vinte ou quarenta horas e a instituição paga um valor que finge ser compatível com tal dedicação. Não se cobra produção nem qualidade.

Pior é que não havia (e quase não há ainda) planos de carreira que se adaptassem às necessidades de uma IES cuja missão principal era o ensino e não a pesquisa — haja vista que se paga pela titulação do professor um diferencial que é cartorial, na medida em que não se sabe o que o título agrega, de fato, à sua qualidade didática.

Do mesmo modo as promoções, quando ocorrem, levam em conta a publicação científica, independentemente do desempenho do professor em sala de aula, como resultado da pesquisa que deveria ser realizada por um corpo docente cuja maioria não tem condição ou experiência para tanto.

Foi discutindo a nova carreira docente que estava sendo gestada na Reitoria que surgiu o exemplo mais claro da coragem de ir fundo na raiz de um problema.

Ao discutirmos quais mecanismos deveriam orientar os processos de recrutamento, seleção, contratação, remuneração, avaliação e promoção dos docentes, usando a experiência que eu havia adquirido na Unifor com o projeto de avaliação do desempenho docente, comentei com Roberto: "Infelizmente, o título de mestre ou doutor não tem sido uma garantia de que esses professores são melhores do que aqueles apenas com grande experiência no mercado e até mesmo talento para dar aulas".

Como sempre, Roberto ampliou a discussão: "Se isso é verdade, precisamos radicalizar. O título pode ser considerado um diferencial que qualifique o docente para a pesquisa, prova que ele estudou mais tempo e mais profundamente um campo de conhecimento e, portanto, daria a ele melhores condições de ser um bom professor. Se não o é, não pode ser valorizado somente porque tem um título". E me perguntou: "Então, o que você sugere?".

Não sabia como fazer, mas sabia o que fazer: "Acho que nosso Plano de Carreira deveria separar os campos de atuação do docente e valorizar o título onde ele for cabível. No caso do ensino, eu acho que um docente excelente que dá várias aulas e segura um curso de graduação por sua reconhecida excelência como professor não deveria ganhar menos que um doutor só porque ele tem esse título. Vale aí a qualidade da aula".

Roberto levou então o assunto para discussão na Câmara de Gestão e usou o livro com o título deste capítulo — *Professores para quê?* — de Georges Gudsdorf, para incentivar as discussões e para buscarmos entender o que queríamos para a UMC.

Surgiu a proposta de uma carreira que seria como compor um portfólio para cada professor, permitindo que ele se dedicasse onde poderia se desempenhar melhor. Na parte relativa ao ensino, a base de pagamento seria a qualidade do professor no exercício da docência, assim como sua avaliação e promoção estariam ligadas ao que ele de fato produzisse para o ensino, em sala de aula, na colaboração com os colegiados, na produção didática etc. Vale dizer que a avaliação previa não só a participação do coordenador, mas de uma comissão de pares e uma avaliação feita pelos estudantes.

Havia uma outra linha de ascendência para a pesquisa, em que os elementos de julgamento eram os ligados à produtividade científica. Outra linha era para extensão e outra, ainda, para a gestão, permitindo assim que a soma das horas em contratos específicos gerasse o regime real de trabalho de cada docente, guardados os limites previstos na lei.

Da mesma forma, o docente seria enquadrado nos níveis de remuneração conforme sua qualidade, permitindo que um excelente professor no ensino sem titulação pudesse ganhar como um excelente pesquisador titulado na pesquisa.

É um assunto complexo no qual nos aprofundamos por muitos anos, mas o mais importante foi que a nova proposta de carreira era totalmente compatível com o que a UMC estava buscando.

Para ter certeza de que essa nova filosofia seria compreendida no MEC, Roberto pediu ao Nupes/USP[25] que coordenasse uma avaliação da proposta, chamando especialistas como o Prof. Simon Schwartzman, a Prof. Carolina Bori e outros que também eram membros do Conselho Nacional de Educação, como a Prof. Eunice Durham e o Prof. Arthur Giannotti, entre outros. O

---

25. Núcleo de Pesquisa em Ensino Superior da USP, do qual Roberto foi membro fundador.

veredito foi de que a proposta era excelente e uma inovação importante para o ensino superior brasileiro.

Com esse aval e com todo o arrazoado documentado, Roberto conduziu a aprovação do documento conceitual da carreira da mesma forma que fez com o Planejamento. Mandou para leitura dos docentes, apresentou a proposta no auditório central, respondeu perguntas e deu o prazo para sugestões enviadas por escrito. Só que essa apresentação teve um diferencial especial.

Para explicar as bases da carreira, Roberto começou colocando as expectativas dos docentes num patamar mais realista, apresentando, pela primeira vez na história da universidade, o nosso orçamento. Mostrou o quanto era gasto com os professores, os limites aceitáveis, nacional e internacionalmente, e por que teria que haver sempre restrições de vagas para não inviabilizar a instituição. Pude ver vários queixos caídos...

A proposta foi aprovada pelo Conselho Universitário por unanimidade, incluindo o voto do representante da Associação Docente.

Anos depois fizemos vários seminários e cursos sobre o tema e aprimoramos esse modelo quando consultores, avançando no detalhamento e na adequação das propostas e diferentes enquadramentos com algoritmos que atendiam a diferentes tipos de instituição.

Dividir para Multiplicar

- 1 -

Capacidade de liderança é um atributo muito desejado, mas não é para todos. Nem poderia ser.

Há aspectos da personalidade que ajudam a configurar uma pessoa com claras aptidões para liderar equipes, projetos, sonhos...

Já outros são passíveis de aprendizado, como tenho ensinado em vários cursos em que introduzo o tema do perfil do líder e como as lideranças se comportam na solução de conflitos. Afinal, já é sabido que existe uma forma mais adequada que todas as outras para conseguir, dentro de um time, contribuir decisivamente para a resolução objetiva de problemas.

Eu e Roberto exercemos uma liderança conjunta e complementar que se tornou uma poderosa arma para alcançarmos nossas metas, profissionais e pessoais, assim como obter o reconhecimento espontâneo de que indicávamos um caminho adequado, lógico e eticamente justificável nos projetos em que estávamos à frente.

Em várias ocasiões eu vi Roberto unir conhecimentos que poucas pessoas possuem para encontrar saídas pouco ortodoxas, mas extremamente inteligentes, para questões que pareciam insuperáveis.

Inclusive percebia que ele usava todos os seus atributos e conhecimentos prévios não só para construir soluções, mas para apresentá-las de forma quantitativa e absolutamente clara.

Lembro que num fim de semana estávamos tomando sol na piscina e, como sempre fizemos, aproveitávamos para discutir alguns projetos e ideias. No caso, como unir a distribuição de vagas no novo Plano de Carreira com a necessária limitação orçamentária, peça-chave para a viabilidade da proposta que academicamente tinha sido tão bem aceita.

Eu tinha que fazer umas compras e Roberto me pediu um pedaço de papel e um lápis. Eu o deixei lá na piscina do prédio, pensando...

Quando voltei uma hora e meia depois, reparei seu olhar excitado e alegre.

Fui recebida com um beijo e uma revelação: "Acabei de criar um algoritmo que resolve a distribuição de vagas e níveis dentro do limite de qualquer orçamento!".

Claro que, como sempre, ele me explicou; eu não entendi a parte matemática, mas a lógica era facilmente perceptível por trás daquela sentença cheia de números e sinais.

Perdi a conta das vezes que ele resolveu problemas, que para nós costumam ser vistos como algo que não têm a ver com números, por meio de algoritmos, correlações, extrapolações, cálculos que traziam a racionalidade que já havia sido alcançada na argumentação, ou que ajudavam a clarear qual melhor decisão a tomar.

Isso se repetiu inúmeras vezes ao longo de sua trajetória. Seja na formulação de hipóteses e tendências que geraram não só decisões, mas artigos científicos ou de divulgação que foram muito importantes nos mais diferentes assuntos. Ele sempre gostou, por curiosidade ou por preocupação, de entender bem e ter uma conclusão nova e não usual, seja na própria gestão das instituições que dirigiu, seja nos nossos negócios pessoais.

Se o problema era contábil, ele estudava algum tempo o assunto e acabava colocando o pessoal da contabilidade doidinho para explicar o que ele havia descoberto e achava incorreto.

Se era sobre uma opinião sem base, como, por exemplo, a afirmação de que o Provão do MEC (depois substituído pelo Enade) era muito acadêmico e feito para as universidades públicas e não media bem a capacidade profissional do recém-formado, ele ia buscar um indicador aceito por todos, mas nunca usado antes (como no caso os aprovados na prova profissional da Ordem dos Advogados do Brasil — OAB), para demonstrar, por meio de correlações, que as instituições que iam bem num exame também iam no outro, derrubando a tese do excesso de teoria da prova feita para avaliar as IES.[26] Sempre que possível, sua opinião virava um artigo em jornal ou revista importante, para conhecimento geral e para o avanço da discussão do tema!

- 2 -

Conhecem a máxima: "se a ideia é boa fui eu que tive, e se não é mandaram lá de cima"? Quem trabalha sabe do que estou falando. Até entre irmãos é assim. Se a ideia é legal fui eu que tive, se é uma coisa ruim foi mamãe quem mandou!

---

26. No caso, a revista *Carta Capital* com a matéria "O Provão passa no vestibular", número 136 de novembro de 2000.

Pois é… a Reitoria é a mamãe nas universidades. Discute-se um problema, chega-se a uma conclusão conjunta, mas, se ela vai impactar negativamente professores e/ou alunos, a decisão chega lá embaixo com a pecha de ser uma decisão "do pessoal lá de cima", ou seja, da Reitoria. Esse costume Roberto foi logo cortando.

Não se consegue isso 100%, mas é possível melhorar muito o envolvimento dos gestores setoriais nas decisões superiores. São várias as formas de "reforço", negativo ou positivo, para que isso aconteça. Em muitos casos percebemos que o incentivo ajuda mais que a punição. Como exemplo vou citar o uso orçamentário das verbas para professores irem a congressos.

Como eu já disse, havia regras para a submissão de pedidos, mas não havia uma alínea orçamentária clara com esse objetivo. Quando isso acontecia na época em que a decisão cabia ao chanceler, era clara a tendência de uma certa proteção e maior atendimento para pessoas mais próximas. Sempre ouvíamos: "Eu consegui sua viagem!", quando o pedido era autorizado, e "foi o chanceler que negou, mas por mim você iria…", quando a resposta era negativa.

E, em virtude da falta de critérios para viagens e tudo o mais, pedia-se muito para se obter um pouco. Afinal, se não se sabe o que se tem para gastar, quanto mais se pedir, mais chance de conseguir, certo?

Isso eu vi durante anos nas duas universidades em que trabalhei: um pavor de delegar aos gestores a decisão sobre esse tipo de coisa. Vi até muitas aulas pararem por falta de pilha, ou algo semelhante, pois qualquer tipo de despesa precisava de um longo processo de aprovação.

Você paga um enorme salário para um coordenador cuidar de um curso que gera milhões em receita, mas não confia que ele tenha discernimento para comprar uma pilha!

Pior, o chefão lá em cima acha que tem melhor condição para decidir quem deve ir a um congresso, numa área que ele desconhece totalmente, do que o gestor diretamente responsável.

Foi explicando isso a Roberto e ilustrando o fluxo de pedidos que vinham para o meu despacho (uma avalanche de pessoas viajando no primeiro semestre, quando ainda havia verba, e uma súbita diminuição depois, em razão de contenções, como se os congressos importantes só ocorressem no começo do ano…) que ele me mostrou sua forma de delegar e ao mesmo tempo não perder o controle do processo.

A partir da verba global do ano anterior gasta com viagens, Roberto criou um algoritmo (incluindo alguns critérios acadêmicos e administrativos para rateio) pelo qual ele distribuiu 50% do valor usado no ano anterior para que os diretores de centros passassem a ter o poder de decisão sobre quem iria a qual congresso.

Reuniu a Câmara de Gestão e anunciou que eles teriam esse valor pré-aprovado, mas caso acabasse não haveria mais suplementação de verba. Portanto, os diretores deveriam criar os critérios para definir quem seria atendido dentro da verba e de um cronograma, pois não haveria negativa superior, tendo o diretor, a partir de então, condições de dizer se alguém ia ou não a um congresso às expensas da UMC.

Na reunião, dividimos várias ideias sobre como usar melhor essa verba, como, por exemplo, exigindo que os docentes pedissem auxílio para as agências de fomento como pré-requisito, buscando apoiadores, ou trabalhando-se com apoios parciais, já que muitas vezes os docentes encontravam formas de completar a verba para sua viagem, na qual tinham de fato interesse.

Também foi levantada a necessidade de que houvesse uma melhor difusão do que foi absorvido pelo participante para os demais membros do corpo docente. As apresentações dos relatórios de participação dos docentes passaram a ser superconcorridas.

Perguntei a ele por que apenas 50% da verba e não ela toda. Ele me explicou que sabia que alguns casos não eram ligados aos centros, mas à gestão superior, que haveria casos de revisão (Roberto sempre defendeu que a Reitoria precisa arbitrar alguns casos para evitar injustiças) e que havia casos em que ele mesmo queria poder incentivar alguns membros da comunidade acadêmica para viagens que a Reitoria entendesse importantes.

E deu-se o milagre da multiplicação... das viagens. Com metade da verba as viagens mais do que dobraram, os diretores usaram sempre com responsabilidade o seu crédito e aumentou muito a captação de apoios e patrocínios.

Essa política se estendeu depois para o apoio a eventos acadêmicos, com exigência de contrapartida a ser buscada pelos interessados, incluindo as Semanas dos Cursos[27] que, de deficitárias, passaram a ser superavitárias.

Além de multiplicar os recursos ao dividir as responsabilidades, Roberto sempre incentivou que os alunos de graduação não pagassem por atividades que a universidade podia buscar em outras fontes.

E diminuiu muito mesmo o número de pedidos que chegavam à Vice-Reitoria já sem uma decisão tomada, portanto, sem a necessidade de "chamar a mamãe"!

---

27. Cada curso tinha uma semana por ano para concentrar congressos, seminários e outras atividades voltadas a alunos e professores com visitantes e palestrantes de expressão.

- 3 -

Roberto estudou e praticou muito a gestão orçamentária como uma forma de atender à missão da universidade e de incentivar práticas e atividades que agregam valor institucional à universidade e ao seu entorno.

Ele sabia muito sobre como alocar os recursos, mas precisava explicar por que uma verba a fundo perdido da Fapesp que vinha direto para o pesquisador, mas não entrava no caixa da mantenedora, era importante para ampliar as atividades da UMC, mesmo não gerando receita direta para seus donos. Uma instituição com orçamento mais diversificado em razão da captação nas mais diversas atividades tem mais vida, mais pujança, faz muita diferença.

As atividades nos centros cresceram muito, em quantidade e qualidade, pois a diversificação de assuntos, a influência dos novos gestores e professores e a mudança do clima institucional em uma universidade que se propunha a ser de vanguarda atraíam assuntos e também ditavam novos caminhos para sua região de influência.

Roberto e os demais gestores atraíam nomes de peso para as Semanas dos Cursos, ou para seminários e congressos. Não dava mais para acompanhar uma boa parte do que ocorria pelos campi.

Havia eventos incomuns até então, como o "Ciência ao Meio-dia", que se constituía de palestras, discussões, painéis e outras atividades ligadas aos pesquisadores e alunos do Pibic, muitas exposições no saguão da biblioteca, sessões de cinema no novo auditório, personalidades importantes vindo visitar e falar com nossos alunos, tudo movimentando a vida universitária e da cidade, com ciência, cultura, esporte e lazer.

Onde Estão os Cadáveres?

- 1 -

Mesmo não seguindo uma cronologia exata, houve fatos marcantes que acho interessante relatar aqui.

Um dos maiores desafios de uma universidade particular é como fazer sua área de saúde ser viável e ter qualidade ao mesmo tempo.

Quando Roberto assumiu a UMC, o Centro de Ciências Biomédicas (CCB), o maior deles com onze cursos, já tinha passado por uma enorme modernização de infraestrutura, em especial nos complexos para práticas dos últimos anos dos cursos.

O curso de Farmácia, por exemplo, tinha sua própria fábrica de medicamentos, uma megaestrutura que foi construída com o intuito de ir além das atividades acadêmicas e comercializar medicamentos de todos os tipos. A parte física era totalmente compatível, seja nas dimensões ou equipamentos, com tudo o que era necessário para a linha industrial.

Cito a Farmácia assim como poderia citar a clínica de Fisioterapia, ou a de Fonoaudiologia, a Academia, o Laboratório de Análises Clínicas, o Centro Esportivo, entre outros institutos.

Assim como muitos outros mantenedores, o chanceler havia sido convencido de que esse perfil de laboratórios profissionais, além de treinar nossos alunos em ambiente similar ao que ele encontraria no mercado de trabalho, poderia ser fontes de receitas alternativas, se viabilizando e até dando lucro. Na prática, nunca foi bem assim.

O mesmo aconteceu com os estúdios de rádio e TV da Comunicação Social, os laboratórios de línguas, de informática etc.

Entre o extremo de não arrecadar nada e o de funcionar como "empresa", era muito difícil encontrar o ponto de equilíbrio. Empresas possuem exigências que não se coadunam com as necessidades acadêmicas, e estas exigem um porte muitas vezes maior do que uma instalação meramente comercial exigiria em razão da quantidade de alunos que circulam e precisam "colocar a mão na massa".

Já tínhamos avançado terceirizando a Academia antes mesmo de Roberto chegar. Era a melhor da região na época e a que chegou mais perto do propósito de dupla utilização e sustentabilidade, mas ainda havia problemas incontornáveis apresentados na convivência entre alunos, professores e público pagante.

Nas demais áreas, já se conseguia alugar espaços, criar alguns convênios e trabalhar parcialmente com o fruto do que algumas dessas estruturas produziam. Por exemplo, da Farmácia passamos a obter todos os produtos de limpeza e higiene usados na universidade a preços muito menores por serem feitos "em casa", mas a farmácia aberta para concorrer com as demais do mercado nunca deslanchou como devia.

Além de problemas de licença de funcionamento e de vários tipos com leis trabalhistas, fiscais e tributárias, mesmo depois que a Omec passou a não ser mais uma entidade filantrópica, mas uma instituição com fins lucrativos (como a LDB de 1996 passou a permitir, o que antes era impossível), havia um problema de concepção e gestão mesmo. Nem sempre a visão acadêmica se adequava ao que é preciso para uma atuação empreendedora comercial de fato.

Com a chegada de Roberto e a determinação de aumento substancial de receitas de outras fontes aprovado no PTO, foram necessárias mudanças não só na gestão, mas na própria concepção da utilização desses espaços, que, se não podiam concorrer comercialmente com os demais por várias razões, podiam e deviam, sim, buscar a contrapartida do Estado para pagamento das atividades que aliviavam, por exemplo, o sistema público de saúde.

Tivemos que profissionalizar a cobrança dos procedimentos feitos pelo SUS por meio de nossas unidades, mas sobretudo repensar o papel da UMC e de seus cursos na formação de profissionais mais generalistas, em especial na Medicina, capazes de trabalhar de forma integrada com os demais agentes das áreas de saúde.

Esse salto de qualidade foi dado pela presença do Prof. Dalmo Amorim, que trouxe para o CCB toda uma concepção nova de formar profissionais da saúde integrando a ação de todos os cursos (Medicina, Odontologia, Farmácia, Fisioterapia, Psicologia, Fonoaudiologia, Enfermagem, Biomedicina, Educação Física, Biologia e Nutrição), passando a formar profissionais habilitados para trabalhar em equipes multidisciplinares, nada mais adequado para a visão da saúde, que é, por natureza, integradora de todas essas áreas.

O novo projeto da saúde da UMC levou-nos a uma iniciativa inédita no Brasil, à época. Adotamos duas Unidades Básicas de Saúde do município e um Centro de Saúde Secundário de Atendimento que era do estado, assim como ampliamos os convênios com vários hospitais da região e de São Paulo para completar o círculo necessário para o aluno passar bem pelos níveis primário, secundário e terciário de referência de atendimento.

Com isso, a Policlínica,[28] que acabara de ser reformada, integraria o nosso sistema de saúde, e o projeto do Hospital Luzia de Pinho Melo se transformou para voltar a ser uma maternidade e um hospital-dia, que contaria ainda com uma grande e lucrativa área de exames de alta complexidade. Este Hospital era a antiga Maternidade Mãe Pobre, adquirida pela Omec para se transformar em um Hospital Geral, mas uma comissão de especialistas montada pelo reitor mostrou ser inadequado para um hospital de ensino do porte que o curso de Medicina exigia.

Esse projeto da saúde repercutiu tão bem entre os alunos, professores e profissionais da área, e os atendimentos feitos pela UMC nas unidades adotadas eram tão bem avaliados que a procura começou a crescer vertiginosamente, exigindo que cobrássemos das áreas competentes a criação de um verdadeiro sistema de referência e contrarreferência dos pacientes que seriam acompanhados. Esse mecanismo correto de triagem e acompanhamento não estava instalado naquela ocasião.

Em poucos meses de funcionamento um editorial do jornal *Estadão*, cheio de elogios ao projeto da UMC, afirmava que foi preciso uma universidade particular dar o exemplo do que outras universidades, em especial as públicas, deveriam fazer em sua atuação na saúde.

Passamos a receber visitas de outras universidades do Brasil todo e também da América Latina. Um reitor paraguaio, ao final da visita, disse a Roberto: "Vou fazer o maior elogio que um reitor pode fazer a outro: vou copiar integralmente seu projeto na saúde!".

Com a redução voluntária de cem para sessenta vagas, uma reformulação de peso nos laboratórios das áreas básicas e com toda a repercussão das mudanças, a procura pelo curso de Medicina pulou para mais de cem candidatos por vaga.

- 2 -

Ter um curso de Medicina é o maior desafio que uma universidade pode ter. Esse desafio só é ultrapassado quando se consegue um curso de *alto nível* de Medicina.

---

28. Nome dado ao prédio que reunia várias especialidades da fase clínica do curso de Medicina e práticas de outros cursos, com amplo atendimento à população.

Com hospitais, clínicas, laboratórios, internato, residência, enfim, com tudo o que gira em torno dele, o curso de Medicina é uma vitrine, para o bem e para o mal.

Digo isso porque, mesmo tendo modernizado os laboratórios de Anatomia, com os bonecos e o sistema de imagens importados, os alunos ainda precisam estudar em corpos reais, e para isso não há como abrir mão dos cadáveres para estudo.

Quando os cursos de Medicina eram poucos, já era difícil obter peças para o Laboratório de Anatomia. Com o crescimento dos cursos, achar cadáveres disponíveis para o ensino era como uma agulha no palheiro.

Para isso, criamos um Serviço de Verificação de Óbitos (SVO), que além de ajudar muito a cidade e região nos permitia manter os corpos não reclamados. Um lugar muito complicado de gerir, por razões óbvias.

Num belo dia, o Prof. Dalmo entra na Reitoria com olhar soturno e cara de poucos amigos. Sempre muito formal e educado ao extremo (eu sempre o comparava a um lorde inglês), ele foi avisar ao reitor que o responsável pelas autópsias havia sido demitido por razões totalmente justificadas, mas que agora ameaçava ir à Rede Globo "denunciar" que a UMC contrabandeava corpos. Queria, para não fazer isso, o emprego de volta, o que era impossível, ou uma boa quantia em dinheiro. Chantagem.

Roberto combinou com o diretor do CCB que abriria uma sindicância interna e que chamaria o Conselho Regional de Medicina (CRM) para dar um parecer imediatamente, antes que o chanceler viesse avisar que preferiria pagar o que o ex-funcionário estava pedindo para evitar o escândalo. E assim ele fez. Baixou a portaria e mandou publicar no quadro de avisos, ligou para o CRM pedindo a vinda de avaliadores e esperou.

No começo da tarde o chanceler mandou avisar que queria falar com o reitor e que ele mesmo iria à Reitoria. Quando ele chegou, eu estava com Roberto e o ouvi contar exatamente a mesma versão que Dalmo havia levado cedo, pela manhã, só que com um final diferente: "Lobo, acho melhor pagarmos porque não se segura um escândalo desses!". Roberto foi calmo e afirmativo. Explicou que era tarde demais, que já havia tomado todas as providências e que era impossível voltar atrás. Naquela noite saiu no *Jornal Nacional* uma notícia, com uma pequena entrevista do chantagista e a nossa Assessoria de Imprensa comunicando que a Reitoria havia aberto um inquérito administrativo e chamado o CRM.

Felizmente a auditoria do CRM afirmou que não havia nenhum procedimento ilícito ou inadequado no SVO e que a denúncia sobre tráfico ou contrabando de corpos era infundada e motivada por um funcionário insatisfeito. Roberto deu toda a publicidade que pôde ao resultado e o jornal local deu a matéria positiva em primeira página. Infelizmente a Rede Globo, como era de praxe, não se sentiu no dever de dar uma nota de correção ao fato. No final, o prejuízo de imagem não ocorreu, e sua decisão só aumentou nossa credibilidade junto à imprensa.

A história dos cadáveres caiu no esquecimento de quase todos, mas ainda é bastante viva em minha memória, tamanho o susto e desconforto com o episódio.

Quem Ganha com a Qualidade?

- 1 -

Em nossas discussões e projetos, sempre nos perguntávamos como a UMC ganharia em qualidade, imagem, resultados com cada ação... e o mesmo em relação a Mogi, que aumentava sua notoriedade e que para nós deveria estar muito feliz em ter uma universidade que caminhava celeremente para ser a melhor particular do Brasil.

Muita gente torcia, sim, e queria muito isso tudo, mas percebíamos que havia um certo mal-estar entre alguns grupos da sociedade mogiana. Entre a maioria dos políticos, certamente pela perda dos privilégios que antes eram um bom empurrão em suas carreiras.

Inesperadamente, outros segmentos pareciam se sentir alijados ou até prejudicados pelo engrandecimento da UMC. Com a introdução de métodos profissionais de recrutamento e seleção às vagas existentes, tanto para funcionários como para professores, deixaram de ser privilegiados os moradores da cidade ou ex-alunos.

Certa vez meu tio reclamou comigo que encontrava as pessoas e elas se queixavam quando ele dizia que as decisões sobre esses assuntos eram ligadas à universidade e não mais à Omec. Chegou a dizer "que algumas pessoas queriam intimidá-lo perguntando por que ele não mandava mais na sua própria universidade...".

Esse foi um sinal ao qual não demos a correta dimensão e importância.

Da mesma forma, ouvimos alguns profissionais da região preocupados com as vagas do processo seletivo que agora, mais disputadas por alunos vindos de outras localidades, poderiam alijar seus filhos do "cômodo direito" de estudarem perto de casa.

Quantas vezes retruquei dizendo que isso era bom porque com mais concorrência haveria melhores alunos e que esse era um círculo virtuoso para a cidade? Mas ouvi coisas do gênero: "Eu não preciso de uma boa universidade. Só quero que meu filho estude perto de casa, tenha um diploma e possa assumir meu consultório, onde de fato ele vai aprender".

Pensamos que isso era uma coisa passageira, mas não. Havia uma animosidade que ia ficando cada vez mais evidente. Muita coisa que repercutia bem para fora da cidade, em Mogi e na região soava como uma perda, um risco, uma invasão indevida de pessoas que não faziam parte da história da cidade.

Apesar de todas as atividades que beneficiavam a população, essa, sim, bem satisfeita com os novos rumos da UMC, foi a parcela mais rica e mais preparada da região que parecia preferir que tudo ficasse dentro das fronteiras do caseiro...

Interessante lembrar que, quando assumi a Vice-Reitoria, um dos donos da nossa concorrente, mas amiga, a Universidade Braz Cubas, me disse com todas as letras: "Torço para vocês avançarem e serem como a Globo, na frente mesmo. Nós vamos na esteira. Quero ser como o SBT", comentou rindo muito de sua própria comparação. Visões diferentes.

A imprensa também tinha um posicionamento dúbio. Ao mesmo tempo que bebia das notícias que brotavam em todos os cantos na universidade, sempre tinha espaço para o comentário capcioso, para a fofoca da coluna social e para insinuar que, talvez, estivéssemos brincando com fogo. Estávamos.

Alguns problemas na Prefeitura ajudavam a colocar lenha na fogueira. Da mesma forma, o distanciamento de minha tia, minha prima e até mesmo de meu tio começava a criar uma disputa entre a mantenedora e a universidade. Pessoas tomaram partido. As notícias iam e vinham. Hoje sei que, muitas vezes, de forma pouco meticulosa e intencionalmente deturpada.

Quando percebíamos isso, queríamos nos convencer de que o bom senso prevaleceria. Melhor, maior, mais lucrativa e com a imagem cada vez mais positiva, como isso poderia não agradar a quem vivia da universidade?

O ano de 1998 foi intenso em realizações, mas começavam a emergir os problemas nas nossas relações familiares que afetavam a universidade em geral e a nós, Roberto e eu, em particular.

- 2 -

Numa das reuniões da Câmara de Gestão, Roberto havia entregado um livro de marketing educacional e encarregou o diretor de Graduação de fazer o relato do que leu e de apontar o que, de tudo que entendeu, poderia ser usado para nós.

A grande pergunta sobre conhecer o seu cliente (palavra que em muitas universidades é odiada, mas em nosso caso sempre foi entendida da maneira correta, com seus direitos e deveres) nos levou a uma pergunta: "O que fazia um aluno escolher a UMC?".

Não era mais por causa de preço, uma vez que com as melhorias conseguimos ajustar as mensalidades defasadas dos cursos (e baixar os que estavam cobrando além da capacidade de pagamento dos alunos), nem da localização (já que dezenas de IES apareceram entre nós e a origem de nossos alunos) ou por nossos índices de qualidade, pois, apesar de estarmos melhorando sensivelmente, ainda não despontávamos a ponto de justificar tantos sacrifícios dos alunos que vinham de outras regiões para estudar conosco todos os dias.

Encarregada de fazer um levantamento entre os atuais alunos e com aqueles que haviam feito inscrição em nosso último processo seletivo e que não haviam optado por nós, Ana Elisa apresentou na reunião seguinte um estudo muito interessante que apontava como causa número 1 de escolha dos alunos "o desejo (para os novos) e o prazer (dos atuais) em conviver com colegas que já estudavam na UMC, com quem eles dividiam inesquecíveis momentos nos ônibus, nos trens, nas festas, enfim, a integração com os colegas".

Essa constatação levantou uma contradição com nossa visão. Apostávamos na qualidade como um diferencial essencial, mas não podíamos deixar que a sisudez que as boas escolas costumam apresentar afugentasse esses alunos antes que os ávidos por cursos melhores passassem a nos procurar em números significativos.

Tomamos várias decisões importantes a partir daí. O lema da "Qualidade com Alegria" passou a permear nossas ações e nos aproximamos dos alunos ainda mais para fazer com que o ambiente ficasse cada vez mais agradável, mas ao mesmo tempo suscitasse o desejo pelos estudos.

Levantamos quais os principais eventos promovidos pelo DCE e pelos Centros Acadêmicos, muitas vezes em conflito com as aulas e exames, e passamos a oferecer apoio para eles desde que marcássemos em épocas e horários menos sensíveis em relação às atividades acadêmicas. Criamos vários programas de interação social, incluindo as olimpíadas entre os cursos.

A Diretoria de Planejamento e Marketing estava ousando na busca de inovadoras formas de atrair alunos. Sugeriu que ampliássemos os locais de execução dos exames, um aumento da relação com as escolas e o uso dos alunos como nossos melhores promotores. Fazíamos testagem prévia das peças publicitárias com grupos de alunos e de potenciais alunos e passamos a usar nossos ex-alunos como fonte riquíssima de contatos e informações.

Já havíamos passado dos cerca de 8 mil candidatos quando chegamos a 11.386 em 1997. Mas uma espada pendia sobre nossas cabeças: a meta de 30 mil candidatos no vestibular de 1998 definida pelo reitor em nosso PTO!

- 3 -

Um certo dia Roberto pediu que eu subisse à Reitoria e o encontrei no computador, com vários gráficos na tela. Ele me explicou: "Estive fazendo uns cálculos correlacionando o valor da taxa de inscrição com o número de inscritos no vestibular".

A razão do estudo foi uma descoberta da área de marketing e da Compevesumc de que os alunos do ensino médio estavam escolhendo a universidade antes de fazer os exames, pois com o aumento no número de faculdades e cursos não tinham dinheiro para pagar tantas inscrições. Com isso tínhamos poucas chances de sermos escolhidos por quem nunca tinha nos visitado.

Pedindo calma, Roberto me passou a conclusão a que seu estudo o levou: "Minhas projeções mostram que se não cobrarmos taxa de inscrição, ou seja, se nosso vestibular for gratuito, teremos 35 mil candidatos e ultrapassaremos a meta!". Quase enfartei. A imagem que me veio na cabeça eu fui logo despejando: "Ao anunciar vestibular gratuito, vamos parecer vendedores de carne exposta nos açougues!". Roberto sabia da resistência, mas pediu uma reunião da Câmara de Gestão.

A primeira reação do grupo foi muito semelhante à minha. Em especial do Prof. Paulo, responsável pelo vestibular e pela graduação, que não acreditou no que estava ouvindo. Roberto pediu paciência e que ficássemos de mentes abertas para discutir a questão.

Explicou que, para ele, o vestibular era o início do processo de graduação. Infelizmente, muitas IES consideravam o vestibular uma fonte de receitas. Se a receita do vestibular não era o mais importante, mas o número de inscritos e a melhor seleção dos candidatos, a ideia era ótima, só precisava de uma roupagem para ser bem entendida.

Começaram a pipocar sugestões e dúvidas. Como garantir que um número recorde de inscrições se efetivasse em matrículas?

Sempre me perguntaram qual foi a grande sacada do primeiro vestibular gratuito de uma instituição privada da história do Brasil. Na verdade, não foi uma decisão isolada, mas um conjunto de ações que traziam nossos futuros alunos para termos uma chance de mostrar a eles nosso projeto.

Primeiro decidimos antecipar as provas para setembro. A UMC sempre era uma das últimas a fazer seu processo seletivo e acabava ficando com a rebarba, porque as pesquisas mostravam que o aluno que passou numa universidade, se não tiver condições de entrar numa pública, decide logo por esta.

Funcionou muito bem a antecipação de 50% das vagas para um vestibular em setembro, pois uma pré-matrícula garantia a vaga, bastando depois a apresentação do atestado de conclusão do ensino médio para a efetivação da matrícula. Apenas a Medicina não entrou porque os cursinhos ficariam contra nós por perderem receita de alunos já aprovados.

Também verificamos que uma boa prova selecionava os mesmos alunos, fosse em prova de dois dias ou de um dia. Passamos o processo para um dia em todos os cursos e dois dias para a Medicina, cujos critérios de desempate tinham que ser vários (indo dos pesos das notas das disciplinas específicas, que não eram nem de longe suficientes, para as disciplinas gerais, redação e chegando à diferença de idade dos candidatos, privilegiando o mais velho), tal era a proximidade de resultado entre os melhores alunos.

Roberto levou a proposta para a Chancelaria, que disse que não podia abrir mão da receita em razão dos custos das veiculações na TV. Roberto então disse que abria mão da propaganda na TV porque acreditava mais nas outras medidas que tomaríamos. Trucou.

Foi a mantenedora que nos trouxe a ideia brilhante de transformar o vestibular da UMC num processo seletivo solidário, cabendo ao aluno trazer um quilo de alimento (o que na época estava muito em voga!). Com isso, a imprensa se abriu para comentar a novidade e tivemos presença nas mídias maior do que quando pagávamos por ela!

Sem dinheiro para agências de publicidade, Ana Elisa propôs usarmos os alunos do curso de Comunicação Social para fazer as campanhas, e Roberto sugeriu criar um concurso em que a equipe vencedora, além de um prêmio em dinheiro, acompanharia todas as etapas de realização da campanha, o que academicamente era muito bom!

As equipes tiveram que buscar, junto aos nossos alunos, quais coisas boas deveriam ser mostradas, e esse processo já serviu ao propósito de envolver mais os alunos que se empenharam em descobrir por eles próprios o que a UMC tinha de bom.

Já havia uma política, definida pelo reitor, para que nossas perguntas nas provas fossem tão boas que pudessem ir para as apostilas dos cursinhos como exemplo, e isso foi ainda mais valorizado. O reitor também fez várias reuniões com formadores de opinião. Reuniu donos de colégios e cursinhos para contar sobre nosso projeto e pela primeira vez um dos melhores colégios de São Paulo, o Colégio Bandeirantes, sugeriu que seus alunos prestassem atenção e considerassem Mogi como uma alternativa.

A Universidade Braz Cubas, por outro lado, reuniu pela primeira vez um *pool* de seis universidades concorrentes nossas para um vestibular unificado, multiplicando sua verba de propaganda. Todas contra nós!

Envolvemos toda a comunidade acadêmica para o processo, inclusive alunos que eram os guias das visitas das escolas à UMC, que foram intensificadas.

Com a preocupação de que alunos aprovados não se matriculassem, preparamos encontros na UMC antes dos exames nos quais eles conheciam toda a universidade, os coordenadores e professores, depoimentos de ex-alunos e todo o projeto pedagógico dos cursos.

As inscrições choviam. Os locais reservados já não eram suficientes. Tivemos que usar as quadras do Centro Esportivo. Tive a "difícil" missão de ligar na Braz Cubas para pedir salas de aula para aluguel, o que não foi aceito. Pedimos ao shopping que liberasse seu estacionamento porque não havia condições de abrigar todos os carros em nossos espaços.

Contrariando a equipe de segurança, Roberto exigiu que a praça central da UMC fosse liberada para receber os pais dos alunos que antes ficavam lá fora, grudados nas grades, aguardando nervosos a prova dos filhos.

No primeiro dia de provas, pude ver o congestionamento da rodovia Mogi-Dutra e soubemos que começava no pedágio da rodovia Ayrton Senna, que fica a cerca de vinte quilômetros de Mogi. Quando os alunos chegavam, os pais eram levados para a lona de circo que montamos na praça e recebiam todo o atendimento, de café a jornal, informações sobre os exames e a oportunidade de conhecer toda a equipe de gestão da UMC, do reitor aos coordenadores de curso. O projeto da UMC e seus dados e estrutura foram apresentados e debatidos.

Os pais amaram, se sentiram muito acolhidos e fizeram questão de elogiar e vir falar que, se os filhos entrassem, se matriculariam e, se não entrassem, tentariam no ano seguinte outra vez. Os gestores estavam lá, em massa, professores e alunos fazendo levantamentos também. Qualquer dúvida era resolvida na hora, trazíamos informações das salas de exames e do tempo de prova *just in time*!

Posso resumir os resultados da seguinte forma:
- os colocados desse processo, na imensa maioria dos cursos, tiveram nota muito superior aos do processo anterior, passo fundamental para a qualificação de nosso ingressante;
- o índice de matrícula foi excelente e o número de chamadas diminuiu bastante;
- de forma inédita, o primeiro colocado da Medicina decidiu estudar em

Mogi, mesmo tendo passado em outras boas universidades. Roberto criou bolsas para os primeiros colocados e fez questão de entregá-las na Reitoria em reunião com os pais, registrada para a imprensa;
- dezenas de toneladas de alimentos foram entregues às instituições cadastradas;
- o grupo das seis universidades teve pouco mais da metade do nosso número de inscritos;
- depois disso, muitas IES tentaram o vestibular gratuito, pensando que só isso havia dado o resultado que deu, e não a série de medidas que foram tomadas e o próprio projeto de qualidade da UMC. Não funcionou para eles;
- dissemos brincando a Roberto que ele errara na sua previsão de inscritos, pois na soma dos processos daquele ano faltaram 63 para atingir a sua projeção de 35 mil inscritos! Uma acuidade impressionante. A meta de inscritos para o ano era de 30 mil candidatos. A previsão do algoritmo de Roberto era de 35 mil. Foram 34.937 candidatos. Um absoluto sucesso!

Projeto H

- 1 -

Em um longo artigo publicado pela Associação dos Docentes da Universidade de São Paulo (Adusp), em abril de 1997, Roberto disse, entre outras coisas, o que pensava quando assumiu a UMC:

> Quando deixei a Reitoria da USP, imaginava haver cumprido meu mais importante papel em relação ao ensino superior brasileiro, dirigindo a maior universidade do país no período de implantação da autonomia. Ao tomar posse na UMC, assumi uma nova missão, tão importante quanto a anterior: a de ajudar a construir um novo modelo de universidade capaz de responder à realidade do setor particular, que atende à maioria dos universitários brasileiros, com qualidade e eficiência.

Quando comemoramos os 60 anos de Roberto em 4 de setembro de 1998, com uma linda festa na qual apresentei o filme que fiz sobre sua vida e onde estiveram presentes, além da família, grandes amigos e seus colaboradores, passamos um depoimento do chanceler que, não podendo estar presente, fez uma longa gravação prévia não só parabenizando o reitor, como se dizendo amplamente satisfeito com seu trabalho, com o rumo que a UMC tinha tomado e tecendo grandes elogios à liderança de Roberto.

Nesse depoimento o chanceler também fez uma espécie de resumo do que havia ocorrido e dos avanços da UMC, considerando que sua mudança havia sido profunda e que já havíamos alcançado 70% da meta traçada por ele de sermos a melhor universidade particular do país.

Esse depoimento ganhou importância ainda maior nos meses que se seguiram, pois passou a ser uma prova pública do que o chanceler realmente pensava sobre tudo que estava ocorrendo com a universidade. Ele não deixou transparecer os conflitos internos que se acirravam muito com o fim de seu mandato na Prefeitura, com os membros engajados agora na Omec, muitos saídos da própria UMC, levando e trazendo suas opiniões sobre tudo o que ocorria.

- 2 -

Com os projetos avançando, novos planos, alguns absolutamente inovadores, iam tomando forma e corpo na Reitoria.

Um dos principais era a construção de um prédio exclusivo para abrigar os atuais e novos grupos de pesquisa, o que iria permitir uma otimização das estruturas e equipamentos, inclusive das ligações de lógica, gases, ar comprimido, tratamento de resíduos etc., abrindo espaço para outros projetos acadêmicos no campus de Mogi.

Outro plano foi nomeado de Projeto H, porque era voltado à área de humanidades. Cientes de que a concorrência nos cursos de Direito, Administração e Pedagogia, entre outros, se acirrava a cada dia por serem cursos com menor grau de investimento e maior difusão pelas novas IES da região, queríamos ter o diferencial de professores que fossem expoentes nacionais, mas que infelizmente não aceitariam ir a Mogi com frequência e muito menos ter uma alta carga didática.

Pensamos então em alugar um prédio em São Paulo, onde está o grande mercado de ensino, no qual haveria turmas presenciais de todos os cursos do Centro de Humanidades. Esses renomados docentes dariam as aulas magnas que seriam transmitidas ao vivo por fibra ótica para Mogi, o que já havia se mostrado viável porque tínhamos conversado com a Companhia Paulista de Trens Metropolitanos (CPTM) para passar as fibras óticas de forma adequada usando os trilhos da via férrea.

Em Mogi também ficariam os docentes regulares que fariam o papel de tutoria, introduzindo metodologias ativas de aprendizado nas quais já acreditávamos e só vimos ser tão valorizadas vinte anos depois.

O Projeto H trazia no seu bojo uma nova concepção para os campi da UMC. Com a maior parte das humanidades que ficaria sediada no novo campus em São Paulo, que também abrigaria um agressivo programa de educação continuada, o campus de Mogi passaria a ser mais diurno, com cursos capazes de captar alunos de melhor perfil acadêmico e financeiro de todos os cantos do país.

Tudo se casava, uma vez que, com a pesquisa crescendo e os resultados no Provão se destacando, já estávamos captando alunos mais diferenciados.

Precisávamos, entretanto, de um campus mais no modelo americano das universidades privadas e queríamos fazer uma passarela ligando o campus central de Mogi a um terreno enorme perto do shopping, onde seriam construídas as acomodações para alunos que viessem de fora (além de ajudar na atração de alunos de outros locais, era uma nova fonte de receita) e para docentes que seriam atraídos de fora também e que morariam no campus.

Para dar suporte a essa nova confluência de gente com mais exigências, transformaríamos a praça da caixa-d'água, que dá frente para a maior avenida de Mogi, em um centro comercial com tudo o que os alunos e docentes precisassem, de lavanderia a agência de correios, de restaurantes a loja com produtos da UMC.

Eram embriões que começavam a se transformar em projetos. Em discussões com a mantenedora, a família foi de opinião contrária à nossa, decidindo que o campus em São Paulo deveria ser construído e não alugado. Já haviam indicado até o local, na Vila Leopoldina, onde hoje é o campus Villa-Lobos.

As decisões sobre investimentos em imóveis eram da Omec e nossa opinião, inclusive contra a localização (para aquilo que queríamos fazer à época), não prevaleceu.

Com o investimento a ser feito no campus de São Paulo, tivemos que encontrar outra solução para o prédio de pesquisa, que depois foi aprovado com financiamento do BNDES.

Anos depois nos disseram que esse financiamento foi transferido para a construção do campus de São Paulo, e o terreno para abrigar o prédio de pesquisa virou um estacionamento pago para alunos da UMC.

- 3 -

Roberto, quando aceitou o convite para ser reitor da UMC, havia dado algumas condições, entre elas a mudança do papel do reitor que constava do Estatuto e do Regimento aprovados em 1995.

Ele assumiu com essa promessa, mas trabalhou durante mais de dois anos com os documentos legais da UMC ainda incompatíveis com o que de fato ocorria em muitos casos e que exigia passos desnecessários e morosos em vários fluxos decisórios, acadêmicos e administrativos.

Consolidada a nova visão de como funcionava e deveria funcionar a UMC, inclusive para contemplar as mudanças que ocorreram, em especial na pesquisa e pós-graduação, e as que estavam por vir, não era mais possível adiar a nova proposta estatutária e regimental. A prática não correspondia às atribuições documentadas.

Discutimos exaustivamente as novas propostas e foram muitas as idas e vindas dos documentos entre a UMC e a Omec. Acabamos chegando a uma versão final aprovada por todos.

Nela havia várias alterações que oficializavam mudanças estruturais também na mantenedora, em razão dos novos setores criados, e a previsão de uma extensão automática dos mandatos de toda a equipe da UMC por mais dois anos para consolidar os projetos em andamento.

O documento em que Roberto abria mão de seu mandato assinado antes de sua posse continuava, entretanto, valendo para todos os efeitos.

- 4 -

Com o avanço impressionante da UMC em todos os indicadores, o humor, que deveria só melhorar, ia ficando mais azedo na família, e os contatos quase que só se davam entre Roberto e o chanceler para fins profissionais e em ocasiões formais, ou sociais entre nós dois e o conjunto da família Bezerra de Melo.

Coisa semelhante acabou acontecendo também na nossa equipe, em especial nos membros que vieram de outras IES, que ficavam se perguntando qual era mesmo o papel da mantenedora que não fosse atrapalhar ou atrasar nossos projetos.

Sem muitos assuntos políticos, a maior presença de meu tio na Chancelaria deve ter despertado nele uma nostalgia irritada dos tempos em que ele era a figura mais importante e decisiva da universidade. O beija-mão dos políticos continuava, mas as críticas sobre a falta de poder dele na vida da UMC deviam irritar muita gente.

Vários episódios vinham desgastando a relação entre a universidade e a mantenedora, pois os processos passavam agora por muitas mãos na Omec antes de chegarem ao chanceler e várias vezes ocorreram atritos.

Ao mesmo tempo, Roberto recebia sinais de que minha prima Regina não me queria mais trabalhando lá. Ele sempre me dizia que era previsível que quem fizesse grandes mudanças não ficaria na instituição por muito tempo, mas ele também considerava isso injusto porque achávamos que as causas eram pessoais e não profissionais. Só que isso não ficava claro nas conversas, então Roberto passou a querer ouvir, de fonte fidedigna, o que de fato motivava o desejo de minha saída.

Um dia Roberto pôde introduzir de forma mais franca uma conversa com o chanceler, indagando se as restrições de Regina contra mim tinham fundo profissional e confirmou que não, que eram razões que já vinham de longo tempo e sempre foram pessoais, coisas de família que haviam repercutido nas relações de trabalho.

Diferentes Modelos, Caminhos Distintos

- 1 -

A partir de 1998, as relações entre a Reitoria e a mantenedora esfriaram e os encontros rareavam e se tornavam mais formais. Quando rompeu o ano de 1999 ninguém podia imaginar que tantas coisas iriam mudar para tanta gente.

Claramente as visões da Reitoria e da mantenedora sobre a UMC divergiam em questões importantes. Ambas queriam que a UMC tivesse um grande destaque nacional, mas a forma de alcançar isso implicava em diferentes modelos de universidade e, consequentemente, caminhos diferentes para alcançá-lo.

Meados de fevereiro, numa tarde de sol, o chanceler me chamou ao seu gabinete sem dizer o assunto. Informou-me que a mantenedora não desejava renovar meu mandato na Vice-Reitoria e que desejava encontrar uma saída sem maiores traumas para todos.

Queria que eu o ajudasse a encontrar uma forma de Roberto ficar na Reitoria, pois não desejava também uma debandada da equipe, o que seria ruim para a imagem da UMC, mas senti que minha saída já era uma consequência da nova visão que a família queria implantar.

Apesar de abalada, tinha que ser objetiva: seria difícil explicar para outras instituições onde poderia trabalhar, uma vez que mantiveram meu marido e não a mim. Por que minha própria família não me quis? Ninguém imaginaria uma coisa boa. Além disso, não via como me empregar imediatamente em outra instituição fazendo concorrência à UMC.

Percebi que ele entendia o problema, que não queria que eu trabalhasse para nenhuma concorrente, mas não estava vendo uma saída.

Eu já havia pensado nessa possibilidade e disse a ele: "Talvez a única explicação aceitável seja eu sair daqui para montar um negócio próprio, uma consultoria, por exemplo". Ele concordou e se ofereceu para me ajudar. Eu prometi levar a ele uma proposta viável nesse sentido.

Eu avisei que outra coisa fundamental seria uma entrevista coletiva com ele, Roberto e eu, comunicando minha saída e ele dando um depoimento sobre meu trabalho, para que eu pudesse ter algo público a meu favor, vindo da boca de meu tio, pois, afinal, como ele mesmo havia dito, tudo isso não era por questões profissionais, pois eu ficara nessa situação por fazer exatamente tudo o que ele havia me pedido.

Desci para o meu gabinete muito triste. Não era só por pensar que ficaria longe da rotina que havíamos criado, mas porque eu sabia que, além de tudo, a minha saída abalaria muito a equipe e logicamente a Roberto.

Narrei a Roberto o encontro com meu tio. Depois ele fez uma avaliação bem objetiva: "O que me prende é a equipe que trouxe e que confiou no projeto, mas não sei se haverá projeto sem você, que foi a alma dessa mudança. Eu por mim sairia hoje daqui, mas quero que você me diga o que gostaria que eu fizesse".

Não titubeei. Disse a ele que era preciso que o projeto continuasse, que ele ficasse e que nós encontrássemos uma forma de viabilizar minha saída. Ele então mudou o tom: "Se é assim, eu vou negociar com o chanceler a saída da minha vice-reitora".

Discutimos o que poderia ser viável para ambos os lados. Não falamos nada a ninguém, até porque não sabíamos o desfecho. Levamos uns dias para pensar e encontrar uma saída. Ele fazia contas, mas pensava numa forma de não haver mais desgaste do que já estava tendo.

Roberto marcou a reunião na Chancelaria, se sentou ao lado do meu tio e eu ao lado de meu marido. Levava duas pastas com cópias da proposta: "Eu passarei um ano sem vice-reitor, então o senhor economizará seis meses de salário e um ano dos encargos trabalhistas".

O chanceler nem argumentou. Levantou-se na hora e estendeu a mão a Roberto, satisfeito com o acordo que era até financeiramente vantajoso e, principalmente, com a civilidade com que as coisas pareciam caminhar.

No fim do dia seguinte ele nos chamou e nos recebeu já com o advogado ao lado, mas ainda tivemos que voltar a discutir alguns pontos da proposta. Ao final, assinamos um acordo, nos despedimos friamente e voltamos ao gabinete da Reitoria. Era preciso agora preparar o terreno para não desestabilizar a equipe.

- 2 -

Aos colaboradores mais próximos Roberto contou tudo o que acontecera. Não havia como dizer que minha saída seria espontânea. Aos demais, anunciamos que eu, ao final de meu mandato, iria abrir uma consultoria em educação. Não sei quem de fato acreditou nessa motivação.

Uma semana antes da minha saída da UMC, o repórter e editor do principal jornal da cidade, Darwin Valente, foi chamado para que meu tio comunicasse a minha saída. Foi no meu gabinete, junto a Roberto, que ouvi da boca dele elogios sem fim a mim e como ele sentia que eu quisesse sair da UMC: "Para nós é uma perda imensa, mas não posso privar a sociedade da ajuda que Beatriz pode dar a tantas instituições. Ela quer caminhar por novas estradas e terá todo o sucesso e todo nosso apoio!". Estava cumprida a obrigação.

Depois das perguntas de praxe ao reitor sobre o que aconteceria com minha saída e ao chanceler sobre o andamento do projeto, Darwin se despediu e eu levei meu tio ao elevador privativo que ligava o gabinete dele ao meu e ouvi suas últimas palavras como sua funcionária: "Infelizmente, a vida nos obriga a fazer coisas que jamais gostaríamos de fazer". Beijou a minha testa, apertou o botão do elevador e subiu.

No meu último dia de trabalho fizeram um grande almoço numa enorme churrascaria, onde se reuniu praticamente todo o corpo diretivo da UMC. Fizeram uma linda despedida. Havia um caderno em branco onde todos deixaram uma mensagem para mim, talvez o maior tesouro profissional que amealhei. Tanta energia positiva e palavras de valor e admiração vindas de gente tão competente e amiga!

A música que escolhi para minha despedida foi "My Way", para mim um hino muito apropriado para o momento.

O Tempo é o Senhor da Razão!

- 1 -

Centenas de vezes perguntaram a Roberto porque ele deixou a UMC, para todos no auge da curva ascendente da universidade. Nos cursos que demos depois, após fazermos a palestra de planejamento estratégico (quando, além da parte teórica, eu conto resumidamente como se deu e quantifico as principais mudanças que alcançamos), todos queriam saber a razão de termos deixado um projeto tão exitoso.

A reação mais comum de Roberto é sempre devolver com uma pergunta: "Qual das 23 facadas matou César?", numa alusão a uma conjunção de motivos inseparáveis que ele já usara uma vez.

Havia, no entanto, na mantenedora uma sensação forte de que com tudo andando já tão bem talvez fosse mais fácil tocar o barco sem tanta gente de fora e, principalmente, com a minha saída, acredito que pouca gente imaginava que ambos, eu e ele, abriríamos mão de salários tão expressivos ao mesmo tempo. Essas duas últimas análises devem ter levado meu tio a aceitar o risco.

Os vários incidentes que sempre ocorrem em projetos de mudanças tão profundas também eram sempre superados, mas nos últimos tempos deixavam cada vez mais sequelas. E os assuntos iam ficando mais sensíveis, pois mexiam com pessoas próximas e em questões que eram, por acordo, decisões da UMC. Nos dias que se sucederam à minha saída, poucas foram as vezes em que Roberto não trazia algum tema que estava gerando atrito e com alto grau de periculosidade. Acho que citar três já é suficiente.

Um deles foi o Hospital Universitário. Reformado e pronto para entrar em operação, o chanceler informou o modelo de negócios: as receitas entravam na Omec e as despesas seriam da UMC.

Roberto não aceitou. Argumentou que as despesas do hospital, acrescidas em razão de ser um hospital de ensino, deveriam ser, sim, debitadas da UMC, mas o orçamento do hospital deveria ser independente e até os resultados líquidos poderiam ficar na Omec, mas todas as despesas e receitas deveriam ser parte do orçamento do próprio hospital, a UMC respondendo somente pelo seu quinhão. Não chegaram a um acordo.

Numa reunião de acompanhamento orçamentário, o chanceler começou informando que havia uma diferença de um milhão de reais entre o que a UMC declarava que havia mandado pagar e o que havia sido pago a mais pela Omec. Quando Roberto pediu para se buscar imediatamente o esclarecimento, ouviu que podia "deixar isso pra lá". Imaginem como ouvir algo desse tipo e deixar passar? Ao não permitir que se esclarecesse o assunto, o chanceler parecia querer desestabilizar o reitor ao diminuir a importância de fato tão relevante.

Mesmo que não se tratasse de queixa de conduta, pois toda a parte financeira ocorria, como deve ser, na mantenedora, os pagamentos feitos a pedido da UMC eram controlados no nosso orçamento e a diferença só podia representar um erro de alocação, caso a despesa tivesse mesmo sido efetivada. Era preciso verificar o que estava acontecendo, pois a autonomia orçamentária da UMC era sagrada para Roberto e sobre a qual não podia pairar dúvidas.

A última conversa foi a mais delicada. Roberto foi à Chancelaria com o pedido do diretor do CCB para demitir um parente do genro do chanceler. Para a universidade, era o exercício de sua autonomia na gestão de pessoal, por motivo que toda a linha hierárquica da UMC considerou justo.

O chanceler fez o que achou ser seu direito e Roberto ouviu a única coisa que não podia ouvir: "Entre a universidade e a minha família, fico com minha família". Roberto deixou a Chancelaria sabendo que essa era a gota d'água.

- 2 -

Esse diálogo ocorreu na sexta-feira, dia 16 de abril. No domingo era meu aniversário e havíamos combinado com os gestores mais chegados para passarem o fim de semana conosco em um hotel em Campos do Jordão.

Quando Roberto chegou em casa no final da tarde para me pegar e fazermos a viagem, já entrou me avisando que iria pedir demissão na segunda-feira. Não sentia a menor condição de trabalhar na situação que se apresentava e que só tendia a se agravar.

Fomos conversando e amadurecendo a decisão e resolvemos que não haveria a menor condição de falarmos desse assunto na minha festa para não arruinar o fim de semana de todos.

Quem esteve lá sabe que não se falou em nada relativo, ou que suscitasse qualquer ideia de que Roberto estava demissionário. Acredito inclusive que alguns dos que estiveram no meu aniversário se aborreceram por achar que deveriam ter sido avisados ou até que mereciam participar dessa decisão.

Entretanto, nenhuma decisão é mais pessoal do que a de um homem na condição de Roberto, que com toda a sua experiência sabia que estava, voluntaria ou involuntariamente, sendo testado em sua autoridade e em suas responsabilidades sem interesse genuíno de seus chefes em esclarecer as questões que antes eram tão abertamente discutidas.

O chanceler tinha o direito de priorizar a família e Roberto, de defender sua história profissional. Desejos inconciliáveis.

Na segunda-feira, dia 19 de abril de 1999, o reitor reuniu a equipe na sua sala e comunicou que ia pedir demissão. Eu estava presente. Explicou os motivos, disse que não acreditava na continuidade do projeto como ele, Roberto, desejava. Disse que não queria e não esperava gestos de solidariedade e pediu que a equipe ficasse e continuasse o trabalho.

Imediatamente minha irmã comunicou que iria pedir demissão também. Entre todos os membros do grupo, ela era a única que não tinha outra fonte de receita. Um gesto mais do que corajoso. Outros imediatamente seguiram o mesmo caminho, alegando que não acreditavam mais no projeto. Roberto insistiu que todos continuassem, mas sabia que não podia obrigar ninguém a ficar.

Encerrou a reunião e pediu audiência imediata ao chanceler e comunicou sua decisão entregando a carta de demissão em caráter irrevogável. O chanceler usou as frases protocolares pedindo para ele rever a decisão e para que ele ficasse para um pequeno período de transição. Insistiu que ele não incentivasse os demais a seguirem seu gesto. Definitivamente, meu tio nunca chegou a conhecer bem Roberto.

- 3 -

Dois meses antes de minha saída, Roberto havia determinado que fizéssemos a primeira avaliação do Planejamento Tático-Operacional da UMC durante a sua gestão, de modo a mensurar as metas e seu alcance.

Foi outra tourada, porque não é fácil manter dados tão complexos atualizados em todos os setores. Ao término do levantamento o objetivo era publicar o documento. Fiquei encarregada de elaborar o documento com o apoio das pró-reitorias e diretorias.

Está tudo lá, preto no branco. Depois do resumo que conta como o processo de planejamento aconteceu, estão todos os objetivos, estratégias, ações e a descrição das metas com seus pontos positivos e negativos. O quadro-resumo publicado foi este:

Quadro-resumo de percentual das metas atingidas

Atingidas em 100%	23 metas	70%
Atingidas em mais de 50%	7 metas	21%
Não realizadas	3 metas	9%
TOTAL	33 metas	100%

Impressionantes 70% das metas foram atingidas em sua totalidade ou até ultrapassaram o almejado. 21% foram atingidas em pelo menos 50% do que se desejava. Apenas 9% das metas não foram atingidas de forma expressiva.

Quando se fala de meta atingida, não se imagina a quantidade de ações que estavam embutidas em cada uma delas, nem sua abrangência, especialmente em relação ao que existia antes.

A maioria dessas metas contemplava o prazo de apenas dezoito meses de trabalho. Poucas delas (como a captação de receitas) abrangia o período desde a chegada de Roberto.

Para dar uma ideia do quanto uma equipe foi capaz, em tão pouco tempo, de avançar em tantas áreas complexas e diversificadas, cito algumas das metas atingidas:

- aprovação da reformulação de todos os currículos de graduação;
- implementação e consolidação de novos métodos pedagógicos em pelo menos 50% dos cursos;
- capacitação e treinamento em habilidade didático-pedagógica de mais de 77% do corpo docente da graduação (a meta era de pelo menos 20%);
- dobrar o acervo da Biblioteca Central e aumentar em pelo menos 50% sua utilização;
- passar de 9% para 35% de professores mestres e doutores (e chegamos a 39% dos 808 docentes);
- obter 30 mil candidatos nos processos seletivos;
- obter a menção de pelo menos dois cursos nos rankings de cursos superiores (tivemos dois cursos estrelados no *Guia dos Estudantes*, assumimos o quarto lugar no ranking do Provão entre as IES particulares e tivemos nosso primeiro A no Provão), entre tantas outras.

Uma meta especial merece destaque, pois envolve todo o arcabouço de ações adotadas nas áreas de pesquisa e extensão, indo contra tudo o que era padrão na época: captação de mais 7 milhões de reais em receitas de outras fontes não oriundas de alunos de graduação e vestibulares.

A UMC, que sequer constava dos catálogos das agências de fomento, captou (na época o equivalente a igual valor em dólar) mais de 7,5 milhões de reais, passando a ser o segundo captador privado da Fapesp, perdendo apenas para o Instituto Ludwig (que coordenava o Projeto Genoma!). Isso representava mais de 10% do orçamento anual de pouco menos de 69 milhões de reais, cujo resumo foi publicado no mesmo documento.

Para não falar só do sucesso, queria descrever as três metas que foram consideradas pelo reitor como "não realizadas". Uma delas foi a revisão do curso de Direito. Na verdade, foram feitas duas reestruturações, mas a equipe defendia que ainda não havia chegado à forma ideal, por isso a meta não foi considerada alcançada.

Um outra foi por minha culpa. Havíamos definido que faríamos o acompanhamento do perfil e da situação atual dos egressos da graduação com a atualização dos cadastros, mas não quantificamos a meta. Aprendi duramente que esse é um erro mortal. A UMC já contava com mais de 75 mil egressos e não sabíamos que a grande maioria não tinha mais cadastro, ou não havia como (sem as redes sociais naquela época) entrar em contato com todos eles. Resultado: apesar de termos contatado 15 mil egressos, não atingimos a meta não quantificada que representava, portanto, todos os egressos.

A última meta não realizada foi a obtenção do certificado ISO 9002 para o Setor de Suprimentos da Pró-Reitoria Administrativa (Proad) e a Secretaria Geral. Roberto sempre defendeu que a certificação da área administrativa ajudava a provar a adequação dos procedimentos administrativo-financeiros, muito importantes em qualquer organização. Na Secretaria Geral seria uma prova contundente da lisura de nossos processos de certificação, fundamental para uma universidade privada. Seríamos a primeira no Brasil a alcançar esse feito à época.

No momento do levantamento da avaliação das metas, Roberto foi informado de que só faltava a vinda da comissão da agência de acreditação para conseguir o certificado para a área de suprimentos da Proad e o da Secretaria também estava bem avançado. Roberto deu o veredito: "Não existe 50% de certificação. Se não certificou, a meta não foi realizada". Foi uma chiadeira geral. Achamos que ele estava sendo muito severo.

Anos depois, lembrando desse assunto, pudemos confirmar o quanto ele estava certo. Saímos da UMC e a certificação nunca foi alcançada. Entretanto, prefiro pensar e valorizar o fato de que a grande maioria das metas foi atingida graças ao esforço e dedicação de toda a equipe.

- 4 -

A notícia da saída de Roberto caiu como uma bomba na universidade e na imprensa. Roberto ficou mais cerca de duas semanas e os pedidos de entrevista se sucediam. No entanto ele se calou. Não queria criar um problema maior do que, certamente, sua saída já representava, muito menos macular a imagem da instituição e tudo que havia construído com a ajuda de tanta gente que acreditou em nós.

Eu digo "em nós" porque eu sempre me senti muito responsável pela chegada de todos a Mogi, já que a mudança começou porque eu acreditei no que meus tios me pediram quando me convidaram para voltar à UMC. Por isso, já havia pedido desculpas a todos.

Junto com Roberto, dezoito gestores pediram demissão. De alto, médio e menor escalão. Dos realmente mais próximos, todos.

O caldo entornou mesmo com a entrevista feita pelo chanceler ao *Diário de Mogi*. Como era de se esperar, ele passou uma mensagem de que tudo estava dentro dos conformes, que o projeto estava de pé, que ele ia fazer tudo o que estava previsto, como o Hospital, o Prédio de Pesquisa, o campus de São Paulo etc.

Tenho certeza de que ele foi pego pela sede da imprensa por polêmicas. Perguntaram quem assumiria a Reitoria, e ele disse que acumularia o cargo com a Chancelaria até escolher outro reitor. Indagaram da posse, se haveria festa e ele disso que não, que não haveria mais festa de posse. A manchete captou o que quis: "Acabou a festa", dando uma conotação dúbia à saída de Roberto. Não houve nenhum desmentido ou esclarecimento sobre o assunto.

Roberto então rompeu o silêncio publicando uma nota no mesmo jornal. Nela ele dizia-se satisfeito pelo fato de o chanceler, após o anúncio de sua saída, haver declarado que ia manter os projetos que na sua Reitoria eram prioritários. Desejou que tudo desse certo para o bem da comunidade de alunos e professores. Terminou com um ditado: "O tempo é o senhor da razão".

- 5 -

Depois de alguns dias, vários gestores que não haviam saído com Roberto foram demitidos e substituídos. Não havia mais o corpo central da equipe que montamos. Nós nos perguntávamos quem seria o nome que daria à comunidade uma ideia de continuidade da Reitoria de Roberto assumindo o cargo de reitor. Achávamos que não seria ninguém muito próximo.

Algum tempo depois assumiu a Reitoria da UMC o Prof. Isaac Roitman, nosso diretor de Pesquisa e Pós-Graduação, e minha prima Regina Coeli assumiu a Vice-Reitoria. Mais tarde ela assumiu a Reitoria onde está até hoje (Luiz Fernando, seu marido à época, assumiria a Vice-Reitoria). A família havia voltado à direção da universidade.

Passei dez anos sem falar com meus tios e dezessete sem ver e falar com minha prima, mas a UMC nunca saiu de meu coração. Em nossos treinamentos de gestores, sempre acabava exemplificando com coisas que fizemos na UMC e também nos cursos *indoor*, quando havia a palestra de planejamento, acabava me emocionando.

As pessoas queriam saber como estava a UMC após nossa saída e sempre tentamos ser discretos e elegantes evitando comentários ou críticas. Dizíamos naquele tempo, como dizemos agora, que eles são donos e tinham todo o direito de reassumir sua instituição. Apesar de falar com euforia do que fizemos, eu sofria muito cada vez que pensava neles e em como as coisas aconteceram. Também nunca me esqueci da oportunidade dada por meus tios para fazer tudo que fiz.

Quando lançaram o livro dos cinquenta anos da Omec, vimos que meu nome sequer aparecia, e o de Roberto era somente citado na lista de reitores. E só. Diferentemente de outras pessoas que deram seus depoimentos e tiveram destaque.

Dos nossos clientes e dos participantes dos nossos cursos sempre ouvimos que nossa saída da UMC também foi boa para o Brasil, já que com a consultoria e os treinamentos muita gente podia usufruir de nossa experiência.

Nem todas as sementes que plantamos lá cresceram, mas muitas delas acabaram florindo em outros lugares.

Um Modo Novo de Fazer Consultoria

- 1 -

Trabalhando juntos novamente, começamos uma nova fase da nossa vida como consultores e, em razão disso, como empresários.

Roberto queria de todo modo encontrar um outro nome para chamar nossa empresa, pois considerava "consultoria" uma palavra muito desgastada, afinal, todo mundo pode se autointitular consultor.

Só que "assessoria" também era uma visão reducionista daquilo que queríamos e que fizemos ao longo de quinze anos. O nome Lobo era natural, o Associados veio da ideia de unirmos pessoas de alto nível para nos ajudar nessa empreitada, como especialistas nas respectivas áreas. Novamente montamos um time e tanto, muitos, claro, que trabalharam conosco na USP e na UMC, mas outros em diversas áreas que podiam dar consultoria sem deixar seus cargos.

Não encontramos outra opção de nome. Abrimos a Lobo & Associados Consultoria numa sala de um prédio comercial novo no centro de Mogi. A maior parte do dinheiro de minha indenização trabalhista foi para a poupança, numa conta chamada de "fecha-empresa". Precisávamos desse suporte para ter a certeza de não termos que trabalhar com quem e naquilo que não queríamos. Se um dia tivéssemos que fechar a empresa teríamos como pagar todos os funcionários.

Na sala pequena com uma antessala, banheiro e copa, tínhamos uma secretária e a Prof. Zilda Mussolino se juntou a nós apenas pelo prazer de produzir coisas novas conosco. Uma ajuda e tanto.

Nossos primeiros convites para consultoria vieram do Grupo COC, que queria assessoria para a elaboração do Projeto das Faculdades COC em Ribeirão Preto, e o outro foi de um dono de uma rede hospitalar em São Paulo que tinha alguns cursos de graduação que não estavam indo nada bem.

No primeiro caso pudemos chegar ao cabo com um projeto de qualidade, sempre acompanhado de perto pelo dono, Chaim Zaher, coisa rara entre mantenedores já bem estabelecidos. Ele queria que sua faculdade refletisse a qualidade de seus colégios e investiu para ter uma IES de ponta em Ribeirão Preto, o que se comprovou nas excelentes notas dadas pelos avaliadores do MEC ao projeto.

No segundo, depois de ampla avaliação, sugerimos que fechassem os cursos e se dedicassem somente ao que eles faziam bem, conselho que eles nos agradecem até hoje.

Já dávamos um sinal ao mundo acadêmico de nossa atuação. Como disse um alto dirigente do MEC uma vez: "Só os Lobos para sugerir ao cliente fechar a faculdade". Para ele, talvez uma gozação, para nós, um elogio. Sim, só nós!

Em setembro de 1999 fizemos nosso primeiro curso de treinamento de gestores a partir do modelo usado na Europa no Projeto Columbus, adaptado para a realidade do Brasil. Ana Elisa e Rivera, além de Zilda, participaram da imersão de uma semana num hotel de São Paulo.

Com tudo muito bem organizado, acadêmica e gerencialmente, começamos a semear aquilo que havíamos vivido e estudado, tentando ajudar mais gente a melhorar suas IES para seus alunos.

O primeiro curso teve altíssima avaliação pelos participantes (9,6), sendo que vários deles eram consultores de outras empresas da mesma área que a nossa. Vieram gestores de vários estados e assim começamos a rotina de um seminário nacional por semestre e vários cursos realizados *in company*, em IES de diferentes lugares, tipos, tamanhos e missões.

- 2 -

Ter nossa própria empresa e viabilizá-la era um novo desafio para nós. Tínhamos que conciliar nossos conhecimentos acadêmicos e de gestão em prol de nossos clientes, mas em nosso benefício também.

Tivemos as dificuldades iniciais de toda empresa, na definição dos produtos e na forma de atuação, principalmente em razão de uma deturpação que muito nos aborrece no Brasil: a concepção corrente de que dar consultoria ou assessorar uma IES significa fazer lobby, para dizer o mínimo, em Brasília.

Quando alguém nos perguntava se garantíamos a aprovação de projetos, cursos, ou novas instituições junto ao MEC, costumávamos responder: somos Lobos, mas não somos lobistas!

Durante quinze anos trabalhamos com mais de 120 instituições, de todos os tipos (universidades, centros universitários, faculdades integradas e faculdades isoladas). Distribuídas em 24 estados, havia todas as dependências administrativas (públicas, ou privadas comunitárias, confessionais e particulares), tamanhos (de 60 mil alunos a instituições de um único curso) e localização (capitais e interior de todas as regiões).

Nunca, em nenhum caso, fomos protocolar, acompanhar ou tentar aprovar qualquer coisa junto aos órgãos de fiscalização e autorização. Fazíamos constar do contrato essa nossa postura. Sempre defendemos que bons projetos são aprovados e, de fato, não temos em nosso portfólio um único caso de projeto não aprovado. Isso não quer dizer que projetos ruins não sejam aprovados, mas os bons são!

Claro que isso gerava algumas saias justas. Recusávamos mais da metade das futuras propostas ainda na fase telefônica, quando percebíamos o interesse de nossa interferência em Brasília, ou do uso do nosso nome, especialmente do de Roberto, apenas para robustecer alguma demanda. Chegamos a rescindir um contrato quando, já de início, o mantenedor pediu que acompanhássemos uma visita de comissão de avaliação, sem que sequer tivéssemos começado efetivamente nosso trabalho.

Entretanto nunca fomos elitistas. Não negávamos um cliente porque sua instituição era ruim, porque sabíamos que, na maioria das vezes, se procura o médico quando há uma doença, mas tínhamos que sentir o compromisso em, de fato, melhorar.

Algumas, é claro, queriam novos projetos, ou ações preventivas, e várias eram instituições boas com problemas pontuais, mas pegamos muita gente na UTI. Quem quis fazer sua parte saiu e, no mínimo, foi para o quarto, várias saíram do hospital e outras vivem melhor agora do que antes. Temos orgulho disso.

Outras queriam mais a ajuda para sanear ou estancar a sangria financeira, mas não queriam usar uma parcela dos valores economizados com nossa ajuda para fazer a outra parte, que é investir na melhoria. É um direito, mas não renovávamos, nesses casos, nosso contrato. Sempre zelamos para que quem tivesse sido nosso cliente pudesse mostrar que progrediu com nossa passagem por lá.

Não pudemos evitar os casos em que, feito o plano, alguns gestores não quisessem pagar o ônus político de fazer as mudanças necessárias. Alguns eram sinceros em assumir que não podiam fazer isso porque não seriam reeleitos, ou seriam afastados. Não colocaram a IES em primeiro lugar.

Outros não diziam, mas "cozinhavam tanto o galo" que nós sabíamos que nada de importante seria feito. Aí deixávamos que seguissem seu rumo, talvez carregando nas nossas costas algumas responsabilidades que obviamente não nos cabiam, mas que sempre recaem em quem é de fora.

Com o tempo, a forma de trabalhar dos "Lobos" já era de conhecimento de centenas de IES espalhadas pelo Brasil. Nossa reputação era alta e éramos considerados a melhor empresa do país no ramo. A credibilidade era mesmo enorme. E isso não tem preço! Por essas mesmas razões, crescíamos vertiginosamente, dobrando o tamanho de nossa sede a cada ano.

Para apoiar a gestão da Lobo & Associados, abrimos a Lobo Organização Empresarial, que foi nosso braço operacional. Chegamos no limite de ter dezesseis funcionários e quase cinquenta consultores *ad hoc*, porque decidimos que não passaríamos do tamanho que nos permitisse acompanhar todos os projetos e nenhum processo seguia sem revisão minha ou de Roberto.

Pelo mesmo motivo recusamos todas as solicitações de franquia de nossa empresa.

- 3 -

Em um dia normal de trabalho, toca o telefone, a secretária transfere a ligação.

— Alô! Professora Beatriz?

— Sim, é ela. Pois não.

— Eu sou fulano da empresa tal e gostaria de saber como faço para contratar vocês e aprovar uma IES no MEC.

— Infelizmente, nós não trabalhamos em processos de aprovação no MEC.

— O que vocês fazem então?

— Nosso trabalho é construir junto com nosso cliente o projeto da IES. Desse modo o cliente mesmo pode e deve fazer os procedimentos necessários para aprovação. Nós damos as orientações naquilo que for necessário da nossa parte. Se houver um problema no processo e a IES tiver razão, é claro que faremos a defesa do projeto, mas nunca sequer protocolamos um processo lá.

— Mas foi uma pessoa importante lá do MEC que recomendou vocês!

— Desculpe, meu amigo, mas não tenho ideia de quem nos recomendou e se houve isso é porque acham nosso trabalho bom e sério e não porque "ajeitamos algo" com qualquer pessoa de lá. Talvez você tenha entendido errado a razão da recomendação!

— Ah! Então não é de vocês que precisamos!

— Certamente que não. Passe bem.

Como Roberto costuma dizer, muita gente paga para o galo cantar, mas o dia sempre nasce mesmo que o gale não cante. Ou seja, um bom projeto normalmente passa sem precisar que se suborne alguém.

- 4 -

Cerca de duas vezes por mês recebíamos pedidos semelhantes, por e-mail, mas muitos por telefone mesmo, de empresas querendo que nós fizéssemos parcerias. Daquelas que se você vender eles ganham, e se você gastar seu tempo e não vender, só você perde. Vinham de todas as áreas, desde construtoras que queriam aproveitar o *boom* da construção de novas IES até livrarias, produtos ligados ao ensino, fabricantes de laboratórios, mas o mais comum eram empresas da área de informática:

— Gostaria de saber se a Lobo não quer ser nossa parceira para venda de nosso software no Brasil e vocês ganham participação nas vendas.

— Se você quiser podemos mandar uma proposta de avaliação de seu software e, se ele for realmente bom, recomendamos aos nossos clientes sem qualquer ônus para vocês.

— Não, a senhora não entendeu, nós queremos somente o selo da Lobo.

— Entendi, sim, mas não associamos nosso nome a nenhum produto ou empresa que não usamos e/ou avaliamos.

Pode ser que tenhamos perdido alguns negócios financeiramente bons, mas era assim que agíamos.

- 5 -

Uma das boas contribuições que foram geradas pela nossa consultoria e que retroalimentavam nosso trabalho foi a publicação do nosso informativo "Terceiro Grau",[29] que circulou semestralmente para todo o setor de ensino superior durante vários anos. Um periódico em formato tabloide de oito páginas que trazia os assuntos mais importantes da gestão universitária e que descrevia nosso trabalho.

O conteúdo editorial privilegiava nossos artigos de educação e gestão universitária, além de reportagens e entrevistas relacionadas aos projetos e à atuação da Lobo & Associados, mostrando também os eventos, pesquisas e trabalhos realizados pela Consultoria, além de relatos de casos bem-sucedidos.

---

29. O informativo "Terceiro Grau" tem todas as suas antigas edições disponíveis ainda no site <www.institutolobo.org.br>.

As edições do informativo também traziam análises de aspectos importantes do panorama do ensino superior, adiantando, por exemplo, o que esperar de novos presidentes da República, ou qual o efeito de políticas públicas na qualidade do setor.

Logo no primeiro número foi feita uma análise para verificar se o que se dizia à época, que o crescimento exponencial do número de cursos de graduação estava diminuindo a qualidade destes, era verdade, ou seja, os novos cursos deveriam mostrar resultados piores que os antigos. Verificamos que os dados indicavam que os cursos novos eram melhores, em média, que os mais antigos.

Além disso pudemos afirmar que o antigo Provão não parecia estar atuando eficazmente na melhoria dos cursos já existentes. Havia pouca mobilidade na hierarquia dos cursos que passaram por várias avaliações, ou seja, poucos cursos que se saíam mal nas primeiras avaliações reagiam e mudavam de patamar ao longo do tempo.

Um *clipping* com a presença das matérias que apareciam na imprensa sobre a Lobo & Associados e o Instituto Lobo, ou seus diretores, dava a dimensão de nossa presença nas diferentes mídias e ajudava a referenciar publicações para leitura dos gestores das IES.

Roberto defendia que, se pregávamos para as IES que era preciso documentar resultados e divulgá-los, nós deveríamos fazer o mesmo, por isso o *clipping*.

Estávamos tão empolgados com todas as perspectivas da nossa empresa que uma vez, durante uma viagem de carro, Roberto recebeu uma ligação do amigo Luiz Cury, avisando que o então ministro da Ciência e Tecnologia, Ronaldo Sardemberg, queria que ele fosse imediatamente a Brasília. Cury adiantou o assunto: "Ele vai convidá-lo para ser o secretário de todos os institutos vinculados ao Ministério!". Roberto chegou a conversar com o ministro, soube que o nome dele chegou por meio da ausculta das bases dos institutos e ficou feliz por isso, mas as mudanças seriam muitas e incompatíveis com a manutenção dos nossos projetos pessoais, por isso declinou do convite.

- 6 -

Nem sempre os estudos e análises de Roberto o levaram a situações de reconhecimento, pelo contrário, houve momentos em que o embasamento de sua opinião o levou a crises que nos prejudicaram, mas que eram inevitáveis.

Em março de 2005, o jornal O *Estado de S. Paulo*, por meio de Gabriel Manzano Filho, pediu que Roberto analisasse o projeto de lei que estava sendo proposto para a autonomia das universidades federais. Roberto fez as contas e descobriu: "Estão falando em grande aumento de recursos, mas as despesas já estão além do que se promete cobrir".

Antes de responder ao jornal, entrou em contato com o MEC, pedindo que analisassem suas contas e dessem uma posição sobre os resultados para que ele não publicasse possíveis inverdades.

O então secretário adjunto do MEC, Fernando Haddad, que depois veio a ser ministro, telefonou agradecendo a Roberto por ter perguntado antes e prometeu enviar os comentários a tempo. A resposta nunca chegou. Então Roberto deu a entrevista que caiu como uma bomba: "Universidade já gasta mais do que o MEC quer dar". Como um dos subtítulos da matéria de página inteira aparecia: "Nas contas do ex-reitor da USP, anteprojeto da reforma não atende ao acordo com os reitores".

Em resumo, Roberto afirmou: "O aumento de recursos anunciado pelo Ministério da Educação para as universidades federais na reforma universitária, tão festejado pelo governo, é apenas um jogo de palavras. A proposta contém, de fato, um acréscimo de uns 70% para 75% da verba do Ministério para aquele setor, mas falta dizer que, bem feitas as contas, é menos dinheiro do que o já garantido ao setor pelo orçamento da União de 2005".

No dia seguinte o desmentido de Haddad dizia que "Federais terão mais verbas, insiste MEC". O argumento era de que o repasse atual do MEC já estava sendo maior do que previa a lei. Roberto seguia dizendo que esse não era o problema. Tratava-se de uma lei de autonomia e valeria, na hora que quisessem, o que estava na lei, e não o que um governo havia decidido repassar às universidades federais.

O clima esquentou. Roberto encontrou-se com a presidente da Associação Nacional de Dirigentes de Instituições Federais de Ensino Superior (Andifes), Prof. Ana Lucia Gazzola, e perguntou se ela havia feito as contas direitinho sobre o que estava no projeto de autonomia das federais. Ele enviou suas anotações e ela ligou assustada com o que viu. A lei nunca foi aprovada.

O que deveria ser considerado um alerta importante e positivo de Roberto para a proteção das instituições federais passou a ser visto no MEC como uma espécie de "traição". Durante bastante tempo ele passou a ser considerado *persona non grata*, confirmado por um diretor da Capes que ouviu isso da boca do ministro quando sugeriu o nome dele para participar de um grupo de avaliação. O diretor chamou Roberto mesmo assim, de forma corajosa, mas é claro que esse clima não podia ser bom para nós.

O preço de se falar a verdade ou de se proteger as instituições acaba quase sempre sendo cobrado na esfera pessoal. Arrependimento? Nenhum. Apenas assumimos com isso que seria necessário trabalhar para melhorar o nosso ganha-pão até o final da vida.

Mas, mesmo se não houvesse necessidade de receber, Roberto continuaria envolvido em projetos, porque ele sempre disse: "as pessoas precisam de projetos para viver"!

Vamos Jogar a Vaca do Abismo!

- 1 -

A primeira reunião de uma consultoria a gente nunca esquece. A maioria delas começava de forma muito parecida. O reitor, o pró-reitor ou o mantenedor chegava ao nosso escritório e começava a contar a história de sua IES. Dizia de sua missão de qualidade, de como seu corpo docente era bom e comprometido e da importância da instituição na região em que ela se localizava.

Depois de ouvir pacientemente tudo, éramos obrigados a perguntar a real motivação da visita, uma vez que, até aquele momento, não parecia haver qualquer problema ligado à IES em questão. Costumavam ser os casos mais difíceis. Era preciso criar um laço de confiança e entender o que, de fato, estava por trás daquele pedido. Sempre olhávamos os dados da IES antes da visita e tínhamos quase certeza de quais eram os principais problemas que estavam sendo protelados.

Fazíamos então a analogia com a Medicina: "Se você for consultar um médico e não disser o que de fato está sentindo, ou distorcer o que há em seus exames, como ele poderá ajudá-lo?". E para acalmar de vez, lembrávamos: "Nós não somos nem do MEC, nem da Receita Federal, nem da Justiça do Trabalho. Você pode dizer em confiança tudo que o preocupa e o trouxe até aqui e veremos se podemos ajudar a melhorar sua IES, e não a buscar um jeitinho".

Só que, por vezes, a "moita", ou seja, o esconder das coisas chegava a limites inaceitáveis.

Um possível cliente, em estado pré-falimentar, queria que nós fizéssemos uma revisão de seu orçamento. Achava que recebia de menos, mas gastava demais. Detalhe: não queria disponibilizar seus dados de receitas e despesas, sem explicar a razão. Nós sabíamos a razão. Roberto desafiou:

"Vamos fazer o seguinte: eu tenho os dados acadêmicos de sua IES nos microdados do MEC, podemos pegar o valor das suas mensalidades no site e vocês só me informam os valores de hora/aula. Vou fazer algumas análises e voltamos a conversar".

Com esses dados — os indicadores que tínhamos de gastos por alínea nas IES privadas de diferentes portes e aplicando seus algoritmos (incluindo inadimplência, evasão, índices de divisão de turmas etc.) —, na reunião seguinte Roberto apresentou para o gestor o orçamento da IES detalhado, mas sem apontar onde havia os desvios.

Ouviu o seguinte comentário: "O senhor errou por uma margem de cerca de 1%! Que coisa incrível!". Roberto explicou: "Fiz isso para mostrar ao senhor que os donos pensam que ninguém sabe quanto gastam e quanto ganham, mas isso é um equívoco, porque seus alunos, professores e funcionários, por desconhecerem vários tipos de gastos, pensam que seu resultado é muito maior do que de fato é. Agora, se nem para quem quer contratar como consultor o senhor acha que deveria abrir seus dados, eu só queria mostrar sua ingenuidade".

Com o passar do tempo isso foi melhorando e muito. Passamos a fazer pesquisas nacionais sobre todos os temas e dezenas de instituições preencheram seus dados abertamente, algumas de forma, a nosso ver, até mais honesta do que informavam aos órgãos oficiais. Uma enorme prova de confiança. Com esses parâmetros analisados e os dados que tínhamos dos clientes, montamos a maior base de indicadores e até um Serviço de Informações Gerenciais para Acompanhamento de Macroindicadores do Ensino Superior (Sigames).

Só com os dados das tabelas prioritárias (cerca de trinta) tiradas das mais de cem que compunham o Sigames, quando preenchidas pela IES, sabíamos de longe mais da instituição do que muitos de seus próprios gestores. Quase um *check up*!

- 2 -

Quando um mantenedor percebia o diferencial que nossa presença e trabalho representavam para sua instituição, tendia a querer desenvolver vários projetos simultâneos. Ocorre que, como já expliquei, tínhamos um limite de atendimento e uma vez uma única universidade havia contratado nossos serviços para vários projetos.

Um dia Roberto reuniu a equipe da nossa empresa e explicou que essa universidade, sozinha, estava respondendo por mais de dois terços de nosso faturamento. Ou seja, estávamos com muitos ovos na mesma cesta e ele se sentia quase como se fosse, de novo, empregado desse reitor.

Em seguida ele contou uma parábola chinesa de autor desconhecido que reproduzo aqui de forma reduzida e como lembro para quem não conhece:

"Era uma vez um sábio que corria o mundo com seu discípulo, ajudando as pessoas e formando o rapaz para seu sucessor. Um dia eles visitaram uma família muito pobre que tinha uma casa de taipa enfiada nos confins de um enorme terreno. Mesmo com tantas necessidades, a família deu comida e bebida aos viajantes e o quarto para que dormissem. O mestre saiu e na sua volta o discípulo perguntou se não haveria modo de ajudar aquela família que os havia recebido tão bem, apesar dos parcos recursos, todos oriundos da venda do leite de sua única vaca. O sábio disse que já havia feito o melhor para aquela família, jogando a vaquinha no abismo. Revoltado, o discípulo desistiu de acompanhar o mestre e seguiu sua vida. Depois de anos, já adulto, ele quis retornar ao local onde estivera com seu mestre pela última vez, querendo saber o que ocorrera com aquela família. Quase não reconheceu o local. No local da tapera, havia uma próspera e grande fazenda de plantação toda mecanizada e uma grande e vistosa sede. Ao ser recebido, reconheceu imediatamente o chefe da família e perguntou, sem se identificar, como eles haviam conseguido formar tão valiosa fazenda, e o senhor explicou: 'Nós éramos muito pobres. Vivíamos do leite de uma vaquinha até que um dia um senhor veio aqui com um jovem. Recebemos os visitantes da melhor forma que pudemos e em troca ele jogou nossa vaca no abismo. Depois disso, discutimos qual seria a forma de sobrevivermos sem a nossa vaquinha e decidimos então que todos trabalhariam na lavoura, e dessa decisão chegamos até o que somos hoje'."

Ao terminar, Roberto avisou: "A partir do ano que vem, vamos jogar nossa vaca do abismo, porque não vou renovar os contratos com essa universidade. Não quero depender de ninguém nesse nível. Vamos atrás de mais projetos com um maior número de instituições". Não podia ter tomado decisão melhor.

Mais à frente, depois da morte desse reitor, fomos procurados novamente e ajudamos a esposa e as duas filhas não só a recuperar sua universidade num período de turbulência, mas também a recredenciá-la com nota 4 pelo MEC.

Continuando a Ajudar o Sistema de Educação Superior

- 1 -

Foram muitos anos e muitas experiências diferentes que nos ensinaram bastante e criaram uma verdadeira rede de pessoas e instituições que queriam discutir temas semelhantes e, quase sempre, trilhar um bom caminho.

Como consultores, nosso trabalho era ainda mais delicado, na medida em que é preciso sempre construir uma solução específica, usando sua experiência e seus conhecimentos, mas sabendo adaptar tudo isso a novas circunstâncias, demandas e perfis de clientes.

É claro que a gestão universitária tem uma enorme gama de aspectos comuns que se repetem em várias IES. Sem isso seria impossível, por exemplo, fazer um curso nacional sobre gestão do ensino, ou mesmo marketing educacional.

Lidar com as especificidades e saber usar indicadores para situar nossos clientes em patamares realistas e poder medir ações e resultados sempre foram desafios em que não só a vivência e o conhecimento teórico ajudam, mas a capacidade intelectual e a inteligência emocional dos consultores pesam muito.

Foi na consultoria que pude conhecer ainda melhor a capacidade de adaptação de Roberto, a facilidade em fazer diagnósticos e encontrar soluções, assim como sua visão inovadora. Muitas vezes me vi surpreendida tanto quanto nossos clientes.

Com ele pude compreender como a cultura geral e o conhecimento de outras realidades fazem a diferença entre uma opinião de senso comum e um conselho inestimável.

Tenho dezenas de boas histórias e grandes exemplos que ajudam a captar a forma de ver a educação superior, a ciência e a tecnologia que Roberto desenvolveu ao longo de décadas, centenas de leituras e muito suor.

Selecionar algumas é preciso, infelizmente, mas pretendo escolher exemplos que apontem diferentes abordagens e que possam ajudar alguns leitores deste livro. É claro que os fatos serão apresentados segundo nossa visão pessoal, talvez nem sempre coincidindo com a visão dos nossos (ex-)clientes.

- 2 -

Vou começar por uma instituição pequena no interior de São Paulo, com poucos cursos e bastante seletiva. Fomos procurados por três filhas que estavam começando a fazer a sucessão na gestão da faculdade e que tinham uma visão de modernização e qualidade que as afastava bastante, e até as conflitava, com o que seu pai vinha fazendo há anos e que, bem ou mal, havia levado a IES a ser o que ela era até então.

É delicado tratar de sucessão familiar, mas é uma situação inevitável em um sistema jovem em que muitos fundadores somente agora estão fechando o primeiro ciclo de vida de suas instituições: a passagem do bastão para outra geração.

Quando as irmãs nos procuraram, elas queriam um planejamento para mudar e para crescer. Achavam que o pai tratava os alunos como meninos de colégio, quase como um bedel, vigiando até quem estava fora da classe.

Além disso, acreditavam que a relação íntima entre ele e alguns professores impediria o bom uso de uma avaliação docente que já estava quase totalmente implantada. Queriam nossa ajuda para transformar os resultados em ações concretas de incentivo (inclusive financeiro) aos melhores professores e apoio aos que não conseguiam bons resultados.

Nossa consultoria começou fazendo um *swot* com as filhas e a equipe de gestão mais alta da faculdade, introduzindo uma nova fórmula que Roberto havia criado de quantificar e correlacionar as verdadeiras Forças, Fraquezas, Oportunidades e Ameaças (cujas iniciais em inglês formam a palavra *swot*) que atuavam sobre os cursos e que poderiam determinar o futuro da instituição.

O resultado, para surpresa geral, mostrou que a maior força da instituição era exatamente a cultura de acompanhamento ostensivo que o pai praticava e que dava aos pais de alunos a confiança de que seus filhos estavam de fato se dedicando aos estudos, assim como trazia o corpo docente quase totalmente unido em prol do sucesso desses alunos.

Ao mesmo tempo essa cultura prejudicava a expansão da faculdade, mas a discussão mostrou que havia que se concretar uma base mais sólida na IES para aumentar ainda mais sua qualidade e dar sustentabilidade ao crescimento.

Na contramão das outras IES, essa faculdade decidiu não se transformar em

Centro Universitário (mesmo já atendendo às condições necessárias e deixando de usufruir da autonomia desse tipo de organização que as faculdades não possuem) e optaram por se tornar faculdades integradas e preparar seu crescimento.

Tendo o pai agora uma maior valorização pelas filhas e participando do processo com grande confiança em nossa atuação, refizemos toda a estrutura organizacional e definimos os postos de cada filha. Uma delas foi escolhida para, durante dois anos, como nova diretora acadêmica, discutir todos os projetos e se "formar" na gestão colocando a mão na massa com nossa ajuda e suporte.

As outras filhas assumiram a parte administrativa e financeira e participavam de algumas reuniões, mas era a diretora acadêmica, Zelly Toledo Pennacchi Machado, que tinha que aprender a lidar com as opiniões divergentes e conseguir aprovar as prioridades que sua área precisava. Afinal, ela teria que caminhar sozinha depois.

Nesses dois anos, praticamente todos os processos acadêmicos foram revistos ou aprimorados e tivemos o enorme prazer de ver uma pessoa florir às nossas vistas. Nos acertos, nas dúvidas e em poucos erros, vimos toda a família aprender a construir coletivamente e fazer história.

Essa foi a primeira IES que adotou — com a proposição do algoritmo do sistema de distribuição elaborada por Roberto — a remuneração variável vinculada à avaliação do desempenho docente, com grande peso da avaliação feita pelos estudantes.

Cada processo foi sendo aperfeiçoado, e a diretora nos trazia os dados, as dificuldades e os avanços e íamos construindo os próximos passos juntos.

A seriedade com que todos levaram suas tarefas, incluindo prazos e custos, nós pouco vimos até hoje.

Hoje ela é a reitora da Toledo Prudente, um dos centros universitários dentre as instituições mais bem avaliadas no Brasil. Seu curso de Direito está entre os três melhores do estado de São Paulo, que tem instituições tradicionais como a USP e a PUC! E continua com a mesma postura. Um exemplo que não cansamos de elogiar e acompanhamos até hoje em uma relação de amizade e admiração recíprocas. Uma importante liderança para o setor!

- 3 -

Recebemos um dia, já no nosso terceiro escritório, uma casa grande de dois andares em Mogi, o gestor de uma das IES ligadas a uma universidade em Minas Gerais. Ele gostava que o chamassem simplesmente de Toniquinho.

Seu nome era Antonio Guerra e dirigia o Centro de Ensino de Bom Despacho (Cesbom).

Ele era um administrador muito esperto e corajoso e nos procurou porque sabia que não entendia da gestão acadêmica e precisava de ajuda qualificada para avaliar seus gastos e receitas. Mas mais do que isso: para aprender indicadores e quais eram os limites adequados de gastos em cada tipo de atividade de ensino, pesquisa, extensão e gestão.

Simples e diligente, esse mantenedor trabalhou e aplicou tudo que Roberto e eu indicamos a ele com agilidade e presteza. Algum tempo depois ele faleceu na mesa de uma cirurgia cardíaca.

Passados alguns meses, sua filha Débora Guerra nos procurou com um tio pedindo nossa ajuda. Contou-nos que o pai havia anotado em um caderno várias lições sobre a vida e a gestão da faculdade. Havia dito a ela que se algo acontecesse com ele os "Lobos" eram as pessoas em quem ela deveria confiar para conseguir gerir com sucesso a sua instituição.

Foram alguns anos de intenso trabalho e rapidamente ela se transformou numa das gestoras mais competentes e destemidas do setor privado.

Foi ela que escolhemos quando precisávamos de um depoimento sobre gestão financeira para IES privadas, no qual ela explicou como continuou o trabalho do pai e como adotou os princípios profissionais de uma gestão financeira de instituição de ensino com nossa ajuda e de seus colaboradores.

Jovem ainda, conseguiu desenvolver, solidificar e expandir o legado do pai. Anos depois, vendeu suas mantidas para uma grande rede, mas continuou à frente da gestão de suas unidades e desponta como uma liderança na rede e no setor.

Tendo assumido uma posição importante na Associação Brasileira de Mantenedoras de Ensino Superior (ABMES), ainda hoje acompanhamos sua trajetória e a vemos avançar as fronteiras do país buscando exemplos internacionais para implantar e assumir novos desafios para sua carreira.

- 4 -

Por vezes não é só o trabalho de consultoria que ajuda um agente externo a mudar uma cultura institucional. O exemplo, a admiração e até a pergunta bem colocada, ou o comentário corajoso, podem mudar muita coisa. Vou dar um exemplo.

Certo dia, Roberto, numa visita a uma IES, foi convidado para ver os laboratórios novos que acabavam de ser inaugurados e respondeu com sua franqueza peculiar: "Eu já vi todo tipo de laboratório e até posso ver mais esse. Mas o que eu não quero deixar de ver são três coisas numa IES — a biblioteca, a sala dos professores e uma sala de aula típica de alunos comuns de graduação. Com isso saberei muito da IES e de como ela trata o conhecimento, os seus professores e os seus alunos". E arrematou: "A biblioteca é o coração de uma universidade!".

Para as bibliotecas Roberto colecionava uma série de indicadores que havia colhido em suas pesquisas e com nossa especialista Prof. Inês Imperatriz, da USP. E aplicava-os sempre para ter uma noção de como a IES priorizava os livros em seu orçamento. Quantas bibliotecas se aprimoraram depois de sua atenção, seus comentários e até suas visitas, nas quais ele sabatinava a bibliotecária-chefe com questões pertinentes e ideias interessantes?

Já para as salas de professores ele sempre fazia uma analogia mortal: "O que eu mais vejo são lugares que parecem vestiários de times de terceira divisão: móveis velhos, armários de ferro enferrujados e pouquíssimo conforto. Depois querem me convencer de que os professores ficam na IES cumprindo seu regime de tempo integral, ou reclamam de que eles dão aula e vão embora".

Sobre as salas de aula sua visão era muito realista. Com o avanço de nossas experiências na consultoria fomos verificando que os prédios administrativos vicejavam, os gestores em belas salas finamente decoradas e equipadas, mas as salas de aula sem ventilação, com carteiras "de pau", quadro negro "verde" e giz dos tempos de ginásio. Para isso ele ousava dizer: "Gostaria de saber quem merece mais a cadeira estofada ou o ar-condicionado? Se não se dá conforto a quem passará horas por dia, anos a fio, sentado tentando aprender, especialmente quando é ele quem paga para sustentar tudo o que a IES faz, como dizer que existe real preocupação com os alunos?".

E conseguíamos ver a expressão de vergonha em muitas faces. Tempos depois era comum nos convidarem para visitar muitas salas de professores e de aulas novas e bem montadas ao longo de nossas consultorias.

- 5 -

Quero contar o caso de sucessão de uma instituição que tinha quatro famílias como sócias. Um desafio e tanto porque é muito difícil conseguir que todas as partes concordem com a gestão e com a forma de participação das famílias e de seus herdeiros na IES.

Esse é um problema muito comum no setor particular em especial, em razão de sociedades formadas por diferentes arranjos de capital e trabalho.

No caso, as quatro famílias representadas pelos antigos fundadores das Faculdades do Oeste de Minas (Fadom) conseguiram prosperar até a chegada da concorrência, mas com os novos tempos, o que é fácil de entender, não havia mais como sustentar tantos herdeiros, muitos já casados e com famílias constituídas.

Como definir quem trabalha e recebe, quem só recebe e não trabalha e quem não trabalha e não recebe? Como conciliar interesses distintos, como, por exemplo, uma família querendo vender a instituição e a outra querendo expandir e se transformar em um Centro Universitário?

O primeiro acordo foi de que as quatro famílias aceitariam que nós seríamos os "juízes" dessas causas. Costuramos uma nova estrutura institucional e os ordenamentos legais de tal modo que os sócios-fundadores foram compor um conselho superior. Criamos mecanismos para que eles participassem das grandes decisões, do planejamento institucional e da aprovação orçamentária, sem se imiscuir no cotidiano institucional, por ser isso inviável para uma organização que precisa de agilidade e coesão na liderança.

Analisamos quem tinha e quem não tinha condições profissionais de assumir funções na IES e o filho mais velho de um dos sócios foi aceito pelos demais como diretor-geral, o Prof. Carlos Moacir Meira de Aguiar.

Só que foi com sua diretora acadêmica, Prof. Gislaine Moreno, que não pertencia a nenhuma das famílias, com quem passamos a trabalhar depois e foi com ela que desenvolvemos as atividades de aprimoramento acadêmico e controle gerencial que era aplicado pelo diretor.

Revimos todo os processos internos, criamos todos os mecanismos de avaliação e acompanhamento, incluindo a avaliação externa de todos os cursos e serviços por nossos especialistas *ad hoc*.

Eles subiram em todos os rankings e nas avaliações do MEC, abriram novos cursos e passaram a competir com as grandes redes como a maior potência local.

Já caminhando pelas próprias pernas, um dia recebemos a visita do diretor-geral e da diretora acadêmica, que vieram mais uma vez nos agradecer (o que os quatro sócios já haviam feito por ocasião do término do contrato) pelo nosso trabalho, que de tão bom gerou uma oferta irrecusável de venda da IES, aceita e comemorada por todos os sócios.

Continuamos acompanhando a vida de nossos clientes para saber as repercussões de nossa consultoria e também porque nos tornamos amigos da maioria deles. Sabemos que essa diretora acadêmica assumiu a Direção Acadêmica da rede que adquiriu a IES e que é uma gestora muito reconhecida.

Soubemos que depois o diretor-geral abriu uma consultoria para a gestão universitária.

Estávamos fazendo escola.

- 6 -

Conhecendo o sistema superior ao redor do mundo e pesquisando os mecanismos utilizados pelos países mais avançados para expandir o número de alunos e oferecer subsídios para que as classes menos favorecidas, em especial no caso de alunos talentosos, chegassem ao ensino superior, Roberto fazia críticas bem pertinentes ao antigo Fundo de Financiamento Estudantil do Governo Federal (Fies).

Certa vez, o amigo e também físico Prof. Francisco César de Sá Barreto, que estava na Secretaria de Educação Superior (SESu) do MEC, compareceu ao nosso "Seminário sobre Gestão Financeira das IES" promovido em junho de 2002 pela Lobo & Associados e pediu que Roberto fizesse uma análise e propostas de mudanças para o Fies.

A partir da pesquisa que realizamos junto às IES que participaram do encontro e sempre entendendo que por meio de financiamentos não só se podia aumentar o número de alunos carentes e expandir o ensino superior, mas, sobretudo, criar políticas públicas que pudessem se valer desses mecanismos para incentivar boas medidas, ou inibir o que não fosse conveniente, foi elaborado o documento "Análise da atual legislação de crédito educativo federal (Programa de Financiamento Estudantil — Fies) e proposta de novas formas".

A proposta gerou várias consequências, com boa parte das sugestões sendo incorporadas (não necessariamente em sua plenitude) pelo programa mesmo depois da saída do Prof. César Barreto da SESu na mudança do novo Governo Federal, ainda que não tenha sido dado, como ocorre nesses casos, o crédito das ideias ao documento de Roberto, somente aos gráficos e tabelas.

As análises passaram pela abrangência dos valores do financiamento em relação às mensalidades, pelas questões processuais como prazo de carência, fiança, problemas operacionais do site da Caixa Econômica Federal (CEF) e pela própria regulamentação do Fies. Incluímos uma crítica à indevida linearidade de distribuição em relação a cursos de alta demanda, o não atendimento das peculiaridades regionais e de alunos de mais baixa renda e, por fim, a falta de critérios de mérito dos cursos para concessão.

As propostas de mudança traziam os exemplos de outros países, os cálculos com a situação atual, as projeções para cada implementação e a redação das alterações da legislação.

Como as coisas vão e voltam no Brasil dependendo da conjuntura político-partidária, muita coisa mudou ao longo do tempo no Fies, mas isso não tira o mérito e o impacto desse trabalho, ainda atual e pertinente em vários aspectos.

- 7 -

O Universia era uma rede de ensino superior (IES) na América Latina e Península Ibérica que começou em 2002 e em 2006 já contava com 985 instituições com foco na cooperação universitária das instituições parceiras. Atuava em três principais vertentes: o desenvolvimento da Sociedade do Conhecimento, o apoio à Relação Universidade e Empresa e o fortalecimento da Mobilidade e Internacionalização. Um elemento integrador dessa rede era o portal Universia.

Foi Roberto quem elaborou a pedido do Universia Brasil, patrocinado pelo Banco Santander, o documento-base de criação do funcionamento do programa. Em especial as justificativas e os critérios para a formação dos órgãos colegiados e sua composição, garantindo às IES participantes, principalmente às universidades públicas, uma voz ativa na escolha das IES a serem convidadas e seu nível de participação nas decisões que envolviam as diferentes atividades desse programa.

Aprovado o documento-base e criados os conselhos, Roberto passou a ser o especialista que montava, anualmente, um ranking, baseado nos critérios sugeridos por ele e aprovados por esses conselhos, que indicava quais IES poderiam ser chamadas para participar do Universia Brasil.

Sem dúvida o peso de Roberto no cenário nacional foi fundamental, como disse em entrevista a diretora-geral do Universia, à época, Alina Correa: "Optamos pelo trabalho da Lobo & Associados pelo fato de ser uma empresa reconhecida no mercado, ser referência no âmbito da educação e por ter a coordenação de um profissional bastante conceituado no meio acadêmico, o professor Roberto Leal Lobo".

Em quatro anos de existência, o Universia atingiu seus objetivos de parceria com as IES (sendo 225 só no Brasil), aumentou o número de usuários cadastrados para 1,6 milhão e o registro médio de 23 milhões de páginas vistas mensalmente.

Em 2006, o Universia estreitava, novamente, suas relações com a Lobo & Associados para fazer a releitura das IES parceiras e para participar como palestrante em eventos voltados para coordenadores de curso.

Roberto também foi chamado para discutir com a Presidência do Santander Brasil algo que ele sempre defendeu: a participação do setor bancário no financiamento estudantil.

Chegou a mandar um documento com uma análise de viabilidade desse tipo de empréstimo, no qual havia a proposta de aval do Governo Federal (não com a participação direta de recursos) para se chegar a juros viáveis para o programa. Com as mudanças no banco, esse projeto não foi implementado.

- 8 -

Um dos trabalhos da Lobo & Associados que mais repercutiu, por seu ineditismo e importância, foi a criação em 2004 do primeiro *Search Committee* (conhecido como comitê de busca) para escolha de um reitor no Brasil.

Depois de algum tempo de nossa consultoria para a Fundação Percival Farquhar (FPF), mantenedora da Universidade Vale do Rio Doce (Univale), de Governador Valadares (MG), o presidente do Conselho Diretor, Almyr Vargas, aceitou uma das nossas propostas mais desafiadoras.

Em um país onde se discutia a reforma universitária — ventilando-se a possibilidade de definir um único padrão de escolha para dirigentes de universidades públicas (no caso, a eleição direta) e uma forma de controlar as IES privadas, por meio da obrigatoriedade da participação dos docentes na escolha de dirigentes acadêmicos —, uma universidade comunitária do interior de Minas Gerais daria o exemplo de que existem outras maneiras de definir qual o profissional mais adequado para ocupar cargos de destaque nas IES.

Embora, como em muitos casos, na Univale o processo de escolha fosse da responsabilidade do Conselho de Curadores da fundação mantenedora, a criação de um Comitê de Escolha composto por representantes da Fundação, da Univale e de membros externos especialistas (que eram gestores de universidades de renome) e a abertura da seleção a acadêmicos externos à Univale introduziram uma sistemática ampla, transparente e democrática que poderia se tornar um modelo para a escolha de dirigentes/gestores nas universidades brasileiras, à semelhança do que já ocorre em outros países, como os *Search Committees* americanos.

Todo esse processo da Univale foi coordenado pela Lobo & Associados Consultoria e teve ampla repercussão na imprensa nacional e nas instituições públicas e privadas de ensino superior. E foi um enorme desafio, pois, apesar de o processo de escolha não ser uma questão ética, o tempo e a inércia encarregaram-se de institucionalizar verdadeiros dogmas sobre esse assunto, como em muitos outros, que podem conter, inclusive, um viés ideológico.

Todos defendem sua verdade como se fosse a única. Alguns só acreditam na gestão democrática por eleição direta. Outros sustentam que quem iniciou uma instituição é mais comprometido com ela e por isso não aceita ninguém fora de seu quadro docente, ou há ainda quem defenda que "santo de casa não faz milagre" — isto é, gente de fora é sempre melhor do que de dentro.

Esse panorama está longe de ser localizado geograficamente, ou em algum tipo específico de IES, e não dá ainda sinais de ser superado.

O professor Éfrem Maranhão, ex-presidente do Conselho de Reitores e da Câmara de Ensino Superior do Conselho Nacional de Educação, deu uma entrevista como membro do *Search Committee* dizendo que "no Brasil tem-se uma falsa impressão de que eleição direta é que escolhe um bom dirigente. Isso pode servir para prefeito, governador, mas a universidade é baseada em meritocracia. Então, é preciso que o reitor tenha formação acadêmica e adequada experiência administrativa".

O professor Luiz Antônio Rizzon, reitor da Universidade de Caxias do Sul, também membro do Comitê, foi ainda mais longe: "Sem desmerecer as consultas às comunidades e os votos dos alunos, funcionários e professores nas eleições acadêmicas, temos visto campanhas políticas, barganhas e compromissos que não têm levado à construção de uma universidade melhor".

Muitas universidades em vários países, notoriamente nos Estados Unidos, já adotavam e adotam cada vez mais a tradição em utilizar Comitês de Busca, ou *Search Committees*, para selecionar, no mercado, profissionais gabaritados e experientes para ocupar os mais diversos cargos nas universidades, desde direção de faculdades até reitores (lá chamados de presidentes).

Assim acontece nas universidades de Harvard, Stanford, Austin, Cornell, Indiana, Ohio e foi dessa forma que, pela primeira vez no Brasil, uma IES escolheu o nome da pessoa que iria substituir o reitor ao término de seu mandato.

Roberto, que foi quem conduziu o processo por parte da Lobo & Associados contando com minha ajuda para operacionalizar o processo, comentou na imprensa: "Esta não foi apenas uma proposta de escolha de reitor, mas de um processo amplo, bem mais abrangente. Abre para a universidade a oportunidade de ter, para preencher seus cargos, não somente professores de seu quadro profissional, mas toda a experiência brasileira disponível, o que é um enriquecimento sensacional".

Um anúncio em uma revista de circulação nacional e em alguns jornais de Minas Gerais, cartazes nas IES de todo país e e-mails para o *mailing* da Lobo & Associados foram suficientes para a divulgação do processo, para o qual se candidataram 51 pessoas de onze estados, 70% com doutorado, quase 90% de homens, a maioria entre 50 e 60 anos, pelo menos um terço deles já havia ocupado postos de alta administração em grandes e importantes instituições de ensino superior. Dentre os candidatos, dois da própria Univale que, mesmo não tendo sido pré-selecionados, tiveram a louvável atitude de reiterar, diante da comunidade, a importância do processo.

Selecionamos, então, seis candidatos por meio de classificação por pontos para os aspectos previamente sugeridos por nós e priorizados pela fundação mantenedora e pela Univale. Todos tinham pelo menos duas passagens por cargos de pró-reitor, vice-reitor e reitor de grandes e tradicionais universidades públicas e comunitárias.

O próximo passo foi montar o Comitê de Escolha, que indicamos à fundação, e definir a metodologia da reunião de entrevistas em Governador Valadares.

As entrevistas foram realizadas com os seis candidatos e levaram cerca de duas horas cada uma. Todos foram submetidos às mesmas vinte questões, escolhidas entre as cinquenta sugeridas pela consultoria, entre os mais variados assuntos, como razão da candidatura, experiência profissional, visão geral sobre ensino superior, autonomia e relação mantenedora/mantida, papel do reitor, gestão acadêmica, gestão administrativa, futuro e expectativas, atitudes diante de crises e mais outras sobre temas livres.

Depois, o Comitê reuniu-se, enalteceu a qualidade dos seis candidatos, todos com amplas condições de preencher o cargo, e indicou a professora Inguelore Scheunemann de Souza, ex-reitora da Universidade Federal de Pelotas, para futura reitora da Univale.

A secretária de Educação de Minas Gerais, que foi reitora da UFMG e secretária da SESu, Prof. Vanessa Guimarães, que também foi parte do Comitê, considerou que outras instituições poderiam utilizar o modelo.

As qualidades do processo foram ressaltadas por todos os candidatos e membros do Comitê. O processo todo levou seis meses até a posse da escolhida. Um sucesso também na opinião do presidente do Conselho de Curadores da Fundação Percival Farquhar, Ronald Amaral.

Soubemos mais tarde que esse processo foi adotado pelo Ministério de Ciência e Tecnologia para a escolha dos dirigentes dos seus institutos, mas tudo indica que as universidades não aproveitaram essa experiência, talvez ainda vanguardista demais para o nosso conservador e politizado sistema universitário.

Infelizmente, crises políticas internas acabaram por indispor a reitora e os membros da gestão da fundação, o que redundou no afastamento de quase todos os participantes da Fundação Percival Farquhar que não eram funcionários da própria universidade, e esse processo de escolha não se repetiu.

Fica um exemplo para o futuro para quando o sistema de ensino superior estiver, talvez, mais amadurecido. No entanto, temos ouvido que esse tipo de processo não se adapta ao Brasil. Talvez o corporativismo e a governança inadequada sejam os principais motivos da dificuldade.

- 9 -

Além das consultorias, Roberto contribuía com estudos e pesquisas também para organismos internacionais. Um exemplo foram os relatórios sobre o Brasil para o Centro Interuniversitário de Desarrollo (Cinda), uma organização acadêmica internacional e não governamental criada em 1974, cujo propósito fundamental é o de associar universidades entre si para enfrentar os principais problemas ligados ao desenvolvimento econômico e social da América Latina.

É reconhecida pela Organização das Nações Unidas para a Educação, Ciência e Cultura (Unesco), e pelo Estado do Chile, com sede em Santiago. As integrantes da rede Cinda são universidades latino-americanas (Argentina, Bolívia, Brasil, Colômbia, Costa Rica, Chile, Equador, México, Panamá, Peru, República Dominicana e Venezuela) e europeias (Bélgica, Itália e Espanha) que foram escolhidas pela sua reconhecida qualidade e por representar modalidades institucionais diversas. As áreas de trabalho do Cinda envolvem os temas Universidade, Desenvolvimento Científico e Tecnológico e Inovação, Política e Gestão Universitária e Internacionalização das Universidades.

Além disso, a organização tem um significativo programa editorial que decorre dos trabalhos contratados e dos seminários realizados. Tanto que participou, por meio de seu diretor-executivo, professor Ivan Lavados, do Comitê Científico do Programa Alfa, da Comunidade Europeia, juntamente com Roberto, que presidiu o Alfa até 2000.

No fim de 2005, o Cinda iniciou o desenvolvimento de um projeto destinado a produzir uma publicação sobre A *educação superior na Ibero-América 2006*, para o qual contava com o apoio do Universia.

O projeto tem um comitê gestor formado por especialistas com experiência em ensino superior dos dezesseis países participantes, e Roberto foi escolhido como o *expert* brasileiro coordenador do texto sobre o Brasil que constou das publicações de 2005, 2011 e 2015.

Nos dias 11 e 12 de setembro de 2006, em um encontro em Santiago, Chile, na sede do Cinda, foram apresentados os trabalhos por assunto, tendo sido Roberto indicado para debater o tema "A pesquisa nas universidades ibero-americanas".

Aprofundando Temas de Gestão Universitária

- 1 -

A cada semestre que apresentávamos nosso Seminário Nacional versando sobre algum tema da gestão universitária, as pessoas talvez não imaginassem todo o trabalho por trás do processo de criação desses eventos.

O que se costumava ver em eventos universitários (seminários, workshops, congressos etc.) em geral, e até hoje isso ocorre com frequência, é uma junção de palestras descoordenadas e soltas com muitos depoimentos, mas pouca conexão teórico-prática.

Para evitar isso, todos os nossos eventos tinham que seguir uma regra: a coluna vertebral do evento tinha que garantir respostas às perguntas que nós formulávamos no folder, e as palestras tinham que ter uma coordenação, garantindo uma adequação de conteúdo e, evidentemente, por ser tratar de um evento de uma consultoria, se coadunar com nossa visão macroscópica do que deveriam ser as boas práticas naquela referida área.

Definíamos o tema pelo menos um ano antes, e eles variaram de gestão do ensino à gestão da pesquisa, de gestão de tecnologia da informação à gestão do atendimento, do plano de carreira docente ao marketing educacional, do planejamento estratégico à avaliação institucional.

Foram mais de vinte eventos nacionais de assuntos diferentes e alguns deles tiveram outras edições, em razão da demanda ou da necessidade de levar para uma região mais carente desse tipo de evento, como o Norte e o Nordeste.

Escolhido o tema, os objetivos e o escopo propriamente dito, assumíamos a parte central das palestras, Roberto principalmente, e eu, para garantir que o conteúdo básico seria transmitido. Depois, selecionávamos a dedo conferencistas e palestrantes por sua qualidade e trajetória que traziam sua visão para ampliar a abordagem e as experiências compartilhadas.

Diferentemente do que ocorre em grandes eventos semelhantes, também nunca aceitamos fazer painéis com dezenas de palestrantes falando por cerca de vinte minutos (ou seja, sem tempo para expor suas ideias) de forma descosturada e aleatória.

Quando escolhíamos os palestrantes, enviávamos um resumo e as perguntas que queríamos ver abordadas e solicitávamos o envio antecipado dos *slides* para podermos discutir sobre eventuais divergências e para montar a apostila que ficaria em poder dos participantes como uma memória completa do evento.

Sempre tentávamos enriquecer o evento com exposições de casos (em razão de nossa consultoria, conhecíamos bons exemplos que mereciam ser divulgados) e com pesquisas prévias sobre o assunto feitas diretamente com as IES e/ou a partir dos Censos do MEC ou de estatísticas internacionais.

Essas pesquisas geravam a apresentação do panorama para os participantes que podiam se comparar com a média de seus congêneres, além de vários subprodutos como artigos, indicadores para nosso banco de dados, criação de serviços e até CDs que eram distribuídos e vendidos para as outras IES que não participaram, mas queriam estar a par do que havia sido tratado.

Em razão da qualidade desses eventos, tínhamos inscrições prévias de instituições que garantiam seus lugares um ano antes, sem sequer saberem qual seria o tema do seminário, por confiarem que superaria suas expectativas.

Esses eventos ocorriam em hotéis requintados em São Paulo (a maioria deles) e atraíam gestores de alto escalão de dezoito estados em média, a maioria de instituições privadas, mas vários oriundos de IES estaduais e federais.

A pergunta que caberia aqui seria: como nós podíamos dar palestras em todos os cursos de todas as áreas? Éramos especialistas em tudo? Claro que não. Mas como gestores e consultores tínhamos o diagnóstico claro de cada área e a capacidade de falar sob a ótica do gestor institucional, indicando como um reitor ou um pró-reitor deveria lidar com aquele tema, as prioridades, os riscos, os avanços e as muitas dicas de soluções que fomos colhendo ao longo do tempo.

Praticamos e propagamos a máxima: "Não há mestre que não possa ser aluno!".

- 2 -

Quando começamos nossos eventos nacionais, eu cismei com um problema que discuti com Roberto: "Se somos consultores e vivemos de nossos contratos, como vamos ensinar o que sabemos? Eles não vão mais precisar de nós…".

Roberto apresentou uma lógica que é a sua marca até hoje: "Se como professores, pesquisadores, estudiosos e consultores de ponta nós não formos capazes de ensinar o que já sabemos e já fizemos porque estamos em busca de novas fronteiras, avançando mais rápido do que eles, então não merecemos ser consultores. É como na pesquisa. Você publica um *paper* [artigo científico] porque domina aquilo, mas já está trabalhando no próximo problema…". E assim fazíamos. Ele ficava quase sempre com a parte conceitual e a visão geral da gestão. Eu apresentava as pesquisas, estudos de *cases* ou o panorama das soluções mais adequadas que encontrávamos em nossa experiência pregressa e cotidiana.

De fato, não havia assunto ligado à gestão universitária que não tivéssemos estudado, discutido e trabalhado ao longo de todos esses anos. Não éramos especialistas em tudo, mas já havíamos gerido tudo. E esse sempre foi o nosso maior diferencial. Não só a prática, mas a base teórica, o conhecimento de outras realidades, o olhar na fronteira do que ocorria naquele assunto ao redor do mundo.

Roberto buscava bibliografia nacional e internacional, pesquisava nos sites das IES de todo planeta e ia colhendo material e *cases*. Depois repassava a lista de livros adotados para montar o programa a todos os participantes.

Após cada palestra, nossa ou dos especialistas — entre eles muitos membros do governo que vinham dar os esclarecimentos oficiais sobre o tema e aceitavam nosso convite por conhecerem a seriedade de nosso trabalho —, abríamos para longas sessões de debate. E como era bom ouvirmos os participantes se apresentarem oriundos de locais tão diferentes, mas unidos nas mesmas preocupações!

Dois dias antes de um evento começar era impossível não pensar que alguns dos participantes já estavam começando a viagem para vir nos escutar. Quanta responsabilidade!

Todos logo entenderam que nós não estávamos vendendo consultoria, até porque nas apostilas eles recebiam passo a passo tudo o que havia sido apresentado para que pudessem implementar sozinhos. Não estávamos querendo mostrar truques para conseguir aprovações, ou melhorar indicadores de fachada. Apresentávamos problemas e o que os embasava, e, na maioria das vezes, com uma postura altamente crítica sobre a realidade que encontrávamos na maioria das IES.

Nunca temamos apontar a doença, pois estávamos dispostos a entender as causas e indicar a terapêutica mais adequada, que quase sempre era bem penosa, mas necessária.

- 3 -

O primeiro evento nacional que eu queria fazer após a Imersão sobre Gestão da Unidade Acadêmica que abriu nossa área de cursos e treinamentos para o país era sobre gestão financeira. Os motivos são óbvios: uma carência enorme de estudos e cursos específicos para IES e um interesse prioritário para a sobrevivência de muitas instituições e de muitos cursos.

Roberto sempre negava. Dizia que não era hora ainda. Ele estudou profundamente o tema por três anos, incluindo aí a parte básica de finanças e contabilidade.

Eu perguntei por que ele estava estudando o assunto com a visão do especialista se nosso papel sempre era dar a visão geral e hierarquicamente superior à gestão da área. Ele foi humilde: "Apesar de ter feito gestão do maior orçamento de uma universidade da América Latina, não posso ir para a frente de um seminário para falar de gestão financeira e não saber responder a uma pergunta que venham a me fazer sobre esse assunto, no nível da gestão financeira superior de uma IES, em especial os termos técnicos. E o público que virá será quase todo de administradores, economistas e contadores".

Quando lançamos, só em 2002, o seminário sobre gestão financeira, foi um enorme sucesso. Tivemos inclusive quatro empresas patrocinando o evento. Eram 150 vagas, mas recebemos 220 participantes (tivemos que ampliar o auditório retrátil do hotel) e deixamos dezenas de interessados de fora. Vieram de 22 estados diferentes e representavam 110 IES.

Eu apresentei os resultados da Pesquisa Nacional sobre Inadimplência nas IES Privadas que havíamos realizado (a primeira e mais completa realizada sobre o tema) e falei também sobre captação de receitas.

Roberto deu palestras sobre os principais tópicos e indicadores da gestão financeira das IES, sobre levantamento de custos e utilização de critérios de rateio entre diferentes áreas e atividades, e, por fim, sobre alocação de recursos e políticas orçamentárias.

Foram dezenas de perguntas, muitas bem específicas e uma na qual ele até foi obrigado a explicar o porquê de uma técnica sugerida por um participante não ser a mais adequada para a gestão financeira em IES. A tudo ele respondeu com segurança e serenidade. Não foi surpresa para mim, pois há anos eu o via discutir e lidar com esses temas.

Depois vieram especialistas e gestores para contar suas experiências. Num dos *coffee breaks* um participante veio me perguntar qual era a formação do

"Prof. Lobo". Respondi que ele era Engenheiro com doutorado em Física. Ouvi então ele comentar com o colega que o acompanhava: "Quem diria! Nenhum físico lá na minha universidade discutiria a parte financeira". E, voltando-se para mim, falou sorrindo: "Ver o Prof. Lobo dar essa aula nesses dias me fez crer que ainda posso ter alguma esperança na academia".

- 4 -

No âmbito de cursos e treinamentos, além dos eventos nacionais e dos *indoors* (ou *in company*), fomos pioneiros em levar um programa telepresencial para trinta IES espalhadas pelos quatro cantos do Brasil.

Uma vez por mês, em dois dias seguidos, durante dezesseis meses, a partir dos estúdios da empresa Unyca que ficavam na região da Av. Paulista na capital de São Paulo, Roberto, eu e o Prof. Oscar Hipólito ministrávamos os módulos do "Programa Livre de Capacitação a Distância dos Gestores das IES", que chegavam via sinal de antena nos auditórios das instituições.

Eram duas sessões por dia que compreendiam palestras e períodos para responder todas as perguntas. No final da última sessão havia ainda trinta minutos em que apresentávamos uma entrevista sobre o tema do módulo com algum gestor que nós considerávamos um exemplo a ser seguido pelas IES.

O conjunto desse Programa de Capacitação também foi gravado em quinze DVDs e depois comercializado para arrecadar fundos para a pesquisa do Instituto Lobo.

Pelo Brasil Afora

- 1 -

Viajávamos muito em função das consultorias, mas também porque a demanda para nossos cursos de treinamento para gestores feitos nas próprias IES havia estourado! Para poder trabalhar com qualidade, decidimos não assumir mais do que dez cursos por ano. Assim criou-se uma fila de espera e atravessamos o Brasil de norte a sul, de leste a oeste.

Esses cursos eram casos à parte porque acontecia de tudo neles. Primeiro porque para a IES era um grande e geralmente primeiro evento dessa natureza, e para nós era levar uma boa parte da nossa estrutura de pessoal para garantir a qualidade desses cursos. Muitas IES já eram nossas clientes e o curso fazia parte do contrato, mas muitas nos conheceram em razão do curso. A curiosidade era enorme, sempre, de ambas as partes.

O modelo que adotamos, que já citei anteriormente, tinha uma sucessão de palestras revezadas entre mim e Roberto e muitas atividades práticas, como testes de liderança, trabalhos em grupo e exposições. A última atividade e a mais concorrida era a de estudo de *cases*.

Os grupos eram desafiados a resolver, durante uma tarde, os problemas elaborados por nós que não eram reais, mas certamente aplicáveis a todas as IES. Muitas vezes tínhamos que avisar, para evitar transtornos, que os casos *não* eram retirados daquela IES especificamente, pela sua similaridade óbvia.

Enquanto os grupos discutiam e produziam, nós passávamos para ver o desenvolvimento do trabalho e conversar com o observador que era treinado por nós antes do evento e que, sem poder falar e palpitar no trabalho dos colegas, sofria com as anotações do depoimento que faria no dia seguinte sobre como havia sido o trabalho do grupo sob o aspecto da dinâmica, um dos pontos a serem definitivamente aprimorados em nossas reuniões nas IES, em especial as colegiadas.

Roberto explicava a todos que eles deveriam se comportar como se o reitor acabasse de dar a tarefa e fosse viajar e que, sem dados complementares e com a instituição fechada, eles teriam que se encontrar com o reitor no dia seguinte para, com o uso das próprias experiência e do que havia sido discutido durante o curso, apresentarem um plano de ação para resolver os problemas.

Não dá para imaginar quão pitorescos eram esses momentos, nos quais os gestores mais qualificados e de alta patente na instituição se dedicavam como jovens estudantes para fazer um bom trabalho e se enervavam com os colegas como se houvesse cargos em jogo.

Como o trabalho se encerrava no começo da noite e apenas no dia seguinte seria a apresentação, era comum encontrarmos gestores exaustos, maldormidos e muitas vezes decepcionados com o resultado que consideravam muito aquém do que eles mesmos defenderiam. Roberto os acalmava explicando: "Vocês fiquem tranquilos, pois nossa experiência mostra que um relator é capaz de operar milagres durante a noite e acaba apresentando as discussões e conclusões de forma bem mais organizada e coerente do que vocês imaginam...!". E era isso que ocorria quase sempre.

Durante nossa análise da apresentação (outro desafio enorme, que é criticar de forma incisiva, mas ao mesmo tempo aceitável, o trabalho de um grupo de líderes diante de todos os seus colegas), Roberto podia ter que dar uma "sentença" terrível: "Infelizmente, se eu fosse o reitor dessa IES, eu fecharia esse curso".

Mas na maioria das vezes nós nos surpreendemos (e a todos os demais envolvidos também) com o que um grupo bem orientado é capaz de produzir com qualidade em tão pouco tempo.

Numa dessas vezes, o reitor de uma das mais importantes universidades do país, o saudoso reitor irmão Norberto Francisco Rauch, da PUC do Rio Grande do Sul, que participou de todo o curso com os demais membros da Administração Superior, ao ver a apresentação do grupo que trabalhou no caso do Combate à Evasão, pediu a palavra e determinou: "Eu queria avisar a todos que acabo de criar na nossa universidade um grupo de trabalho de combate à evasão que será este grupo que acaba de se apresentar para implantar exatamente aquilo que acabaram de propor". Foi uma alegria geral!

Nunca vamos nos esquecer de outro grupo que, de tão empolgado, usou a noite toda não só para preparar a apresentação do relator, mas para confeccionar camisetas com a foto do grupo e comprar guloseimas para a plateia. Como eles disseram, "Aplicando o que aprendemos sobre encantar os alunos".

Ao final de todos eles, nos agradecimentos que fazíamos e ao facultar a palavra, ouvíamos depoimentos emocionados que mexiam muito conosco, assim como as mensagens que eram deixadas nas avaliações escritas.

Alguns diziam que não seriam mais os mesmos gestores e um chegou a dizer que não seria sequer o mesmo homem a partir daquele curso! Exaltavam nossa coragem em dizer o que acreditávamos e que nossos exemplos os ajudariam a voltar a ter o brilho nos olhos pela renovação na crença de que a educação valia a pena, que até amaram ver como Roberto e eu nos dávamos como casal, mantendo a esperança em casamentos realmente felizes.

Para terminar o evento, eu dizia uma frase que marcou nossa passagem por todas as IES nas quais trabalhamos ou ensinamos: "Se aquilo que fizemos aqui servir para melhorar a vida de um único aluno, nosso trabalho terá valido a pena!".

- 2 -

Um dos cursos mais marcantes foi o nosso primeiro realizado em uma universidade federal. Já havíamos participado, como membros externos, da avaliação da proposta do plano plurianual da Universidade Federal de Pernambuco (UFPe). Depois o reitor Mozart Neves Ramos contratou esse treinamento de gestores para todos os diretores das unidades e pró-reitorias.

Na semana do curso estourou uma greve de professores. Achamos que o curso seria adiado. O reitor manteve a data e viajamos altamente inseguros sobre a presença dos participantes.

No dia da abertura tivemos a notícia de que o ponto geral dos grevistas seria cortado pelo MEC, o que nos deixou ainda mais apreensivos, mas fizemos o aviso que sempre fazemos ao abrir um evento. "Os horários serão rigorosamente cumpridos independentemente do número de pessoas que estiverem presentes". Nunca atrasamos o início e o fim de qualquer evento realizado por nós. Nossa média sempre foi uma nota dez absoluta nesse quesito.

O reitor nos deixou de sobreaviso: "Além da greve, algumas unidades foram invadidas pelo Movimento dos Trabalhadores sem Teto (MTST) e estão ocorrendo depredações. Pode ser que alguns gestores tenham que cuidar disso, então não tenho como garantir a presença de todos".

Mas a sala estava cheia para a primeira palestra! No primeiro intervalo, durante o *coffee break*, vimos alguns saírem e outros falando ao telefone: "Fechem tudo aí que eu estou num curso e não posso sair".

Em resumo, o curso permaneceu com quórum completo durante todo o tempo, com pouquíssimas e breves ausências. Ao final, Roberto enalteceu o engajamento do grupo: "Seria difícil de acreditar, para muitas pessoas que têm opiniões negativas sobre o comprometimento dos professores das universidades públicas, que com tudo o que aconteceu, inclusive com o ponto cortado e as invasões, nós teríamos um grupo tão dedicado e tão participativo".

Sem falar que as discussões foram altamente acaloradas e os resultados dos trabalhos apresentados foram de altíssimo nível.

- 3 -

Foi nessa mesma UFPe que ocorreu um episódio quase tragicômico.

Depois do curso fomos contratados para fazer o *swot* para o futuro Planejamento Estratégico da Universidade. Ela já havia sido precursora ao chamar uma avalição externa internacional e agora queria também avançar no planejamento contando com a ajuda de especialistas externos.

Como se tratava de uma universidade enorme e pública, nossa metodologia foi alterada para captar mais opiniões dos diferentes atores envolvidos, e para isso criamos os grupos de gestores da alta administração, diretores de unidades, chefes de departamento, coordenadores de cursos, professores, funcionários, alunos e ex-alunos, que foram ouvidos por representação e também pela internet, sobre as Forças, Fraquezas, Oportunidades e Ameaças da UFPe.

Já a discussão e a elaboração da matriz de correlações foram feitas por um grupo de gestores com sessenta pessoas a partir de um aplicativo que criamos na Lobo para contagem rápida de votos e elaboração das médias de cada matriz individual, cujos resultados globais seriam apresentados numa reunião específica em um hotel de Recife.

Para explicar os resultados a todos os sessenta participantes, além do reitor e dos pró-reitores, Roberto elaborou um resumo de *slides* em *Power Point* que nossa assessora, Elizabeth Depolli, comandava numa mesa com parte dos equipamentos que levamos e que ficava no meio do salão.

Roberto foi discorrendo sobre os *slides* até que chegou em um crítico: explicou que, entre os gestores, diferentemente do que se esperava para uma universidade, somente os coordenadores de curso haviam tocado em assuntos ligados ao ensino e que os diretores de unidade e os chefes de departamento se comportavam como líderes de grupos de pesquisa.

Pra quê?! Foi um alvoroço. Dezenas levantando a mão, no começo dizendo que deveria haver erro na contabilização dos dados, o que foi comprovadamente negado pois tínhamos os originais copilados numa pasta, depois apareceram as explicações típicas de que não entenderam bem, ou que trataram do que achavam no momento mais relevante, mas que isso não significava pouca atenção ao ensino etc.

Roberto começou respondendo com calma e tentando mostrar que de qualquer modo esse era um dado que deveria ser discutido, pois essa era a visão que eles mesmos tinham mostrado da pouca relevância do ensino para a maioria dos gestores. Disse que os protestos ajudavam a recolocar o ensino como um aspecto importante, mas era preciso entender a razão da ausência desse tema na resposta de tantos gestores.

Com o acirramento da discussão, Roberto usou então de sua autoridade e conhecimento profundo do setor público: "Vocês me desculpem, isso pode ser dito a outras pessoas que não conhecem a universidade pública, mas para mim, não! Tudo isso aconteceu porque as universidades públicas privilegiam, sim, a pesquisa em suas atividades e muito poucos docentes têm no ensino uma atividade que vem do coração. No coração de vocês está mesmo a pesquisa. Não venham dizer que não é assim logo para mim!".

Roberto sabe muito bem que a pesquisa é quem promove o professor, dando prestígio, recursos das agências e estudantes de iniciação científica. E no Brasil, muito mais do que em outros países, é de fato o professor individualmente que manda na universidade. As cátedras desapareceram formalmente, mas seu espírito ainda assombra nossas IES.

Voltando ao relato, Roberto imediatamente encerrou a sessão e avisou que o *coffee break* estava sendo servido na sala ao lado. Curiosamente, antes de deixar o auditório, uma fila de pessoas se formou para falar com ele. Eram os coordenadores de curso agradecendo a coragem dele ao colocar as coisas no lugar que de fato elas estavam.

O reitor e o pró-reitor Administrativo assistiam tudo, desde o começo, do fundo da sala e não se manifestaram durante a discussão. No *coffee break* foram falar com Roberto dizendo que esse era mesmo um problema não só lá, mas na maioria das IES públicas, e ouviram de Roberto o seguinte aviso: "Vocês participaram conosco de todo o processo, receberam nosso relatório e concordaram com tudo. Vou recomeçar a sessão e vou ter que retomar o assunto e queria dizer que se novamente colocarem em dúvida o que estamos fazendo, ou negarem o que é óbvio, espero que vocês assumam a palavra, na condição de líderes do processo, e coloquem as suas posições, pois esse planejamento é de vocês e não nosso. Caso contrário eu pego minhas coisas, vou embora e deixo tudo aí para vocês terminarem".

É claro que nada disso foi preciso. Na volta para o debate ambos estavam na primeira fila e a discussão avançou de forma madura e consciente, com o reconhecimento de que a gestão do ensino, assumida por todos como fundamental numa universidade, precisava receber mais atenção e estar mais vinculada às demais atividades acadêmicas.

O que quase foi trágico no final se tornou cômico. Terminado o dia de reunião, nos recolhemos e encontramos nossa assessora, na manhã seguinte, no saguão do hotel para irmos ao aeroporto. Eu me assustei: "Beth, como você está abatida. O que houve? Passou mal ontem à noite, não dormiu bem?".

Ela respondeu para mim, baixinho: "Não dormi nada porque passei muito mal. Foi o nervoso! Bia, eu ouvi o Dr. Lobo falar que se continuasse aquilo ele ia pegar as coisas e ia embora, e eu passei o resto da reunião esperando a hora de ter que juntar todos aqueles equipamentos e sair correndo atrás dele...!".

O Instituto Lobo e a Evasão

- 1 -

Em meados de 2005, criamos o Instituto Lobo para o Desenvolvimento da Educação, da Ciência e da Tecnologia, sem fins lucrativos, por meio do qual queríamos desenvolver pesquisa acadêmica e projetos ligados a essas áreas. Roberto na presidência e eu na vice-presidência. Era um de nossos sonhos.

Nessa época fomos para a nossa sede própria e definitiva, com dez salas, auditório para sessenta pessoas, área de lazer, suítes de hóspedes, cozinha para *coffee breaks* dos eventos e almoços para nossos clientes que nos visitavam em Mogi das Cruzes, estrategicamente próxima de boas estradas e do aeroporto de Guarulhos.

Com a Lobo & Associados consolidada e bem-sucedidos como empresários, era possível agora pensar em projetos que não traziam necessariamente saldos financeiros e que quase sempre não tinham financiamento externo.

Com parte dos resultados das demais empresas, passamos a desenvolver com mais amplitude e profundidade trabalhos que pudessem começar a ter repercussão nacional e almejar desenvolver projetos que trouxessem a marca do pioneirismo, empreendedorismo e inovação, que precisam de coragem e conhecimento, e isso nunca faltou a Roberto.

O Instituto Lobo rapidamente passou a fazer frente à marca da Lobo & Associados, pois, com a publicação de suas pesquisas, a receptividade da imprensa, de órgãos públicos e mesmo de segmentos acadêmicos mais exigentes era muito maior.

Acredito que o trabalho realizado pelo Instituto Lobo com maior repercussão, nacional e internacional, foi o conjunto dos estudos, cursos, pesquisas e artigos científicos e na imprensa sobre a evasão no ensino superior brasileiro.

Em todas as nossas assessorias, nos contatos que tínhamos com gestores e mesmo com quem era responsável pelas políticas públicas para o ensino superior, nós percebíamos um grande abandono, ou mesmo um enorme erro de foco em relação à evasão.

Parecia que a luta pela abertura de novos cursos e a atração de novos alunos tomavam todo o tempo e todas as preocupações. Para nós esse era um problema, mas não o único. Afinal, se você aceita e prepara um curso para receber oitenta alunos em seu primeiro período, mesmo que os seus investimentos para isso sejam muito bem-sucedidos e a turma inicial seja totalmente preenchida, percebíamos que, com exceção de poucos cursos, ou IES muito concorridas, a perda de alunos era enorme, com muitas classes chegando aos seus períodos finais com perto de 40% dos ingressantes, ou ainda bem menos.

Quando levantávamos o assunto com os gestores clientes, a resposta era quase sempre a mesma: o problema da evasão é financeiro.

Em nossa experiência já tínhamos visto que a inadimplência levava à evasão, mas nos estudos sobre inadimplência ficara evidente que instituições mais prestigiadas em razão de sua qualidade tinham evasão menor. A nossa própria vida como gestores havia nos ensinado que o aluno que quer estudar e não tem recursos não abandona simplesmente o curso, mas chega a perseguir, no melhor sentido, funcionários, professores e coordenadores em busca de uma saída para suas dificuldades.

A mera aceitação da evasão como um fenômeno normal, sobre o qual pouco se podia fazer e que parecia tomar ares de álibi para esconder o impacto de outros fatores, especialmente os acadêmicos, mexia muito com nossa curiosidade científica e até mesmo com nosso bom senso. Isso nos levou a uma postura de rejeição das hipóteses que ouvíamos e ao desejo de provar nossa tese, ou seja, colocar a "mão na cumbuca".

É interessante como esse assunto era (e ainda é) pouco estudado no Brasil — o que não acontece em países mais avançados —, mesmo com suas consequências implicando, de fato, problemas acadêmicos, financeiros e sociais (não há nada que signifique maior fracasso institucional do que o aluno que se evade!).

Definimos então que nosso seminário nacional de novembro de 2006 teria como tema inédito "A evasão no ensino superior: de nada adianta atrair mais alunos quando não se consegue mantê-los".

Como sempre fazíamos, aceleramos as pesquisas e estudos sobre o tema. Para que as IES pudessem se comparar com outras instituições similares, ou de mesma região, ou por curso, o Instituto Lobo preparou um levantamento nacional desses indicadores, que seria apresentado aos participantes.

Atendendo à sugestão de egressos dos demais eventos, elaboramos o mapa da evasão no Brasil e material sobre o assunto foi "garimpado" de vários países, de modo que tínhamos um panorama bem rico das causas mais usuais e das soluções que mais estavam obtendo bons resultados no combate à evasão no ensino superior.

Em entrevista, Roberto justificou nosso investimento de tempo e recursos no tema: "A qualidade de ensino pode ser mensurada de muitas formas. Uma delas diz respeito à efetividade da conclusão do curso pelo aluno em relação ao tempo para formar-se e, também, ao grau de aprendizagem alcançado. Não é mais possível que tudo na IES se volte para manter as 'classes funcionando' e quase nada seja feito para minimizar as causas de turmas cada vez menores ao longo do desenvolvimento do curso. Uma peneira perversa que precisa ser combatida por todas as razões lógicas e pedagógicas existentes".

O evento foi um enorme sucesso. Entre os vários depoimentos colhidos dos participantes, o do diretor administrativo da Faculdade de Ciências Humanas da Universidade Fumec-MG, Benjamin Alves Rabello Filho, com sua avaliação do evento, é um bom exemplo: "À medida que as palestras vão acontecendo, vamos nos atualizando, trocando experiências e ninguém melhor do que a L&A para fazer essa orquestração de informação. É o quinto seminário da Lobo & Associados do qual tenho o privilégio de participar e os temas vão ficando ainda melhores".

Muitas IES decidiram implantar as dez medidas descritas durante o evento para baixar a evasão e depois tivemos o *feedback* de várias que estavam tendo êxito com a iniciativa, algumas mandaram até relatos escritos que foram publicados em nosso jornal informativo.

Terminado o seminário, enviamos o primeiro mapa da evasão no Brasil e suas conclusões para o jornal *Folha de S.Paulo*, e aí não parou mais. O editor do jornal nos disse que a matéria só não foi a manchete principal porque havia a repercussão da morte do ditador Saddam Hussein no Iraque.

No dia 31 de dezembro de 2006 a matéria de capa da *Folha* trazia a seguinte manchete: "Metade dos alunos não termina a universidade, diz estudo", e era acompanhada de matéria de página inteira no caderno Cotidiano.

Poucos dias depois, em 8 de janeiro de 2007, publicaram um elogioso editorial no mesmo jornal, de título "Canos furados", que repercutiu também em outros jornais, rádios e as solicitações de entrevistas não paravam de chegar. A pedidos também publicamos logo depois um artigo no Caderno Opinião, "Evasão no ensino superior: causas e remédios".[30]

O tema também foi capa da publicação mais importante do setor privado, a revista *Ensino Superior*, e em seis páginas da matéria, além da coleta de

---

30. *Folha de S.Paulo*, 15 de janeiro de 2007.

nossa opinião, toda a análise e comentários usavam como escopo principal os nossos dados e informações.

Decidimos então publicar numa das mais prestigiosas revistas científicas na área de educação do país, os *Cadernos de Pesquisa*, da Fundação Carlos Chagas, o artigo "A evasão no ensino superior".[31] Esse artigo até hoje é o mais citado em diversas teses e dissertações feitas sobre o tema da evasão, que passou a ser contemplado por muitos pesquisadores da área da educação como algo relevante a ser estudado.

Até terminarmos de escrever este livro, só esse artigo já tinha 394 citações em publicações científicas. Mas não foi só na coleta, organização e apresentação de dados que esse trabalho se destacou. Roberto introduziu, após uma longa análise, uma fórmula mais adequada para levantamento da evasão anual.

Na publicação "An exactly soluble model relating undergraduate performance indicators"[32] em revista do Instituto de Estudos Avançados da USP, Roberto (que era professor visitante do IEA na ocasião) explicou sua fórmula de cálculo e, depois disso, diversos trabalhos citam-no indicando sua importância.

O Instituto Lobo se tornou a grande referência sobre estudos de evasão no Brasil e foi atualizando não só os dados a partir das novas versões dos Censos do MEC, como também passamos a publicar análises com diagnóstico de causas e sugestão de ações para melhorar o combate a esse problema tão sério.

Em 2012, eu mesma publiquei o artigo "Panorama da evasão no ensino superior brasileiro: aspectos gerais das causas e soluções" no *Cadernos da ABMES*, que conta já com mais de cinquenta citações. Posteriormente, publicamos no site do Instituto Lobo o artigo "Esclarecimentos metodológicos sobre o cálculo da evasão".[33]

Em 2017, Roberto, atendendo a pedidos que continuavam chegando sistematicamente, publicou em seu blog no *estadao.com*, mesmo após o encerramento das atividades do Instituto Lobo, a atualização[34] dos dados macro, onde também publicou outro artigo: "Dez ações + 1 para baixar a evasão no ensino superior", ressaltando a importância das novas tecnologias no combate à evasão,

---

31. Número 132, de set./dez. de 2007, elaborado pelos professores Roberto Leal Lobo e Silva Filho, Paulo Roberto Motejunas, Oscar Hipólito e Maria Beatriz de Carvalho Melo Lobo pelo Instituto Lobo para o Desenvolvimento da Educação, da Ciência e da Tecnologia.
32. Roberto Leal Lobo e Silva Filho, Instituto de Estudos Avançados, USP, texto disponível em <www.iea.usp.br/observatorios/educacao>.
33. Roberto Leal Lobo e Silva Filho e Maria Beatriz de Carvalho Melo Lobo, Instituto Lobo, 2012, disponível em: <institutolobo.org.br/imagens/pdf/artigos/art_078.pdf>.
34. Os estudos são sempre baseados no Censo mais recente, nesse caso de 2015.

afinal, ele já havia avançado um pouco mais em sua concepção do assunto.

Não há nada mais gratificante do que entrar com nosso nome no Google e verificar o enorme impacto que tivemos no estudo da evasão e sabermos que o Instituto Lobo é a maior referência nacional sobre o tema.

Roberto, as Engenharias, a Inovação e o Empreendedorismo

- 1 -

Foram mais de uma centena de clientes e iniciativas que brotaram e se desenvolveram na consultoria e no Instituto Lobo. É claro que muitas ficaram de fora desse livro por razões óbvias, apesar de várias merecerem ser contadas aqui.

Acredito que a última fase de trabalho de Roberto no Brasil abriu um grande círculo que ainda está longe de se fechar e que tomou proporções internacionais, além de ter pesado bastante na nossa decisão de nos mudarmos para os Estados Unidos.

Roberto analisou, em seu artigo na *Folha de S.Paulo* "Mais engenheiros para o Brasil",[35] a situação do país em comparação com os demais membros do Bric,[36] que formavam muito mais engenheiros do que nós: a Rússia 120 mil, a Índia 200 mil, e a China 300 mil, contra os 30 mil formados por nossas IES. Além disso, mostrava a nossa percentagem de engenheiros entre o total de alunos de graduação, que também era muito menor, a produção científica e as patentes, muito aquém do que precisávamos.

Com o indicador internacional da necessidade de um novo engenheiro a cada milhão de dólares de investimentos, feitas as contas, o déficit previsto, se o crescimento tivesse continuado como estava, era de 500 mil profissionais (engenheiros e técnicos) para a concretização do Plano de Aceleração do Crescimento do Governo Federal (PAC).

Sua opinião e seus dados se transformaram em um rastilho de pólvora. Parecia que essa convicção estava latente em muita gente e que o artigo de Roberto ajudou a chacoalhar.

Poucos dias depois, ao encontrar o então presidente da Capes, Jorge Al-

---
35. Tendências e Debates, 19 de dezembro de 2009.
36. Brasil, Rússia, Índia e China.

meida Guimarães, discutiram sobre o assunto e foi criado um Grupo de Trabalho[37] chamado depois de Pró-Engenharia, com a responsabilidade de "propor ações indutoras para estimular o ingresso de estudantes nos cursos de graduação na área das Engenharias, bem como o desenvolvimento da pesquisa, da pós-graduação, da produção científica e da inovação tecnológica nesta área do conhecimento".

Os dez membros do GT, sendo Roberto o único que não era ligado a uma universidade, ou à Confederação Nacional das Indústrias (CNI), ou à Capes, entregaram uma proposta de Plano Nacional de Engenharia — Pró-Engenharia, incluindo metas bem claras sobre os diversos aspectos abordados.

Nesse grupo emergiram fortemente os péssimos indicadores do Brasil em inovação tecnológica, que andavam de mãos dadas com o problema não só da quantidade, mas da qualidade dos engenheiros que estávamos formando em nossas instituições. Da mesma forma, saltavam aos olhos os problemas que o Brasil enfrentava (e ainda enfrenta) para inovar e empreender.

Logo depois, em março de 2010, Roberto foi contratado pela CNI, por meio do Instituto Euvaldo Lodi (IEL), para elaborar uma proposta a ser submetida ao Banco Nacional de Desenvolvimento Econômico e Social (BNDES). O Projeto CNI-IEL visava criar um plano de financiamento para incentivar a multiplicação e a qualidade da inovação de produtos e processos no Brasil.

É claro que o assunto engenharia/inovação/empreendedorismo passou a ser visto de forma mais integrada e sistêmica e acabou sendo pauta para entrevistas nos mais diferentes meios de comunicação.

Convidado para diversas palestras em faculdades de Engenharia pelo Brasil, Roberto assumiu um protagonismo importante nessa área, que acabou culminando em um convite de resultado inusitado. Pelas mãos do Prof. José Roberto Cardoso, então diretor da Escola Politécnica da USP, Roberto foi conversar com a Diretoria do Sindicato dos Engenheiros no Estado de São Paulo (Seesp), para discutir uma possível ação na área de educação, já que esse objetivo constava do estatuto do Seesp e não estava sendo completamente atendido.

O que no início era apenas o desejo de aumentar a participação do Seesp em cursos de aperfeiçoamento chegou à discussão sobre a deficiência na formação dos engenheiros e a necessidade de se introduzir radicais mudanças em nossos cursos.

A conversa tomou um rumo inesperado e muito mais abrangente: "Se o Seesp quer, de fato, influir na formação dos engenheiros no Brasil, não adianta

---

37. Portaria n. 37, de 5 de fevereiro de 2010.

ficar atuando depois só em cursos curtos para tentar consertar o que já está feito", sugeriu Roberto.

Na época, o presidente Murilo Pinheiro levantou um problema: o Sindicato representava todos os engenheiros do estado, de todas as modalidades, e seria muito difícil justificar a escolha dessa ou daquela ênfase. Roberto argumentou que o curso em que ele estava pensando não teria o grau de especialização comum em nossas universidades, mas seguiria um modelo mais generalista (como o americano), em que as especialidades são deixadas mais para o final do curso, com muita flexibilidade, e que a ênfase do programa seria o traço comum da capacidade e treinamento na inovação e no empreendedorismo.

A ideia não foi aceita de pronto por todos os participantes da reunião, mas o presidente adorou. Roberto acabara de lançar a semente do Isitec.

- 2 -

O projeto do Isitec nasceu como deveriam nascer todos os cursos e instituições de ensino superior. Primeiro, por meio do Instituto Lobo, foi feito o *swot* do Seesp para levantar as Forças, Fraquezas, Ameaças e Oportunidades do Sindicato e como melhor aproveitá-las. Uma pesquisa de mercado para os cursos de Engenharia e uma proposta clara de Missão, Visão, Valores, Políticas Gerais, Objetivos Gerais e Específicos da futura IES do Seesp foram elaboradas pelo Instituto Lobo.

As propostas já traziam praticamente tudo o que Roberto acreditava que seria de mais avançado dentro do que havia estudado nos últimos anos, aproveitando a rede importante que o Seesp tinha com as empresas e do que era possível dentro das limitações orçamentárias de uma IES privada, sem recursos públicos ou investidores externos.

Aprovadas as propostas, o Instituto Lobo trabalhou nos documentos constitutivos da nova IES: o Planejamento Estratégico, o Estatuto e o Regimento Geral. Fui eu quem sugeriu o nome da IES e a sigla: Instituto Superior de Inovação e Tecnologia (Isitec).

Depois de finalizados todos esses passos, que contaram com a participação muito próxima de membros da Diretoria do Seesp, além de sua Presidência, Roberto já tinha na cabeça qual curso seria a alma do Isitec.

Em 2011, Roberto, na qualidade de diretor de Implantação do Isitec, coordenou todo o processo de criação do primeiro curso de Engenharia de Inovação do Brasil.

A experiência de criar uma IES do zero nós já tínhamos tido diversas vezes. Entretanto, na hora de conceber os cursos, chamávamos nossos especialistas e acompanhávamos os projetos com objetivos bem diferentes. Fazíamos o papel do mantenedor para garantir que não fossem feitas propostas inexequíveis, para harmonizar a aderência aos propósitos que já havíamos delineado e funcionávamos como uma instância integradora e garantidora da qualidade.

Depois os projetos dos cursos eram discutidos com a comunidade interna para serem amplamente entendidos, modificados quando necessário e absorvidos, a partir daí, como projetos das próprias instituições.

É diferente fazer um projeto coletivo a partir de uma cabeça isolada. Roberto fez esse papel no Isitec: ser o especialista para montar uma proposta coerente e lógica para atender a tudo que havia sido aprovado pelo Seesp. Se fosse numa IES já existente, ou talvez com alguém com menos preparo, o resultado poderia ter sido mais do mesmo ou simplesmente medíocre.

Analisando hoje, acredito que só alguém com muita maturidade e experiência no tripé do ensino, da pesquisa e da gestão em que Roberto trabalhou com tanto afinco ao longo da vida — sem paradigmas inquebrantáveis e muito menos feudos a defender com conhecimentos oriundos de sua vida como ex-aluno, professor, pesquisador, diretor, reitor, consultor e com os olhos nos bem-sucedidos modelos no Brasil e no mundo — poderia fazer a costura e o acabamento que foram feitos para o Projeto Pedagógico do Curso de Engenharia de Inovação e o Plano de Desenvolvimento Institucional do Isitec.

Ele estudou muito, convidou diversos professores de ponta das áreas básicas para conversar, engenheiros de diferentes formações e visões e analisou vários projetos existentes no Brasil, mas especialmente nos EUA, com uma grande admiração pela faculdade considerada como o projeto mais inovador do mundo no ensino de Engenharia, o Olin College em Massachusetts.

Roberto ficou à frente do projeto até o início de 2012, definindo inclusive os espaços físicos, equipamentos, laboratórios e biblioteca, quando entrou no MEC com o pedido de autorização, cumprindo o prometido. Para isso, montou uma equipe interna que foi muito importante para aprimorar suas ideias: Jairo Porto, Claudio Brunoro, Fernando Orsatti e José Marques Póvoa. A partir daí o Seesp assumiu os processos de implantação do curso.

O curso teve aprovação com altas notas pelo MEC, abriu seu processo seletivo com um novo modelo de sustentação financeira que não se mostrou viável após a crise na qual o Brasil mergulhou a partir de 2015 e com a retirada da contribuição sindical obrigatória.

A concepção do Isitec foi muito difundida, sendo ainda motivo de muitos elogios por sua inovação. Mais uma semente que certamente brotará em outros jardins.

- 4 -

Depois do Isitec, Roberto ainda assumiu no Brasil um último trabalho de fôlego. Enquanto fazia parte do Comitê de Planejamento Estratégico do Instituto Tecnológico da Aeronáutica (ITA) a convite do então reitor Carlos Américo Pacheco, foi convidado por indicação do próprio para fazer um enorme projeto de "Formação de Recursos Humanos para a Inovação — Movimento Empresarial pela Inovação (MEI)" contratado pela Confederação Nacional da Indústria, cujo resumo do documento foi entregue aos candidatos à eleição presidencial de 2014.

Foram quatro etapas: "Inovação e Engenharia no Brasil como Profissão", "O Ensino de Engenharia e Tecnólogos", "Educação Técnica" e "Educação Básica". Em todos elas um diagnóstico sobre a situação brasileira comparada com outros países, projeções e influência na capacidade de inovação para o Brasil.

Ao final de cada documento, apresentou propostas para implantação com ações inovadoras baseadas em experiências que já tinham sido exitosas e em novas decorrentes dos achados, das propostas e da experiência de Roberto na gestão da educação, da ciência e da tecnologia.

Participar desse projeto elaborando todos esses documentos, toda a leitura e discussão com especialistas que fazem parte desse mundo tão complexo, várias visitas às universidades americanas de ponta, tudo isso deu a Roberto uma visão ímpar de todos os atores em todos os níveis que fazem parte da cadeia de inovação no Brasil e no mundo e sobre o ensino de Engenharia, que seria de muito proveito depois.

Esse trabalho gerou um seminário internacional da CNI: "Diálogo da MEI sobre fortalecimento das Engenharias no Brasil" realizado no ITA com especialistas de vários países em conjunto com a Latin American Scholarship Program of American Universities (Laspau) — filiada à Universidade de Harvard —, cujo texto básico de discussão foi elaborado por Roberto, que também participou de uma das mesas.

Em 2015, como decorrência dessa experiência, foi apresentado no congresso da World Engineering Education Forum (WEEF), com posterior publicação,[38] o artigo "Strengthening Engineering Education in Brazil". O WEEF é um fórum anual internacional que discute experiências e novas tendências na educação em Engenharia.

---

38. "Strengthening Engineering Education in Brazil" ("Fortalecendo a educação em engenharia no Brasil", elaborado em parceria com Leonardo da Rosa Fernandes e apresentado no Congresso da WEEF).

Um Green Card[39] pelo Conjunto da Obra

- 1 -

Foi a partir de 2012 que aumentamos nossas viagens aos Estados Unidos (onde Roberto fez seu doutorado e pós-doutorado), não só para visitar meu filho Thiago, que fazia um mestrado em Jazz Performance em Boston, mas para aumentar nossos contatos com universidades de ponta.

Ao final de 2014 decidimos suspender nossas atividades no Brasil para um sabático autofinanciado.

Nós já havíamos alugado um apartamento em Miami Beach não mais por temporada como antes, mas por um ano, e de lá fazíamos pequenas viagens para conhecer outras cidades.

Para nós seria uma alternativa de vida para vários meses do ano, mas nossas idas e vindas acabaram esbarrando com o pesadelo do agente da imigração.

Aconselhados por amigos, já havíamos conversado em janeiro de 2015 com um bom advogado de imigração para saber se havia algum tipo de visto especial que nos permitisse entrar e sair sem preocupação com o risco de uma deportação, como soubemos que já havia ocorrido com alguns conhecidos.

Roberto descreveu rapidamente sua vida profissional e o advogado pediu que ele enviasse o currículo para sua análise.

Na época tivemos a resposta de que, com o currículo de Roberto e com a política americana de atrair profissionais extremamente diferenciados e reconhecidos, não seria problema conseguir um *Green Card* sem visto anterior de outro tipo que não fosse turista.

---

39. Documento dado pelo governo, por meio do Departamento de Imigração, que indica a aprovação da pessoa como residente permanente nos Estados Unidos durante sua validade, podendo, depois de certo número de anos de sua efetividade, ser base para pedido de cidadania americana.

De volta ao Brasil, começamos a juntar os documentos do processo, traduzimos vários em um volume considerável.

Como o *Green Card* exige que se mantenha a residência no país por pelo menos seis meses e um dia por ano, não dava para ser um meio-termo. Essa era uma *big decision*!

De volta ao advogado, ele nos alertou que, se quiséssemos o *Green Card*, deveríamos entrar com o processo imediatamente e que não poderíamos deixar o país até o final do processo. Era maio de 2015.

Foi assim que, com duas malas cada um, Roberto com 76 anos e sem termos nos preparados de fato para essa longa ausência do Brasil, decidimos ficar e começar nosso processo de pedido de residência nos Estados Unidos da América.

- 2 -

Nossa ideia era morar uns anos nos EUA por diversas razões, seja pela qualidade de vida em geral, que é mesmo diferenciada, seja pela oportunidade que tínhamos, especialmente Roberto, de voltar a viver onde de fato as universidades estão na liderança. Uma experiência incrível para acrescentar às nossas competências o conhecimento mais profundo do sistema universitário e de vários acadêmicos trabalhando no país mais desenvolvido do mundo. Por quanto tempo? Não sabíamos, mas seria um sabático mais prolongado.

Como havíamos trazido conosco o material coletado e traduzido ainda no Brasil sobre a vida profissional de Roberto, já em junho demos entrada no pedido do que eles chamam aqui de comprovação de "habilidades extraordinárias", nome que Roberto achou pedante e muito cabotino para explicar aos outros. Mas é assim que é.

Esse processo é diferenciado mesmo, pois não exige nem vínculo empregatício, o chamado *sponsor*, nem parentesco com cidadãos ou residentes, nem pagamento para abrir um negócio, nada. Apenas provar que, dentre os itens da lei, a pessoa preenche pelo menos três itens completa e abundantemente para comprovar as "habilidades extraordinárias".

O primeiro item, o único que dispensa todos os demais, é ter um Prêmio Nobel. Bem, esse não era o caso de Roberto e de nenhum brasileiro, pelo menos até hoje. Trabalhamos sobre os demais.

Passamos mais de um ano em Miami, onde correu nosso processo, que foi bem mais célere do que imaginávamos e só não foi muito mais por problemas na organização dos documentos.

Já havíamos nos mudado para um apartamento maior, pois o filho mais velho de Roberto, o Beto, havia chegado do Brasil para passar um tempo nos Estados Unidos, já que ele, como cidadão americano, não precisava de visto.

Pouco depois chegou para passar um tempo com Beto seu único filho, nosso neto José Roberto, a nossa primeira experiência de ter uma criança morando conosco depois que Thiago se tornara adulto. Não podia deixar de registrar que a presença de ambos foi uma das melhores coisas que tivemos no nosso período de adaptação na América!

O maior problema que passamos foi achar os comprovantes de cargos ocupados por Roberto, seus artigos, prêmios e material sobre cada uma das instituições citadas. Isso porque não adianta dizer, por exemplo, que você foi membro julgador de um comitê internacional, tem que mostrar com documentos que instituição é essa, o que julgava, quem participava e quem era premiado, para provar também a relevância dessa participação.

- 3 -

Dos itens considerados pelo governo americano como provas cabais de que a pessoa atuava com liderança e alto reconhecimento em sua área, dois já eram descartáveis de cara: o Prêmio Nobel e um outro específico para artistas (como, por exemplo, participação em exposições, filmes ou outras coisas do gênero).

Sobravam sete para Roberto comprovar que era um "Executivo e Pesquisador em Ciências, Tecnologia e Gestão do Ensino Superior" de alto reconhecimento, sendo que essa categoria foi definida por nós com ajuda do advogado diante da vida de Roberto.

Foi um trabalho de fôlego juntar tanta coisa, como, por exemplo, as comprovações das funções mais importantes que ocupou (29 entre as principais listadas), seus prêmios (43), artigos publicados em revistas científicas de renome (43) e em jornais e revistas de grande circulação (mais de setenta entre os quatro maiores jornais do país) etc. Ainda hoje encontramos material que não foi juntado ao processo, pois o Google nos dá uma fonte inesgotável de pesquisas de fatos de que nem nos lembramos mais.

Ao final, foram mais de mil páginas de material que Roberto enviou para comprovar os sete itens em abundância, e, como ele mesmo diz: "Nunca imaginei que iria ficar feliz por poder aproveitar a matéria da revista *Veja* que tanta raiva me fez passar para me ajudar a conseguir um documento que vale um milhão de dólares. Acho que vou escrever para o repórter agradecendo...", sem esconder a ironia.

Apesar de achar, várias vezes, que sua idade e a falta de um trabalho ou vínculo institucional aqui nos Estados Unidos seriam um obstáculo à obtenção do *Green Card*, duas semanas depois de enviar os documentos finais recebemos uma carta com a aprovação definitiva.

Sentimos que isso era um prêmio de reconhecimento dos EUA pela bela carreira de Roberto. A introdução da carta fala por si só. Lá diz que, além de ser bem-vindo, era uma honra para os Estados Unidos receber como residente alguém que estava entre a pequena porcentagem de pessoas que liderava seu campo de atuação no mundo!

Para Boston and Beyond![40]

- 1 -

Com o *Green Card* na mão e muitas ideias na cabeça, era hora de deixar a deliciosa Miami e seu clima tropical pela região considerada como o maior *cluster* acadêmico do mundo, assim como de saúde e inovação: a grande Boston!

Havíamos estado em Boston várias vezes para visitar Thiago e também para fazer outras visitas, incluindo algumas IES. Da visita mais improvável surgiu o primeiro convite.

Roberto e eu havíamos visitado uma empresa em Newton, na área metropolitana de Boston, chamada International Entrepreneurship Center (IEC), uma empresa americana da qual um dos sócios é um brasileiro: Enio Pinto.

No primeiro encontro, em 2013, a motivação era totalmente diferente: Roberto, como membro do Conselho Consultivo da Universidade de São Paulo, havia recebido um pedido para visitar o IEC, que era a sede de um dos escritórios internacionais da USP, patrocinado por um projeto com o Banco Santander. Além de bom papo, Enio se mostrou uma pessoa muito aberta e atenciosa.

Quando voltamos para Boston, em abril de 2016, para comemorar meu aniversário, fomos visitá-lo e, ao contar que estávamos planejando nos mudar, ele foi rápido no gatilho: "Vocês poderiam vir para colaborar conosco aqui, não é? Seria maravilhoso contar com vocês para ampliar e desenvolver ainda mais a atuação na área de educação, empreendedorismo e inovação com instituições brasileiras".

Aceitamos imediatamente o convite e, de quebra, foi Enio quem indicou, diante de nossos requisitos, um local para morar. Um condomínio em Burlington, cidade pequena e muito bem estruturada distante só vinte minutos de Boston.

Estávamos felizes e animados: morar no "subúrbio" americano é desfrutar de tudo de bom que tem esse país, pois você tem o que quiser perto de casa como numa cidade do interior e ao mesmo tempo está perto de um centro tão bem desenvolvido como Boston. Não poderia haver começo mais promissor.

---

40. Para Boston e além!

Só faltava ainda trazer nossas coisas do Brasil e as que estavam em Miami, na Flórida, para Burlington, em Massachusetts: duas mudanças completas, uma para outro estado e uma para outro país!

- 2 -

A nossa nova vida é claramente uma opção também por "viver com menos". Todos conhecem as diferenças de estilo entre os dois países. Um aprendizado enorme e radical para ambos.

O mais doído em trazer nossa mudança do Brasil não foi distribuir móveis e objetos, nem doar centenas de coisas que não podíamos trazer, mas decidir sobre itens que guardamos por toda a vida e que não cabiam mais na nossa nova estrutura. Para Roberto o mais difícil foi escolher que livros trazer, já que estava limitado ao que caberia em uma única parede.

E foi exatamente em razão dos livros que ele encontrou uma forma de acabar de vez com o único problema que me maltratava o coração há mais de dezoito anos: o fim da relação com minha prima Regina, reitora da UMC, que, divorciada de Luiz Fernando, agora dirige sozinha e com coragem a obra de seu pai, com quem eu não falava desde nossa saída da universidade.

Roberto decidiu que seria justo doar à UMC agora os livros que não traria para os EUA, uma vez que a USP já havia recebido uma farta doação de seus livros anos antes, assim como a cidade de São Carlos. Ele pediu para perguntar se Regina aceitaria os livros e, com a resposta positiva, atendeu ao pedido de ir até a Reitoria pessoalmente falar com ela, que havia solicitado que o casal comparecesse.

Eu não fui, então Roberto ouviu dela o desejo de me encontrar. Quando ele voltou, me avisou que havia dado meu celular para que ela me ligasse, pois achava que já era hora de acabar com algo que ainda me fazia sofrer bastante.

Enquanto ele me contava, o celular tocou: era ela. Foi só perguntar se era eu que estava falando para ambas começarem a chorar. Marcamos a vinda dela até nossa casa em Mogi e, num encontro emocionado, com muito choro e horas de explicações, havia uma imensa vontade de recuperar o tempo perdido e decidimos deixar o passado de lado e construir uma nova ponte para o futuro. Isso me fez muito bem.

Eu podia voltar a ter o coração leve e fazer as pazes com uma pessoa que sempre foi muito importante para mim.

O passado ficou para trás e Roberto mais uma vez usou sua maturidade e experiência para resolver algo que parecia não ter solução.

Voltamos para Miami só com as saudades das famílias e dos amigos, mas sem ter na bagagem nenhum arrependimento ou pendência a resolver no Brasil.

- 3 -

Enquanto um contêiner trazia nossas coisas para Boston, outra mudança saía de Miami. Nós decidimos levar o carro e fazer a viagem por terra. Levamos uma semana para percorrer 2.400 quilômetros, e em julho já éramos residentes oficias de Massachusetts.

Roberto, assim que chegou, foi visitar seu amigo, o grande físico Eugene Stanley, depois deu uma palestra para os membros do Departamento de Física da Boston University (BU), uma das mais prestigiadas universidades dos Estados Unidos. Saiu de lá como pesquisador visitante.

Algumas semanas depois Roberto foi contratado para dar consultoria para uma rede internacional de IES espalhadas pelo mundo, incluindo o Brasil, para apoiar um projeto de melhoria dos seus cursos de Engenharia.

Ao mesmo tempo, Roberto busca ampliar sua *network* e participa de vários novos projetos que começam a usar sua *expertise*. Aliás, essa foi uma das suas conquistas: verificar que seus conhecimentos estão tão atualizados quanto na maioria das universidades de ponta como Harvard, Massachusetts Institute of Technology (MIT), Babson College, BU, entre outras.

Na verdade, seu espírito empreendedor está a todo vapor. Estudou novidades sobre o acompanhamento da evasão aqui nos EUA e já criou um curso de aperfeiçoamento inédito e específico de empreendedorismo e inovação para engenheiros que ele considera totalmente distinto do que é ensinado pela visão exclusiva da área de negócios, incluindo a formação de professores mentores, voltado às boas escolas de Engenharia no Brasil.

Como consultores, estamos trabalhando em várias frentes, como a criação de uma oferta de um MBA inédito que está sendo preparado para um *dual degree* (dupla diplomação) entre uma faculdade em São Paulo e uma boa universidade de Boston que parte de um modelo totalmente *tailor made* (feito sob medida) para ambas e que incluirá o intercâmbio bilateral de alunos e professores, além de ser viável financeiramente (algo raro com a diferença entre o dólar e o real).

Também está discutindo um projeto para apoiar o desenvolvimento da gestão das cidades no Brasil, pensando em um grupo de prefeitos e secretários de algumas cidades brasileiras, só para citar alguns exemplos.

Aonde Roberto vai, ouve da importância de ter alguém como ele fazendo a interface e colocando as questões brasileiras com a propriedade e a visão desafiadora que sempre teve. Continua palestrando, escrevendo livros e artigos para seu blog e jornais brasileiros, dando entrevistas toda vez que é chamado, fazendo sempre o que pode para ajudar a melhorar a educação, a ciência e a tecnologia no Brasil, como fez ao longo de toda a sua vitoriosa carreira.

Ele continua estudando para ajudar a criar algo voltado à formação de dirigentes numa visão revolucionária baseada no que ele chama de "reinvenção da gestão universitária". Essa é uma importante mudança na forma de gerir receitas e despesas em uma IES em qualquer lugar do mundo. Ele estudou e praticou isso por décadas e sabe que esse é o grande gargalo das instituições de ensino superior, inclusive aqui nos EUA.

Com o aumento dos déficits na área do financiamento aos estudantes e o estrangulamento das fontes existentes, ele quer usar sua experiência na gestão acadêmica e administrativo-financeira (e aí está o grande diferencial, uma vez que esses setores geralmente não conversam e os gestores não desenvolvem essas competências cruzadas), pois tem certeza de que avançar nessa área será decisivo para o sistema de ensino superior no mundo!

E, no meio disso tudo, ainda estuda novos assuntos, como a aplicação da inteligência artificial (inclusive na gestão universitária), a "econofísica" e a revolucionária computação quântica.

Quais os novos passos? Com Roberto não há como antecipar isso. Estamos ativos e envolvidos em vários projetos para aplicar o que vimos de excelência nos EUA.

Agora já podemos passar mais tempo no Brasil, para cuidar da internacionalização do Instituto Lobo e buscar demandas para projetos e cursos que possam contar, inclusive, com a participação internacional de alto nível. Um passo importante para ajudar a preencher uma lacuna evidente em nosso país.

Afinal, ninguém melhor do que Roberto para aproveitar potenciais a desenvolver, pois quanta coisa se pode construir com o apoio das universidades americanas para aperfeiçoamento de profissionais e instituições em nosso país!

Eu, da minha parte, sigo entusiasmada onde estiver cuidando de sua felicidade, participando e colaborando em todos os projetos, sempre juntos e vivendo uma vida plena ao seu lado!

Se tudo valeu a pena? Claro. Demais! Este livro é uma prova disso. E ainda há assunto para mais uns dois!